T0164791

»… immer das Ganze vor Augen«

Peter Gülke

»... immer das Ganze vor Augen«

Studien zu Beethoven

J. B. Metzler · Bärenreiter

Gemeinschaftsausgabe der Verlage J. B. Metzler, Stuttgart und Weimar
und Bärenreiter, Kassel

Die Deutsche Bibliothek – CIP-Einheitsaufnahme

Gülke, Peter:
»… immer das Ganze vor Augen« : Studien zu Beethoven / Peter Gülke.
- Stuttgart ; Weimar : Metzler; Kassel : Bärenreiter, 2000
   ISBN 978-3-476-01796-3
   ISBN 978-3-7618-2018-6

ISBN 978-3-476-01796-3   ISBN 978-3-476-02724-5 (eBook)
DOI 10.1007/978-3-476-02724-5

www.metzlerverlag.de
info@metzlerverlag.de

Inhalt

»...immer das ganze vor Augen«

I.

Welches »ganze« Beethoven meinte, da er Anfang März des Jahres 1814 an Georg Friedrich Treitschke schrieb[1], wäre selbst dann nicht zweifelhaft, wenn er es nicht ausdrücklich auch auf »meine Instrumental Musick« bezogen hätte: dasjenige des jeweils in Arbeit befindlichen Werkes. Indessen widerstreitet der – zudem pauschal formulierte – Begriff eines Ganzen jeder Eingrenzung oder zwingt doch zumindest, über die Grenzen hinauszuschauen, die das je ins Auge gefaßte Ganze zum Gegenteil seiner selbst, zum Partikularen machen, zwingt also auch, zu bedenken, inwiefern die Frage »welches Ganze«? eine contradictio in adiecto darstelle. Genau genommen kann es nur *ein* Ganzes geben, welches also *das* Ganze und unbegrenzt wäre.

Angesichts der Selbstverständlichkeit freilich, mit der wir von Satzganzem, Werkganzem, von der – relativen – Ganzheit einer Entwicklungsstufe, Stilperiode oder eines Lebenswerks sprechen, könnte eine Spekulation müßig erscheinen, welche zu hochgelegenen Verallgemeinerungen wie u. a. dem plotinschen »Einen«[2] oder Hegels »Absolutem« hintreibt, eignete Beethovens musikalischem Denken nicht jenes bohrende Ungenüge an der Partikularität eines Satz- oder Werkganzen, welches die partiell autonome Stimmigkeit des je verabredeten Ganzen ebenso unentrinnbar zu fügen wie zu einem größeren Regelkreis bzw. Ganzen hin offenzuhalten veranlaßt. »Immer das ganze vor Augen« liest sich u. a. wie eine Kurzdefinition von Hegels »spekulativer Grundfigur«: »Wenn man im Ganzen das Ganze von seinen Teilen unterscheidet, daß man es als eine gesonderte Entität neben den Teilen anordnet, dann ist das so fixierte Ganze selbst nur ein Teil des Ganzen neben den anderen Teilen; also muß das wahre Ganze als die Einheit des von den Teilen auch zu unterscheidenden Ganzen und der Teile gedacht ... muß das wahre Eine als Einheit in der Vielheit und damit als Einheit von Einheit und Vielheit gedacht werden.«[3] Dies aus dem Himmel der Abstraktion in die dramatische Szenerie von Beethovens Komponieren herunterholend müßte man im Sinne der »Einheit von Einheit und Vielheit« wohl die »gesonderte Entität neben den Teilen« anfechten. Wie bei der Auskunft, das Ganze sei mehr als die Summe seiner Teile, welche das Mehr einseitig dem Ganzen zuschreibt, erscheint das »Monadische« des Teils übersehen, seine zum Ganzen hin geöffnete, in der Bezogenheit sich realisierende Potenzialität. Wenn Beethoven z. B. thematische Gestalten formt, prüft er sie zugleich im Hinblick auf

1 Ludwig van Beethoven, *Briefwechsel. Gesamtausgabe* (im Weiteren zitiert als »Briefe«), Band 3, München 1996, S. 20.
2 Werner Beierwaltes, *Denken des Einen,* Frankfurt am Main 1985.
3 Herbert Schnädelbach, *Hegel zur Einführung,* Hamburg 1999, S. 15.

diese »monadischen« Qualitäten, prüft also Kontexte, die er zunächst nicht notiert; er sucht das Mehr des Ganzen zunächst im Detail, damit später »das Ganze, in dem es untergeht, [...] die Bedeutung« realisieren könne.[4]

Wie das Detail zum jeweiligen Ganzen verhält dieses als vorläufiges sich zum »eigentlichen«, welches seinem Anspruch gemäß das einzige, letzte, wirkliche Ganze i. e. das Absolute oder Gott sein müßte, allerdings in der luftigen Höhe einer Idealität, bei der kaum wehtut, daß der eine – Hegel – es mit dem »Wahren«, und der andere – Adorno – es mit dem »Unwahren« gleichsetzt.[5] Der Verbindlichkeit des Konzepts, der Notwendigkeit als Fluchtpunkt geht dadurch nichts ab. »Jedes gebildete Bewußtsein hat seine Metaphysik«[6], es »betrachtet alle Erkenntnisse als gehörig zu einem möglichen System« i. e. einem supponierten Ganzen zugeordnet, »und verstattet daher auch nur solche Prinzipien, die eine vorhabende Erkenntnis wenigstens nicht unfähig machen, in irgendeinem System mit anderen zusammenzustehen«[7]. Kaum anders als für »vorhabende Erkenntnis« gilt das fürs Komponieren.

Von absoluten Maßgaben stranguliert erscheint jegliches Streben zum Ganzen zum Scheitern verurteilt, andererseits freilich, wenn aus Furcht vorschnell Grenzen gezogen werden, zu »selbstverschuldeter Unmündigkeit«[8]. Auf dieser Linie läßt Beethovens Werk sich verstehen als fortwährend erneuerter Versuch, diese »Unmündigkeit« zu durchbrechen und über die Margen je partikularer Ganzheiten auf umfassendere hinauszuschauen, vom Thema auf das Ganze des Satzes, vom Satz auf das Ganze des Werkes, vom Werk auf das Ganze einer Werkgruppe oder auf dasjenige einer kompositorischen Problemgemeinschaft, von der Musik auf das Ganze eines Lebens- oder Weltzusammenhangs, worin Musik wiederum nur eine Partikularität darstellt.

»Die Priorität des Ganzen« bei Beethoven »ist allgemein bekannt«[9]; man könnte sie einen Allgemeinplatz der Beethoven-Exegese nennen, bedeutete die pauschale Benennung des Problems nicht so wenig, die analytische Einlösung und Exemplifizierung hingegen fast alles – Verzögerung und Scheitern von Adornos Beethoven-Buch hatten hier gewiß einen ihrer wichtigen Gründe. Nicht zufällig hat Adorno »banal« genannt[10], wie Hugo Riemann, nahe beim Zitat des Beethoven-Briefes vom März 1814, die Fragestellung einengt: »Die klassische Faktur hat immer mehr den Verlauf des Ganzen im Auge, die großen Züge der Entwicklung, ja man hat sich allgemein dahin geeinigt, zu bewundern, was für große Wirkungen die klassischen

---

4 Theodor W. Adorno, *Beethoven. Philosophie der Musik.* Fragmente und Texte, hrsg. von Rolf Tiedemann, Frankfurt am Main 1993, S. 46.

5 Georg Wilhelm Friedrich Hegel, *Werke. Vollständige Ausgabe durch einen Verein von Freunden des Verewigten*, 18 Bände, Berlin 1832–1845, Band 3, Wissenschaft der Logik I, S. 24; Theodor W. Adorno, *Minima Moralia, Reflexionen aus dem beschädigten Leben*, Frankfurt am Main 1951, S. 10.

6 Hegel, a. a. O., Bd. 9, S. 20.

7 Immanuel Kant, *Kritik der reinen Vernunft*, Leipzig 1967, S. 557.

8 Bezugnehmend auf Kants berühmte Definition von Aufklärung.

9 Adorno, Beethoven, a. a. O., S. 46.

10 A. a. O.

Meister aus ansich zunächst ganz unscheinbaren thematischen Gebilden durch die weitere Entwicklung zu ziehen wissen«[11]. Mehr noch als der Blick auf »große Wirkungen« erscheint banal, daß »zunächst ganz unscheinbare thematische Gebilde« der »Entwicklung« zu bedürfen scheinen, um für den »Verlauf des Ganzen« zu taugen – anstatt daß dieses nicht, wie virtuell auch immer, keimhaft schon in ihnen selbst steckte. Das vermeintliche »Pochen des Schicksals« der Fünften Sinfonie z. B. ist vor dieser als Motiv schon vielfach, als Rhythmus tausendfach vorgekommen – nunmehr aber, am neuen Ort, ist es von vornherein mehr und ein anderes als in den früheren Verwendungen, in sprengender Potentialität agiert es als Treibriemen in Beethovens »Wissenschaft von der Totalität«[12].

Weil die poeiesis philosophica über das als Werk verabredete Ganze letztenendes ins Unendliche hinaustreibt, kann sie sich in keinem vergegenständlichten Produkt bestätigt finden, sondern nur im Differenzial zwischen diesem und dem Weg zu ihm bzw. darüber hinaus – eben das die kompositorische Erfahrung des reichlich Dreißigjährigen, der nach Carl Czernys Zeugnis mit »seinen bisherigen Arbeiten […] wenig zufrieden« ist und »einen neuen Weg einschlagen« will[13]. Was bei den Sonaten op. 31 und den Variationen op. 34 und 35 neu ist, qualitativ anders als die Neuheit jegliches Neukomponierten und insofern der »gantz neuen Manier« von Haydns op. 33 vergleichbar, entspricht nicht zufällig dem gleichzeitig getanen wichtigsten Schritt der Philosophie nach Kant, wie ihn der gleichaltrige Hegel beschrieb: »[…] das Subjekt als Produkt des Objekts […] das Objekt als Produkt des Subjekts gesetzt […] Das Kausalitätsverhältnis ist aber dem Wesen nach aufgehoben, indem das Produzieren ein absolutes Produzieren, das Produkt ein absolutes Produkt ist, das heißt, indem das Produkt keinen Bestand hat als nur im Produzieren, nicht gesetzt als ein Selbständiges, vor und unabhängig von dem Produzieren Bestehendes«[14]. Angemessen spielen, anhören, begreifen läßt sich Beethovens Sonate op. 31 Nr. 2 nur als Identität von »Produkt« und »Produzieren«[15].

II.

Das »absolute Produzieren« erheischt Identität von Herstellung und Hergestelltem von Anfang an, »immer das ganze vor Augen« bedeutet »von Anfang an das Ganze im Auge«, gerade auch, weil das Ganze sich, weitab von einer unverrückbar fixierten

---

11 *Handbuch der Musikgeschichte*, II. Band, 3. Teil, Leipzig 1922, S. 235.
12 Steffen Dietzsch über Hegels Philosophie, in: Georg Friedrich Wilhelm Hegel, *Differenz des Fichteschen und Schellingschen Systems der Philosophie*, Leipzig 1981, Vorbemerkung, S. 8.
13 Carl Czerny, *Erinnerungen aus meinem Leben*, hrsg. von Walter Kolneder, Strasbourg 1968, S. 43; *Die Erinnerungen an Beethoven*, gesammelt und herausgegeben von Friedrich Kerst, 2 Bände Stuttgart 1913 (im Weiteren zitiert als »Kerst«), Band 1, S. 56. Zu der Problematik insgesamt Carl Dahlhaus, *Ludwig van Beethoven und seine Zeit*, Laaber 1987, S. 207 ff.
14 Hegel, *Differenz…*, a. a. O., S. 48/49.
15 Dahlhaus, a. a. O., S. 210 ff.; Jürgen Uhde, *Beethovens Klaviermusik*, Stuttgart 1974, Band 3, S. 44.

Werkidee, in jenen Vermittlungen erst kristallisiert. Deshalb ist größte Vorsicht geboten bei der hypothetischen Rekonstruktion von Entstehungswegen etwa nach Maßgabe des von Friedrich Beißner Hölderlin auferlegten »idealen Wachstums«, dessen Stufen von einer supponierten Endgestalt her geordnet werden könnten[16]. Erst gegen Ende des jeweiligen Weges, da die Konturen des Komponierten greifbar werden, läßt sich qua Dekonstruktion halbwegs sicher mutmaßen, was im skizzierten Stenogramm mitgemeint war, ohne aufgeschrieben zu sein. Daß fast jede Skizzierung für Beethoven mehr fixierte, als wir ersehen können, steht außer Frage, andernfalls die Simplizität etlicher Notizen unerklärlich bliebe, für ihn mehr nur Kristallisationskern innerhalb eines strukturell vage bestimmten Assoziationsfeldes, viel weniger Einsatzpunkt der Formung einer zunächst für sich stehenden thematischen Gestalt. »Sich zu gewöhnen gleich das ganze alle Stimmen wie es sich zeigt im Kopf zu entwerfen« verordnet er sich in einem Skizzenbuch fast wie ein Trainingspensum[17].

»Das ganze« eines Anfangs mag substanziell noch kaum greifbar sein und dennoch schon vermitteln können zwischen dem einen Beginn suchenden Subjekt und dem, was da beginnen könnte. »Hören Sie die Akkorde im Osten?« fragte Beethoven zu früher Morgenstunde den jungen Grafen von Pocci, mit dem er eine Schlafkammer im Gasthaus teilen mußte, und der nicht weiß, mit wem er es zu tun hat. Er »schlief«, nachdem »mein Freund schon zur Tür hinaus« war, »in dem Gedanken ein, daß er nicht ganz bei Troste sei«[18]. Beethoven hingegen darf den Sonnenaufgang nicht versäumen, vielleicht, daß er »die Sonne [...] nach alter Weise in Brudersphären Wettgesang [...] tönen« und in der Identität von Bild und Klang sich selber hört. »Was werden will, ist nicht nur jenes Bin des Ich, sondern das Bin als etwas, das sich nicht hat, das aussteht. Ein Nichthaben also ist darin, das es deshalb nicht bei sich aushält, aus sich herauswill«[19]. Die »Akkorde im Osten« mögen für jene erste inspirative Zündung stehen, deren Momente noch nicht in die »Entzweiung« entlassen sind, welche sie erst greifbar macht, möglichst ohne Beschädigung der – anfangs mehr nur gefühlten, geahnten – Totalität, welche später im Werk verwandelt neu aufgebaut werden muß. »Entzweiung ist ein Faktor des Lebens, das ewig entgegensetzend sich bildet: und die Totalität ist, in der höchsten Lebendigkeit, nur durch Wiederherstellung aus der höchsten Trennung möglich«[20].

In der vorstehenden Weise mag der Bericht eines am ehesten in seiner Harmlosigkeit glaubwürdigen Zeugen überinterpretiert erscheinen – weil Pocci 1807 geboren ist, kann die Begegnung erst Mitte der zwanziger Jahre stattgefunden haben; dann bleibt schwer erklärlich, daß er den längst Berühmten nicht kannte und von

16 Friedrich Beißner, *Hölderlin, Reden und Aufsätze,* Weimar 1961
17 Landsberg 11, vgl. Gustav Nottebohm, *Zweite Beethoveniana,* Leipzig 1887, S. 281; vgl. insgesamt: Klaus Kropfinger, Artikel *Beethoven* in: *Die Musik in Geschichte und Gegenwart,* Zweite Ausgabe, Personenteil, Band 2, Kassel/Stuttgart 1999, Sp. 899.
18 Kerst, a. a. O., Band 2, S. 110.
19 Ernst Bloch, *Experimentum Mundi,* Frankfurt am Main 1975, S. 11.
20 Hegel, *Differenz,* a. a. O., S. 25.

seiner Taubheit nichts bemerkte. Plausibel indessen ist sie als Beschreibung eines Mannes, der dem Ganzen einer erwachenden Welt gegenübertreten und in deren Morgen und Anfang sich selbst als anfangend erleben will. Selbst wenn der Graf sich mit seinem 1840 veröffentlichten Bericht nur wichtig machen wollte, mußte er – in Jahren, da viele Zeitzeugen noch lebten – wenigstens im Sinne von »se non è vero, è ben trovato« glaubwürdig sein.

Beethoven »zog ein Täfelchen [das mag Pocci mit einem kleinformatigen Skizzenheft verwechselt haben, P.G.] aus der Rocktasche und notierte sich einiges emsig und mit rasch bewegter Hand unter leisem Brummen, löschte endlich das Licht und warf sich aufs Bett« – so endet der Vorabend zum Morgen mit »den rötlichen Streifen am Horizonte«, immerhin glaubhaft: »Ich trage solch ein Heft immer bei mir, und kommt mir ein Gedanke, so notiere ich ihn gleich. Ich stehe selbst des nachts auf, wenn mir etwas einfällt, da ich den Gedanken sonst vergessen möchte«[21] – diese durch Stefan von Breuning überlieferte Äußerung bestätigt Beethoven sinngemäß in einem Brief an Erzherzog Rudolph vom 1. Juli 1823[22], welcher sich fast wieder wie ein Trainingsprogramm liest: »Fahren E.K.H. nur fort, besonders sich zu üben, gleich am Klawier ihre Einfälle flüchtig kurz niederzuschreiben, hierzu gehört ein kleines Tischgen an's Klawier, durch d. g. wird die Phantasie nicht allein gestärkt, sondern man lernt auch die entlegensten Ideen augenblicklich festzuhalten […] nach und nach entsteht die Fähigkeit gerade nur das, was wir wünschen fühlen, darzustellen, ein den Edlern Menschen so sehr wesentliches Bedürfnis«. Als Methode, einer von kontrollierender Rationalität noch kaum behelligten Spontaneität die Funde abzujagen und ihr auch in den Randzonen von Träumen aufzulauern, ähnelt das derjenigen Schuberts mit auf dem Nachttisch bereitliegender Brille oder Goethes ebenfalls bereitliegendem Schreibwerkzeug, aber auch Übungsprogrammen der Traumforschung, welche den Ring der bewußten Wahrnehmung enger um das Geträumte zu ziehen oder sie gar in Träume hineinzutreiben versuchen[23]. Darüber hinaus reklamiert Beethoven als »Fähigkeit gerade nur das, was wir wünschen fühlen, darzustellen« ein mindestens halbes Kommando über seine Spontaneität, und in dem Nachsatz »ein den Edlern Menschen so sehr wesentliches Bedürfnis« reden unverkennbar als Anwälte einer nur qua ratio »oberhalb« des »inneren Afrika« erwerbbaren Humanität bzw. Freiheit Kant und Schiller mit.

Daß der »Unordnung« spontan hingeworfener Notizen, Entwürfe, auch Autographen, deren Abschreiber nicht zu beneiden waren, damit eine eher pedantische Methode gegenübersteht, hat mit der Hege eines hochsensiblen Bereichs ebensoviel zu tun wie mit der Differenz zwischen der aufgeschriebenen Einzelheit und den ihr anhängenden Assoziationen, welche auch und gerade der »belanglosen«, kleinsten, banalsten Notiz als Kristallisationskern eines – wie vage zunächst auch

21 Albert Leitzmann, *Beethoven. Berichte der Zeitgenossen, Briefe und persönliche Aufzeichnungen*, Leipzig 1921, Band 1, S. 333.
22 Briefe, a. a. O., Band 5, Nr. 1686, S. 165.
23 U. a. Jayne Gackenbach/Jane Bosveld, *Control your dreams*, New York 1989.

immer anvisierten – Ganzen mitgegeben scheint. Daher auch die haushälterische Betulichkeit, »die Zähigkeit, mit der Beethoven seine Skizzenbücher aufbewahrte«[24] oder die nicht nur spaßhaft den Hermetismus der Werkstatt betonenden Bezeichnungen »Componircabinet« oder »laboratorium artificiosum«[25] für die sichere Höhle, in die der so gern in jedem Sinne von draußen Inspirierte seine Beute heimbringt. In der Bereitschaft zu Morgen und Anfang, zu Erlebnissen, die so und hier und jetzt noch keiner gehabt haben kann – Dante: »L'aqua che io prendo giammai non si corse«[26] – erscheint das Bild des der aufgehenden Sonne entgegengehenden, trotz oder wegen der Taubheit die »Akkorde des Ostens« vernehmenden Beethoven zu stimmig, als daß die Frage nach der Verläßlichkeit des Berichterstatters besonderes Gewicht besäße. Schwierigkeiten mit dem Anfangen[27] gründen in erster Linie in Verantwortung gegenüber dem möglicherweise Entstehenden, er kann, hierfür spricht auch die Riesenmenge unbenutzter bzw. verworfener Skizzen, gar nicht oft und aufmerksam genug in Anfangendes hineinhören.

Dem Verdacht, der stets planend arbeitende Beethoven falle mit den Ansprüchen eines präsumptiven Ganzen zu früh über die inspirative Beute her und gefährde so die zarte Blume eines noch ungewissen Anfangs, muß, bestärkt durch die dem Erzherzog gegebenen Anweisungen, entgegengehalten werden, daß er sich in solchen Anfängen nicht nur als Empfangender, Protokollierender befindet, sondern als Teilhaber. Mindestens zweierlei Vertrauen redet hier mit – zum einen in »Wünsche« als »Vorgefühle der Fähigkeiten, die in uns liegen, Vorboten desjenigen, was wir zu leisten imstande sein werden«,[28] zum anderen Vertrauen darein, daß der plotinischen Gewißheit gemäß »nur Gleiches Gleiches erkennen« und »im Unterschied zum bloß Betrachterischen, unengagierten Zustand unser Ich [...] am wenigsten ausgeschaltet sein kann, nämlich als ein eingehendes, mitgehendes, den Gang der Sache nicht nur abbildendes, sondern fortbildendes.«[29] Inspiration, wie im Falle der Fünften Sinfonie kann auch einmal nahezu identisch sein mit dem Entschluß, von einem Allerweltsmotiv her ein Werkganzes aufzubauen, weshalb die Bandbreite denkbarer Anstöße dann konsequenterweise weit auseinander, zwischen einem im Wiener Wald singenden Ammerling und »So klopft das Schicksal an die Pforte« liegt.[30]

Die Verpflichtung aufs »ganze« erheischt auch, daß die Partner der ersten, inspirativen Begegnung so dicht zusammen, so schutzlos vermittelt bleiben wie nur möglich, womit die Entstehung eines Werkes sich auch vollzieht als Versuch, durch

24 Lewis Lockwood, *Über Beethovens Skizzen und Autographe: Einige Definitions- und Interpretationsprobleme*, in: *Ludwig van Beethoven*, hrsg. von Ludwig Finscher, Wege der Forschung Band CDXXCIII, Darmstadt 1983, S. 113–138; das Zitat S. 131; englische Originalfassung in: Acta Musicologica XLII, 1970, S. 32–47.

25 *Briefe*, a. a. O., Band 1, S. 135 bzw. 53.

26 *Divina commedia*, Paradiso, Canto secondo, 7.

27 Vgl. u. a. Anton Schindler, *Biographie von Ludwig van Beethoven*, Leipzig 1977, S. 331.

28 Johann Wolfgang von Goethe, *Wilhelm Meisters Lehrjahre*, in: ders., *Werke*, Hamburger Ausgabe, München 1988, Band 7, S. 573.

29 Bloch, a. a. O., S. 55.

30 Vgl. unten S. 194.

alle Bereicherungen, Vergewisserungen und Gefährdungen hindurch dem Anfang als einem seiner selbst nicht bewußten Einstand und Inbegriff offener Möglichkeiten treu zu bleiben und sich Resultaten im Sinne einer »Totenmaske der Konzeption«[31], eines »Leichnams, der die Tendenz hinter sich gelassen hat«[32], zu verweigern; »denn die Sache ist nicht in ihrem Zwecke erschöpft, sondern in ihrer Ausführung, noch ist das Resultat das wirkliche Ganze, sondern es zusammen mit seinem Werden.«[33] Bei Musik, die, um klingend vorhanden zu sein, fertiggestellt sein muß, stellt die Frage sich mit besonderer Schärfe.

Der Unterschied der kleinen, zumeist mit Bleistift beschriebenen Skizzenbüchlein, die in jeder Rock- oder Manteltasche Platz hatten, und der großformatigen Skizzenhefte oder -bücher, die Beethoven, zumeist mit Tinte schreibend, zuhause benutzte, steht zugleich für die am ehesten abgrenzbaren Stadien der Arbeit – wer »immer das ganze im Auge« hat, kann das jeweils Notierte nur als Durchblick und Trittstufe begreifen, kann sich also kaum darauf verstehen, segmentweise in sauber getrennten Etappen fortzuschreiten und diese provisorisch festzuklopfen[34]. Gewiß lassen sich Einzelnotizen, in denen Beethoven Varianten von Motiven, Themen, Melodien erprobt, von »Verlaufsskizzen«[35] unterscheiden, in denen er, ein- oder zweistimmig schreibend, den Verlauf größerer Abschnitte fixiert. Der Sprung von hier aus in das im Satz bzw. als Partitur ausgeschriebene Autograph erscheint unbegreiflich groß, sofern man nicht unterstellt, daß die letztvorangegangene Niederschrift – als solche übrigens nur selten eindeutig kenntlich – für Beethoven bereits das Stenogramm eines vollständigen Satzes enthielt, abgerechnet den Umstand, daß manche Details der Stimmführung oder Instrumentation erst mithilfe der graphischen Veranschaulichung geregelt wurden. Man sollte, diese Möglichkeit ausschließend, das Unbegreifliche solcher Vorgänge nicht in eine falsche Richtung steigern, indem man den Vergleich mit einem perfekt programmierten Computer überstrapaziert. Gegenbelege liefern Beethovens Autographen, kaum je Endstationen und noch seltener explizit Reinschriften, oft immer noch Markierungen eines Durchgangs, gar in zwei Richtungen: denn die Arbeit am Text setzt sich in Stichkopien und Erstdrucken mit Korrekturen fort, welche kaum je im Autograph nachgetragen werden, und nicht selten steht manches außerhalb des Autographs Notierte der Endfassung näher als dieses. Nach Maßgabe sauber geordneter Schritte hätte Beethoven mit der Ausschreibung des Autographs also voreilig begonnen.

Hätte er erst gedurft, nachdem die letzte Einzelheit geklärt war? Die schiefe Frage, u. a. von der simplen Gleichsetzung von Fertigstellung und Vollendung eingegeben, unterschlägt die Möglichkeit eines über die als letzte intendierte Niederschrift hinaustreibenden Werdeprozesses, und sie übersieht auch die spezifische Nähe

31 Walter Benjamin, *Das Kunstwerk im Zeitalter seiner technischen Reproduzierbarkeit*, in: ders., *Illuminationen*, Ausgewählte Schriften, Frankfurt am Main 1955, S. 153.
32 Georg Friedrich Wilhelm Hegel, *Phänomenologie des Geistes*, Leipzig 1911, S. 5.
33 Hegel, a. a. O.
34 Übersichten bei Lockwood, a. a. O., Kropfinger, a. a. O.
35 Joshua Rifkin: »*continuation drafts*«, vgl. Lockwood, a. a. O.

von Geschriebenem und Schreibvorgang – unverkennbar z. B. korrespondiert Beethovens Schreibtempo mit dem Tempo der jeweiligen Musik, fast durchweg lesen sich langsame Sätze deshalb leichter als schnelle. Wie wenig er den Schreibvollzug vom musikalischen abstrahiert, zeigt sich, wenn er in Verlaufsskizzen, wie u. a. im Keßlerschen Skizzenbuch, als dem einzigen vollständig erhaltenen, anhand der Sonate op. 30/I und des Finales der Zweiten Sinfonie verfolgbar, selbst bei mühevoll zu notierenden Passagen mit vielen kleinen Noten nur selten (z. B. auf f. 17 recto mit »etc.«) auf die gleiche, woanders bereits aufgeschriebene Stelle verweist[36], um doppelte Arbeit zu sparen – offenbar, weil er auf die mit dem Schreiben verbundene Vergegenwärtigung nicht verzichten will.

Als mögliche »missing links« zwischen einer vermuteten vorletzten Niederschrift im Arbeitsheft und der Vorlage für den Kopisten machte Lewis Lockwood[37] auf Notizen in freigebliebenen Systemen unterhalb der Partituraufzeichnung aufmerksam, wie sie u. a. beim Scherzo der Fünften Sinfonie begegnen[38]. Wahrscheinlich hat Beethoven – das unvollendete Klavierkonzert in D, das Violinkonzert und das Kyrie der *Missa solemnis* liefern weitere Belege – diesen »cue-staff« (»Stichwort-System«) zuerst eingetragen und die Partitur danach ausgeschrieben.

Wer »immer das ganze ins Auge« faßt, verurteilt sich zur Ungeduld. Dies traf bei Beethoven, zum Unglück für ihn, zum Glück für seine Musik, mit Temperament und Veranlagung präzise zusammen. Daß er nicht warten kann und vorgreifen muß, macht »telescoped drafts« nötig[39], kursorisch verkürzende Fernsichten auf den Großverlauf, worin er sich halbwegs der Totale versichert, ohne schon zu wissen, wie er sie im Einzelnen gestalten wird. Im Keßlerschen Skizzenbuch (fol. 65 r) den ersten Satz der Klaviersonate op. 31/II entwerfend[40], fixiert er wichtige Eckpunkte und deutet in Worten an, daß er von dazwischenliegenden Passagen bereits ungefähre Vorstellungen oder gar Niederschriften besitzt; immerhin weiß er auch, daß der Beginn »se so« = »senza sordino« gespielt werden müsse – die Anweisung entfällt dann in der endgültigen Ausfertigung. Der »gantz neuen Manier« dieses Satzes entsprechend[41], könnte dies den Notizen ähneln, die Beethoven sich manchmal vor Improvisationen machte[42]. Nicht ausgeschlossen, daß von hier der Weg zur Endfassung nicht mehr weit war – freilich legte der Zuschnitt dieser Sonate nahe, ihn in Sprüngen zurückzulegen. Bei Variationen begünstigte der oft gleichbleibende Raster diese Aufzeichnungsweise in besonderem Maße[43].

---

36 Ludwig van Beethoven, *Keßlersches Skizzenbuch*, hrsg. von Sieghard Brandenburg, Band 1 (Faksimile) Bonn 1976, Band 2 (Übertragung) Bonn 1978.

37 A. a. O., S. 134 ff.

38 S. unten S. 166 ff.

39 Robert Winter, *Compositional Origins of Beethoven's Op. 131*, Studies in Musicology 54, Ann Arbor 1982.

40 A. a. O., Band 2, S. 143.

41 Dahlhaus, a. a. O., S. 207 ff.

42 Zum Zusammenhang von Skizze und Improvisation vgl. Kropfinger, a. a. O., Sp. 882 ff.

43 Sieghard Brandenburg, *Beethovens »Erste Entwürfe« zu Variationenzyklen*, in: *Bericht über den Internationalen Musikwissenschaftlichen Kongreß Bonn 1970*, Kassel 1971, S. 335 ff.

Anders die verkürzte Fassung des ersten Satzes der Fünften Sinfonie[44]: Sind die
Takte 21/22 bzw. 34/35 nur vorläufig angebrachte Scharniere, um einen Zusammenhang halbwegs plausibel erscheinen zu lassen, dessen Charakter als Kurzfassung und
Probelauf der Motive außer Frage stand, oder gehört zu einer solchen »synoptic
vision«[45], daß sie als Mittelding zwischen kontinuierlichem Verlauf und unverbundener
Reihung einzelner Abschnitte gelesen werden soll? Die Fermate im Takt 22 der
Skizze könnte wohl anzeigen, daß hier aufgefüllt werden muß, hingegen fehlt der
entsprechende Hinweis zwischen den Takten 34 und 35, worin Beethoven, bezogen auf die Endfassung, von Takt 73 auf Takt 303 springt. Wie dem auch sei – sicher
ist, daß er den Weg bzw. Durchbruch nach C(-moll oder -Dur?) schon hier im Auge
hat. Angesichts derlei früh erreichter Gewißheiten hinsichtlich des Großverlaufs
scheint kaum erstaunlich, was nach dem Zeugnis von Donald F. Tovey[46] der Verleger
André »einmal mit erregter Stimme« berichtete: »er habe Beethovens Siebte Sinfonie
im Manuskript des Kompositionsprozesses gesehen«, Beethoven habe »offenbar in
einer Art und Weise komponiert […], die nichts anderes als unzusammenhängende
Ergebnisse hervorbringen konnte, indem viele Seiten frei blieben und er von einem
Teil des Werkes zu einem anderen sprang«. So glaubhaft die Beobachtung, so töricht
die voreilige Folgerung hinsichtlich der »unzusammenhängenden Ergebnisse«: denn
diese bezeugen gerade auf ihre Weise die Stringenz eines geklärten, übergeordneten
Zusammenhangs, kraft dessen die »vielen freigebliebenen Seiten« mindestens halb
schon beschrieben sind. Allerdings nur für den, der »das ganze im Auge« hat.

III.

Wenn Beethoven den in der Synopse des ersten Satzes der Fünften Sinfonie[47] in den
Takten 35 ff. enthaltenen jähen Umbruch des zweiten Themas von Es nach C oder
C auch in der Endfassung beibehalten hätte, wäre dieses nicht zu seinem Recht als
kantable Gegenposition gekommen. Wenn er dagegen über alle unausgearbeiteten
Passagen hinweg bereits auf C-Dur als Ziel und Mündung geblickt haben sollte,
wofür Vieles spricht, so darf man, auch angesichts hergebrachter Tonartenfolgen
mehrsätziger Instrumentalwerke, vermuten, daß dies nicht nur den ersten Satz betraf. Damit besäßen wir einen so frühen wie diskreten Anhalt für eine das Werkganze übergreifende Planung, kaum erstaunlich angesichts unserer Begriffe von dieser
Sinfonie, umso mehr aber angesichts einer Theorie, der noch bei Adolf Bernhard
Marx[48] derlei Perspektiven wenig sagen. Wohl erkennt Marx sie, z. B. in der Sonate
op. 101 – und hält satzübergreifende Bezugnahmen dennoch für »weder nothwen-

44 Vgl. unten S. 144 f.
45 Richard Kramer in: Journal of the American Musicological Society, 1980, S. 596 ff.
46 *The Integrity of Music*, London 1941, S. 112.
47 Klaus Kropfinger, *Von der Werkstatt zur Aufführung. Was bedeuten Beethovens Skizzen für die Werkinter-
    pretation?*, in: ders., *Über Musik im Bilde*, 2 Bände, Köln 1995, Band 1, S. 233.
48 *Die Lehre von der musikalischen Komposition*, 4 Bände Leipzig 1837–1845.

dig noch stets anwendbar, das heißt in der Idee des Ganzen begründet.«[49] Lediglich
als Zeugnis nachhinkender Theorie erschiene das nicht belangvoll, wirkte jene Theorie
nicht – insbesondere, wenn durch einen Mann wie diesen vertreten – auf das musikalische Denken, also auch auf das Komponieren, zurück. Die Rückwirkung wiederum käme der hier unterstellten weitreichenden Gemeinsamkeit des Blickes aufs
»ganze« in die Quere – und erschiene doch paradox stimmig angesichts der Tatsache, daß derselbe Autor in demselben Buch erstmals eine Kodifizierung der Sonatenform unternimmt[50] – immerhin zwanzig Jahre, nachdem der Musikwelt mit den
opp. 106, 109, 110 und 111 eingehämmert worden war, daß, Thomas Mann para-
phrasierend, »als Sonate nur noch in Frage kommt, was keine Sonate mehr ist.«[51]
    Allen Einschränkungen entgegen darf man also hinter dem vorschnell nach C
hinübergeworfenen Thema aus der Synopse des ersten Satzes der Fünften einen
ersten Blick auf deren Finale, einen ersten Niederschlag der »Durch-Nacht-zum-
Licht«-Konzeption vermuten. Dem könnte der c-Moll-Entwurf zum Finale[52] widerstreiten, sofern Beethoven ihn tatsächlich – oder wiederum nur als genauer definierte Negation? – für diese Sinfonie erwogen hat. Jene Konzeption zeichnet sich
auch anderwärts früh ab: Schon in einer der wohl ersten Notizen zum *Andante*[53]
entwirft Beethoven einen Übergang wo nicht Durchbruch nach C-Dur, anschließend einen Rückweg nach As, welches als Hauptonart also von vornherein mit
einer Gravitation in Richtung C-Dur versehen wird. Als Vorbote der Idee des Durchbruchs wird es von der fertiggestellten Sinfonie vielfach bestätigt – durch die unsicher vorantastenden, von metrischen und harmonischen Anhalten sich lösenden,
die Situation eines riskanten Unterwegs artikulierenden Takte 196 ff. im ersten und
die Takte 39 bzw. 88 ff. im zweiten Satz, ihrerseits nun wieder Vorboten des großen
Durchbruchs zum éclat triomphal des Finalbeginns, mit dem Beethoven offenbar
viel experimentiert hat. Zu paradigmatischen Qualitäten kam er zweifellos unter
dem vom Nachfolgenden ausgehenden Druck i. e. der Notwendigkeit, das Paradoxon einer mehr als zehnminütigen, gefährlich lang perpetuierten Ankunft zu rechtfertigen. Welches Vertrauen in die evozierenden Möglichkeiten von Musik, kraft
dessen Beethoven – dem anekdotischen Argument entgegen, ein derartiger Durchbruch könne nur einmal stattfinden – den ersten Teil des Finales wiederholt haben
will (worin ihm selten gefolgt wird) und die zweite Rekapitulation, als Reprisenbeginn, betont, indem er wiederum vom Scherzo her auf ihn zukommt! – gewiß auch,
weil er die Kulmination der »Durchführung« sehr hoch getrieben hat und der An-
kunftscharakter des Repriseneintritts ohne dazwischengelegte Startbahn gemindert,

49 A. a. O., Band 3, S. 368; Wilhelm Seidel, *Die ältere Zyklustheorie, überdacht im Blick auf Beethovens
    Werk,* in: *Beiträge zu Beethovens Kammermusik, Symposion Bonn 1984,* hrsg. von Sieghard Branden-
    burg und Helmut Loos, München 1987, S. 273–282.
50 Bestenfalls Anton Reicha geht ihm voran.
51 »daß heute als Roman nur noch in Frage kommt, was kein Roman mehr ist«, in: ders., *Gesammelte
    Werke in zwölf Bänden,* Berlin 1955, Band 12, S. 231.
52 S. unten S. 161.
53 S. unten S. 148.

die Musik sich selbst zu überschreien gezwungen gewesen wäre. Und die Überdosis der affirmativen Schlußschläge – Adorno: »Humanität trumpft nicht auf«[54] – rührt auch aus der Notwendigkeit her, den chiliastischen Zug zum Stehen zu bringen, ein Ende zu machen, obwohl der Konzeption nach nie ein Ende sein dürfte. Zugleich holt dieser Satz- und Sinfonieschluß auch einige Finalität nach, die von zwei früheren, knapp auffangenden Satzschlüssen versäumt worden ist. Derjenige des Allegro con brio kam im letzten Augenblick auf das Hauptmotiv zurück, dessen robbespierrischer Alleinherrschaft die Musik sich (= Takte 398 ff., anschließend an die Takte 228 der Durchführung) überraschend in einer Passage entwunden hatte, welche Neues präsentiert ohne Aussicht, dieses so abhandeln zu können, wie Beethoven zuvor in äußerster Verdichtung vorgeführt hatte, fast ein Abstoß zu neuen Ufern, womit der chiliastische Zug den überstreng geschlossenen Ring des bisherigen Procedere aufsprengt. Kaum zufällig[55] hat Beethoven die Weise, wie hier – im Hinblick auf den Satz endgültig, im Hinblick aufs Werkganze vorläufig – zu schließen sei, ausgiebig beschäftigt.

Nicht viel anders der alle Kantabilität rigoros verdrängende Schluß des *Andante con moto*: Schon während des zweiten Durchlaufs (Takte 114) hatte sich das rückbezügliche Variations-Reglement nicht halten lassen, der kantable Nachsatz (wie Takt 15 ff. und 64 ff.) entfällt, wie als ob der ihm mitgegebene Umbruch nach C in Gefahr stünde, zu früh »verbraucht«, als nun bereits erwartete Erfüllung entwertet zu werden. Beethoven gelangt zu ihm auf anderen Wegen (Takte 147 ff.) und findet die alten Geleise überhaupt nicht wieder, läuft rasch auf einen ff-Höhepunkt zu, welcher als Schlußapotheose taugen würde (Takte 185 ff.), nun aber, dem alten Reglement getreu, zum eben noch vorenthaltenen Nachsatz gelangt (Takte 195 ff.). Kaum jedoch, daß dieser abrundende Rückbezug aufgeschienen ist, läuft die Musik ihm unter den Händen *più moto* (Takte 205 ff.) davon, fast, als gingen Gangart und Halt verloren. Indessen läuft sie nur dem im zweiten Durchgang vorenthaltenen (Takte 123) Nachsatz in die Arme, was doppelten Nachdruck erhält durch wiedergefundenes »Tempo I« und eine hier erstmalig eintretende und einmalig bleibende Wiederholung der großen melodischen Geste (Takte 225 ff.). Danach sinkt die Musik in ein passives As-Dur zurück, aus dem, dreiklängig begradigt, nurmehr thematische Erinnerungen hervortönen und nur eine Eskalation des Klanges die Schlußkadenz zuwegebringt. Das barsche Gestus läßt beinahe vergessen, daß ihr aufsteigender Dreiklang den Vordersatz des Themas beschloß. Dies steht eigentümlich quer zu dem, was zuende gebracht werden müßte, das aufgesetzte Risoluto und der motivische Bezug auf den Finalbeginn kennzeichnen den Satzschluß als bestenfalls vorletztes Wort.

Nicht selten verrät Beethoven deutlicher, daß und wie er schon vom ersten Entwurf zum Ganzen des Werkes hindenkt, wie immer es nie als vorgefaßte Invariante, sondern als mit jedem Detail gemeinsam sich konkretisierend vorzustellen ist,

---

54 *Beethoven*, a. a. O., S. 173.
55 S. unten S. 144 ff.

und in den Diabelli-Variationen op. 120 statuiert er dies, angeregt wohl auch von der Wettbewerbssituation, durch »two superimposed conceptions« hindurch[56] im Weg vom verächtlichen petit rien zum auskomponierten Kosmos als Exempel mit allen Insignien eines Non plus ultra. Schon Nottebohm[57] beobachtete unter den Notizen zur Neunten Sinfonie »Aufzeichnungen, die sich auf die Einrichtung der Sinfonie im Ganzen beziehen«, bei den ersten Skizzen zum Streichquartett op. 130 läßt sich eine »Gesamtvorstellung« des beabsichtigten Werkes sicher dingfest machen[58], und aus denen zum Streichquartett op. 131 läßt sich unzweideutig ersehen, daß Beethoven früh die zyklische Integration ungewöhnlich vieler Sätze, u. a. die Wiederkehr des Themas der eröffnenden Fuge im Finale[59], ins Auge gefaßt hat. Dementsprechend handelt es sich viel weniger um einen Brückenschlag zwischen Ecksätzen als um eine Manifestation – weil der Hinblick aufs »ganze« diesen Stückanfang in einem sehr umfassenden Sinn zum Anfang gemacht hat – als einen Nukleus, um den, gewissermaßen in verschiedenen Umlaufbahnen, alle Sätze des Stückes kreisen: »Ein System ist vollendet, wenn es in seinen Anfangspunkt zurückgeführt ist«[60]. Hängen derlei enge Verflechtungen beim späten Beethoven auch damit zusammen, daß er die Notwendigkeit transparenter Hintergründe dringlicher empfand als früher? Noch die eher seltsame Archivierung der Skizzen, selbst abgearbeiteter, mag neben früher erwogenen Gründen[61] als »Äußerlichkeit« dafür einstehen, daß er Prozeß und Ergebnis – hegelianisch: Werden und Sein – immer weniger getrennt sehen mochte, daß das erreichte Ziel der fertiggestellten Komposition den Weg, der hierher führte, in doppelter Weise in sich aufhob und dessen Dokumentierung nicht überflüssig machte. An diesem mit so viel wacher Sensibilität begleiteten Weg müssen Selbstbeobachtung und -prüfung in einer Weise teilgehabt haben, welche ihn kaum weniger wichtig erscheinen ließ als das Ziel.

IV.

Dafür spricht auch, daß Beethoven den Hinblick aufs »ganze« mehrmals in Zusammenhang bringt mit Disziplinierung der Einbildungskraft, i. e. mit einem mentalen Training, das auch der Naturkraft Phantasie beizukommen versucht: »Sich zu gewöhnen gleich das ganze aller Stimmen wie es sich zeigt im Kopfe zu entwerfen,« mahnt er sich selbst in einem Skizzenheft[62] und berichtet anhand der Klaviersonaten opp. 110 und 111 dem Verleger Schlesinger: »das vorige mal geschah es, indem

56 William Kinderman, *Beethoven's Diabelli Variations,* Oxford 1987, S. XVIII.
57 A. a. O., S. 166.
58 Klaus Kropfinger, *Beethoven – Im Zeichen des Janus,* in: ders., *Musik im Bilde,* a. a. O., Band 1, S. 277–310.
59 Robert Winter, a. a. O.; Kropfinger, *Von der Werkstatt zur Aufführung,* a. a. O.; ders., Artikel *Beethoven,* a. a. O., Sp. 899 ff.
60 Friedrich Wilhelm Joseph Schelling, *System des transzendentalen Idealismus* (1800), Leipzig 1979, S. 273.
61 Lockwood, a. a. O., S. 130 ff.
62 Nottebohm, a. a. O., S. 281.

ich meiner kränklichen Umstände wegen mein Concept weitläufiger aufgeschrieben als gewöhnlich, jetzt aber wo wie es scheint meine Gesundheit beßer ist, zeige
ich wie sonst auch nur gewisse Ideen an u. bin ich mit dem ganzen fertig im Kopfe,
so wird alles aber nur einmal aufgeschrieben«[63]. Dies zeigt, neben der oft, u. a. oben
zitierten, sachlich parallelgehenden, in ihrer Authentizität freilich bezweifelten Auskunft von Louis Schlösser[64], daß Beethovens »Ganzes« bzw. »Concept« nicht oder in
Notfällen nur halbwegs für sich – in Worten? – festgehalten werden konnte, ein
»Vorstellungsbereich [...] der sich im ständigen Wechselspiel mit seinen schriftli-
chen Fixierungen entfaltete, konsolidierte und gegebenenfalls ... wandelte«.[65]

Dieses »Trainingsprogramm« samt einschlägigen Äußerungen neben der Beobachtung kompositorischer Prozesse heranzuziehen erscheint nicht zuletzt notwendig, um Stellenwert und Schlüsselcharakter des »ganzen« gegen den Einwand zu
verteidigen, als Maßgabe sei es viel zu wenig neu, um eine Herausstellung wie die
vorliegende zu rechtfertigen. Tatsächlich deckt der Begriff Bereiche ab, welche im
ästhetischen Denken des 18. Jahrhunderts, besonders dem französischen, durch viel-
diskutierte Termini wie composition, dessein, disposition, harmonie, motif, sujet,
unité etc. längst besetzt waren. Trotz allem Abstand zum französischen Klassizismus
erscheinen dessen drei Einheiten Diderot keineswegs suspekt, er definiert »un ta-
bleau bien composé« als »un tout renfermé sous un seul point de vue où les parties
concourent à un même but, & forment par leur correspondance mutuelle un ensemble aussi réel, que celui des membres dans un corps animal«[66]. »Quelle soit simple
et claire [...] que le sujet soit un«, mahnt er bei Besprechung der Regeln einer
»composition«[67]; »rien n'est beau sans unité«, betont er in den »Pensées détachées«
von 1776 und befindet sich auf dem Wege zu einer fast hegelschen Bestimmung des
Verhältnisses von Einzelheit und Ganzem: »il n'y a point d'unité sans subordination.
Cela semble contradictoire; mais cela ne l'est pas. L'unité du tout naît de la subordination des parties; et de cette subordination naît l'harmonie qui suppose la variété.«
Ähnlich fallen die Bestimmungen in Rousseaus *Dictionnaire de musique*[68] und auch
im Artikel »harmonie« der Enzyklopädie aus: »HARMONIE, s.f. (Gram.) il se dit de
l'ordre général qui règne entre les divers parties d'un tout, ordre en conséquence
duquel elles concourent le plus parfaitement qu'il est possible, soit à l'effet du tout,
soit au but que l'artiste s'est proposé«[69].

Einerseits wird diese Gedankenlinie noch in Heinrich Christoph Kochs *Versuch
einer Anleitung zur Komposition* fortgesponnen[70], woraus sich kein Anhalt für eine

63 *Briefe*, a. a. O., Band 4, S. 455.
64 Kerst, a. a. O., Band 2, S. 15; hierüber Dahlhaus, a. a. O., S. 183; Klaus Kropfinger, *Beethoven – Im
    Zeichen des Janus*, a. a. O., S. 282.
65 Kropfinger, Artikel *Beethoven*, a. a. O., Sp. 899.
66 *Essais sur la peinture*, cit. Peter-Eckhard Knabe, *Schlüsselbegriffe des kunsttheoretischen Denkens in Frank-
    reich von der Spätklassik bis zum Ende der Aufklärung*, Düsseldorf 1972, S. 125.
67 Knabe, a. a. O., S. 127.
68 Hierüber Dahlhaus, a. a. O., S. 183.
69 Knabe, a. a. O., S. 287.
70 Band 1 Leipzig 1782, Band 2 Leipzig 1787, Band 3 Leipzig 1793.

neue Dringlichkeit der Fragestellung herleiten läßt. Andererseits zeigt seine Behandlung des »schönen« bzw. »vollkommenen Ganzen«[71], wie zunächst vor allem kompositionstechnisch angeschaute Begriffe allmählich in den Bereich der Inhaltsästhetik herübergezogen werden – Kochs »Grundgedanke« z. B. oszilliert zwischen den Konnotationen von »Hauptthema« und desjenigen, was Beethoven »zu Grunde liegende Idee« nennt[72]. Vorbereitet schon in den Gründen, deretwegen Rousseau die Unterscheidung von motif, dessin und sujet schwerfällt, befindet diese »zu Grunde liegende« sich nicht weit von der »poetischen« Idee als eines Beethoven ebenfalls geläufigen Begriffs, oder auch dessen, was Christoph Gottfried Körner »Charakter« nennt[73]. Daß diese semantische Verlagerung mit einer ähnlichen im musikalischen Denken verwoben ist und die Autonomie-Ästhetik die Musik zunehmend unabhängiger von Zwecksetzungen sieht, welche nunmehr heteronom erscheinen, gibt der Sinnfrage eine neuartige Schärfe: Weniger als je zuvor kann Musik über äußere Bestimmungen, Funktionen etc. legitimiert werden, muß ihre Legitimation in sich selbst finden, von sich aus produzieren. Dergestalt führt die Frage nach dem Ganzen immer drängender weiter zu der nach Sinn, Zweck und Bestimmung der Musik; schon steht die Vorstellung der »absoluten« Musik, »eher eine Idee von Literaten als von Musikern«[74], vor der Tür, nach deren Maßgaben im Sinne ebensowohl von Schellings *Philosophie der Kunst*[75] wie in der Formulierung von Walter Benjamin[76] »das isolierte, geschlossene Werk [...] das höchste Wirkliche der Kunst« repräsentiert.

Spätestens damit, als Kind der Phantasie, »die das Absolute mit der Begrenzung zusammenbringt und in das Besondere die ganze Göttlichkeit des Allgemeinen bildet«[77], ist es der Dialektik des Ganzen ausgesetzt und kann weder im Sinne eines vollständigen Systems, bei dem nichts draußen bliebe, »isoliert« und »geschlossen« sein, noch auf dessen Anspruch verzichten. Von Einheit, Harmonie und auch vom Ganzen ließ sich leicht reden, solange das Kunstwerk, in gesellschaftliche, spirituelle und alle möglichen anderen Zusammenhänge eingebunden, sich weitab von den Verpflichtungen ästhetischer »Existenzialien« befand. Diese besorgen ihm den Legitimationsdruck, in genauer Parallele zu Kants Versuch, in einer »Gesamtsituation, in der es so etwas wie eine vorgegebene Ordnung des geistigen Seins bereits nicht mehr gegeben hat, durch die Reflexion auf das Subjekt hindurch diese Ordnung doch wieder zu restituieren. Dieser Rettungsversuch eines eigentlich schon nicht mehr ganz Gegenwärtigen, eines nicht mehr ganz Substantiellen, drückt sich dann in der Überwertigkeit von Ordnungsprinzipien und Strukturen aus; in letzter In-

---

71 Band 2, S. 14 ff.
72 Kerst, a. a. O., Band 2, S. 15.
73 *Über Charakterdarstellung in der Musik*, Erstdruck in Schillers »Horen«, 1795, Neuausgabe in: Chr. G. Körner, *Ästhetische Ansichten*, hrsg. von Joseph P. Baule, Marbach 1964, S. 24–47.
74 Carl Dahlhaus, *Die Idee der absoluten Musik*, Kassel–München 1978, S. 20.
75 1802/03, Neuausgabe Stuttgart 1982.
76 *Ursprung des deutschen Trauerspiels*, Frankfurt am Main 1963, S. 14.
77 Schelling, a. a. O., S. 141.

stanz dadurch, daß Kant eben der Vernunft, der subjektiven Vernunft, die Kraft zu-
teilt, die Organisation des objektiven geistigen Kosmos aus sich herauszusetzen«[78].
Zwanzig Jahre später wird der Kunst weitere Verantwortung aufgebürdet: »Wenn
die ästhetische Anschauung nur die objektiv gewordene transzendentale ist, so versteht sich von selbst, daß die Kunst das einzige wahre und ewige Organon zugleich
und Dokument der Philosophie sei, welches immer und fortwährend aufs neue
beurkundet, was die Philosophie äußerlich nicht darstellen kann, nämlich das Be-
wußtlose im Handeln und Produzieren und seine ursprüngliche Identität mit dem
Bewußten«[79].
     Letztenendes dasselbe, ganz und gar hinsichtlich des Anspruchs, meinte Beetho-
ven, da er formulierte, Musik sei »höhere Offenbarung als alle Weisheit und Philosophie«[80]. Der schon als »junger Musikant [...] plötzlich wußte oder behauptete, ein
Genie zu sein, wie es noch keines gab«, und »Hochstapelei skurrilsten Stils [...] trieb
[...], als er sich Ludwig van Beethoven gleich fühlte, der er noch nicht war«, der
»diese durch nichts gedeckte Anmaßung [...] gebrauchte [...], um Beethoven zu
werden«[81], darum auch von Haydn als »Großmogul« bespöttelt wurde, konnte von
solchem Kompetenzzuwachs im Schnittpunkt von Geniebewußtsein und einer fast
zur amtierenden Grundphilosophie avancierten Ästhetik kaum überrascht werden.
Der »Weltgeist«, nicht 1806 in Jena zu Pferde, sondern dem Künstler zu Diensten,
der etwa mit dem Anspruch des jungen Kant (»Gebt mir Materie, ich will euch
zeigen, wie eine Welt daraus entstehen soll!«)[82] am Werk ist – das war Beethoven
nicht ungeläufig, welcher mit Napoleon sich nicht nur beschäftigte, sondern ver-
glich: »Schade, daß ich die Kriegskunst nicht so verstehe wie die Tonkunst, ich
würde ihn doch besiegen«[83].
     Solche Ehren genießt man nicht ungestraft. Den Spagat, in den der Kompetenz-
zuwachs die großen Protagonisten des »Kunstzeitalters« hineinzwang, mag am ehesten der Widerstreit der Zuständigkeiten verdeutlichen: Einerseits verkörpert das
Genie Natur – gerade auch die, mit der die Rationalität Kant-Schillerscher Prägung
nicht zurechtkam. »Das Offenlegen dieser unaufgelösten Macht der Natur ist ein
notwendiger Akt der Aufklärung. Das Sich-Abfinden mit dieser Macht indessen ist
ein Akt der Resignation: es kompensiert die durch Schwäche der Vernunft fehlende
Kraft, die Natur in der »Geschichte aufzuheben [...] Zu dieser [...] philosophischen
Wende zur Natur« gehört »zugleich die Unbereitschaft, die gerufene und jedenfalls
mächtige Natur »ohne weiteres« als Natur auftreten zu lassen«; sie »sieht sich vielmehr gezwungen, an dieser Natur Präsentierungsweisen zu entdecken, die die Na-

---

78 Theodor W. Adorno, *Philosophische Terminologie. Zur Einleitung,* Band 1, Frankfurt am Main 1973,
      S. 75.
79 Schelling, *System...,* a. a. O., S. 272.
80 Kerst, a. a. O., Band 1, S. 280.
81 Ernst Bloch, *Spuren,* Neue, erweiterte Ausgabe, Frankfurt am Main 1969, S. 43 ff.
82 *Allgemeine Naturgeschichte oder Theorie des Himmels,* Vorrede.
83 Kerst, a. a. O., Band 1, S. 109.

tur zum Unriskanten zähmen«[84]. Das »Reflektiertwerden des absolut Unbewuß-
ten«, welches sich ihm wesentlich mit dem Begriff Natur verbindet, ist für Schelling
»nur durch einen ästhetischen Akt der Einbildungskraft möglich«[85], und »tauglich
für diese Rolle ist just die Geniekunst, weil ihr Täter, das ästhetische Genie, zum
Problem speziell der übermächtigen Natur besonders enge Beziehungen unter-
hält«[86]. Diese Übermacht freilich liefert keine systemtauglichen Fluchtpunkte bzw.
Endbestimmungen, ein Umstand, der bald zur grundsätzlichen Unmöglichkeit über-
greifender Synthese hypostasiert wird – kenntlich insbesondere in der Verteufelung
von Hegels Dialektik. Denn diese ganz speziell stand für die Anstrengungen von der
anderen Seite – als Versuch, Totalität bzw. ein universelles Erklärungsmodell zu retten, auf die Gefahr hin, Nichtintegrierbares draußenzulassen (auch die Aufforderung »Und wer's nie gekonnt, der stehle / Weinend sich aus diesem Bund« gehört in
diesen Zusammenhang) und mit dem Risiko, daß, wo es bei den obersten Synthe-
sen zum Schwur kommen muß, »die Gegenständlichkeit [...] in wachsender Welt-
losigkeit [...] verdampft«[87] und es, wie im großartigsten und am großartigsten ge-
scheiterten Versuch einer Synthese, demjenigen Hegels, auf verkappte Theologie
hinausläuft: Obsession eines Ganzen zuweilen mit Qualitäten einer »Weltformel«,
welche vielerlei Vergleiche zwischen weit auseinanderliegenden Gebieten deckt. »Je
unvollkommener das Geschöpf ist, desto mehr sind diese Teile einander gleich oder
ähnlich, und desto mehr gleichen sie dem Ganzen. Je vollkommener das Geschöpf
wird, desto unähnlicher werden die Teile einander. In jenem Falle ist das Ganze den
Teilen mehr oder weniger gleich, in diesem das Ganze den Teilen unähnlich. Je
ähnlicher die Teile einander sind, desto weniger sind sie einander subordiniert. Die
Subordination der Teile deutet auf ein vollkommeneres Geschöpf«: In diesem Passus
aus Goethes Aufsatz über Bildung und Umbildung organischer Naturen[88] müßte
nur die Subordination der Teile unter das Ganze von derjenigen der Teile untereinander unterschieden und »Geschöpf« durch »Werk« ersetzt werden, um ihn als Brücke
u. a. zwischen Beethovens Musik und Hegels Philosophie begehbar zu machen;
wobei zugleich sich zeigt, daß der angesprochene Spagat auch von der ambitionier-
ten Musik ausgehalten werden mußte – ohne, daß es hierbei Prioritäten gäbe. Entsprechend könnte ambitionierte Philosophie es sich kaum leisten, ein Ereignis wie
Beethoven zu ignorieren.

Genau das ist geschehen. Daß der komponierende Hegelianer Beethoven Hegel
nicht zur Kenntnis nahm, ist leicht erklärbar; daß Hegel die Erfahrung Beethoven

84 Odo Marquard, *Über einige Beziehungen zwischen Ästhetik und Therapeutik in der Philosophie des 19. Jahr-
    hunderts,* in: ders., *Schwierigkeiten mit der Geschichtsphilosophie,* Frankfurt am Main 1982, S. 85–106.
    Dieser Arbeit ist die vorstehende Passage sehr verpflichtet, das Zitat dort S. 92.

85 A. a. O., S. 351.

86 A. a. O., S. 95.

87 Ernst Bloch, *Subjekt – Objekt. Erläuterungen zu Hegel.* Erweiterte Ausgabe Frankfurt am Main 1962,
    S. 100.

88 *Die Absicht eingeleitet,* (= Zur Morphologie, 1817), *Werke,* Hamburger Ausgabe Band 13, München
    1988, S. 56.

mied – Carl Dahlhaus sprach von einem »beredten Schweigen«[89] – ist, gemessen am Totalanspruch und am Stoffhunger seines Philosophierens, ein Skandal. Er mochte wohl, mit mehr Recht noch als Goethe, befürchten, »das ganze Haus fiele ein«[90]. Denn daß er, ohnehin nicht sonderlich musikalisch, auf italienische Oper fixiert war (worüber er im Frühherbst 1824 aus Wien an seine Frau berichtet, als habe nicht ein Vierteljahr zuvor die Uraufführung der Neunten Sinfonie stattgefunden), erklärt fast nichts; mehr schon, daß Shakespeare für ihn ein »verworrener Kopf« und die Matthäuspassion, deren Wiederaufführung er hörte, für ihn »keine rechte Musik« war[91]. Hat er hier, wie noch mehr bei Beethoven, Dinge verspürt und zu reflektieren verweigert, welche sich mit der Rolle der Kunst als – irgendwann überwundener – Durchgangsstation beim Zu-sich-Kommen des Absoluten ganz und gar nicht vertrugen? Dafür spricht, daß er in seiner *Ästhetik*, wo er von »gewaltsamen Kontrasten« und den Gefahren handelt, »über die zart gezogenen Grenzen des musikalisch Schönen herauszuschreiten«[92], ohne Beethoven zu nennen, genauso redet, wie man über Beethoven zu reden pflegte. Daß Hegel gekniffen hat, kann man auch als philosophische Nobilitierung Beethovens verstehen[93].

V.

Im Vergleich mit der Dignität des vollendeten Werkes als »des höchsten Wirklichen der Kunst«[94] haben die Maßgaben von Zyklus, Opus, Werkgruppe, Serie oder kompositorischer Problemgemeinschaft schweren Stand: Zu suggestiv die Vorstellung des in sich Vollendeten, als daß der Gedanke, es bliebe dennoch etwas offen und auf einen größeren Zusammenhang angewiesen, nicht respektlos und lästerlich erschiene; zu gut eingefahren die Vorstellung, nur Ähnlichkeiten und direkte Korrespondenzen, nicht aber exemplarische Unterschiede könnten Zusammenhänge stiften[95]. Daß der Säurefraß der relativierenden Dialektik, ohne die es beim Blick aufs Ganze nicht abgeht, auch beim Allerheiligsten, »höchsten Wirklichen der Kunst« nicht zum Stehen kommt, wird auch deshalb ungern wahrgehabt, weil im Gegensatz zur Über-

89 *Hegel und die Musik seiner Zeit,* in: ders., *Klassische und romantische Musikästhetik,* Laaber 1988, S. 230–248, das Zitat S. 235.
90 Goethe zu Mendelssohns Klaviervortrag von Beethovens Fünfter Sinfonie, Brief vom 25. Mai 1830; *Reisebriefe von Felix-Mendelssohn-Bartholdy aus den Jahren 1830 bis 1832,* hrsg. von Paul Mendelssohn-Bartholdy, Leipzig 1862, S. 9.
91 So von Zelter eilends nach Weimar berichtet; *Briefwechsel zwischen Goethe und Zelter in den Jahren 1799 bis 1832,* in: J.W. v. Goethe, *Sämtliche Werke nach Epochen seines Schaffens,* Münchner Ausgabe, Band 20.2, München 1998, S. 1209; Horst Althaus, *Hegel und die heroischen Jahre der Philosophie,* München 1992, S. 571.
92 Georg Wilhelm Friedrich Hegel, *Ästhetik,* Berlin 1955, S. 816.
93 Eingehend hierzu Dahlhaus, a. a. O.
94 Walter Benjamin, a. a. O.
95 S. auch Peter Gülke, »*Triumph der neuen Tonkunst«. Mozarts letzte Sinfonien und ihr Umfeld,* Kassel – Stuttgart – Weimar 1998, S. 14 ff.

sichtlichkeit und bewährten Verläßlichkeit der meisten Kriterien innerhalb eines jeweiligen Werkes deren Menge und Vielfalt außerhalb seiner Grenzen sich mächtig steigert und man die Musik sehr genau kennen muß, um den Momenten der Zusammengehörigkeit auf die Spur zu kommen und sie gegeneinander abzuwägen. Der Anteil der Ermessensfälle steigt, und daß einer inneren Chronologie bei der Werkentstehung oder bei Werkfolgen die äußere nicht entsprechen muß, haben diejenigen oft erfahren müssen, die, den Stimmigkeiten auf »höherer« Ebene zu sehr vertrauend, durch vergleichsweise banale Argumente widerlegt worden sind.

Opus war zunächst eine verlegerisch, also äußerlich bedingte Werksammlung und blieb das auch zu Zeiten, da die kompositorische Verinnerlichung längst begonnen hatte – u. a. in Form von Sammlungen, welche eine repräsentative Totalität des derzeit Möglichen vorstellten, paradigmatisch Unterschiedliches in sich faßten, ein bestimmtes, mehrere Werke verbindendes Konzept enthielten etc. An Opuszahlen allein darf man sich, ungeachtet vieler bedachtsamer Gruppierungen, freilich nicht festmachen: Beethovens Fünfte und Sechste Sinfonie opp. 67 und 68 sind, nicht nur strukturell, stärker aufeinander bezogen[96] – jüngst ist von »einem symphonischen Doppelwerk« gesprochen worden[97] – als beispielsweise die Klaviersonaten opp. 2 und 10 oder die Streichtrios op. 9; kaum geringer die wechselseitige Verschränkung von Identischem und Nichtidentischem bei der Siebenten und der Achten Sinfonie, mindestens von gleicher Evidenz wie bei den Doppelopera 14, 27, 49, 70 und 102[98], so daß man die die Themen betreffende »kontrastierende Ableitung«[99] augmentiert auch für ganze Werke in Anspruch nehmen möchte. Noch die Neunte ist die eine übriggebliebene von zwei geplant gewesenen Sinfonien[100].

Klänge im Begriff »Ableitung« nicht auch Abhängigkeit von Vorgegebenem in einer Weise mit, welche die qualitative Neuheit eines jeglichen Phantasieprodukts ignoriert (das beeinträchtigt die Brauchbarkeit des Begriffs auch in bezug auf thematische Erfindung und Arbeit), so wäre die Parallelität der Gesichtspunkte wohl geeignet, der kuriosen Vorstellung entgegenzuwirken, welche nur zu gern sich der des »opus perfectum et absolutum« verbindet – derjenigen, daß eine zunächst durch ihren Arbeitsgegenstand in einer bestimmten Richtung sensibilisierte und fündig gewordene »Einbildungskraft« immer genau dort am Ende sei, wo die Arbeit an dem jeweiligen Gegenstand endet. Viel realistischer die Vermutung, die Beendigung müsse gegen fortarbeitende, überschießende Phantasie durchgesetzt, die Musik wie von außen her zum Schweigen gebracht werden; womit dem Komponierenden

---

96 Rudolf Bockholdt, *Beethoven, VI. Sinfonie op. 68, »Pastorale«, Meisterwerke der Musik,* München 1981, S. 72–75.

97 Rainer Cadenbach, in: *Beethoven. Interpretationen seiner Werke,* hrsg. von Albrecht Riethmüller, Carl Dahlhaus und Alexander Ringer, 2 Bände, Laaber 1994, Band 1, S. 501.

98 Matthias Walz, *Kontrastierende Werkpaare in Beethovens Symphonien,* in: Archiv für Musikwissenschaft 46, 1989, S. 271–293.

99 Arnold Schmitz, *Beethovens »Zwei Prinzipe«. Ihre Bedeutung für Themen- und Satzbau,* Berlin und Bonn 1923.

100 S. unten Anmerkung 145.

nicht zuletzt bewußt wird, was, eben noch zur Einlösung anstehend, nun übrig-
bleibt. Die gleichzeitige Beschäftigung mit exemplarisch unterschiedlichen Werken
des gleichen Genres – Berufungsfälle finden sich bei Bach, Haydn und Mozart
zuhauf – stellt sich in diesem Sinne als Maßnahme dar, die Rechenschaft über Üb-
rigbleibendes von vornherein zum Bestandteil des Entstehungsprozesses zu machen, i. e. die Prüfung anderweitiger Verwendungsmöglichkeiten als zusätzliches Mittel
der Definition und Profilierung des eben in Arbeit befindlichen Werkes zu nutzen.
Der musikalischen Betrachtung öffnet sich hier ein weites, noch wenig beackertes
Feld, wobei der Versuch, die Kontur eines jeweiligen Ganzen – des Werkes – genauer zu erkennen mithilfe seiner Partikularität innerhalb des nächstgrößeren Ganzen
– einer Werkgruppe –, gewiß ebensoviel Risiken wie Chancen bietet.

Beispielsweise mag man fragen, ob nur zufällig in den vier als opera ausgewiesenen
Werkgruppen opp. 2, 10, 31 und 59, zweimal am Anfang, zweimal in der Mitte stehend,
ein Stück in Moll mit zweien in Dur zusammenkomme und dieses als Ausgangspunkt
tauge für Prüfungen der einem Opus vergleichbaren Zusammengehörigkeit der drei
letzten Klaviersonaten und der Galitzin-Quartette; oder ob, weil bei den letzteren wie
in op. 59 jeweils ein Mollstück in der Mitte und eine Fuge am Ende stünden und
Beethoven noch nach Fertigstellung der c-Moll-Sonate am Schlußsatz von op. 110
gearbeitet hat, nicht analog die Stimmigkeit der Aufeinanderfolge op. 109 – op. 111 –
op. 110 zu prüfen wäre. Dabei müßte freilich das ganze Gewicht des Techniken, Genres, gar Epochenstile resümierenden Konzepts der As-Dur-Sonate aufgeboten werden, um mit dem Ansehen der c-Moll-Sonate als Endwerk gleichzuziehen. »Ein dritter Satz? Ein neues Anheben – nach diesem Abschied? Ein Wiederkommen – nach
dieser Trennung? Unmöglich! Es sei geschehen, daß die Sonate im zweiten Satz, diesem enormen, sich zu Ende geführt habe, zu Ende auf Nimmerwiedersehen [...] das
Abschiedswinken des vom cis melodisch getrösteten d–g–g-Motivs, es sei ein Abschied, [...] groß wie das Stück, der Abschied von der Sonate«[101]. Gegen diesen Abschied mag nach Zufälligkeiten einer die Werkfolge verkehrenden Numerierung gefragt werden, die bei den Streichquartetten opp. 127, 132 und op. 130 nie bestritten war.

Andererseits liefern diese der Anzweiflung als Werkgruppe mehr und stärkere
Argumente. Als der »aussi passionné amateur de musique que grand admirateur de
votre talent« Galitzin unter dem 9. November 1822 »un, deux ou trois Nouveaux
Quatuors«[102] bestellte, befand Beethoven sich bereits in Entwürfen zum nachmaligen op. 127, welche er wenig später zugunsten der Neunten Sinfonie beiseitelegte;
das neue Interesse an Quartetten hat Galitzin also nur befördert, nicht ausgelöst. Für
die Aufnahme von op. 127 in die Dreiergruppe könnte geltend gemacht werden,
daß Beethoven sich gegenüber dem sehr geduldigen Fürsten in Verzug befand und,
um ihn nicht länger warten zu lassen, dieses erstkomponierte kurzerhand in die
Trias aufnahm, in die das bereits entworfene in cis-Moll (op. 131) nach Maßgabe
der motivischen Bezüge besser paßte.

101 Thomas Mann, a. a. O., Band 6, S. 77.
102 Briefe, Band 4, S. 547.

Obwohl das Es-Dur-Quartett keineswegs außerhalb steht[103], wögen diese Bezüge als Gegenargumente schwer, stünde ihnen nicht die Frage entgegen, ob die Durchlässigkeit der Satz- und Werkgrenzen sich hier nicht mit neuartiger Konsequenz in derjenigen des Opus fortsetze. Beethoven könnte das Moment des Durchgangs durch verschiedene Stationen so wichtig geworden sein, daß das aus der Trias hinausgedrängte cis-Moll-Quartett nunmehr paradigmatisch steht für die Aufhebung des Opus-Ganzen in einem wiederum größeren, nunmehr gewissermaßen »namenlosen« Ganzen. Und die später herausgenommene Fuge (op. 133)[104], als ein Non plus ultra an Finalität, mag zu verstehen sein als angestrengter letzter Versuch, die Abschließbarkeit eines Opus, das konsistente »Sein« eines Ganzen gegen ein vehement forttreibendes, kaum zum Stehen zu bringendes »Werden« zu behaupten. Reagiert Beethoven im cis-Moll-Quartett möglicherweise auf die Paradoxie, daß der Werdeprozeß nicht aufgehalten werden und zugleich nach der *Großen Fuge* nichts mehr kommen kann? Indem das motivisch gemeinschaftliche Vielfache hier vermöge der Vielsätzigkeit noch weniger angefochten regiert als in den Quartetten opp. 132 und 130, erscheint op. 131 als Flucht- und Sammelpunkt – und wiederum nicht als solcher, weil es zu kontrapunktischer Verdichtung nicht hinstrebt, sondern von ihr ausgeht. Finale Ausrichtung widerstritte auch dem Zuschnitt dieser mit großer Konsequenz auseinanderlegenden Musik. Wie um zu betonen, daß die in Sätzen segmentierende Teleologie eines zyklischen Werkganzen ein Äußerliches, nahezu Oktroyiertes geworden ist, numeriert Beethoven die Sätze, aber er nummeriert absurd – einmal, weil sie ohne Unterbrechung gespielt werden sollen; zum anderen, weil nach dem Maßstab, der den elf, streng genommen themenlosen, dem Variationssatz (= *Nr. 4*) vorangehenden Takten eine eigene Nummer zubilligt, diese den einzelnen, obendrein zumeist in Taktart und Tempo verselbständigten Variationsteilen allemal zugestanden hätte. Auf diese Weise käme man auf 14 Sätze. Hinter diesen indessen schimmert zugleich die alte Viersätzigkeit durch; betrachtet man die einleitende Fuge als große Introduktion zu dem von Beethoven als *Nr. 2* bezeichneten »Allegro-Hauptsatz«, *Nr. 3* als Überleitung zum Variationssatz und das dem Finale vorausgehende *Adagio quasi un poco andante* wiederum als Introduktion, wozu seine Kürze und die Folge von drei Anläufen Anlaß geben, so käme man mit weniger Gewaltsamkeit auf vier Sätze als Beethoven auf sieben.

Freilich vier Sätze weitab vom klassischen Satzverständnis! Wie sehr der Satz als Norm, als mittlere Instanz und Dimension zurücktritt, verdeutlicht insbesondere die Spannweite zwischen der Kompetenz des nahezu alles okkupierenden motivischen Verbundes und dem, was Nietzsche bei Wagner als – von Dimensionierung weitgehend unabhängiges – »Miniaturistisches« beschrieben hat[105], kenntlich zumal

103 Daniel K. L. Chua, *The »Galitzin« Quartets of Beethoven,* Princeton 1992, S. 11 ff.
104 Klaus Kropfinger, *Das gespaltene Werk. Beethovens Streichquartett op. 130/133;* ders., *Beethoven – im Zeichen des Janus;* beide Arbeiten in: ders., Über *Musik im Bilde,* a. a. O., Band 1, S. 241 ff. bzw. 277 ff.
105 U. a. *Jenseits von Gut und Böse,* 256, in: Friedrich Nietzsche, *Sämtliche Werke. Kritische Studienausgabe,* herausgegeben von Giorgio Colli und Mazzino Montinari, München 1980, Band 5, S. 202.

in der Vermeidung explizit abhandelnder Passagen. Diese Linie fortdenkend kann man das Quartett fast als ein 14 Miniaturen i. e. Einzelwerke reihendes Opus verstehen, nicht weit entfernt von den kurz zuvor komponierten Bagatellen op. 126. Demnächst wird Schubert in der Nähe der »Phantasie-Sonate« D 894 zur zweiten Serie der Impromptus D 935 ein ähnliches Exempel der Osmose von Werk und Opus liefern.

Als nach dem Non plus ultra der *Großen Fuge* eben noch mögliche Musik steht das cis-Moll-Quartett dergestalt im Lichte einer das Vorangegangene wider Erwarten abermals übersteigenden Finalität, auf einer Meta-Ebene insofern, als die überkommenen Verhältnisse von Satz, Werk und Opus gekündigt erscheinen – ein Abschied und Abschluß nicht geringer als der, den Thomas Mann einen Sonderling in Adornos Worten und Kategorien beschreiben läßt, nachdem die Galitzin-Quartette »a process of increasing disintegration, from the apparent »Classicism« of the Quartet in E flat major to the broken utterance of the B major Quartet and the Grosse Fuge« beschrieben hatten, zugleich ein Auffangbecken[106]. Daß danach eine Quartettkonzeption nur noch »landeinwärts« liegen und nicht ohne Momente von Zurücknahme auskommen konnte, bestätigt die Dimension dieses Abschieds im Nachhinein. Vielleicht hat das cis-Moll-Quartett das nachträgliche, scheinbar schnöde pragmatische Opfer der *Großen Fuge*, nicht das erste dieser Art[107], erleichtert: Da Beethoven nun um die Vorläufigkeit einer Werkbeendigung genauer wußte als je vordem, mögen die werkbezogenen Anstrengungen der Fuge an Gewicht verloren haben; zumal als finale Mündung, soweit sie weiterhin nötig schien, nunmehr ein vollständig komponiertes weiteres Quartett vorlag. Damit wird abermals bestätigt, daß, was hier abzuarbeiten bzw. zu beendigen war, zu hergebrachten Werkverbindlichkeiten quersteht und diese sich zu einer gewissen, alles rigorose So-und-nicht-anders verabschiedenden Vorläufigkeit hin entspannen – immerhin war jüngst ein Satz, die »danza tedesca«, aus dem einen Quartett ausgeschieden und ins andere aufgenommen worden. Nun mag die *Große Fuge* als ebenso vorläufig eliminiert angesehen werden wie das neue Finale als vorläufig eingesetzt. Gewiß kann man in deren Konstellation einen Appell an eine Nachwelt sehen, der es, weil die Zwänge zum Austausch historisch geworden sind, nicht schwerfällt, Sinntreue gegen Buchstabentreue zur Geltung zu bringen.[108] Dennoch wird man sich das Für und Wider nicht leicht machen und den das lieto fine besorgenden Beethoven lediglich als äußeren Zwängen unterliegend ansehen dürfen, eher schon als den zu einer pluralistischen Lösung sich widerwillig gedrängt fühlenden Anti-Pluralisten. Nicht gerechnet die Aporie, daß er wohl das Ende der Sonate bzw. des geschlossenen Werkes, in effigie also das Ende der Musik komponiert hatte, jedoch das Komponieren nicht lassen konnte.

---

106 Chua, a. a. O., S. 3.
107 Vgl. auch Beethovens Einräumungen inbezug auf drei verschiedene, je unvollständige Publikationsmöglichkeiten für die *Hammerklaviersonate* op. 106 – die originale wäre die vierte; *Briefe*, Band 4, S. 262, Brief Nr. 1295.
108 Kropfinger, a. a. O.

VI.

Der Not eingedenk, daß wir bei der Formulierung positiver Sachverhalte in bezug
auf den späten Beethoven in besonderer Weise auf Negationen angewiesen sind, darf
man angesichts der oben zitierten Desintegration fragen, wohin desintegriert wird
oder angesichts der von Adorno konstatierten »Brüche«, was da aufbricht, und besonders: wohin. Der Doppelsinn des Wortes Aufbruch paßt nicht schlecht zu einer »immer dem ganzen«, also jeweils zum Aufbruch ins nächstgrößere Ganze verpflichteten
Konzeption. Welches wäre das nächstgrößere, nachdem die Konstellation der fünf
späten Quartette die Verbindlichkeiten des Opus ad absurdum geführt hat? Mehr als
je vordem steht Beethoven auf freiem Feld und nähert sich einer Musik »für alle und
keinen« – auch, insofern Gattungsnormen, die er allmählich hinter sich läßt, als Definition von Hörweisen zugleich bestimmte Hörer und Hörergruppen adressieren.
»Never to be performed in public« – schon, daß eine solche, im Oktober 1816 im
Zusammenhang mit op. 95 gegebene Anweisung[109] möglich ist, kennzeichnet die
veränderte Situation. Immer mehr und immer bewußter entfernt Beethoven sich
von dem Rückhalt, den Negiertes auch und gerade der Negation gewährt. »Konventionen, die von Subjektivität nicht mehr durchdrungen und bewältigt, sondern ste-
hengelassen sind«[110], treten dank größerer Entfernungen stärker hervor, welche eine
lebendig-kritische Unmittelbarkeit im Verhältnis zu den negierten Normen erschweren,
d. h. den Prozeß des Abstandnehmens als konzeptionelles Moment kaum noch nach-
zuvollziehen erlauben. Nun erweist sich, daß die partikularen Ganzheiten von Satz,
Werk oder Opus als Beschränkungen, in denen der »Meister« sich »zeigt«, auch Ab-
schirmungen bildeten gegen einen durch die Öffnung zum nächstgrößeren Ganzen
hereinströmenden Problemdruck, welcher die kleinere Partikularität auch überfor-
dern kann. »Die Menschen halten das Absolute – als Wirklichkeit und als Gott – nicht
aus: Sie müssen Distanz zu ihm gewinnen; und ihr Lebenspensum – die Kultur – ist
die Arbeit an dieser Distanz, die allemal zugleich die Sänftigung der Einfalt durch die
Vielfalt ist: durch die Entlastung von jenem einen Absoluten, das wir – als Wirklichkeit und als Gott – in seiner ungeteilten Macht nicht aushalten und nur ertragen,
indem wir sie durch eine Pluralität von Umgangsformen distanzieren«[111] – für »Um-
gangsform« möge hier »Werk« stehen. Die Musik von Beethovens letzter Dekade
erscheint in diesem Sinne wie ein hartnäckig wiederholter, konsequent auskompo-
nierter, immer neu scheiternder Versuch, kompensierende Entlastungen zu verweigern. »Groß ist ein Kunstwerk, wenn sein Mißlingen objektive Antinomien ausprägt.
Das ist seine Wahrheit und sein »Gelingen«: auf die eigene Grenze stoßen«[112].

---

109 *Briefe*, Band 3, S. 305, Brief Nr. 983; Kurt von Fischer, *Never to be performed in public. Zu Beethovens
     Streichquartett op. 95*, in: Beethoven-Jahrbuch 1973/77, Bonn 1978, S. 87–96.
110 Theodor W. Adorno, *Spätstil Beethovens*, in: ders., *Beethoven*, a. a. O., S. 180, dort die weiteren Druck-
     nachweise.
111 Odo Marquard, *Entlastung vom Absoluten. In memoriam Hans Blumenberg*, in: ders., *Philosophie des
     Stattdessen*, Stuttgart 2000, S. 108–120, das Zitat S. 114.
112 Adorno, *Beethoven*, a. a. O., S. 149.

Kein Wunder, daß anzufangen schwerer wird, stellt doch die »Voreiligkeit« eines dreisten, einstweilen unlegitimierten ersten Einsatzes als Bejahung des Behaupteten zugleich eine Bejahung seiner Partikularität dar[113]. Das beginnt mit programmatischer Deutlichkeit in der Introduktion zur Fuge in der *Hammerklaviersonate* und setzt sich gleich in der nächsten Sonate (in E, op. 109) fort, wo die Musik über die Spontaneität des ersten Losstürmens nachträglich »erschrickt« und das innehaltende, später wiederholte *Adagio espressivo* in die Konstitution des Satzes eingeht, so daß Legitimierendes und Legitimiertes kaum noch unterschieden werden können. So geschieht es von nun an auf sehr verschiedene Weise immer wieder, beispielsweise schon, wenn Beethoven das »gesangvoll, mit innigster Empfindung« vorzutragende *Andante molto cantabile ed espressivo* derselben Sonate meint kontrapunktisch verankern zu müssen, bevor es, in Klangwolken aufgehend, einem »Epilog im Himmel« zustrebt. Auch die unschuldig–mozartische »amabilità« des nächsten Sonatenbeginns (op. 110)[114] kann Beethoven nicht unkommentiert passieren lassen und schickt ihr, als dürfe er sich nicht freiweg identifizieren, »leggiermente« virtuos verwischende, den Spielenden selbst in den Vordergrund bringende Figurationen nach. Wenn im Finale der E-Dur-Sonate der Kontrapunkt das Cantabile legitimiert, so in der As-Dur-Sonate das Cantabile den Kontrapunkt, gar zweimal, beim zweiten Mal in die Fuge hineinstörend und die Partikularität eines Selbstlaufs hindernd. Daß diese Einblendung zwischen die Fuge und deren Rekapitulation mit Thema in Umkehrung gelegt ist, mindert den Wesensgegensatz von – wenngleich kantablem – Kontrapunkt und dem nun gar »ermattend klagenden« Arioso nicht, allen verknüpfenden Möglichkeiten sich verweigernd in einer Weise, die an Koans von Zen-Mönchen denken läßt. Zur Eindringlichkeit des der Fuge voranstehenden *Adagio ma non troppo* gehört auch die Schwebe zwischen Introduktion und eigenwertigem langsamem Satz – als dieser zu kurz, als jene zu lang, immerhin deutlich unterteilt in Introduktion, Rezitativ und *Arioso dolente*[115], wobei das Arioso trotz der Gruppierung in 4 mal 4 Takte nur halb wahrgenommen, eher nur angetönt anmutet. Auch die Sonate op. 111 bedarf einer Introduktion, und ihr *Adagio molto* gerät vor dem letzten Durchlauf in einen wiederum introduktionshaften Schwebezustand, welcher vor das letzte, damit deutlicher »geschenkte« Erklingen des Themas ein vorsichtiges Fragezeichen setzt.

Nicht weniger hintersinnig die »Listen der Vernunft« in den späten Quartetten; auch kommt keiner der vier Sätze der Neunten Sinfonie ohne Vorspann aus. Die Spannweite zwischen Vortakten und fast bis zum eigenständigen Satz sich auswachsender Introduktion, wie etwa aus der Numerierung im cis-Moll-Quartett ersicht-

---

113 Zur Problematik des Anfangs Adorno, *Beethoven*, a. a. O., S. 25 ff. und 281 ff.
114 Gabriele E. Meyer, *Untersuchungen zur Sonatensatzform bei Ludwig van Beethoven. Die Kopfsätze der Klaviersonaten op. 79 und op. 110*, München 1985.
115 Zur Frage eines möglicherweise bewußten Bezuges auf die Arie »*Es ist vollbracht*« in Johann Sebastian Bachs *Johannespassion*, auch in der Cellosonate A-Dur op. 69, vgl. Peter Schleuning in: *Beethoven. Interpretationen...*, a. a. O., Band 1, S. 519; auch Martin Geck, *Johann Sebastian Bach, Johannespassion BWV 245, Meisterwerke der Musik 55*, München 1991, S. 93.

lich, erschwert oder verhindert die Unterscheidung zwischen einem im hergebrachten Verständnis »eigentlichen« Beginn und dessen vorangestellter oder nachgeschobener Legitimation, zwischen Substanz des Anfangenden und einem Anfang, worin noch nichts von dem enthalten wäre, was da anfängt. Passagen in der Nachfolge klassischer Introduktionen wie derjenigen in opp. 53, 59 oder 60[116] begegnen nun häufiger als zuvor, nur handelt es sich der Substanz nach und per definitionem nur noch selten um Introduktionen im Sinne von Vehikeln, um zur Sache zu kommen, sondern um die Sache selbst – oder gar noch mehr: Passagen wie das *Adagio molto espressivo* in E im zweiten Satz des Es-Dur-Quartetts op. 127 oder das Es-Dur-Adagio der Bläser im dritten Satz der Neunten Sinfonie, beides introduktionshafte Einblendungen in Variationsreglements, muten wie nahezu illegale, darum besonders beredte Enklaven eines unabgelenkten Bei-sich-selber-Seins der Musik an, reine, vom »Verweile doch…« gesättigte Momente, worin »die Sache selbst« eine weitere Transzendierung erfährt.

Beethoven unterläuft frühere Bestimmungen, als erschienen sie ihm nur noch wie ein fauler Trick, sich am Paradox jeglichen Anfangs – daß das Subjekt sich präsentiert, ohne schon gesagt zu haben, als was – vorbeizumogeln. So gehört zu der Auskunft, bei den ersten Takten des Streichquartetts op. 127 handele es sich um ein mit einigem Recht »bedeutungsvoll abgehobenes« Motto[117], unabdingbar der Hinweis darauf, worin sie nicht abgehoben sind: Sie machen den Eintritt ins Allegro zum antwortenden Nachsatz und bestätigen dies denkbar unmittelbare, eines Hauptsatzbeginns »unwürdige« Verhältnis zwei weitere Male. Einem solchen Beginn gebührt gemeinhin mehr als antwortendes Verhalten, er soll thematisch postulieren und nicht nur auf zuvor Postuliertes reagieren. Dies tut er überdies, indem er der im *Maestoso* hinterlegten steigenden Quartreihe eine absteigende anfügt, was sich im Thema des *Scherzando vivace* (Bsp. 1c) und im zweiten Thema des Finale (Bsp. 1d) wiederholt – als nur eine mögliche Bezugnahme unter den bestimmenden Prägungen dieses nicht zuletzt durch das Adagio als »quartbesessen« ausgewiesenen Stückes[118]. In der Vorformulierung einer auch andere Sätze mitprägenden Konstellation bleibt es zugleich, als den ersten Satz unmittelbar auslösend, in direkter Weise dessen Teil. Vielleicht spricht auch Opposition mit gegen formalisierte Arbeitsteilungen der Sonate – immerhin machte die Lösung nicht nur einen überaus natürlichen Übergang vom »Odisch-Feierlichen« ins »Idyllisch-Arkadischen« möglich[119], sondern eben dies Thema, welches beim Repriseneintritt als dem Nervenpunkt der Sonate alle Verdachte veranstaltender Inszenierung zerstreuen half. Das gelang umso mehr, als das *Maestoso* zweimal zuvor (Takte 75 ff. und 135 ff.) das eingangs postulierte Abhängigkeitsverhältnis bestätigt, nicht aber beim Reprisenbeginn, wo es dem Schulbuchschema entsprechend zuallererst hingehört hätte – die dreimalige Auslösung

---

116 Vgl. im vorliegenden Bande S. 67 ff.
117 Harry Goldschmidt, *Beethoven. Werkeinführungen,* Leipzig 1975, S. 156 ff.
118 Zu anderen Deutungen vgl. besonders William Kinderman, in: Beethoven, *Interpretationen…*, a. a. O., Band 2, S. 278 ff., sowie Chua, a. a. O., S. 21 ff.
119 Goldschmidt, a. a. O., S. 157.

macht eine Wiederholung überflüssig, hier jedoch fühlbar überflüssig. Den gegen das apriorische Sonaten-Kalkül gerichteten Strategien fügt sich das so schlüssig ein, daß man nur zu gern wüßte, ob Beethoven bei der Konzipierung des Anfangs auch in dieser Hinsicht schon »das ganze [...] im Auge« hatte.

Auf Kontrastierungen wie das scharf ins weich polyphonisierte »Teneramente« dieses Satzes hineinschneidende *Maestoso* dringt nicht nur eine Erfindung, der die überkommenen Formen der »vom Autor und seiner Idee her veranstalteten [...] Betriebsamkeit«[120] verdächtigt und jederlei bewährter Anschein von Verursachung ein Greuel geworden ist, sondern auch eine Verpflichtung aufs »ganze« i. e. die Totale des kompositorisch Möglichen, welche keine bequeme Bescheidung gestattet, vielmehr immerfort möglichst alles zu wollen erheischt. Diese Totalität erfaßt Stile, Satzweisen und Genres ebenso wie das Verhältnis des ästhetischen Subjektes zu seinem Gegenstand. So ließe die As-Dur-Sonate op. 110 sich als Défilé unterschiedlicher Stilistiken beschreiben – ein Beginn in mozartisch-seraphischer Klassizität; das *Allegro molto* ein Stück sehr beethovenscher Gegenwart; das *Adagio ma non troppo* zunächst in mehrfacher Weise eine ort- und zeitlose Musik, welche sodann Halt findet im *Arioso dolente*, einer Schattenbeschwörung auch dann, wenn bewiesen wäre, daß Beethoven Bachs *Johannespassion* nicht gekannt hat[121]; endlich eine sehr singende und zugleich mit allen Wassern der Tradition gewaschene Fuge – Umkehrung, mehrere Mensuren etc. Wie sie verschiedene Zeitalter durchquert, durchquert die Musik auch verschiedene Genres; über ein Instrumentalrezitativ als einer per definitionem defizitären Musik erreicht sie ein Arioso und definiert dieses mit »dolente«, später »perdendo le forze« ergänzend so sängernah wie möglich, in der Fuge nähert sie sich dem »Dona nobis pacem« der *Missa solemnis*. Und diese wechselnd anvisierten Gattungen erscheinen zugleich in sehr unterschiedlicher Weise subjektiv besetzt, garnicht erwartungsgemäß insofern, als die am deutlichsten modellorientierte Musik keineswegs die im Ton am weitestgehend »objektive« ist – nichts in dieser Sonate z. B. erscheint weniger zitiert als das vermutbare Bach-Zitat, und

---

120 Theodor W. Adorno, *Verfremdetes Hauptwerk. Zur Missa solemnis*, in: ders., *Beethoven*, a. a. O., S. 219, dort weitere Drucknachweise.
121 S. oben Anmerkung 115.

im *Meno Allegro* des Schlußsatzes ist im Übereinander der Mensuren die Anstrengung der Synthese gegenwärtig und in ihr vernehmbar derjenige, der sich anstrengt. Seine im zwölften Takt der Sonate ausbrechende, alles Thematische beiseiteschiebende Virtuosität dementiert nicht nur die makellose Klassizität des Beginns, in ihr »vergeht« sich der Spielende an dem, was er spielen soll, nicht anders als z. B. in den Takten 17 ff. der Appassionata, er verletzt die Werkdisziplin und eröffnet ein Widerspiel von Text und Vollzug, welches auch nicht erlischt, wenn Thema und Figuration zusammenkommen (Takte 56 ff.). Nach einem breit komponierten Ausklingen macht die Figuration sich wieder selbständig und verhilft der letzten thematischen Anspielung zur Qualität eines transzendierten Nachklangs. Am Schluß der Sonate hat die »athematische« Figuration, den Text ins pure Spiel zurückholend, das letzte Wort. Neben der Substanzgemeinschaft, mindestens Anähnelung der Themen des ersten Satzes und der Fuge sowie desjenigen des *Allegro molto* und dem *Arioso dolente*, neben den in den Ecksätzen begegnenden Konvergenzen – vgl. die Takte 56 ff. im ersten Satz, die Takte 185 ff. im letzten[122] – gehören auch das »pneumatische« Verhältnis zum Spieler, die auffällig wechselnden Formen und Grade, in denen das Komponierte ihm sich in die Hand gibt, zu den wichtigen Parametern dieser Sonate.

In die Hand gegeben wiederum auch dem Komponierenden, welcher als »impliziter Autor« mit dem Spieler sich nahezu dieselbe Identität teilt: Ausgerechnet in der eher Distanz und Stilisierung befördernden lydischen Tonart i. e. in stile antico, im »Dankgesang eines Genesenden«, nähern die späten Quartette sich der tönenden Biographie am stärksten, der »Genesende« fürchtet nicht die Direktheit der halb anweisenden, halb deutenden Beischrift »Neue Kraft fühlend« und empfiehlt beim letzten Erklingen des lydischen Gesangs »innigste Empfindung«. Dem gigantisch rücksichtslosen Fugenfinale des Streichquartetts op. 130 (= op. 133) setzt er in der *Cavatina* eine in ihrer Privatheit nicht weniger rücksichtslose, bekennende Musik voran. Daß »das Zurückempfinden dieses Stückes« ihn »stets eine Träne« gekostet habe[123], steht in einem zu weiten Kontext, um als affektbedingte Zufälligkeit passieren zu können[124]. In Benennungen wie »Cavatina«, »Arioso«, »Arietta« etc. dokumentiert sich das Bedürfnis nach einer Direktheit der Äußerung und Mitteilung, die allein dem Singenden zu Gebote steht, der eines zwischen sich und die Musik geschobenen instrumentalen Mediums nicht bedarf; »beklemmt« oder »Perdendo le forze, dolente« erscheinen als Anweisungen für einen Sänger plausibler denn für einen Instrumentisten. Kaum geringer im Durchbruch zu unstilisierter Direktheit wiegen die der *Cavatina* vorangehende, erst spät hierher gelangte »Danza tedesca« oder das »Trio« des dem »Dankgesang« vorangehenden *Allegro man non troppo*, unverstellt dudelsackhaft das letztere und nach den Arcana des ersten Satzes ein deziertes Eintauchen in elementare Musizierweisen: das »ganze« dieser Musik be-

122 Dahlhaus, *Beethoven und seine Zeit*, a. a. O., S. 261 ff.
123 Alexander W. Thayer/Hermann Deiters/Hugo Riemann, *Ludwig van Beethovens Leben,* 5 Bände Berlin 1866–1908, das Zitat Band 5, S. 294.
124 Lewis Lockwood, *On the Cavatina of Beethoven's String Quartet in B-flat Major,* Opus 130, in: ders., *Beethoven, Studies in the Creative Process,* Cambridge/Mass. – London 1992, S. 209–217.

stimmt sich auch als Integral weit auseinanderliegender Ebenen, worin Traditionen
der unterschiedlichen rhetorischen Niveaus ebenso mitsprechen mögen wie ein
Hintergrund von sozialer Utopie: Bei der hier gewollten Totalität soll nichts draußenbleiben. Auch rigorose Verfestigungen der Struktur sollen der direkt mitteilen-
den musikalischen Rede dienstbar sein: Die Polyphonie zu Beginn des cis-Moll-
Quartetts erscheint einerseits streng, anfangs gar mechanisch reguliert und wird
zugleich als multipliziertes Singen, als eine keinem realen Singen erreichbare Meta-
Kantabilität wahrgenommen, das »molto espressivo« muß ihr durch den Spieler nicht
von außen aufgetragen werden, es bliebe selbst dann strukturimmanent, wenn man
alle Crescendi und Sforzati wegdächte.

Sehr viel drastischer artikuliert das ästhetische Subjekt Zuwendung, wo es – in
rezitativhaften Partien – aus der Szenerie der Musik heraus auf die »Vorbühne« tritt,
um den Hörer noch unmittelbarer ansprechen zu können. »Von Herzen – möge es
zu Herzen gehen« steht nicht nur über der *Missa solemnis,* sondern über dem Spätwerk insgesamt, Beschwörung wo nicht gar Hilferuf des einsamen Höhenwande-
rers, der sich »für alle und keinen« komponieren weiß. Nicht zufällig bemühte Thomas Mann die assoziative Nähe zum Autor des »Zarathustra«.

VII.

»Con alcune lizenze«, »tantôt libre, tantôt recherché« – das gilt nicht nur für die
Fugen in opp. 106 und 130 (bzw. 133). Der die partikularen Ganzheiten von Sätzen,
Werken, Werkgruppen, Gattungen nur noch als Durchgangsstationen betrachtet und
sie als zeitweilig bergende Höhlen verschmäht, die gegen den »Absolutismus der
Wirklichkeit« abschirmen könnten[125], zieht einerseits nun in jedem Detail den Problemdruck des Absoluten auf sich und tritt andererseits in eine gewisse paratakti-
sche Beliebigkeit hinaus. »Dieses blos umschweifende und begrenzte Wesen bringt
einen ganz eigenen peinlichen Zustand hervor [...] Ich kann Ihnen nicht sagen, wie
unwohl mir dabei geworden ist, nicht das erste Mal, aber je öfter ich sie hörte« –
derlei Schwierigkeiten eines hochgescheiten Musikers[126] geben authentischere Auskunft über die Herausforderung der Quartette als Akklamationen derer, die schnell
mit entschuldigenden Bezugnahmen auf den Exzentriker Beethoven bei der Hand
waren. Der immerhin kann Sätze austauschen, hin- und herschieben, umstellen,
kann aber auch höhnisch reagieren, da der Verleger von op. 111 nach einem vermutlich noch fehlenden Finalsatz fragt. Selbst, wenn er nicht so genau wie Wendell
Kretzschmar wußte, daß »die Sonate« mit der *Arietta* verabschiedet war, mußte ein
Werk oder Opus im Sinne eines derzeit letzten Wortes ein Testament sein, jedoch
nur Testament auf Zeit; Abschiede sind genug komponiert und gedichtet worden,

---

125 Hans Blumenberg, *Arbeit am Mythos,* Frankfurt am Main 1984, S. 9 ff.
126 Moritz Hauptmann, *Briefe an Franz Hauser,* Leipzig 1871, S. 98.

dürfen jedoch ästhetisch keine realen sein, schon, weil jegliches Werk ein Moment von Verabschiedung enthält. Freilich – indem Thomas Manns Stotterer Ästhetik und Realität ineinanderschiebt, befindet er sich auf Beethovens Spur; der tat es, zumindest am Ende, auch.

Daß Moritz Hauptmann[127] »sich erst befreit fühlte, wenn ein Mozartsches oder Haydnsches »In seiner Ordnung schafft der Herr« gespielt wurde« sagt über die Lesbarkeit der »Ordnung« des späten Beethoven ebensoviel wie über den Abstand zu seinen Vorgängern und läßt in diesem Abstand die Dimensionen dessen ahnen, was diese Musik als gescheitert meldet. Die Malaise der Lebensumstände spätestens seit dem Wiener Kongreß und selbst das Elend der restaurativen Unterdrückung (»der republikanische Geist glimmt nurmehr in der Asche«, notiert ein Besucher im März 1820 im Konversationsheft)[128] hätten derlei Wirkung nicht getan, stünden sie nicht für noch mehr: nicht nur für die Katastrophe von Hoffnungen, welche von 1789 und der josephinischen Ära her konkret begründet waren, sondern darüber hinaus eines Existenz- und Lebensgefühls, welches praktisch-gesellschaftspolitische Belange ebenso betraf wie transzendental-religiöse, Katastrophe mithin nicht nur bestimmter Hoffnungsinhalte, sondern des »Prinzips Hoffnung« selbst, welches kurz zuvor noch vor seiner finalen Einlösung zu stehen schien.

Daß »alle vorhergehenden Zeitalter sich, [...] ohne es zu wissen, [...] angestrengt haben [...] unser menschliches Jahrhundert herbeizuführen« – so Schiller in seiner Jenaer Antrittsvorlesung[129] – war nicht nur die Auskunft eines Historikers und eine andere Version von Kants Begriff der Geschichte »als der Vollziehung eines verborgenen Plans der Natur [...], um eine innerliche und zu diesem Zweck auch äußerlich vollkommene Staatsverfassung zustande zu bringen, als den einzigen Zustand, in welchem sie alle ihre Anlagen in der Menscheit völlig entwickeln kann«[130]. Kants »verborgener Plan« kulminiert bei Hegel – »Die Weltgeschichte ist der Fortschritt im Bewußtsein der Freiheit, ein Fortschritt, den wir in seiner Notwendigkeit zu erkennen haben«[131] – in der hochgestimmten Gewißheit fast eines »Heilig die letzte Schlacht«; vor allem sie bewog den eher pedantischen Großsiegelbewahrer des idealistischen Geistes zu der dreist-fatalen Gleichsetzung von Wirklichkeit und Vernünftigkeit[132], ex posteriori auch als Apologie restaurativer Wirklichkeit lesbar, der ursprünglichen Intention nach vor allem ein Plädoyer für den Wirklichkeitsanspruch des Vernünftigen. In Zeiten, da die Rede vom »Ende der Geschichte« zum feuilletonistischen Kleingeld geworden ist, läßt sich kaum nachvollziehen, auf welche Weise

---

127 A. a. O.
128 *Ludwig van Beethovens Konversationshefte,* hrsg. im Auftrage der Deutschen Staatsbibliothek von Karl-Heinz Köhler und Grita Herre, Band 1, Leipzig 1972, S. 346.
129 *Was heißt und zu welchem Ende studiert man Universalgeschichte?,* in: *Friedrich Schillers Werke,* Vollständige Ausgabe in 15 Teilen, hrsg. von Arthur Kutscher, Leipzig – Berlin – Wien – Stuttgart o. J., Elfter Teil, S. 184.
130 *Idee zu einer allgemeinen Geschichte in weltbürgerlicher Absicht,* 8. Lehrsatz, in: ders., *Werke in sechs Bänden,* Köln 1955, Band 6, S. 156.
131 Hegel, *Werke,* a. a. O., Band IX, S. 22.
132 Hegel, *Werke,* a. a. O., Band XIV, S. 275.

dieser »nichts weniger als schwärmerische [...] Chiliasmus«[133] Denk- und Fühlwei-
sen prägen und die Widerlegung Metternich zur philosophischen wo nicht theolo-
gischen Katastrophe machen konnte. Zu viel vom Ganzen, zu viel Prinzip hätte
geopfert werden müssen, um ihn als Umweg oder Betriebsunfall der Geschichte zu
tolerieren. Nun war das Widervernünftige wirklich geworden. »Ganz Europa ist auf
dem Hund. Man hätte den N(apoleon) ausleihen sollen auf 10 Jahre«[134] – daß man
bei Beethoven so redete, hat mit der Suche nach einem Zuchtmeister für die in
biedermeierliche Enklaven geflüchtete Canaille ebenso zu tun wie mit der Vorstellung eines Mannes, der Geschichte – welche auch immer – gemacht und nicht, wie
Metternich, die richtige, fällige Geschichte verhindert hatte, und der gar einmal als
Anwärter auf die Position des inkarnierten Weltgeistes gesehen worden war. Beethovens »kontestierendes« Verhalten[135] versteht sich als Weigerung, die Widerlegung
der Identität von Wirklichem und Vernünftigem zur Kenntnis zu nehmen; da er an
ihr festhält, muß er die »miserable Wirklichkeit«[136] nicht nur widervernünftig finden, sondern ihr das Recht bestreiten, Wirklichkeit zu sein – dies der ernste, allgemeine Hintergrund vieler Reaktionen, Äußerungen etc., die man billigerweise als
Symptome von Realitätsverlust interpretieren könnte.

Ein Philosoph kann den Probierstein seines Systems so weit ins abstrakte Feld
hinaus verlegen, kann die Gegenständlichkeit so sehr »verdampfen« lassen[137], daß der
Beweisfall entwertet bzw. verdächtig geschickt in der Dialektik von Weg und Ziel,
Werden und Sein aufgehoben scheint. Ein auf die Wirklichkeit seiner Töne verpflich-
teter Musiker kann das nicht, er kann sie, allem Perspektivenreichtum, allen Tiefen-
schichten des Komponierens zum Trotz, nicht »verdampfen« lassen – insofern muß
Beethoven sich am Ende als ein treuerer Hegelianer darstellen denn Hegel selbst. Er
kann nicht aufhören, dem »Weltgeist die Kastanien aus dem Feuer zu [...] holen«[138].

Dabei hat er, um im Bilde zu bleiben, sich oft genug die Finger verbrannt. Inwieweit in der Partikularität des opus perfectum et absolutum sich ein Ganzes herstellen läßt, mußte – erst recht im Zeichen von Beethovens prozeduralen Diskursen –
besonders aus der Art und Weise ihrer Beendigung ersehen werden können, auch,
wenn diese nicht als Summierung, Krönung oder Apotheose intendiert war. Je höher die Ambition greift, desto schwerer wird es, ein Ende zu finden. In Mozarts
»Jupiter«-Finale stand Beethoven ein Modellfall mit möglicherweise traumatisie-
renden Wirkungen vor Augen[139], das Finale des Rasumowsky-Quartetts op. 59/III
in C, zugleich Finale eines Opus, mutet wie ein angestrengter, gar überanstrengter

133 Kant, a. a. O.
134 Maynard Solomon, *Beethoven. Biographie,* München 1979, S. 296.
135 Harry Goldschmidt, u. a. in: *Komponisten, auf Werk und Leben befragt,* Ein Kolloquium, hrsg. von
    Harry Goldschmidt, Georg Knepler und Konrad Niemann, Leipzig 1985, S. 243.
136 Schubert am 16./18. Juli 1824 an seinen Bruder Ferdinand, in: *Schubert. Die Dokumente seines
    Lebens,* gesammelt und erläutert von Otto Erich Deutsch, Leipzig 1964, S. 250.
137 Bloch, *Subjekt – Objekt,* a. a. O., S. 100.
138 Hegel, zitiert bei Bloch, *Subjekt – Objekt,* a. a. O., S. 234, ohne Nachweis.
139 Gülke, a. a. O., S. 252 ff.

Versuch an, Mozart einzuholen, und die Schlußsätze der Sinfonien, als öffentliche
Musik unter besonderem Final-Druck stehend, können mit Ausnahme der beiden
ersten, an Haydn orientierten, sehr wohl als Beantwortungen jenes Traumas angesehen werden, an das Beethoven, im ersten Satz der Ersten unverhohlen auf den der
»Jupiter«-Sinfonie blickend, sich zielsicher herangearbeitet hatte[140]. In den Finale
der Vierten und Achten nimmt er die Bewußtheit des Ausweichens in die artifizielle
Klassizität der Lösung hinein; im Finale der »Eroica« deckt die »poetische Idee«[141]
den vorbedacht simplen variativen Ansatz und dessen lawinenhafte Entfaltung ebenso
wie die Einkehr zum Gebet; indem das Finale der möglicherweise für Paris konzipierten Fünften den »Innenraum« des Konzertsaales verläßt und ins Freie eines revolutionären Festes hinaustritt[142], lockert es musikimmanente Maßgaben ebenso
wie der »Hirtengesang« der Pastorale, final nicht zuletzt dank der programmatisch
vorgegebenen Rückkehr zu »Gesang« nach dem »Gewitter«; der Taumel am Ende
der Siebenten Sinfonie, motivisch eng ans Vorangegangene anschließend, scheint
alle Fragen nach anderen Dimensionen der Beendigungen übertönen zu wollen[143],
und die Wendung zur Kantate im »Freude«-Finale war auch – dies eine Teilwahrheit
in Wagners arg ideologischer Beanspruchung für die Legitimierung des Musikdra-
mas – ein Abschied von dem, was bisher Sinfonie gewesen war. Kein Wunder, daß
Zweifel und Unsicherheiten offenbar bis in den Herbst des Jahres 1823 fortdauer-
ten[144]. Als Belege dafür, »daß dieses Werk nicht aus einer von vornherein feststehen-
den Idee oder Konzeption hervorgegangen ist«[145], bringen diese Unsicherheiten
den nach dem Ganzen dieses Werkes Fragenden schwer in Verlegenheit; freilich
lassen sie sich auch als Beweis dafür verstehen, daß Beethoven in dieser Sinfonie
nicht mehr nur diese Sinfonie zu komponieren vermag, sondern schlechthin *die*
Sinfonie i. e. die Gattung komponieren muß. Welches Gelingen scheint noch möglich, wenn die Sprengung des vorgehabten Ganzen auch die Maßstäbe wegsprengt,
nach denen es gelingen könnte, d. h. ein bestimmtes Mißlingen geradezu zur neuen
Maßgabe eines anderen Gelingens werden kann? »Es gibt in der Kunst keine Regel,
die nicht durch eine höhere aufgehoben werden könnte«, hätte hier die einschlägi-
ge, diesesfalls gut beglaubigte Antwort Beethovens gelautet[146]. Immerhin – »auch für
einen, der das Werk bewundert, ist es so unverständlich nicht, daß viele den Ausweg
wählen, den ihnen Schiller weist, und weinend gehen«[147].

140 A. a. O.
141 Peter Schleuning, *Beethoven in alter Deutung. Der neue Weg mit der »Sinfonia eroica«*, in: Archiv für
    Musikwissenschaft XLIV, 1987, S. 187–194; Martin Geck – Peter Schleuning, *»Geschrieben auf
    Bonaparte«. Beethovens »Eroica«: Revolution, Reaktion, Rezeption*, Reinbek bei Hamburg 1989.
142 S. unten S. 192 ff.
143 Eine Übersicht über programmatische Deutungen bei Albrecht Riethmüller, in: *Beethoven. Inter-
    pretationen*, a. a. O., Band 2, S. 60.
144 Sieghard Brandenburg, *Die Skizzen zur Neunten Sinfonie*, in: *Zu Beethoven. Aufsätze und Dokumente
    2*, hrsg. von Harry Goldschmidt, S. 117–148.
145 Dieter Rexroth, *Ludwig van Beethoven, Sinfonie Nr. 9, Einführung und Analyse*, Mainz und München
    1979, S. 74.
146 Kerst, a. a. O., Band 2, S. 100.
147 Wilhelm Seidel, in: *Beethoven. Interpretationen*, a. a. O., Band 2, S. 271.

VIII.

Übrigens hat Beethoven die Zweifel komponiert. Im Rezitativ sowohl der Celli/ Bässe als auch des Sängers tritt er aus der Immanenz des Werkzusammenhangs heraus und verhandelt gewissermaßen öffentlich, wie und ob es überhaupt weitergehen könne. Nirgendwo sonst benutzt er das Defizitäre des Instrumentalrezitativs so explizit wie hier, kaum, daß man in bezug auf seine Notizen in den Skizzen – »Possen: Schöneres, Besseres«; »zu zärtlich, Aufgewecktes«; »Ha, dieses ist es, es ist nun gefunden« – noch von Untertexten sprechen möchte. Kommt hinzu, daß jene Immanenz schon zuvor gestört war – den Einbruch der Signale (Takte 121 ff.) kann das Adagio nicht aufarbeiten –, und daß das instrumentale »Es ist gefunden« nicht lange trägt; der »Rundgesang« (Takt 92) scheitert, beginnend mit den Takten 192 fällt er einer das »endlich gefundene« D-Dur vertreibenden, hektisch überzogenen Modulation anheim, in der auch die orchestrale Balance verlorengeht (deshalb ein Lieblingsgegenstand der Retoucheure), eine tiefe Verstörung, wonach der rückführende Impuls gerade eben bis zur Wiederholung der »Schreckensakkorde« trägt. Sie als »nicht diese Töne« direkt kommentierend kann der Sänger bzw. Chorführer bzw. Komponist danach von der vorangegangenen Verhandlung des Instrumentalrezitativs profitieren und erreicht den »Freude«-Gesang nun schnell.

Das verzweifelt-gewissenhafte Bemühen, eine Lektion über die Unvermeidlichkeit der Zuflucht beim Wort zu Musik zu machen, zwingt den impliziten Autor, als »Parlamentär« die elementarste ästhetische Verabredung – hier das Werk, dort der Adressat – zu stören. Auch gibt es kein Zurück, keine andersartige Immanenz; zur hochfliegenden Demagogie dieses Finale, zum Anspruch seiner alle denkbaren Finale resümierenden Finalität gehört im immerwährenden Appell zum Mitsingen die Kündigung der jener Verabredung eigenen Maßgaben. Keiner soll draußenbleiben i. e. das Ganze als ästhetisches Objekt nur von außen erleben und beurteilen können – auch deshalb die Überschreitungen, die Gewalttaten: daß ein notwendig emphatischer Tenor-Solist (»Froh, froh...«, Takte 375 ff.) eine wenig plausible Nebenstimme singt, welche, als Hauptsache herausgestellt, überfordert erscheint; daß Chor-Tenöre und -Bässe mit »Seid umschlungen...« (Takte 396 ff.) bzw. »Brüder...« (Takte 611 ff.) zweimal fortissimo eine demnächst als Kontrasubjekt einer Fuge fällige Wendung »üben« müssen; daß die zentrale Sentenz »Alle Menschen werden Brüder« durch extrem unterschiedliche Darstellungen grell überbelichtet wird, meditativ verinnerlichende bis ekstatisch überhitzte, in denen der Terrorismus der Menschenbeglückung seine Unwahrheit übertönt; denn längst nicht »alle [...] werden Brüder«, da zuvor, »wer's nie gekonnt«, aufgefordert worden ist, sich »aus diesem Bund« zu »stehlen«. »Die Freude«, schrieb Schiller am 21. Oktober 1800 an Christian Gottfried Körner[148], »ist nach meinem jetzigen Gefühle durchaus fehlerhaft; und ob sie sich gleich durch ein gewisses Feuer der Empfindung empfiehlt, so ist sie doch ein schlechtes Gedicht und bezeichnet eine Stufe der Bildung, die ich durch-

148 *Briefwechsel zwischen Schiller und Körner*, München 1973, S. 309 ff.

aus hinter mir lassen mußte, um etwas Ordentliches hervorzubringen«. Nicht nur deshalb, und nicht nur, weil nicht besonders musikalisch, wäre Schiller mit Beethovens Neunter Sinfonie todunglücklich gewesen – das Fegefeuer der Gründe zu riskieren, täte jeder Bewunderung des großen Werkes gut.

Zu den fatalen Aspekten der Beethoven-Rezeption gehören jene Vereinfachungen, welche allemal schnell zur Hand waren, wenn man bei Schwierigkeiten mit seiner Musik auf Persönliches rekurrierte (»Einige sagen, er sei ein Narr«[149]) und, was er als Sprachrohr einer alle betreffenden Objektivität artikulierte, bequemerweise durch dieses Sprachrohr bedingt sah. Dergestalt ließ sich gut an jenem Glaubwürdigkeitsfuror vorbeihören, welcher besonders dort zu vernehmen ist, wo er in Introduktionen, Überleitungen oder Rezitativen komponierend neu begründet, weshalb seine Musik so fortgeht wie sie fortgeht. Wenn er aus der Immanenz des Zusammenhanges, weil deren Verbindlichkeiten ihm nicht ausreichend erscheinen, beschwörend hervortritt wie in der Neunten oder in den Quartetten, wenn er die Bitte um Frieden in der *Missa solemnis* aus der Unmittelbarkeit einer Situation neu rechtfertigt oder am Schluß der *Arietta* von op. 111 in prononcierter Intimität sich als derjenige zu erkennen gibt, der ein übliches Finale überflüssig macht, stellt sich die Frage, welche Instanz außer dem beglaubigenden Ich noch im Spiele sei, und ob in der zum Äußersten getriebenen Identität von Ich und Werk, Werk und Ich nicht ein nahezu im Sinne Fichtes agierendes, setzendes Ich allein die raison d'être der Musik übernehme; daß diese Note, dieses Werk von Beethoven stammen, schon dies allein gibt ihnen Sinn und begründet ihren Geltungsanspruch. Weil eine einzig zuständige Instanz sich nicht ausweisen muß, wäre nicht einmal der Gütestempel einer unverkennbar Beethovenschen Prägung vonnöten – dies träfe sich mit Adornos Feststellungen, daß »das ästhetisch Brüchige der Missa solemnis, der Verzicht auf sinnfällige Gestaltung« mit »einer fast kantisch strengen Frage nach dem« korrespondiere, »was überhaupt noch möglich sei«[150], und »das auch autonome Subjekt, das anders der Objektivität nicht mehr sich mächtig erweist,« sich »aus Freiheit [...] an die Heteronomie« weggebe, – vielleicht gar Hilfe gegen Adornos Ratlosigkeit angesichts des Umstandes, daß die *Missa solemnis,* simpel gesprochen, nicht wie Beethoven klingt, also »überhaupt nicht unter den Stilbegriff des letzten Beethoven« falle[151]. Als letzte Instanz der Musik, als »Versuchs-Station der Menschheit«[152], erfährt das Ich Glanz und Elend eines deus omnipotens; da die Zwischenwände partikularer Ganzheiten, Bezugspunkte, Wertekanons einzustürzen beginnen, vernimmt es, als von den Echowänden des größtmöglichen Ganzen zurücktönend, ohnehin immer sich selbst. Weil sie keine Teil-Autorität mehr vertreten, kann es die Partikularität überkommener Lösungen leicht tolerieren und braucht Fragen wie etwa die

---

149 Zelter an Goethe, 12. August bis 1. Oktober 1819, in: *Briefwechsel zwischen Goethe und Zelter,* a. a. O., Band 20.1, S. 581, Brief Nr. 321.
150 Adorno, *Verfremdetes Hauptwerk,* a. a. O., in: ders., *Beethoven,* das Zitat S. 221.
151 A. a. O.
152 Nietzsche, *Nachgelassene Fragmente Anfang 1880 bis Sommer 1882,* 6(31), in: ders., *Kritische Studienausgabe,* a. a. O., Band 9, S. 200–201.

nach dem Bekenntniswert der Worte »et unam sanctam et apostolicam ecclesiam«, deren Komposition Schubert im Gegensatz zu dem frommen Freigeist Beethoven konsequent verweigerte, nicht länger als Grundsatzfragen zu betrachten.

Sub specie aeternitas als des letzten, unerreichbaren Ganzen rücken Werk und Werkentstehung, beide nur in verschiedenen Graden vorläufig, enger zusammen, das eine so wenig nur Mittel wie das andere nur Zweck. Hat der sonst unordentliche Beethoven Skizzen und Entwürfe auch deshalb so ordentlich aufbewahrt, weil er, hierin das ganze Gegenteil des spurentilgenden Brahms, sie vom fertigen Werk nicht trennen mochte und wenigstens diesen Teil des Zustandegekommenen, E. T. A. Hoffmanns Goldschmied Cardillac vergleichbar, für sich behalten wollte? Die Formulierung, der späte Beethoven sei sich selbst historisch und also denkwürdig geworden und habe deshalb alle Zeugnisse seiner Arbeit als dokumentenwürdig ansehen müssen, verengt das Problem und wird allein dadurch relativiert, daß schon der »klassizistische« Beethoven der »mittleren Periode« ein Cardillac war. Nicht nur nach »oben«, zu jeweils umfassenderen Maßgaben hin, erschien ihm das fertiggestellte Werk perspektivisch offen, sondern auch, den Entstehungsgang betreffend, nach »unten« hin. »Das wäre ein Kunstwerk würdig des Künstlers, bei dem die Ausführung selbst zum Kunstwerk geriete – ob der Verhaltenheit und Überlegtheit, mit der zu Werke gegangen wird – ob der wohlbemessenen Begeisterung, die, so wie aus Pflichtarbeit Meisterschaft wird, im Fortgang der Tätigkeit zur Vollkommenheit führte. – Unmenschlich wäre das«[153].

Die Gestehungskosten dieser überaus spezifischen »Unmenschlichkeit« sind hoch: Das Leidens- und Einsamkeitspathos, unverrückbare Konstante der Beethoven-Rezeption[154], hätte Beethoven auch ohne die Ertaubung, welche er fast bis zur – unreflektierten? – Bejahung verinnerlichte, nicht erst posthum angeschafft werden müssen – zu plausibel schon in den Augen der Zeitgenossen die Einreihung in die Märtyrer der Wahrheit, die Seher und Leidenden, bei denen Erwählung und Geschlagensein ineinsfallen. »Doch uns gebührt es, unter Gottes Gewittern, / Ihr Dichter! mit entblößtem Haupte zu stehen, / Des Vaters Strahl, ihn selbst, mit eigener Hand / zu fassen und dem Volk ins Lied / Gehüllt die himmlische Gabe zu reichen«[155]. Allerdings kann Beethoven den Widerspruch zwischen dem Elite-Bewußtsein des »unter Gottes Gewitter« Bestellten und den liberal-menschheitsoffenen, zeit- und geschichtsbewußten Positionen immer weniger schlichten, die Menschheit liebt er, die Menschen hingegen kaum. Nicht selten verrät der hochfahrende Zynismus seiner Äußerungen – nicht ohne die Arroganz des Asketen, der sich seiner Verzichte sicher ist –, daß er die Menschen verachten muß, um weiter für die Menschheit sprechen zu können. Das trifft nicht nur, oft als paranoisches Mißtrauen, Lemuren wie Schindler oder die Kopisten und Bediensteten, sondern auch unbeirrt Ge-

153 Paul Valéry, *Cahiers/Hefte 6*, Frankfurt am Main 1993, S. 93.
154 Hans Heinrich Eggebrecht, *Zur Geschichte der Beethoven-Rezeption. Beethoven 1970*, Wiesbaden/ Mainz 1972.
155 Friedrich Hölderlin, *Wie wenn am Feiertage…*, in: ders., *Sämtliche Werke*, hrsg. von Friedrich Beißmer, Leipzig 1965, S. 317.

treue vom Kaliber des »Lieblingsdolmetschers«[156] Schuppanzigh: »Was soll mir seine
elende Geige, wenn der Geist zu mir spricht[157] – der hochfahrend-schrille Zarathu-
stra-Ton hätte wohl gerechtfertigt, daß der seine Geige einpackt. Weil er aber auch
einen ganz anderen Beethoven kannte, konnte er respektieren, daß »der Künstler
[...] unter der Einwirkung einer Macht zu stehen [...] scheint, ... die ihn von allen
anderen Menschen absondert und ihn Dinge aussprechen oder darzustellen zwingt,
die er selbst nicht vollständig durchsieht und deren Sinn unendlich ist«[158].

Das mag als Lizenz taugen auch für die seltsamsten Widersprüche, in die Beethovens Aristokratismus sich verstrickte – daß er einerseits der gehobenen Gesellschafts-
welt jakobinisch die kalte Schulter zeigen und sich Hochadeligen ebenbürtig nennen, andererseits auf Ehrungen scharf sein, das »van« seines Namens als Adelsprädi-
kat einklagen konnte und, der Rufschädigung für seine Mutter nicht eingedenk,
nicht ungern sah, daß jahrelang die Mär umlief, er sei ein illegitimer Sohn Friedrich
Wilhelms II., dem er im Jahre 1796 die Cello-Sonaten op. 5 vorgespielt und kurz
darauf gewidmet hatte: All dies Kompensationen einer permanenten, selbstaufer-
legten Überforderung, Ikarusstürze dessen, der sich der Sonne allerhöchster Ansprüche zu sehr nähert. Deren »Wahrheit ist ein Grenzwert der Welt. Es ist nicht
erlaubt, darin zu wohnen. Mit den Bedingungen des Lebens verträgt sich nichts, was
so rein ist. Wir durchqueren nur die Idee der Vollkommenheit, wie die Hand unge-
straft durch die Flamme streift. Aber die Flamme ist unbewohnbar, und die Häuser
der höchsten Glückseligkeit stehen notwendig leer«[159].

IX.

Man kann es mit der Musik so ernst meinen, daß fast nichts mehr geht. Hat sie »nur
einmal überhaupt sich darauf eingelassen, Musik zu sein,« notierte Adorno[160], »so
kann sie dann gewissermaßen [...] tun und lassen, was sie will. Unter diesem Gesichtspunkt wäre Beethoven als der Versuch aufzufassen, durch die immanente Bewegung des Begriffs, als sich entfaltende Wahrheit, die apriorische Unwahrheit des
Anhebens, des Musikseins, zurückzunehmen.« Bei der gewagten Überlegung hätte
er sich der Schützenhilfe Friedrich Rochlitz' versichern können, der im Sommer
1822 Beethoven den Vorschlag des Verlegers Härtel überbringt, ähnlich derjenigen
zu Goethes *Egmont* eine Musik zum *Faust* zu schreiben – ein Vorhaben, das Beethoven schon längst beschäftigt hatte. »Damit wird's lange dauern« antwortet er im
Hinblick auf »zwei Sinfonien [eine davon die Neunte, P.G.] und jede anders als

156 Bericht von Ignaz von Mosel, Kerst, a. a. O., Band 2, S. 104.
157 Kerst, a. a. O., Band 2, S. 231.
158 Friedrich Wilhelm Joseph Schelling, *System des transzendentalen Idealismus*, 6. Hauptabschnitt, § 1,
    Ausgabe Leipzig 1979, S. 263.
159 Paul Valéry, *Vorwort zur »Erkenntnis der Göttin«*, in: ders., *Werke*, Frankfurter Ausgabe in 7 Bänden,
    Band 5, Frankfurt am Main 1991, S. 35.
160 *Beethoven*, a. a. O., S. 26.

meine übrigen, und ein Oratorium«, die Missa solemnis; »denn, sehen Sie, seit einiger Zeit bring ich mich nicht mehr leicht zum Schreiben. Ich sitze und sinne und sinne; ich hab's lange, aber es will nicht aufs Papier. Es graut mir vorm Anfang so großer Werke. Bin ich dann drin, da geht's wohl«[161]. Den auf der Arbeit liegenden Druck bestätigen auch die nach jeweiligen Beendigungen – nicht in erster Linie als Zeichen der Erleichterung – notorisch jubelnden Superlative. Spätestens seit der im Juni 1801 dem Freund Amenda anläßlich der Streichquartette op. 18 erteilten Auskunft, daß »ich erst jetzt recht Quartetten zu schreiben weiß, was du schon sehen wirst, wenn du sie erhalten wirst«[162] gibt es bis hin zur *Missa solemnis* und dem cis-Moll-Quartett viele »ganz neue« und bisher beste Werke – zuweilen unverhohlen anpreisend, zuweilen voller Stolz, immer aber Niederschlag eines Bejahungs- und Ausschließlichkeitszwanges, unter dem dank »eines radikalisierten Sinnanspruchs« jede im emphatischen Sinn aufs Ganze gehende Aussage steht – wiederum in nicht nur zeitlicher Parallele zur Philosophie. »Fichtes *Wissenschaftslehre* von 1804 und Hegels *Phänomenologie des Geistes* von 1807 stellen in Stil und Terminologie ein Projekt in Aussicht, das selbst schon den Begriff eines letzten Ernstes buchstäblich verkündet«[163], jeweils Stufen einer Selbstverwirklichung des Absoluten, deren Anspruch auf fugenlose Schlüssigkeit Spielräume und arbeitsteilige Unterscheidungen von mehr und weniger Wichtigem nicht duldet. Wer »immer das ganze im Auge« hat, kann das große Anliegen nicht relativieren, das lebensfreundliche Element Humor z. B. findet keinen Platz, über das Wichtigste darf nicht gelacht werden, und was wäre in einem geschlossenen System bzw. Ganzen nicht das wichtigste? Weder die *Wut über den verlorenen Groschen* noch das Allegretto der Achten Sinfonie noch der Sarkasmus etlicher Scherzandi widerlegt, daß Beethoven für die Musik die Phalanx der Humorlosen eröffnet; Wagner, Mahler, Schönberg und andere werden ihm folgen. Schillers – schon bei ihm nicht ganz glaubwürdige – Apologie des Spiels[164] war ein Requiem, erlaubt ist letztenendes nur noch der Ernstfall.

Als dieser, von den Strangulierungen durch den höchsten Anspruch erzwungen, eignet dem auf dem Weg zum Absoluten befindlichen Komponieren auch ein agonales Moment; indem es Stationen eines vorgezeichneten Weges absolviert, wird es zum erledigenden Komponieren. Das »Glück [...], Geschäftsführer eines Zwecks zu sein, der eine Stufe in dem Fortschreiten des allgemeinen Geistes« darstellt, welches Hegel den im Sinne jenes Fortschreitens auf Vordermann gebrachten »welthistorischen Individuen« zudiktiert«[165], ist auf Kunst bezogen unter anderem ein Glück von Totengräbern: jedes Werk als Erledigung auch eine Definition dessen, was danach nicht mehr möglich ist. Weil in der Fortsetzung jener Logik, die Beethovens

161 Schindler, *Biographie...*, a. a. O., S. 330/331, nach Friedrich Rochlitz, »*Für die Freunde der Tonkunst*«, Band IV, Leipzig o. J.
162 *Briefe*, Band 1, S. 86.
163 Karl Heinz Bohrer, *Heideggers Ernstfall,* in: *Sprachen der Ironie. Sprachen des Ernstes,* hrsg. von Karl Heinz Bohrer, Frankfurt am Main 2000, S. 366.
164 *Über die ästhetische Erziehung des Menschen,* in: *Friedrich Schillers Werke,* a. a. O., Teil 8, S. 5 ff.
165 Hegel, *Werke,* a. a. O., Band 9, S. 32.

Schaffen bestimmt, jede »normale« Sonate nach seinen letzten, jede Messe nach der *Missa solemnis*, jede »normale« Sinfonie nach der Neunten, jedes »normale« Streichquartett nach den späten Quartetten mit dem Odium unerlaubter, unerträglicher Naivität geschlagen wäre, stünde ein atemberaubender, »agonaler« Verbrauch des als Musik noch Möglichen ins Haus. Im Sinne einer letzten Veranlassung notiert ein Schriftsteller unserer Tage das als »die verhängnisvolle, die unheilvolle Verwundung des modernen Menschen: erstmals bei Beethoven. Die Quartette, die Sonate (op. 106) usw. Das Ganze hat sich in den Tod gewendet. Hier so, anderswo anderswie. Der selbstmörderische Charakter der Welt schreibt dem vernunftbegabten Geschöpf – dem Menschen – seine verhängnisvolle Rolle vor«[166].

Wie bei Adorno gibt es auch hier zeitgenössische Gegenzeugen. »Der nach ihm kommt, wird nicht fortsetzen, er wird anfangen müssen, denn sein Vorgänger hörte nur auf, wo die Kunst aufhört«, sagte Grillparzer an Beethovens Grab[167], unverkennbar darauf anspielend, daß dieser, mit Mahler zu reden, »alles wegkomponiert« hat. Der wichtigste unter seinen Zuhörern, Franz Schubert, hat es schon lange gewußt und erlitten: »Wer vermag nach Beethoven noch etwas zu machen?« hatte er seinen Freund Joseph von Spaun gefragt[168] und immer wieder im Zeichen der Gegenwehr komponiert, Etliches vermutlich als direkte Beantwortung wo nicht Protestaktion[169]. Wie töricht es auch erscheint, die Geschichte des Komponierens mit der Vorstellung einer erschöpfbaren Menge des musikalisch Möglichen zu behelligen, von der auch für Nachlebende etwas bleiben oder aufbereitet werden muß – Haydn hatte soeben ein Beispiel gegeben, wie Zukunft komponiert, wie durch Gründung neuer Verbindlichkeiten Vorsorge für die Jüngeren getroffen wird, vermutlich bewußt: »Wieviel noch zu tun!«[170]. So hätte Beethoven im Hinblick auf die Arbeit von Kollegen und Jüngeren nie geredet, und so redet nach seinem Tode niemand; da stand den ratlos Zurückbleibenden nun als unvermeidbarer Bezugspunkt und als Menetekel ein Lebenswerk vor Augen, welches unmittelbar zu beerben nicht möglich schien und das als Erbschaft komponierend abzuarbeiten eine Aufgabe mehrerer Generationen war. Die rigorose Verpflichtung aufs Ganze hat die Kategorie Zukunft nahezu aufgesogen und mit ihr das Moment der Vorsorge, worüber man in Zeiten stabiler Traditionslinien nicht reden mußte. Jedes weitere Werk Beethovens wäre wiederum ein anderes und neues gewesen, sicher aber auch wieder ein letztes. So fehlt wenig zu dem Eindruck, dieses Leben habe »sich seinen Sinn gerade dadurch [...] definiert, daß es zu sein beansprucht, wonach nichts mehr kommen darf«[171].

166 Imre Kertesz, *Galeerentagebuch*, Berlin 1993, S. 296.
167 *Franz Grillparzers Werke in sechs Bänden*, Leipzig o. J., Band 6, S. 88.
168 *Schubert. Die Erinnerungen seiner Freunde*, gesammelt und herausgegeben von Otto Erich Deutsch, Leipzig 1957, S. 109.
169 Peter Gülke, *Die Gegensinfonie. Schuberts »Große« C-Dur-Sinfonie D 944 als Antwort auf Beethoven*, in: Österreichische Musikzeitschrift 1997, Sonderheft Franz Schubert, S. 22 ff.
170 Haydn am 12. Juni 1799 an Breitkopf in Leipzig, nicht mehr nachweisbar, vgl. Haydn, *Gesammelte Briefe und Aufzeichnungen*, hrsg. von Denes Bartha, Kassel usw. 1965; Karl Geiringer, *Joseph Haydn*, Mainz 1959 bzw. München 1986, S. 188.
171 Hans Blumenberg, *Lebenszeit und Weltzeit*, Frankfurt am Main 1986, S. 80.

Zur Bestimmung des Sinfonischen

Im Begriff des Sinfonischen verschränken sich eine Auskunft über musikalische Form und eine über Dimension. Da die zweite wesentlich durch Beethoven hinzugebracht worden ist und in einer Bezeichnung wie *Sinfonische Dichtung* bereits dominiert, erscheint der Terminus gängigerweise erst auf seine und auf spätere Musik fixiert, dies halbwegs gerechtfertigt durch die Tatsache, daß er Form und Dimension neuartig synthetisiert hat, obwohl schon vor ihm die Sinfonie als die große, repräsentative Instrumentalform etabliert war. Nicht zuletzt zeigt sich die neugewonnene Autarkie der großen Form darin an, daß bei Beethoven die Zwischenlösungen im vermittelnden Bereich der Divertimenti, Cassationen, Serenaden etc. fehlen, Orchestermusik von Kammermusik endgültig geschieden ist. Noch in Werken obersten Ranges wie Mozarts *Kleiner Nachtmusik* ließ sich die Unterscheidung nahezu auf die Besetzungsfrage reduzieren; Kompositionen dieses Tons bei Beethoven, am bekanntesten von ihnen das Septett op. 20, fallen an die Kammermusik zurück. Auch in seinen Bearbeitungen überschritt er die Grenze nur in zwei Ausnahmefällen: Bei der für Blasorchester eingerichteten *Marcia funebre* aus der Klaviersonate op. 26 begünstigte dies der programmatische Charakter, und die Triofassung der zweiten Sinfonie hält sich als Zurichtung für eine praktikable Besetzung so sehr im Rahmen der gängigen Praktiken, daß sie als Surrogat kenntlich bleibt und die Komposition nicht, wie in der Bearbeitung des c-Moll-Trios op. 1/III als Quintett op. 104 oder der Klaviersonate op. 14/I als Streichquartett, nach Maßgabe des andersartigen Ensembles neu angeeignet ist, mit neuen Stimmen, zusätzlich eingezogenen Kontrapunkten etc.[1].

So allmählich sich auch die wechselseitige Abhängigkeit von kompositorischer Struktur und ausführenden Mitteln herstellte und in manchen der nachfolgend erörterten Einzelheiten bei Haydn und Mozart als im Heranwachsen begriffen zu verfolgen ist, trat sie dennoch schlagartig und bestürzend mit der Uraufführung der *Eroica* als neue Qualität in Erscheinung, schon äußerlich, da diese die Spieldauer von mindestens zwei der bisher gewohnten Sinfonien beanspruchte; ein Satz von den Dimensionen des ersten verletzte mit seinen 691 Takten (die vorgeschriebene Wiederholung der Exposition nicht gerechnet) die gewohnten Normen so offenkundig, daß er nicht widerstandslos akzeptiert werden konnte. Im gesamten Oeuvre Beethovens stellt diese Eroberung der sinfonischen Dimension den größten qualitativen Sprung dar[2].

---

1   Zu op. 14/I vgl. Wilhelm Altmann, *Ein vergessenes Streichquartett Beethovens,* Die Musik V/4 (November 1905), S. 250–257.
2   An dieser Stelle muß betont werden, daß es dem Verfasser zunächst um Momente einer Bestimmung des Sinfonischen zu tun ist, noch nicht aber um dessen Genealogie oder um das Problem, inwiefern

Was hier im normwidrigen Umfang ins Licht der Öffentlichkeit trat, betraf zugleich die kompositorische Struktur im Einzelnen und Inneren. Musikalische Details und Partien lassen sich nicht dehnen, strecken oder gar multiplizieren, ohne sich qualitativ zu verändern, können nicht in größeren Dauern auf gleiche Weise wirken und funktionieren wie in kleineren. Der viermalige Durchlauf eines vierundzwanzigtaktigen Themas im gemäßigten Tempo, wobei die dritte Achttaktgruppe die zweite wiederholt, dieser Abschnitt also von insgesamt 96 Takten bei achtmaligem Erklingen zwei Drittel beansprucht, mag formaliter noch vom Variations-Reglement aus zu fassen sein, stellt realiter jedoch etwas Neues dar. Beide Sätze, in denen Beethoven mit derart großen Bausteinen im Lapidarstil arbeitet, der zweite der *Siebenten* und der letzte der *Neunten Sinfonie*, verlassen konsequenterweise dies Reglement alsbald und enden nach einem ganz anderen Gesetz als demjenigen, nach dem sie, wenn auch kaum der Substanz nach, antraten, da sie die viermalige Folge des Themas als entwickelnde Aufschichtung, als vermehrenden Prozeß gaben. Denn als Wiederholung von Gleichem bei jeweils veränderter Disposition der Klangmittel werden diese Partien keineswegs gehört; der Rückbezug aufs Thema, das Messen an diesem als das zentripetale Moment des Variationenhörens[3] erscheinen fast völlig verdrängt vom Erlebnis der steigernden Entfaltung, vom Eindruck des immer höher sich türmenden Baus, von der zwingenden Gewalt einer konsequent durchgehaltenen Entwicklung. Deren Gegenstand aber kann schwerlich das Gleichbleibende und Wiederholte sein: mindestens gleichberechtigt neben die Darstellung des Themas mit jeweils neuen Mitteln tritt die Darstellung der jeweils neuen Mittel am bekannten Thema. An ihm als dem Gleichbleibenden wird deren Expansion sichtbar; immer mehr Stimmen fallen ein, die Bewegung bezieht ständig neue Bereiche des Apparates ein nach dem Modell eines immer weiter greifenden Rundgesanges, den das Freudefinale ins Monumentale erhöht. Dimension und Reichtum des Orchesters werden hier auf eigene Weise produktiv und schaffen Kontinuität in einem Ablauf, den eine abstrakt aufs Thema als die musikalische Substanz schauende Analyse als diskontinuierlich und rückläufig beschreiben müßte.

Die Produktivität der Dimension, die vergrößernde Optik der allmählich sich erschließenden orchestralen Möglichkeiten treten um so deutlicher in Erscheinung, je geringer der motivische Einsatz gehalten wird, an dem sie sich entzünden. In der Durchführung des ersten Satzes der *Pastoralsinfonie* reduziert Beethoven den zweiten Thementakt auf eine Spielfigur, die durch die charakteristische Bewegungsform ♪♪♪♪ und Dreiklangsbrechung geprägt ist. Die beiden Steigerungen im ersten Teil der Durchführung wiederholen sie jeweils 36mal. Der Sparsamkeit des motivischen Einsatzes entspricht der harmonische; nur einmal auf der langen Strecke, jeweils nach dem zwölften Takt, wechselt die Harmonie, dies freilich in überraschenden

---

Ergebnisse in diesem Bereich in den der Kammermusik zurückwirken, zumal in den späten Quartetten.
3   Zur Kunst der Variation, besonders auch bei Beethoven, vgl. die Arbeiten von Paul Mies, auch Joseph Müller-Blattau, *Gestaltung und Umgestaltung,* Stuttgart 1950.

mediantischen Umbrüchen (B- zu D-Dur, G- zu E-Dur), die einen gewaltigen Ambitus ergeben zwischen den durch Tritonusabstand gekennzeichneten Tonarten B und E, eine Polarität übrigens, die auch in der Durchführung der *Ersten Sinfonie* eine wichtige Rolle spielt. Mit einer allein in der musikalischen Struktur liegenden Dynamik ist bei so geringem Einsatz an entwicklungsträchtiger Substanz – lediglich gegen die Spielfigur gesetzte Achteltriolen beunruhigen die Zuständlichkeit der Partie – der große, durch die auseinanderliegenden Tonarten abgesteckte Bogen nicht zu bewältigen. Hier nun beginnt die Materialität der orchestralen Mittel zu arbeiten: Mit *crescendo poco a poco* und allmählichem Hinzutritt weiterer Stimmengruppen steigern sich die treibende Unruhe der Wiederholungen und das Bedürfnis, über deren Bannkreis hinauszugelangen, was geradezu wie ein sinfonischer Vorgriff auf die nach Entladung drängende Gewitterschwüle des vierten Satzes anmutet; eine in Takt 151 voll definierte Zuständlichkeit wird der Dimensionierung anheimgegeben, und diese schafft, allmählich quantifizierend, die Notwendigkeit qualitativer Umschläge herbei, zuerst das harmonische Umkippen, dann die unmittelbar auf den Ausbruch zielende Vereinfachung der Takte 175–178 bzw. 221–224, endlich den Ausbruch selbst. Gegenüber der ersten setzt die zweite Steigerung mehr ein mit dem Umschwung G/E, der die durch den Wechsel B/D geschaffenen Erwartungen übertrifft, und mit dem neuen Achtelmotiv der Flöte in den Takten 217–220.

Da hier mit den steigernden Wirkungen der allmählich aufgefächerten Dimension verbündet, kann der Widerspruch der Triolen zum Rhythmus der »Spielfigur« sich voll entfalten; im Nacheinander exponiert ihn der Engpaß der die Gangart ständig wechselnden Takte 53 ff., durch den die Musik sich bis zum homogenen Fluß des Seitensatzkomplexes Takte 67 ff. hindurchzwängt, erscheint dann flüchtig als Steigerungsform der Bewegung in den Takten 83–86 und erstmalig im simultanen Nebeneinander in Takt 102, nach- und später untereinander in dem Komplex T. 115, wohingegen der nachdrücklich befestigende Gestus der Triolen in den Takten 111 bis 114 Episode bleibt.

Konträr zur spannungssteigernden Funktion in der Durchführung fungiert die Triole in der Coda (T. 428 ff.) als Vehikel einer großen, über 42 Takte wellenförmig laufenden Entspannung; das unmittelbare Hintereinander der beiden Bewegungsformen und die Übernahme des zuvor stets der Achtel/Zweisechzehntel-Folge gehörigen Motivs Beispiel 1a in den Triolenbereich (Beispiel 1b) definieren die Triole

nun als Aufweichung und Entspannung des Rhythmus ♫. Damit ist *dolce piano* die Richtung auf Auflösung und Auslauf gewiesen, ein Abfließen der zumal durch die Takte 422 ff. noch einmal sehr nachdrücklich gestauten und verfestigten Musik, das mehrere Male zu dynamischen Buckeln (T. 440 *forte*, T. *458 fortissimo*) aufläuft, welche freilich, ähnlich den Takten 448–451, den entspannenden Fluß nicht sperren und als Zielpunkte abirrend auf sich lenken, sondern ihn gliedern als Aufhänger der im Großen stetig fallenden Girlande. Wie die Durchführungspartie aufs *Gewitter*, scheint der heranbrandende, zuweilen sich aufstauende, dann wieder abfließend sich entspannende Verlauf dieser Partie auf die Wellenbewegung der *Szene am Bach* vorauszuweisen, in einer Kunst des pneumatischen Umgangs mit fest definierten Zuständlichkeiten, die sich angemessener mit räumlichen Assoziationen, Entfernung, Näherung etc., beschreiben läßt als mit im engeren Sinne musikalischen Kategorien.

Coden sind ein bevorzugter Platz solcher Entfaltungen, aus naheliegenden Gründen: Die durch die thematische Konstellation aufgetragene Arbeit ist getan, die Konfliktsubstanz bewältigt, auf den zentralen Konflikt soll nur mehr zurückgeschaut werden, er soll nachklingen; gleichzeitig aber möge die Coda nicht nur als ein abschwächendes Echo erscheinen oder nochmals expandierend ausholen. Soll demgemäß weder ein Nachhall des Zentralkonflikts herausspringen noch falscherweise ein neuer angesponnen werden, so bieten sich Gestaltungsweisen wie die geschilderten an, die nicht von der thematischen Dialektik herkommen. Die mehrfach geschwungene Linie der Coda des ersten Satzes der *Pastoralsinfonie* ist in deren letztem zum klaren Auf-Ab vereinfacht: Die Sechzehntelbewegung der Takte 206 ff. treibt in das Tutti (T. 219) hinein, in dessen tragender Baßbewegung (Beispiel 2a) die unmittelbar zuvor den Holzbläsern gehörige Motivik des dritten und vierten Thementaktes (Beispiel 2b) fortgebildet ist und in der hier neuen zweitaktigen

Vergrößerung in mächtigem Griff mindestens zwei Oktaven überspannt. Erst mit dem Beginn des Abflusses mit dem Vorhalt-Takt 227 löst sich aus dem massiven, der Baßbewegung überbauten Tuttiblock melodische Bewegung heraus als fallende Linie, die bis ans »Gebet« T. 237 heranführt, die letzte Station der in dieser Sinfonie dargestellten Aspekte im Verhältnis des Menschen zur Natur[4].

Liegt am Schluß der *Pastoralsinfonie* hinter dem letzten Anlauf noch etwas Neues, leitet er hier, als die größte klangliche Expansion des Werkes, dessen stillste Einkehr ein, so zielt er in den ersten Sätzen der *Siebenten* und *Neunten Sinfonie* auf eine abschließende Apotheose des thematischen Materials selbst und nimmt entsprechend größere Formen an, muß überdies, um das schon Bekannte in neuem Licht, als neugewonnenes Ergebnis zeigen zu können, nochmals neu darauf zugehen, mithin von außen, mit anderem Material ansetzen. Im ersten Satz der *Siebenten Sinfonie*

---

4   Hierzu vgl. József Ujfalussy, *Dramatischer Bau und Philosophie in Beethovens VI. Symphonie*, Bence Szabolcsi Septuagenario, Budapest 1969 (= Studia Musicologica Academiae Hungaricae Scientiarum Hungaricae Bd. II), S. 439–448.

erscheinen in dieser Partie (T. 391 ff.) erstmals unpunktierte Melodiestellen
(T. 401 ff.), eben dort, wo Beethoven den Kopf des Hauptthemas Beispiel 3a (welches er zuvor, weitab in As-Dur beginnend, in abgerissenen Aphorismen zitierte) in
chromatischer Verengung zu der zweitaktig pendelnden Figur Beispiel 3b umbildet,

deren elfmalige Wiederholung abermals mit der Expansion des Apparates und der
Dynamik einhergeht. Über diesem Basso ostinato figurieren die Violinen, in jedem
zweiten Takt neu von dem schon in der Introduktion traumatisch fixierten Quintton e ausgehend, in immer lebhafterer, immer stärker drängender Bewegung den A-
Dur-Akkord nochmals aus – dies ein Prototyp des Emporschaukelns einer in sich
identischen Materie, einer quantitativen Vermehrung, die ins Qualitative umschlägt,
hier zurückschlägt ins bekannte thematische Material und zugleich mit ihm die
Höhe gewonnen hat zur abschließenden Apotheose.

In welch hohem Maße die Dimension des Apparates diesen letzten Anstieg trägt
und als letztmalige Erschließung und Präsentation rechtfertigt, zeigt ein Vergleich
mit ähnlichen Verfahrensweisen in Kammermusik: Die »Schaukelform« des Themas
im ersten Satz des Streichquintetts op. 29 hat Beethoven zu einer etwa analogen
Coda-Gestaltung angeregt. Nach einer Fermate vom Piano ausgehend, versetzt die
um einen Ton sich drehende Circulatio des Themas den Satz nochmals in Schwingung in einer Steigerung, die hier schon im neunten Takt eine Beschleunigung der
Bewegung erzwingt (da der Ansatz auf der punktierten Halben entfällt), dies abermals zwei Takte später. Die Struktur dieser letzten zwei von insgesamt zwölf Takten
Steigerung ist gegenüber dem Anfang bereits viel weitergehend verändert als die der
letzten Takte der zweiundzwanzigtaktigen Steigerung in der Coda des ersten Satzes
der *Siebenten Sinfonie:* Die Veränderungen, den Hinzutritt von Neuem, den das Orchester schon im Griff nach neuen Klangmitteln zur Verfügung hat, muß Kammermusik bereits in der Veränderung der musikalischen Strukturen selbst suchen.

Von hier aus läßt sich in der Frage der Proportion von Aufwand und beanspruchtem Raum und Zeitdauer (ein groß besetztes Werk kann länger dauern, Schuberts letzte Kammermusikwerke haben »sinfonische« Längen etc.) über vage Analogien hinauskommen. Im Sinne der sinfonischen Gestaltung voll wahrgenommen,
tritt in den Klangmitteln des Orchesters der ausführende Apparat selbst als Partner
der musikalischen Gestaltung auf: Die musikalische Substanz realisiert sich an und
in ihm, doch zugleich realisiert er sich erst an jener. Weit davon entfernt, autarke,
nach ihrer abstrakten Verfertigung klug ausinstrumentierte, d. h. materialisierte Strukturen darzustellen, erscheinen die Beethovenschen Sinfonien, zumal seit der Fünften, als vielfältig vermittelnde Vorgänge, in denen das musikalische Material den
Apparat und der Apparat sich das musikalische Material erobern und erschließen.
Was hier, nicht selten mit geringschätzigen Untertönen, vom Standpunkt der subti-

ler geflochtenen Kammermusik als geringere Ereignisfolge, lockere Struktur, nach
außen gewendete Darstellung, lapidare Vereinfachung angesprochen wird, als eine
die Dignität der in Kammermusik erreichten kompositorischen Differenzierung miß-
achtende Rhetorik, die den »*Menschen Funken aus der Seele schlagen*« soll, muß sich
ergeben, wo die volle Klaviatur der orchestralen Möglichkeiten als Partner in die
Dialektik der musikalischen Formung eintritt. Daß die Momente des Außen größeres Gewicht erlangen und alle Details, die Präsentation von Themen, Ergebnissen,
Höhepunkten, möglichst auch das Inwendigste des Gefüges, Verarbeitungen, kontrapunktische Verknotungen etc. in die Sphäre der Darstellung herübergezogen werden
und darum größeren Raum erfordern, entspricht genau den neuen Formen der
Rezeption: Die Strukturen, welche als Kammermusik virtuell noch immer für das
(mit Goethe) »*Gespräch von vier gelehrten Männern*«, für die unmittelbar am Dialog
Beteiligten oder die im kleinen Kreise aktiv daran teilnehmenden Wenigen und
immer für wiederholte Beschäftigung konzipiert waren, sollen im großen Saal möglichst vom ersten Male an unmittelbar auf die Masse der Zuhörenden wirken. Der
demonstrative Gestus, der der Wiederkehr eines gleichen musikalischen Details innewohnt, wenn die verschiedenen Teile des Apparates es nacheinander aneignen,
gehört zu dieser neuen Kommunikation; das rhetorische Moment dieser Wiederholungen, welche doch nie Gleichbleibendes mechanisch rekapitulieren, ist mit jenem
identisch, welches zur Wirkung und Übertragung auf einen um ein Vielfaches vergrößerten Zuhörerkreis benötigt wird, das den Sprung über die distanzierende Rampe
bewältigt. Allen Apologien einer »absoluten« klassischen Form, die für diese übrigens
meist Sinfonien und Kammermusik unterschiedslos in Anspruch nehmen, ist dies in
die musikalische Objektivation eingegangene kommunikative Moment entgegenzuhalten: Die Umstände, unter denen das Werk erklingen und wirken soll, sind schon
unabhängig von dem in ihm konzeptionell, formal etc. Gemeinten einkomponiert,
mithin eine Grenze, weil schon überschritten, nicht mehr vorhanden, die das Außen
der Umstände vom Innen einer musikalischen Immanenz abtrennt, welche allein
sein »Wesen« ausmachen soll. Der große orchestrale Apparat befindet sich dem musikalischen Gegenstande auf gleiche Weise gegenüber wie die Masse der Hörer dem
Orchester im Saal: sozusagen gemeinsam wird die musikalische Substanz angeeignet.
    Kammermusik hingegen kennt kaum den Apparat als Widerpart, in dem die
kompositorische Idee sich dialektisch vermittelt materialisiert. In den vier Instrumenten ihrer strengsten Form, des Streichquartetts, erscheint vielmehr als Konstellation des vierstimmigen Satzes der höchste kompositorische Anspruch unmittelbar
vergegenständlicht, wird eine Kongruenz mit den Desiderata des oftmals kanoni-
sierten »reinen Satzes« erreicht, in der das Moment der widerstrebenden Materialität als des zu bewältigenden Widerstandes kaum noch eine Rolle spielt. Dergestalt
kann das Streichquartett, wie besonders genau bei der Umarbeitung der Klaviersonate op. 14/I zu beobachten ist[5], geradehin als Röntgenschirm fungieren, der die

5   Vgl. Anm. 1.

umkleidenden, instrumentengebundenen Details im Satz durchschaut und von dessen tragendem Gefüge trennt und die Struktur dichter zu weben, kompositionstechnische Konsequenzen weiter zu verfolgen zwingt, die zuvor zu ziehen nicht notwendig schien. Gegenüber einer solcherart weitergehenden Realisierung musikalischer Latenz in der Streichquartettfassung erscheint in der Klaviersonate op. 14/I die dialektische Unruhe der Realisierung geradezu voreilig stillgelegt – dies ein Fehlschluß, sofern er von der »platonischen Idee« einer abstrakt gesetzten Struktur ausginge und diese in unterschiedlichem Grade realisiert sähe; immerhin legt die weitgehende Identität der Forderungen des Streichquartettsatzes mit den strengsten Maßstäben des Komponierens ihn in aufschlußreicher Weise nahe.

Trifft das Bild der Aneignung des musikalischen Gegenstandes zu, bei der der orchestrale Apparat und die Hörer im Saal im Bunde stehen, so muß es sich in besonders deutlicher Weise in Expositionen zeigen, deren Präsentation des thematischen Materials ohnehin etwas voreilig Postulierendes eignet, wird hier doch in barer Positivität hingestellt, was in seiner Eigenart, in seinen Zusammenhängen und Kausalitäten erst noch gerechtfertigt werden muß, wird mithin eine Hinnahme von Gegebenem erheischt, die vom großen Fächer der orchestralen Mittel gerade nicht erwartet werden kann, wenn er die Rolle eines Partners der realisierenden Vermittlung spielen, wenn er die Materie darstellen soll, deren sich die Idee erst bemächtigen muß.

Tatsächlich ist seit der *Fünften Sinfonie* und mit Ausnahme der bewußt klassizistischen *Achten*[6] bei Beethoven kein Hauptthema eines ersten Sinfoniesatzes mehr als selbstverständlich Funktionierendes einfach »da«, findet vielmehr eine Aneignung statt, bei der sich das Thema als das Angeeignete im Verlaufe der Kontaktnahme mit allen Bereichen des Orchesters selbst verändert. Die *Fünfte Sinfonie* setzt hierin, übrigens in engster zeitlicher Nachbarschaft zu op. 59, worin Beethoven einen der Kammermusik eigenen Ort sehr eingehend definiert[7], einen gewichtigen Anfang, indem sie das Thema zunächst außerhalb des Verlaufs präsentiert, als isoliertes Motto, in dem ebensoviel fixiert erscheint, zumal im Charakter, wie andererseits offengelassen, z. B. die Tonart. Was diesem Postulat, diesem concetto folgt, ist bereits Verarbeitung; alle Stimmen bemächtigen sich des Themas und lassen es in der Folge ihrer imitierenden Einsätze als eine Formel erscheinen, beinahe als Spielfigur, die den musikalischen Habitus bestimmt. Steht das Thema, gemessen an den Normen seiner Darstellung, bei seinem ersten Erklingen noch zu weit außerhalb des musikalischen Verlaufs, so befindet es sich unmittelbar danach bereits zu tief darinnen; die zwischen beidem liegende normale Präsentation in relativer Autonomie, als eigenständige Gestalt innerhalb eines schon in Gang gesetzten Verlaufs, hat Beethoven ausgespart, bzw. das Thema von vornherein so gewählt, daß es auf solche Weise gar nicht

6 Zur *Achten Sinfonie* vgl. Ernst Laaff, *Der musikalische Humor in Beethovens Achten Sinfonie*, AfMw XIX/XX, 1962/63, S. 213–229.
7 Zu dieser Frage vgl. *Zur musikalischen Konzeption der Rasumowski-Quartette op. 59*, in diesem Bande S. 217 ff.

exponiert werden kann. Die Vorgabe ist so gering, daß sich die Komposition bzw. das Orchester auf verschiedenste Weise an ihr entzünden können, ohne ihre Identität zu gefährden. Diese erscheint schon in der Bewegungsform des Satzes so weitgehend gesichert, daß auch die individuellste Aneignung je nach beteiligter Gruppe oder musikalischer Situation sie nicht gefährden kann.

Ganz anders muß die Aneignung vor sich gehen, wenn die Vorgabe sehr genau, umfangreich und detailliert definiert ist wie im ersten Satz der *Pastoralsinfonie* als kroatisches Volkslied (Beispiel 4). Mit einem durch Fermate vom Folgenden isolier-

4

ten Vorspann und nachfolgender Verarbeitung ähnelt dieser Anfang bei noch so anderem Tonfall äußerlich dem der *Fünften* sehr. Hier aber liegt als Thema ein als musikalische Gestalt gerundetes Gebilde vor, das in den ersten vier Takten nur eben unverbindlich angeschlagen, angedeutet wird und in der Dominante hängenbleibt. Zum Charakter des locker, präludierend Hingeworfenen trägt besonders der Verlust seines ersten »schweren« Tones bei; auftaktig einsetzend antwortet das charakteristische Motiv, das Beethoven durch Herausnahme des ersten c aus dem Anstieg des Liedanfangs gewonnen hat, der bordunhaften Quinte, weit entfernt von aller einem ersten Thema anstehenden Aktivität. Mit dem fünften Takt begibt sich die Musik bereits in die motivische Arbeit hinein, die hier sogar breiter aufgefächert erscheint als an der entsprechenden Stelle der *Fünften*: Die charakteristische Anfangswendung der Melodie, der im Verlaufe des Satzes eine wichtige Rolle zufällt, beschreibt eine melodische Füllung des Quartrahmens, welche nicht nur in den Takten 9–11 (Beispiel 5a) kantabel gestreckt und interpoliert wiederkehrt als ein die Bewegung vereinfachender, bündelnder Komplex, auf den die Auffächerung der Takte 5–8 zuläuft, sondern auch aus gleichem Material seinen eigenen Kontrapunkt produziert; das Bratschenmotiv der Takte 5/6 (Beispiel 5b) verwandelt die eine diatoni-

5

sche Quart füllenden vier Töne zu einer Folge zweier verschränkter Terzen, die auch im ersten Satz der *Fünften* eine entscheidende Rolle spielt[8]. Von der Vorgabe ist Beethoven dergestalt schon in den ersten Takten, tief in Verarbeitung und variative

8   Vgl. in diesem Bande S. 186 ff.

Fortbildung verstrickt, weitab gekommen, nachdem er ohnehin einen scheinbar nur flüchtigen Blick auf sie geworfen hatte; dies Spiel der Umgehung aber treibt er noch weiter in der ergebnislosen, durch ein Diminuendo zurückgenommenen Entwicklung der Takte 16 ff., welche auf ein Motiv gestellt ist, das, zwar eine melodische Quartfüllung, von allen bisher erklungenen am weitesten vom Modell abliegt. Zehn Takte hängt die Musik in der Dominante fest, mit einer Neigung zu beschaulichem Verweilen, welche in einer Exposition wenig angebracht erscheint, und hier umso weniger, als noch kein Thema eindeutig als solches ausgewiesen ist. Endlich wird (Takt 25 ff.) mit dem sequenzierenden Aneinandersetzen des Motivs ein neuer Anlauf gemacht, und nun erreicht die Oboe das Lied-Thema von neuem, nun erstmals gar die originale Form mit Anfangston auf der Takteins (= Takt 29). Doch ist der Weg zu seiner vollen Rezeption noch immer nicht frei; die Oboe weicht in ihrem vierten Takt von der Vorlage ab, indem sie deren dritten um einen Ton erhöht wiederholt; einer Fortsetzung dieser Abweichung wird durch den Eingriff von Klarinetten/Fagotten gewehrt, welche über einem Crescendo der begleitenden Instrumente die von der Oboe gespielten Takte wiederholen; danach endlich, mit dem dritten Anlauf, und nun im vollen Tutti (Trompeten und Posaunen bleiben für spätere Sätze aufgespart) ist das Thema erreicht, wiederum aber mit Abweichungen: Der Schwung des endlich in Gang befindlichen Apparates treibt über eben den Ruhepunkt des Liedes im vierten Takt hinaus, welchen zu Beginn des Satzes die Fermate so nachdrücklich betont hatte; die von der Oboe eingeführte sequenzierende Wiederholung des dritten tritt an seine Stelle, und dem schließt sich unmittelbar, hier erstmals erklingend, die Fortsetzung der Liedmelodie an. Dergestalt finden sich, beide erst hier einigermaßen vollständig, das Modell am Tutti und das Tutti am Modell. Doch reicht Beethovens Konsequenz noch weiter: Einige der Elemente des Liedes bleiben im Satze verstreut (der Ruhepunkt des vierten Taktes zu Beginn der Reprise erweitert zur »Kadenz« der ersten Violinen Takt 282 ff.); nicht ein einziges Mal erklingt es in seiner originalen Form. Auf diese Weise wendet Beethoven die Disparität zwischen der sich genügenden Simplizität des Liedchens und den differenzierenden Ansprüchen des großen Apparates in Produktive, gewinnt aus der Zersplitterung des Modells die Elemente für die große Form und vermag durch diese, zuweilen in weitgehenden Annäherungen (Takt 37 ff., Takt 312 ff.), immer das Vorbild durchscheinen zu lassen und seinen charakteristischen Tonfall für große Dimensionen zu adaptieren. Mit dem Kunstgriff, mit dem Volksliede nicht zu früh fertig zu werden, es als Gegenstand der sinfonischen Form intakt zu halten, indem diese es nie ganz erreicht, gelingt die Probe auf das schwierige Exempel eines ausgesprochen sinfonischen Satzes mit einem ausgesprochen unsinfonischen Thema.

An dem nicht eingehaltenen vierten Takt des kroatischen Liedes als an einem geringfügig erscheinenden Falle wird sichtbar, was sich bei wachsender Konsequenz in der Wahrnehmung der Dialektik von musikalischer Substanz und Klangmitteln immer deutlicher zeigen sollte: Die Sprengung der Identität des Themas als geprägte Gestalt. Gerät auch dessen Fixierung unter die Macht der Konstellation, in der sie geschieht, so muß seine Identität hinter die Sphäre der klingend realisierten Gestal-

ten als deren virtuell bleibende Gemeinsamkeit zurückweichen und damit das Gefüge der thematischen Funktionen durch andere relativiert oder zumindest überla-
gert sein. Da von keiner der zu Beginn der *Pastoralsinfonie* erklingenden Formen
gesagt werden kann, sie sei das Thema, und auf sie bezögen sich die anderen Ausprägungen als Varianten, erscheint auch die gängige Bestimmung der Formabschnitte
nicht mehr angemessen, sind mindestens deren zumal in der Exposition in wenigen
Punkten konzentrierte Kriterien und Funktionen breiter gestreut. So wird am Anfang wohl Thematisches exponiert, doch nicht nur ohne allen postulierenden Gestus, mit improvisatorisch präludierender Gebärde, sondern zunächst auch halb widerlegt und im Stich gelassen durch die nachfolgende, scheinbar eigene Wege suchende Entwicklung. Erst mit dem Forte-Tutti der Takte 37 ff. entschließt sich der
Satz zu einer Prägung und legt sich auf sie fest, doch ist Wichtiges daraus schon
früher erklungen, erscheint hier also nur gesammelt und zu einem Ganzen verfestigt; andererseits wiederum fehlen in diesem Ganzen Elemente wie der vierte Takt,
so daß es kaum den Anspruch erheben kann, alles Exponierte in sich zu fassen. Dies
wäre dem naheliegenden Versuch entgegenzuhalten, den Takt 37 als Beginn der
Exposition und das Vorangehende lediglich als Anlauf zu ihr anzusehen; dem widerspräche überdies die Wiederkehr dieses Vorspanns als Reprise, wobei Beethoven die
Beiläufigkeit ihres Beginns noch steigert: Erst nachträglich, am Nachsatzcharakter
der Takte 289 ff., nach der »Violinkadenz«, erkennt der Hörer, daß er schon früher
in sie eingetreten ist.

Der Vorgang allmählicher Sammlung und Fixierung der thematischen Elemente
wirkt im ersten Satz der nächsten, der *Siebenten Sinfonie*, über die *Pastorale* hinausgehend in den Bereich des Tonfalls, der Gestik, des Charakters hinein. Im Nacheinander der tänzerischen Gelöstheit des Themas, wie es mit dem *Vivace*-Beginn eintritt,
und des lauten Tutti, das sich seiner später bemächtigt, hat Beethoven die Spannung
nahezu unvereinbarer Gegenpositionen aufgebaut. Nach dem Maßstabe der Verfestigung zur endgültig und einheitlich geprägten Gestalt ließe sich mit größerer Sicherheit als für die entsprechende Stelle der *Pastorale* sagen, daß erst mit dem Tutti
der Takte 89 ff.[9] die Exposition beginne; diese Bestimmung aber schlösse mit dem
Vorangehenden eben jene Partie aus, in der sich das Thema eines ganz anderen
Tonfalls fähig erwies, wenn dies nicht gar sein ureigner war: So jedenfalls suggeriert
es die selbstverständliche Leichtigkeit dieses ersten Erklingens in luftiger Höhe, an-
geführt durch die Flöte, die erst später durch andere Holzbläser unterstützt wird,
während sich die Streicher zunächst auf die Fixierung jeder zweiten Takteins be-
schränken müssen. Diese Subordination wird erstmals in der Dreiklangsbrechung
des Taktes 73 verlassen, welche ihrerseits die Figur des Taktes 77 vorbereitet, mit der
die Streicher echohaft der Flöte/Oboe antworten; über die Fixierung des Tons e
holen sie immer mehr gegenüber der Beteiligung der Holzbläser auf und dominie-
ren in den Takten vor der Fermate. Mit dem Fortissimo-Auftakt (Takt 88) reißen sie
und mit ihnen das Tutti (Hörner erstmals in hoher Lage, Trompeten und Pauken

---

9   Hier wie im Folgenden Gesamtzählung, also unter Einschluß der Einleitung.

erstmals im *Vivace* eingesetzt) die Führung an sich. Der raketenhaft auffahrende
Auftakt erscheint geradehin als musikalische Verkörperung des auf die Massen überspringenden Funkens, der die Idee zur materiellen Gewalt werden läßt, als herrische
Gebärde, mit der das volle Orchester vom Thema Besitz ergreift. Nun ist für das
lockere Dialogisieren, in dem zuvor die Gruppen einander die Motive zuspielten,
kein Raum mehr; die durch die vormals antwortenden Dreiklangsbrechungen der
Streicher gefüllten, metrisch überzähligen Takte fallen aus, eine kompakt-regelhafte
Periodik wird erreicht; die damit verschwundene Dreiklangsbrechung erweist sich
wenig später in sequenzierender Aufschichtung als Vehikel einer gewaltigen Steigerung, die als expansive Bewegung die Position der zuvor auf die Fermate zulaufen-
den Takte einnimmt. Nun verträgt die furios treibende Bewegung keinen Aufenthalt mehr; selbst das als Gestalt am ehesten zum Seitenthema taugliche Motiv
Takte 111 ff. ist von ihrem Schwung vereinnahmt und steht in dessen Schatten. Die
Massivität des Tutti verdrängt genau das, was am Beginn als wichtigstes Charakteristikum des Themas erschien. Rasch pulsierende Sechzehntel in den Streichern und
strikt durchgehaltene Punktierungen in Celli/Bässen, Trompeten und Pauken halten das Thema, das zuvor in so zarter, luftiger, zerbrechlicher Form dahergekommen
war, unablässig auf der Spannungshöhe, auf die es der Auftakt gerissen hatte, zwingen es zu einer insistierenden Anstrengung tobenden Jubels, die zunächst gar nicht
in ihm enthalten war; ein Moment von Gewalttätigkeit ist darin kaum zu übersehen. Als Charaktere liegen die beiden Formen, in denen dergestalt die Exposition
das Thema gibt, so weit auseinander, daß das ihnen Gemeinsame, die musikalische
Gestalt, geradehin als Abstraktion erscheint und nicht einmal als ein Mittleres zwischen beiden klingend gedacht werden kann. Indem das Orchester das gleiche Gebilde in derart unterschiedlichen Formen darstellt, verschiebt und ändert es die
Gewichte und Funktionen innerhalb der Form gründlich, bereichert diese aber
zugleich: So übertrifft im vorliegenden Falle die Differenz zwischen den beiden
Prägungen des Hauptthemas bei weitem diejenige zu anderen musikalischen Gestalten, erscheinen Kontraste weitgehend unabhängig von der musikalischen Faktur,
von der Ebene also, in der sie aufgearbeitet werden können.

Die Enteignung des dem Thema Wesentlichen in der Exposition des ersten Satzes der *Siebenten Sinfonie* bestätigt die Reprise in der konsequenten, jedoch nicht
mechanischen Umkehrung der Verhältnisse: Die kompakte Fortissimo-Form steht
hier, in einem langen Anlauf, am Schluß der Durchführung anvisiert, an erster Stelle,
nun jedoch wesentlich von den Streichern getragen, während die Bläser in massiven
Säulen eben jene markierende Funktion versehen, die beim ersten Erklingen in der
Exposition den Streichern gehörte; von deren erster Form übernimmt dieser ha-
bituell streng auf die Kompaktheit des Tutti verpflichtete Komplex auch die zusätzlichen Echotakte. Danach endlich werden dem Thema jene Leichtigkeit und solistische Intimität zurückerstattet, die ihm durch das Tutti genommen, die in den dialektischen Anspannungen der großen Form nicht brauchbar waren (nur einmal
kurz, in der *Ritmo di tre battute*-Episode Takt 222 ff. klangen auch diese an): Über
eine zweite Fermate gelangt Beethoven ins subdominantische D-Dur und spinnt

mit jenem einstmals gewalttätigen Auftakt ein ausgedehntes *dolce-piano* an mit Gegenführungen und überraschend die Szenerie vertiefenden harmonischen Wendungen, zumal Mollvarianten. Der in der Reprise auf a unablässig peitschende rhythmische Ostinato der Punktierungen schafft nun in den Violinen ein neues Licht und geht endlich in dem pastos ausgebreiteten, vertiefenden Klanghintergrund der Streicher auf, vor dem die Melodie in den Holzbläsern mit neuartiger Eindringlichkeit hervortritt. Indem er dem Thema diese nahezu romantisch-lyrische Tönung gibt, geht Beethoven im Zuge der Rückerstattung weit über alles Exponierte hinaus, holt den anfangs gezeigten Kontrast zwischen der individuellen und der pragmatisch zugerichteten Prägung entgegen den konvergierenden Wesen der Reprise durch einen noch größeren ein und muß danach die Musik der Gefahr romantischer Selbstverlorenheit durch einen entsprechend jähen, steilen Anstieg zum Fortissimo (Takt 323 ff.) wieder entreißen.

Was hier so weit gedieh, daß der »absoluten« Form im ausführenden Apparat eine auf eigene Weise produktive Dimension als Vermittlung forderndes Gegenüber entgegentritt, erwuchs aus einer so innigen Verbindung mit den Erfordernissen eben dieser Form, als Verdeutlichung ihrer Kontraste, Verkürzungen, Höhepunkte etc., daß es müßig ist, nach einem Punkte zu suchen, da dies Widerspiel in die neue Qualität umschlägt: Dies geschieht in jedem Werk neu. Ein Verfahren wie in der *Zweiten Sinfonie*, in der das erste Forte, identisch mit dem ersten Tutti (Takt 47 ff.), im Hauptsatz das Thema umformt, schließt genau an Haydn und Mozart an, zumal in den subtilen Unregelmäßigkeiten, mit denen es notwendig gemacht wird: Schon der zweite Viertakter des Themas ist um die Wiederholung der stakkatierenden Viertelgruppe verlängert, und in der crescendierenden Anfahrt zum Tutti sind zwei Takte zu einem zusammengezogen (= Takt 46), so daß, da die Überleitung schon dem Sog des Kommenden verfällt, ein Dreitakter entsteht. Dergleichen ist auch in Kammermusik vorstellbar, weil schon das Forte mit einer gegen die im Thema angelegte Regelhaftigkeit gerichteten Unruhe im Bunde ist; dennoch enthält dieser Komplex bereits etwas von der überrollenden Kraft eines Tutti, welches selbsttätig eingreift, also nicht zu einer abstrakt geplanten Variante und Verkürzung, beginnenden Verarbeitung o. ä. als Mittel herbeigerufen ist, sondern diese eher mit eigener Kraft betreibt.

Auch für den Beginn der *Neunten Sinfonie* ließen sich Vorbilder finden in Teppichen einer fixierten Begleitung, die für ein erst später erklingendes Thema ausgelegt werden, beispielsweise in Mozarts g-Moll-Sinfonie KV 550. Hier wie auch in anderen ähnlichen Fällen bleiben aber die Unterschiede unübersehbar: Bei Mozart sowohl Begleitung als auch Melodie voll definiert, bei Beethoven beide aufs Geringstmögliche reduziert, ein bis zum Äußersten gehender Abbau der Substanz, ein Minimum an Einsatz, die erstmals das »Mediale« des Orchesters musikalisch fassen, einen magischen Raum, einen Hintergrund, der dem, was in ihn eingetragen wird, seine Aura leiht und Gewicht gibt. Nur, daß es beginnt, ist zunächst artikuliert, nicht aber, was da beginnt, nahe bei der contradictio in adiecto eines musikalischen Einsatzes ohne musikalischen Einsatz. Wesentlich der Unentschiedenheit über das Kommende dankt die Leerform der hohl raunenden Quint ihre eigentümliche Magie, diejenige eines Gewitterhorizontes, der kaum kalkulierbare Entladungen erwarten läßt. Hier vergegenständlicht sich der Raum, in den der Musiker hineinentwirft, hier stellt dieser vor dem Komponieren das Medium vor sich hin, auf das er seine Musik projiziert. Als letzte Konsequenz aus der Dialektik von Apparat und thematischer Formulierung, wie sie Beethoven in der *Fünften, Sechsten* und *Siebenten Sinfonie* wahrnahm, mußte diese Lösung unabdingbar gefordert werden, da im Gegensatz zu den früheren Werken das Hauptthema nicht virtuell schon vorher und unabhängig vom Apparat da war (und zunächst nur einen Teil von ihm besetzte), sondern gleich das Tutti für sich haben, in dieses hineingeschaffen werden sollte. Wurden in den früheren Sinfonien Thema und Apparat wie geschildert nachträglich als Aneignung von Vorgegebenem auf eine Linie gebracht, so schaffen die ersten sechzehn Takte der *Neunten Sinfonie* eine Ebene, auf der beide geradenwegs aufeinander zugehen und sich sogleich voll treffen können. Die faszinierende Konsequenz dieses Weges besteht darin, daß er keine Priorität duldet und den Aufbau des musikalischen Gedankens mit dem des orchestralen Apparates voll synchronisiert. Eben die Folgerichtigkeit einer derart vollkommenen Koordination erforderte als Ausgangspunkt die klingende Vergegenständlichung des noch musikleeren Raumes, in den die Imagination immer tiefer und konkreter hineingeht und -projiziert; Trennung und Definition also um einer neuen Synthese willen. Der Blitzschlag dieser thematischen Zündung erhellte dergestalt eine neue sinfonische Landschaft, freilich von einer Paßhöhe aus, von der aus die Bereiche der dialektischen Konzeption der Musik und der Klangmittel noch als Eines zu überschauen waren, eines auf das andere verpflichtet war. Deshalb kann Beethoven diesen magischen Leerraum nicht mechanisch formalisierend immer neu herstellen: Der zweite Anlauf produziert bereits anderes, eine thematische Gestalt, in die die Erfahrung der ersten eingegangen ist; die triumphierend brausenden 14 Takte D-Dur der Reprise haben vom Beginn wohl noch die *»primäre Klangform«*, in die die thematischen Bestandteile eingetragen sind, doch sind an die Stelle von deren geheimnisvoll trächtiger Leere und tastender Ausfahrt große Ankunft und triumphierende Erfüllung getreten. So weitgehend dort der Akt des Beginnens davon abstrahiert, womit begonnen wird, so abstrahiert dieser Repriseneintritt den Akt der emphatischen Wiedergewinnung von dem, was wiedergewonnen wird, er verabsolutiert den Akt der Ankunft zu einer positivistisch betrachtet geradezu inhaltsarmen Apotheose und Affirmation: Der harmonische Raum, in dem zu Beginn sich das Thema kristallisierte, kann nun ganz für dieses eintreten, der Wechsel von Moll zu Dur hat hier die ganze Konsequenz und Dynamik der musikalischen Form hinter sich, deren Expansionen sich nicht mehr auf thematische Gestalten fixieren und an diesen darstellen lassen. Wo diese wieder eintreten, begibt Beethoven sich sogleich mit einer kanonischen und einer Gegenführung tiefer in Verarbeitung hinein, dies gehalten und gerahmt vom Nachklang der Apotheose im Orgelpunkt der Pauke. Der komplizierteste Sinfoniesatz, kulminierend in einem dröhnend lang gehaltenen D-Dur des vollen Orchesters, der fast reine Klang stehend für das Ergebnis intrikatester musikalischer Arbeit:

Mit dieser Möglichkeit der Stellvertretung genügt die Vermittlung von Struktur und Dimension den höchsten, extremsten Anforderungen.

An einer solchen Lösung haben die Erfahrungen auch dessen Anteil, der die sprengenden Wirkungen der orchestralen Dimensionierung erprobt hatte, sei es, wie gezeigt, in der die Identität des Themas gefährdenden Pluralität von dessen Erscheinungsformen, sei es abseits vom Thema, wenn er in der Schwungkraft einer in Gang gesetzten, sich multiplizierenden Bewegung ein Moment von Blindheit, von Insichkreisen und -drehen entdeckt und nutzt, wie es schon in der Coda des ersten Satzes der Siebenten fühlbar geworden war, wenn dort auch determiniert und planmäßig abgefangen durch den Zielpunkt der thematischen Apotheose. Anders zweimal im Finale. Nach der C-Dur-Versetzung des Themas behält Beethoven von diesem die Gruppe der zwei nachschlagend repetierenden Sechzehntel Beispiel 6a zurück und vereinfacht den Sechzehntelschleifer Beispiel 6b, indem er nur mehr dessen Ausschlag anzeigt zu der Figur Beispiel 6c. Dieser Folge Viertel (mit *sf*)/

Achtel steht zunächst ab Takt 162 als Nachklang der ins Thema gehörigen Überlagerung von auftaktigen Vierteln und Achteln, beide mit *sf* betont, die Folge Achtel/Viertel (Beispiel 6d) gegenüber. Bis eben zu der Stelle (Takt 173), da dieses Detail ausfällt, erscheint die Partie wie vom fortwirkenden Impetus, vom élan terrible des Themas getrieben, indem sie dieses in einer viertaktigen Ordnung der Gruppen und Kadenzen (Takt 165 C-Dur, Takt 169 F-Dur, Takt 173 d-Moll) weiterführt. Doch diese Ordnung gerät ins Stürzen: Die Musik bleibt in d-Moll hängen; da keine harmonischen Zielpunkte mehr auftauchen, bekommt in der einmal definierten Zuständlichkeit das gewichtige Auftaktmotiv endgültig die Oberhand und verdrängt das Gegenmotiv Beispiel 6d und dessen kadenzierende Stufenfolge; Celli/Bässe geraten nun auch in den Sog des Auftaktmotivs, welches in gewaltigen Verdoppelungen in allen Höhenlagen erklingt und sich allmählich melodisch verselbständigt zu einer chromatisch aufwärts treibenden Folge kleiner und großer Terzen, in der dem Hörer die harmonische Orientierung verlorengeht, nachdem ihm zuvor schon der permanent betonte Auftakt die Lokalisierung der Taktschweren gefährdet, wenn nicht endgültig beirrt hatte. In dieser wie ziellos und willkürlich in sich kreisenden Bewegung scheint alles Woher und Wohin vergessen, enthüllt Beethoven die Gewalt des Impulses, der in diesem Satz zu musikalischer Form gebändigt ist. Aus ihr, wie aus den Tiefen der Bewußtlosigkeit aufsteigend, gewinnt er das thematische Material neu, auf überraschende, ingeniöse Weise: Der Impuls erlahmt, das chromatische Heraufarbeiten, welches bei der Terzfolge f/a ansetzte, gelangt über e nicht hinaus, die Terz flacht sich ab zur großen, dann zur kleinen Sekund. Die Schwäche dieses e, über dem die Bewegung zu ersterben droht, läßt die fällige starke Kadenz nach A nicht zu, sondern nur die leittönige Führung nach F.

Eine zweite Verirrung solcher Art in diesem Schlußsatz korrigiert sich selbst: Die
Coda (Takt 349 ff.) beginnt wie die eben besprochene Partie mit Viertaktgruppen
und geprägt durch die Linie der weitgeschwungenen Viertel, welche schon in der
Exposition von der Schwungkraft der Sechzehntel-Circulatio produziert worden
war (Takt 36 ff.):

Doch trägt diese Ordnung, in der ein subdominantischer Abbau in Richtung Grundtonart angelegt ist, nicht weit. In ungeduldigen Überlagerungen, die die Regelmäßig-
keit der imitierenden Stimmeinsätze der ersten Viertaktgruppen zerstören, treibt die
Entwicklung in andere Richtung. Die tonartfixierenden großen Schritte der Baßführung gehen verloren, ein desintegriert scheinendes Übereinander der wie willkürlich
den Sechzehntelschleifer repetierenden Streichergruppen nötigt die Holzbläser zu
irregulären harmonischen Veränderungen in einem nur zögernd, passiv nachziehen-
den Hinab, bei dem der Baß vorangeht, abschnittweise um verschiedene Zentraltöne
chromatisch pendelnd. Im a-Moll der Takte 387/390 ist ein Endpunkt erreicht, Tief-
punkt auch der hinabziehenden Bläserterzen. Doch mit dem e der Hörner (Takt 390)
fährt in die auch metrisch desorientierte Musik neue Aktivität und Ordnung: Die
bisher scheinbar willkürlich eingestreuten Akzente von Trompeten/Pauken helfen
nun, in den schwachen Takten nachschlagend, der neu erwachten Zielstrebigkeit, die
Repetitionen des Sechzehntelmotivs ballen sich zu Viertaktern, und über dem Orgelpunkt e erwachen die Holzbläser aus ihrer Passivität und führen in einer konsequenten, in drei Oktavlagen erklingenden Aufwärtsbewegung die Musik ans Thema und
zugleich ans Fortissimo heran. Interessanterweise bedurfte es für Beethoven in beiden
besprochenen Partien des Finales keiner dynamischen Verdeutlichung; lediglich der
Beginn des Wiederanstiegs in der Coda ist mit »*sempre più forte*« bezeichnet.

Derlei Partien erscheinen voll integriert in den musikalischen Prozeß, seinen
Regulationen unterworfen, die sich negierend bestätigen, indem sie sich an ihnen
brechen, Abirrungen, die, solange sie die ihnen gesetzten Grenzen nicht überspü-
len, diese durch Gefährdung definieren und bezeichnen. Noch tiefer im Integral der
Form bleiben Partien wie im Finale der *Achten Sinfonie* (Takt 120 ff.) die dreimalige
Wiederholung von acht Quartaufschlägen in drei immer kleineren Mensuren, erst
in Doppelganzen, dann in Ganzen, dann in Halben, die gegen das gleichbleibend in
Vierteln laufende Gegenmotiv den Vorgang derart beschleunigen, daß es ihn ins
harmonische Abseits, nach A-Dur, verschlägt. Immerhin gehört diese Partie, darin
der im ersten Satz aufs zweite Thema folgenden ähnlich, zu denjenigen, da dies
Werk entgegen seinen klassizistischen Vorsätzen es nicht vermag, die Dimensionen
des Orchesters zu ignorieren, und mit sinfonischen Expansionen liebäugelt, die gerade da, wo sie unangemessen erscheinen müssen wenn nicht drohen, seine Eigentümlichkeiten ins rechte Licht rücken.

Verglichen mit solchen souverän disponierten Einlagerungen muß die Lösung des ersten Satzes der *Eroica* geradehin gefährlich avantgardistisch erscheinen, holt Beethoven in ihm doch die Dimensionalität des großen Apparates auf eine Weise aus, die das Funktionieren der thematischen Abhandlung tatsächlich zu lähmen und einige von deren Positionen zur Folie herabzuwerten droht. In solch riskanter Höhenlage hat er den Konflikt beider erst wieder im ersten Satz der *Neunten* aufgenommen und bewältigt. Am ersten Thema des *Allegro con brio* mag er erstmalig die Erfahrung gemacht haben, die den Annäherungen und stufenweise vorangehenden Aneignungen der späteren Sinfonien zugrundeliegen: Das Orchester und die in ihm verkörperten dimensionalen Möglichkeiten, mithin die sinfonische Konzeption, können sich zum Thema kaum verhalten, wenn sie es von vornherein haben; tritt es sofort als selbstverständliche Gegebenheit auf, sind sie, wie Beethoven es in der Achten noch einmal gestaltet hat, als Glieder einer Konstellation auf diese festgelegt, womit ihr Verhältnis zueinander schwerlich mehr dialektisch aufgelöst und definiert, eine bestimmte Subtilität in der Vermittlung musikalischer und orchestraler Entfaltungen nicht erreicht werden kann. In keinem Sinfoniesatz Beethovens erscheint die Thematik auf so eigentümliche Weise entwirklicht, so wenig das Abgehandelte zu vertreten, wie in dem der *Eroica*[10]. Analysen, die allein von ihr ausgehen, kommen nicht weit, sofern sie nicht schon in der Nomenklatur stranden, da schon die Vielzahl des hier als Thema Tauglichen irritiert. Darüber hinaus aber übertrifft die Dimension des Konfliktes, den der erste Satz austrägt, diejenige der durch die Themen exponierten Kontraste beträchtlich, mehr als in jeder anderen Sinfonie Beethovens. Ein die Auseinandersetzung treibendes, hinter der thematischen Substanz liegendes bzw. sie tragendes Moment ist auf eine Weise im Spiele, daß mitunter die Themen mehr von dem Prozeß beschlagnahmt als ihn zu repräsentieren und abzustecken scheinen. Die verfremdende Ausbiegung des siebenten Taktes nach cis, die das Thema der ihm durch die Dreiklangsbrechung vorgegebenen Linie entreißt, zunächst als Akt herrscherlicher Willkür empfunden, die dem musikalischen Subjekt seinen Willen nicht läßt, macht das Thema auf subtile Weise uneigentlich, relativiert die mit ihm erfolgte Setzung, indem sie ein Fragezeichen anfügt; sie demonstriert, daß eine einfache Dreiklängigkeit des Themas der konfliktreichen Konzeption des Satzes, den es eröffnet, unangemessen wäre, sie korrigiert i. e. stört es nachträglich, da die Musik wie voreilig, ohne Vorbereitung, auf das Thema losgestürzt ist, ein Vorgang, dessen Vorsätzlichkeit im Vergleich zu den Einleitungen der vorangegangenen zwei Sinfonien unübersehbar ist: Beethoven beginnt hier ohne Umweg über ein übliches einleitendes Maestoso, verschmäht den Goldrahmen, das immer noch etwas Barock enthaltende Eingangsportal, will ohne Umschweife zur Sache kommen; doch dies eben in einer Konzeption, deren revolutionäre Neubewertung von Funktion und repräsentativem Rang des Themas sehr ausdrücklich dessen Definition, also durchaus vermittelnde Umschweife erfordert hätte. Dergestalt steht

---

10　Ganz besonders an dieser Stelle habe ich Anlaß, für vielfältige und fruchtbare Anregungen zu danken, die mir Gespräche mit Herrn Prof. Dr. Rudolf Eller gegeben haben.

das cis geradezu als Symbol für die besondere experimentelle Situation der *Eroica*, in der die Schwierigkeiten voll erst in Erscheinung treten, nachdem der Prozeß schon begonnen hat; in keinem anderen Werk ist das Moment der Selbstkorrektur in so offenkundiger Weise zum Teil der Gesamtkonzeption geworden wie in diesem[11].

Das Problem, daß von der Art und Weise, in der der sinfonische Apparat zu seinem Thema kommt, dessen Wertigkeit bestimmt sei, spiegelt sich in der Unterschiedlichkeit der Sinfonieanfänge bis zu dem geschilderten der Neunten deutlich wider: In der folgenden *Vierten Sinfonie* Rückkehr zu einer vergleichsweise konventionelleren thematischen Prägung und zugleich zur Einleitung, diese aber eine Introduktion ohne die formale Verselbständigung eines feierlichen *Maestoso*-Beginns, sondern trotz Adagio ein aus Erwartung unruhig treibendes Noch-Nicht ohne Gravitationspunkt in sich selbst[12], so daß, konträr zur *Eroica*, der Erwartungshorizont am Beginn des Hauptsatzes höher liegt als das, was dort erklingt, die thematische Abhandlung also durchaus noch erarbeiten muß, was in der neuen Qualität der Introduktion verhießen war; in der *Fünften* die Abstraktion eines zunächst außerhalb des Verlaufs stehenden Mottos, der Verzicht auf Darstellung eines im Normalsinne von der Musik präsentierten und in ihr funktionierenden Themas; in der *Sechsten* die geschilderte Koordinierung bei der Sammlung des zunächst motivisch verstreuten Themas und des Tutti; in der *Siebenten* die Verschärfung der in der *Sechsten* durch allmähliches Zueinander bewältigten Differenz zwischen der Individualität des musikalischen Subjekts und den Forderungen des großen Apparates und daraus folgend die extreme Gegenüberstellung des vom Tutti geradehin usurpierten und des seinem Eigenton überlassenen Themas, dem vorangehend aber eine Einleitung, deren pathetische Schwere, nicht zufällig in den Mitteln konventioneller als die zur *Vierten,* am *Vivace*-Beginn zunächst keinen Widerpart findet, als Rahmen und Ankündigung eines so leicht, tänzerisch gelöst daherkommenden Themas zu groß gewählt erscheint, – auch hier also eine Disparität, die aufgearbeitet werden muß; in der *Achten Sinfonie,* gemäß deren konservativ stilisierender Konzeption, sind Thema und Tutti von vornherein beieinander, keineswegs aber hat sich damit deren Vermittlung ganz erledigt; immer wieder, bald drohend, bald ironisch, schauen dem genial sicher getroffenen Klassizismus dieses Werkes die größeren Dimensionen über die Schulter.

11 Leonard Bernstein nennt die Ausweichung *»eine Verrenkung – eine willkürlich, unvorbereitete Abweichung von der Grundform des Themas«, Von der unendlichen Vielfalt der Musik,* Tübingen 1968, S. 200; zum Problem vgl. Hans-Joachim Machatius, *Eroica (Das transzendentale Ich),* Kongreßbericht Kassel 1962, S. 193–195. Das erwähnte Moment der Selbstkorrektur kennzeichnet, bei anderer Blickrichtung, einen Tatbestand, der Alfred Lorenz (*Worauf beruht die bekannte Wirkung der Durchführung im 1. Eroicasatze,* Neues Beethoven-Jahrbuch I, 1924, S. 159–183) zu dem Vorschlag veranlaßte, den *»musikalischen Inhalt«* des Satzes *»als das Suchen nach einer befriedigenden Fortsetzung des Hauptmotivs«* zu verstehen.

12 Zur Introduktion Beethovens allgemein und auch zu dieser im Besonderen vgl. in diesem Bande S. 67 ff.

Der störende Eingriff in das *Eroica*-Thema legt, unmittelbar in dessen Gestalt hineinfahrend, in diesem einen Konflikt an, der als Gegensatz von Formen des Einklangs mit Harmonie und Metrum zu Formen des Widerspruchs zu diesen den ganzen Satz trägt und dergestalt auch die weiteren Themen als Emanationen seiner selbst definiert. Wie durch das cis im siebenten Takt die Harmonie wird in den Synkopen der ersten Violinen gleichzeitig auch der Rhythmus beunruhigt. Diese Synkopen vergrößern sich in den hemiolischen Bildungen der Takte 23 ff., gegen die der zweite, veränderte Themenvortrag aufläuft, zu gewichtigen Barrieren und Stauungen, aus deren Bewältigung als neuer Einklang der triumphierende dritte Themenvortrag Takt 37 ff. und ein neues, auf dem Hintergrunde fließender Achtel stehendes Motiv hervorgehen. Ähnlich gibt der Komplex der Takte 83 ff. einen neuen Einklang; wie er als Ruhen in der zuvor lebhaft bewegt gewesenen Harmonie eine neue Formel der Konvergenz schafft, erhält die Divergenz eine über Früheres hinausgehende in den verkrampften hemiolischen Schlägen der Takte 128/131. Das hier artikulierte blinde Sich-Verbeißen in der angestrengten Sperrung des $^3/_4$-Flusses beherrscht vollends die Takte 248 bis 279 in einer gewalttätigen Ballung der Dynamik und des Apparates, die bis zu den schreienden Dissonanzen der Takte 276/279 hinauftreibt. Das Moment des Widerspruchs ist hier in lawinenhafter Vergrößerung zu einer tobenden Zuständlichkeit verabsolutiert, der alle konsekutive Ausrichtung als Glied eines konkret definierten musikalischen Prozesses, alles thematische Bewußtsein abhanden zu kommen und die einem anonymen Kreisen und Drehen der entfesselten Tonmaterie zu gleichen scheint, das eine Art Schleier des Vergessens breitet. Tatsächlich wird die Musik in jeder Hinsicht vom Wege abgetrieben, und weitab in e-Moll ein neues Gebilde erzeugt, das als melodische Gestalt sogar prägnanteste des ganzen Satzes, doch zur Unzeit erschienen und hier ohne thematische Signifikanz und Funktion[13]. Damit nun droht die Konsequenz des die sinfonischen Dimensionen Ergründenden die musikalische Disziplinierung der thematischen Arbeit zu verletzen; durch die Expansion ist ihm ein Thema in den Schoß gefallen, bei dem eine neue Auseinandersetzung beginnen müßte, mit dem er im Rahmen der vorliegenden Konzeption nichts anfangen, es nur als Zeugnis der produktiven Kraft einer nahezu zerstörerischen Eruption stehenlassen darf: Ebenso gewaltsam, wie er zu ihm kam, wendet er sich in einer abrupten Modulation (Takt 299) wieder von ihm ab, korrigiert sich, versucht zu verdrängen, was nicht zu verdrängen ist: In der Coda (Takt 581) erscheint die Melodie abermals.

Die hier bis zur Sprengung der Satzeinheit getriebene Aneignung eines Details (der Synkope), bei der mit dessen dimensionierenden Wiederholungen die Multiplizierung seiner Wirkung Hand in Hand geht, schafft sich in ihren Schichtungen Strukturen, welche eben dadurch dem großen Aufwand entsprechen, daß sie dem

13 Angesichts des sprengenden, durch Ort und Art des Auftretens zusätzlich unterstrichenen Neuigkeitswertes dieses Gedankens erscheinen alle durchaus stichhaltigen Herleitungen aus schon Bekanntem als nahezu formaljuristische Bemühungen; hierzu vgl. im einzelnen Peter Hauschild, *Melodische Tendenzen in Beethovens Eroica*, DJdMw für 1969, Leipzig 1970, besonders S. 45 sowie Anm. 10–15 und die dort genannte Literatur.

Gesetz der Trägheit, den veränderten Verhältnissen von Impuls und Schwingungsdauer Rechnung tragen. Das neue Gewicht, welches der Gangart, dem rhythmischen Habitus der Musik zufällt, da hier die Trägheit der Masse, die in Bewegung gehalten werden muß, besonders in Erscheinung tritt, bewirkt eine größere Homogenität der sinfonischen Sätze, z. B. die fast lückenlosen Einheitsabläufe im ersten der *Fünften* und im zweiten der *Pastorale* oder die planvoll einheitliche Durchgestaltung der gesamten *Siebenten*[14]. Erst mit dem ersten Satz der *Neunten* wagt und erreicht Beethoven die Vielfalt gerade der rhythmischen Charaktere wieder, wie sie die *Eroica* allgemein für den Bereich der sinfonischen Komposition exponiert hatte. Eben jene Trägheit, welche raschen Veränderungen Widerstand leistet (weshalb diese im orchestralen Bereich, da gemeinsam mit der notwendigen Redundanz auch ein Stück Information weggeschnitten wird, besonderen Schwierigkeiten begegnet, wie umgekehrt in Kammermusik striktes Durchhalten einer Bewegungsform über große Strecken gewaltsam wirkt), stellt an das Motiv bzw. Thema besondere Anforderungen. Der musikalische Gedanke, der sich in der kleinen Besetzung der Kammermusik gleichsam widerstandslos realisiert, ja in der solistischen Individualität der Darstellung zu einer spezifischen Identität mit dieser gebracht wird, ist bei orchestraler, chorischer Besetzung mit der Trägheit des großen Apparates konfrontiert und bedarf zu deren Bewältigung der Qualitäten eines Bewegung schaffenden, impulsgebenden Agens. Die überwältigende kollektive Aura z. B. des *Allegrettos* der *Siebenten Sinfonie*, die schon die Hörer der Uraufführung in Bann schlug, entstammt in besonderem Maße der Präzision, mit der hier die Synthese eines bestimmten musikalischen Charakters mit dieser Funktion, die Identität von thematischer Gestalt und schwingender Materie getroffen ist. Daß die Bewältigung der Materialität des großen Apparates in ihre Objektivation eingeht, macht das Sinfonische der musikalischen Erfindung aus; ihre thematische Entfaltung inspiriert die Entfaltung des Apparates und inspiriert sich wiederum an dieser: Vom Streichquartett gespielt würde dem Anfang des Allegrettos mit der Klangmaterie, die das Motiv bewegt, die besondere Aura fehlen, müßte das mühevolle Vorankommen mit seinen abstrakt betrachtet informationsarmen Wiederholungen gegenstandslos und nichtig erscheinen; nur aus der Bewältigung des großen Apparats rechtfertigt sich die Multiplizierung einer zweitaktigen Grundzelle zum vierundzwanzigtaktigen thematischen Komplex.

Dies geschichtliche Novum eines mit überwältigender Suggestivität in Musik artikulierten Pathos des Kollektivs hebt sich von der zur kammermusikalischen Ausführung gehörigen individuell geprägten Unmittelbarkeit ebenso ab, wie es sie wiederum einzuholen trachtet. Ist die Erfindung der Vermittlung des ausführenden Apparates zur musikalischen Prägung erst einmal mächtig geworden, so gewinnt sie in der Unterschiedlichkeit des individuell geprägten Solos zur chorischen Anonymität eine neue Gestaltungsebene hinzu, auf der sie die Einzelstimme als das nicht

---

14 Zur *Siebenten Sinfonie* vgl. Armin Knab, *Denken und Tun*, Berlin 1959, S. 27 ff., und Deryck Cooke, *In Defence of Functional Analysis,* Musical Times September 1959, S. 456–460.

Selbstverständliche in einer neuen Qualität entdeckt: Nach dem dumpfen kollektiven Pathos, in dem die *Marcia funebre* der *Eroica* einsetzt, erfährt die Oboe, obwohl schon ab Takt 37 führend beteiligt gewesen, im C-Dur des Trios (Takt 69 ff.) als die tröstend sich erhebende Stimme geradezu eine Personalisierung und fordert konsequenterweise zunächst auch solistische Beantwortung von Flöte und Fagott heraus. Sehr ähnlich kommen im *Allegretto* der *Siebenten Sinfonie* Klarinetten und Fagotte, obwohl längst beteiligt, in den Takten 101 ff. wie neu hinzu, da der Umschlag ins Dur und die andersartige Faktur eine eigene Ebene, ein Außen zum bisher Erklungenen schaffen, von denen her die Instrumente neu in die Musik eintreten, den kollektiven a-Moll-Block zu einem entspannten Singen auflösend, das den ostinaten Rhythmus in die Tiefe verbannt, bis ihnen in ungeduldigen, den liebevoll ausgebreiteten Klangteppich jäh verscheuchenden Unisoni (Takt 144 ff.) die Führung wieder entrissen wird. Am Schluß desselben Satzes gar vermögen es die Klangmittel allein von sich aus, den musikalisch intakten Themendurchlauf (Takt 255 bis 270) in die Perspektive eines letzten Rückblicks und Abschieds zu rücken: Gegen die auflösende, brechende Drehung des orchestralen Kaleidoskops, die mit den Zweitaktgruppen des Themas als wie mit zufällig Zurückgebliebenem spielt, kommt die abstrakte Vollständigkeit dieser sechzehn Takte nicht auf, dies verstärkt um den Eindruck, daß schon die wiederholten Kadenzen der Takte 247 bis 254 den Satz zu Ende bringen wollten.

Das Gegenüber chorisch und solistisch besetzter Partien weckt gleicherweise im Mit- wie im Nacheinander räumliche Assoziationen und bedient sich ihrer. Unabweisbar z. B. drängen sich Eindrücke auf, wie, daß sich das Bläseradagio im langsamen Satz der *Neunten Sinfonie*[15] nach dem homogenen ³/₄-Fluß des Andante wie ein privates Gespräch unter Wenigen in einem entlegenen Bereich fern vom Zentrum des Satzes zutrage, oder, daß im ersten Satz (Takt 469) nach einem kompakten, die Gruppen komplementärrhythmisch zusammenschmiedenden Tutti plötzlich sich ein Freiraum auftue, in dem sich Horn, Oboe, Fagott und Flöte dialogisierend ergehen und gemeinsam eine Kadenz ausmusizieren, welche wohl noch weiter fortdauern würde, träte nicht als ordnungschaffender Eingriff das Unisono der Streicher (Takt 477) dazwischen, über dessen synkopisch gespannter Steigerung die eben noch gelassen gesprächigen Holzbläser nur noch in mühevoll ankämpfenden Sechzehnteln dahinflattern. In den vieldiskutierten Takten 394/395 des ersten Eroica-Satzes fährt das zweite Horn wie von außen kommend und dergestalt nur mangelhaft mit dem Stande der Dinge koordiniert in den Satz hinein.

Über räumliche Analogien hinausgehend weckt der Registerwechsel des Orchesters nicht selten szenische Assoziationen: Eine allmähliche Verdünnung des Satzes am Ende der Einleitung zur *Siebenten Sinfonie* fixiert die Aufmerksamkeit immer genauer auf einen Punkt, will die Stelle definieren, wo das Neueintretende erscheinen muß, und schafft ihm damit, von welcher Art es auch sei, einen »Königsauftritt«; nach der bewußt als solche entworfenen »*scena*« des »*Lustigen Beisammenseins der*

---

15 Eingehender hierzu in diesem Bande S. 99 ff.

Landleute« und dem »*Gewitter*«, da die Assoziation hier auf sehr gegenständliche Bilder gerichtet ist, scheinen am Beginn des letzten Satzes Klarinette und Horn wie von verschiedenen Seiten zum Dankgesang zu rufen und in der Weite der Landschaft einander zu antworten; das suggeriert nicht zuletzt die Überlagerung der beiden Quinten, c–g zur Klarinette, f–c zum Horn gehörig, die beide hier wie zufällig ineinanderklingen, noch nicht eigentlich komponiert im genauen Sinne, ehe das Hauptthema in drei Wiederholungen allmählich fortschreitend das Tutti aufschließt. Indem sich dergestalt die gedachten Beteiligten zum Hirtengesang sammeln und ihn anstimmen, macht sich nach dem »naturalistischen« Ausschlag der beiden vorangehenden Sätze das Darstellungsmittel Musik selbst zum programmatischen Gegenstande und stellt somit mühelos den Einklang zwischen Sujet und eigener Autonomie wieder her, wobei deren Doppelseitigkeit durchaus fortwirkt: Bei der Aneignung der Melodie fallen immer mehr Stimmen ein; wo dies zum Tutti gediehen ist, alle zusammen gekommen sind (Takt 32) wird das Kollektiv auf neue, eigene Weise tätig mit einem Motiv, das sowohl als Verkörperung eines ständig neu gegebenen Impulses erscheint wie gleichzeitig verschiedenste Möglichkeiten steigernder Fortspinnung eröffnet.

Doch nicht nur in der *Pastorale* und in der *Eroica* und dank deren programmatischer Vorgaben ruft die sinfonische Dimension nach derlei Assoziationen. Der dritte Satz der *Siebenten Sinfonie* wiederholt in dem vier Takte liegenden, zum *Assai meno presto* überleitenden a nahezu den transzendierenden Augenblick des *Fidelio*, indem er dem Ton durch hartnäckiges achtmaliges Anspringen die Aura einer mit angestrengtester Mühe eroberten Höhe schafft, von woher tatsächlich mit anderer Tonart, anderen Instrumenten und anderer Thematik gänzlich neues Licht einfällt. Ähnlich deutlich die Symbolik des angeschlagenen Tons und Klangs, aus denen der Gesang des *Allegretto* sich löst: Zur Erklärung der schulwidrigen Unterquart des zweiten Horns, die den Akkord zugleich auf unverwechselbare Weise eindunkelt und ihn einer sichernden harmonischen Stütze bedürftig erscheinen, also zum haltgebenden Einsatz der Streicher hinstreben läßt, gehört nicht zuletzt, daß Beethoven wenig zuvor einen ebenfalls in dem bei ihm seltenen a-Moll stehenden Satz mit der Unterquart beginnen ließ: Das *Allegretto* des dritten Rasumowsky-Quartettes op. 59 artikuliert in den tiefen E-Pizzicati des Cellos das Gleichmaß der balladesken Erzählung, und besonders im ersten, durch *f* herausgehobenen Pizzicato den Harfenschlag des Barden – die ossianische Assoziation ist ganz unüberhörbar. Hier stellt Beethoven überhaupt erst im fünften Takt die durchaus schon früher zuständige Tonika eindeutig her. Die Vorstellung des am Beginn der Erzählung angeschlagenen magischen Tons als des (mit Thomas Mann) »*Geistes der Erzählung*« hat das Kammermusikwerk weitgehend chiffriert; erst der balladeske Ton des Folgenden verhilft zu ihr und bestätigt sie, unterstützt durch das Erstaunen über die eigengewichtige Hartnäckigkeit der tiefen Quart, die der harmonischen Klärung so lange im Wege bleibt. Der Bläserakkord im *Allegretto* der *Siebenten* demgegenüber konkretisiert mit dem ihm eigenen Kolorit und dem vorgeschriebenen Decrescendo das Bild erheblich, und nicht nur Sinn für formale Stimmigkeit, sondern durchaus auch ein Stück

präzis nachgestaltetes archaisches Ritual steckt in seiner Wiederkehr am Schluß, der
den Gesang dort wieder anlangen läßt, wo er begann, ihn in den Klang zurückholt.
Etwa in der Verlängerung der durch die beiden Fälle bezeichneten Linie wäre der
Beginn des *»Abschieds«* in Mahlers *»Lied von der Erde«* zu denken.

Indem die Komposition die Berührung mit der Realität der orchestralen Dimensionen wahrnimmt und strukturell zu vermitteln trachtet, vergrößert sie generell die Kontaktfläche der musikalischen Erfindung mit der Wirklichkeit möglicher
Analogien und Assoziationen. Nicht nur werden diese in der beschriebenen Weise
oder in der subtileren Erschließung der instrumentalen Valeurs in immer größerem
Umfange wahrgenommen, sondern sie gewinnen auch als Brücken des Verständnis-
ses in dem Maße an Wichtigkeit, in dem das Anwachsen der Auditorien die Sach-
kenntnis der musikalischen Rezeption mindert und das Interesse an Musik sich
immer stärker nur als Interesse an den von ihr vermittelten Erlebnissen darstellt.
Keineswegs aber – und schon damit wird einer allein auf die ästhetischen Sachverhalte schauenden Betrachtung gekündigt – reagiert die Sinfonie Beethovens passi-
visch nachziehend auf die neue Situation; dagegen spricht schon die Tiefe und
Gründlichkeit, mit denen sie sie in sich reflektiert; vielmehr ruft sie geradezu nach
ihr.

Daß sie damit zu Kommunikationsformen *»herabkomme«*, die die ästhetische
Autonomie des *»hohen Stils«*[16] beleidigen, ist immer wieder anhand der *Fünften
Sinfonie,* besonders an deren Finale bemerkt worden. Spohr nannte die Überleitung
zu diesem schlechtweg *»das einzige Geniale der V. Sinfonie«*[17], Ulibischeff sieht in
dessen Coda *»ein ganz gewöhnliches Reizmittel, eine Ausfüllung durch Gemeinplätze der
Militärmusik«*[18], Kretzschmar findet die Themen *»einfach bis zur Trivialität«*[19], Bekker
weiß *»fast die Grenzen bedenklicher Volkstümlichkeit«* gestreift[20]. Wie oft hat hier der
böse Blick der Kritik besser beobachtet als die apriorische Bejahung der Apologe-
ten, geschärft freilich durch Maßstäbe, die an eben diesem Objekt hätten irre werden müssen, verrät sich doch in der musikalischen Kritik dieser Einwände deutlich
eine Kritik an der Wirkungsweise dieser Musik und ihrem das ästhetische Wohlver-
halten kündigenden agitatorischen Gestus, verrät sich mithin der verletzte gute Geschmack als Sinn für Grenzen, deren Einhaltung die schöne Autonomie der Kunst
und die schlechte Dichotomie von Kunst und Leben garantiert. Diese Grenzen
hatte Kants *»Kritik der Urteilskraft«* soeben sorgsam neu festgeschrieben: *»Ich muß*

---

16 Vgl. hierzu G. Knepler, *Zu Beethovens Wahl von Werkgattungen – Ein soziologischer Aspekt eines ästheti-
    schen Problems,* Beiträge zur Musikwissenschaft 1970, S. 308–321. Noch bei Berlioz erscheint der
    »hohe Stil« als geläufige Kategorie, vgl. *Memoiren,* Leipzig 1967 (RUB), S. 305.

17 L. Spohr, *Lebenserinnerungen,* Tutzing 1968, S. 231.

18 *Malheureusement, la conclusion se fait attendre plus de cent mesures et la coda qui la précède paraît d'autant
    plus longue que le presto où elle se déploie, n'est, il faut bien le dire, qu'un stimulant banal, un remplissage en
    lieux communs de musique militaire.«* A. Oulibicheff, *Beethoven – ses critiques et ses glossateurs,* Leipzig
    1857, S. 205.

19 *Führer durch den Konzertsaal, 1. Abteilung: Sinfonie und Suite,* 2. Auflage Leipzig 1891, S. 97.

20 *Beethoven,* Berlin 1911, S. 242.

gestehen: daß ein schönes Gedicht mir immer ein reines Vergnügen gemacht hat, anstatt daß die Lesung der besten Rede eines römischen Volks- oder jetzigen Parlaments- oder Kanzelredners jederzeit mit dem unangenehmen Gefühl der Mißbilligung einer hinterlistigen Kunst vermengt war, die die Menschen als Maschinen in wichtigen Dingen zu einem Urteile zu bewegen versteht, welches in ruhigem Nachdenken alles Gewicht bei ihnen verlieren muß. Beredtheit und Wohlredenheit (zusammen Rhetorik) gehören zur schönen Kunst, aber Rednerkunst (ars oratoria) ist, als Kunst sich der Schwächen der Menschen zu seinen Absichten zu bedienen (diese mögen immer so gut gemeint, oder auch wirklich gut sein, als sie wollen) ...«[21]
Jegliche beabsichtigte Wirkung verletzt demnach die Dignität des »interesselosen Wohlgefallens« und ist daher nur als schlechte Wirkung zu denken; doch hatte solch schnöder Pragmatismus in der französischen Aufklärungsliteratur schon längst[22] und bald auch in Deutschland ein ganz anderes Ansehen: *»Ein Mann, der alle Tage zum Volke redet, wie ich, soll nicht beurteilt werden, wie ein anderer, der selten auftritt«*, schreibt einer der Ideologen des revolutionären Mainz; *»Überdem ist es nicht so leicht, als viele der Herren, die schön, elegant und erhaben zu schreiben wissen, glauben, auch populär zu schreiben. Ich suche das zu lernen, weil ich sonst wenig nützen würde ...«*[23]
Die Problematik des Weges zu den unmißverständlichen Prägungen der *Eroica* oder der *Fünften* und der hiermit in der Sinfonie ergehenden revolutionären Aufrufe und Appelle korrespondiert in auffälliger Weise mit derjenigen des Übergangs von diskursiven zu agitatorischen Texten, z. B. bei Fichte[24], von theoretischer Begründung zur Verdeutlichung und Vermittlung von deren Ergebnissen und ihrer Umsetzung in Praxis, von Spekulation zu Propaganda. *»Indem der Redner das Wort ergriff, hatte er sich Gesetzen unterzuordnen, die nicht von ihm, sondern von denjenigen durch ihr praktisches Leben vorgeschrieben waren, an die er es richtete. So verwandelten unter den Händen des Aufklärers sich Beweise in Forderungen, Vernunftschlüsse in Aufrufe und der Autor selbst in einen Tribunen.«*[25] Der Durchbruch *»durch Nacht zum Licht«* in der *Fünften* stellt sich als Bewältigung eben dieses Übergangs dar; was zunächst als Stationenfolge auf dem Wege zwischen Kampf und Sieg erscheint, zwischen der hochgespannten dialektischen Anstrengung des ersten Satzes und der strahlenden C-Dur-Erfüllung des letzten, ist musikalisch ein Weg von innen nach außen, ein allmählich sich vollziehender Austritt aus dem Bereich einer wie vielfältig auch immer ins Außen vermittelten musikalischen Selbstbestimmung ins Feld neuer Kommunikationen, Analogien, Assoziationen, bei dem der Übergang von der vornehmlich autonomen zur vornehmlich heteronomen Prägung mit zunehmender Konkretisierung des Gegenstandes als des revolutionären Durchbruchs einhergeht, ein Durch-

21 *Kritik der Urteilskraft*, Leipzig 1968 (RUB), S. 228 (= Anmerkung zu § 53).

22 Vgl. W. Krauss, *Über den Anteil der Buchgeschichte an der literarischen Entfaltung der Aufklärung*, in: *Aufsätze zur Literaturgeschichte*, Leipzig 1968 (RUB), S. 206–365.

23 zitiert nach C. Träger, *Aufklärung und Jacobinismus – Die Mainzer Revolutionspropaganda 1792/93*, in: *Studien zur Literaturtheorie und vergleichenden Literaturgeschichte*, Leipzig 1970 (RUB), S. 307–331, 317.

24 Hierzu C. Träger, *Fichte als Agitator der Revolution im Umkreis der Zeitgenossen*, a. a. O., S. 237 bis 276.

25 C. Träger, a. a. O., S. 326/27, ähnlich auch S. 265.

bruch sowohl ideologischer als auch ästhetischer Art: Spätestens bei der »*bedenkli-chen Volkstümlichkeit*« des Finalebeginns und dessen Anklängen[26] – der Bericht von dem in den Ruf »*C'est l'Empereur! Vive l'Empereur*« ausbrechenden französischen Soldaten erscheint mindestens gut erfunden[27] – ist das »*interesselose Wohlgefallen*« endgültig ratlos, zumal es nun auch das Vorangehende, scheinbar noch landeinwärts Liegende als Instrument dieses Durchbruchs erkennen muß, als Vorbereitung zum Absprung: Der erste Satz gibt einen Diskurs von dichtester Logik, mit einer gerade-hin despotisch unerbittlichen, keine Freiräume duldenden Diktatur der hervorbrin-genden Dialektik und einem motivischen Minimum an Einsatz, welches seine un-verwechselbare Charakteristik eben jener zur Arbeit drängenden Latenz dankt, wel-che die Simplizität des Gebildes negierend rechtfertigt, jene Simplizität, in der sich die Abstraktheit des diskursiven Ansatzes im Bereich musikalischer Immanenz para-digmatisch vergegenständlicht. Was im ersten Satz gesetzt und entwickelt wird[28], vertiefen je im Sinne ihrer Individualität die beiden folgenden. Im zweiten (vgl. Beispiel 8a) erschließt Beethoven die pathetische Gewichtigkeit in dem Aufstieg

8

aus der Unterquart zur Terz, den er in einem ersten, anders lautenden Entwurf des Themas erst einbringen mußte, wobei die Orientierung auf das diastematische Grund-modell (dessen Komplex nach Réti = Beispiel 8b) ebenso wichtig gewesen sein mag wie die Erinnerung an die Entstehung des *Larghetto*-Themas der *Zweiten Sinfo-nie*[29]. Im Nachsatz des *Andante*-Themas exponiert er sogleich in zwei Varianten das Modell des nach oben gebrochenen Dreiklangs mit anhängendem Sekundabstieg von der Quint zurück zum Grundton, welches im Finalthema ans Ziel und zur endgültigen Prägung gelangt (= Beispiele 9a, b, c). Den Dreiklang als Endglied des

26 Hierzu ausführlicher K. H. Wörner, *Das Zeitalter der thematischen Prozesse in der Geschichte der Musik*, Regensburg 1969, S. 19; Peter Gülke, *Motive aus französischer Revolutionsmusik in Beethovens 5. Sinfonie*, Musik und Gesellschaft 1971, S. 636–640; vgl. auch in diesem Bande S. 175 ff.

27 K. H. Wörners Erklärung dieses Ausrufs (a. a. O., S. 18/19) mit Hilfe der – nicht überzeugenden – Ähnlichkeit mit Gossecs Chor »*Premier bien*« wäre entgegenzuhalten, daß in den Finalbeginn soviel Typisches der französischen Revolutionsmusik eingegangen ist (die neuartige Direktheit des Bezu-ges wird nicht zuletzt durch die nunmehrige Beteiligung der Posaunen, des Kontrafagotts und der Piccolo-Flöte unterstrichen), daß es zur Identifizierung keines bestimmten Modells bedürfte. Überdies findet sich im Vorspiel zur *Hymne à la Victoire* von Lacombe/Adrian aîné eine von Wörner und seinem Gewährsmann F. K. Prieberg (*Der melodische Archetyp*, Neue Zeitschrift für Musik, 1956, Heft 2) übersehene Prägung, die sich sehr viel weitergehend im typologischen Zusammenhang hält und viel eher als Modell in Frage käme als Gossecs Chor, zumal auch die Programmatik der Komposition mit derjenigen des Sinfonie-Finales genau korrespondiert.

28 Zu den die Sätze strukturell zusammenschließenden Momenten vgl. R. Réti, *The Thematic Process in Music*, New York 1954, S. 165 ff.

29 Zu den Vorstadien des Larghetto-Themas vgl. K. Westphal, *Vom Einfall zur Sinfonie, Einblick in Beet-hovens Schaffensweise*, Berlin 1965, S. 60–62.

Andante-Themas und den Aufstieg aus der Unterquart als dessen Beginn hatte er zuvor schon als korrelierende Glieder eines Zusammenhangs ausgewiesen. Für diese, wie gleicherweise für das im *Andante* signalhaft definierte Motiv des Aufstieges vom Grundton zur Terz (= Beispiel 10)[30] und für das Motiv der Quartdurchschrei-

tung (im dritten Satz abwärts mit größtem Nachdruck als erste melodische Bewegung nach den Tonrepetitionen Takt 19 ff. herausgestellt (= Beispiel 11a), aufwärts als Nachfedern der Achtelbewegung im Trio-Teil erscheinend (= Beispiel 11b), auf- und abwärts zuvor schon in den Takten 116 ff. (= Beispiel 11c), schafft Beethoven

im Finale eine Art Auffangbecken mit neuer Ordnung und Synthetisierung. Was bis hierher den durch die Sätze hindurchgehenden Bildungen an Bedeutung und Schwere zugewachsen ist, bildet die Grundlage zu dessen Durchbruch und unablässigen Kristallisationen; nun ergehen in einer Vielzahl neuer und zunächst autonom erscheinender Prägungen und in dichter Folge die Appelle, die zuvor[31] wohl schon anklangen, vor allem aber musikalisch-diskursiv begründet worden waren. Das macht den letzten zum Gegenpol des ersten Satzes: Bestand dieser in einer Ausschließlichkeit aus Arbeit, die den Themen wenn überhaupt eigene Gestaltqualität nur eine episodische Existenz zugestand, so bilden umgekehrt in jenem die arbeitenden Partien die Episoden zwischen den unablässig zu neuen Gestalten zusammenschließenden Details, überdies meist als Fortspinnungen im Bannkreis der Themen bleibend.

---

30 Die Erörterung dieser wichtigen Details fehlt bei Réti a. a. O. Für das durch den gewichtigen Gleichschritt betonte Marcato dieses Terzaufganges gibt es wiederum im Repertoire der Revolutionsmusik ein Vorbild, welches wenn schon nicht zur Begründung so mindestens als Hintergrund zu der devisenhaften Qualität taugt, die im Finale, da das Motiv die Musik »treibt«, deutlich in Erscheinung tritt. Vgl. den Beginn des Refrains von Rouget de l'Isles *Hymne dithyrambique* (C. Pierre, a. a. O., Nr. 23).
31 Vgl. in diesem Bande S. 190 ff.

Wäre nicht die Arbeit zum Finale in den vorangehenden Sätzen geleistet worden, müßte der rasche Wechsel der musikalischen Prägungen ohne jeweils neue Legitimation aus bewältigten Konflikten geradehin als unkontrolliert überschießende Produktion erscheinen.

Entsprechend haben die Instanzen der dialektischen Form, obwohl formaliter sichtbar, wenig Gewalt mehr über den Vorgang: Die Exposition gibt vier Themen; von ihnen erscheint das durch den Übergang so nachdrücklich herausinszenierte erste überhaupt nur ein einziges Mal wieder, am Beginn der Reprise, und dort nicht eigentlich durch die Arbeit der Durchführung neu notwendig gemacht (welche ihrerseits sich nur mit dem Komplex des dritten Themas und dessen Gegeneinander von gewichtigem Terzanstieg und Quartabstieg beschäftigt), sondern durch zitierende Erinnerung an den dritten Satz und die ihm folgende Überleitung, welche nochmals zeigt, woher kommend das Thema erreicht wurde. Eine nahezu mosaikhafte Beliebigkeit in der Disposition der Teile verrät besonders die Wiederkehr jener Partie, die in der Durchführung die Ankunft im Zielpunkt G-Dur (bei stürmisch weitergehender Bewegung) bezeichnete, im Übergang zur Coda (= Takt 294 ff.). Diese Coda, deutlich als Folge von Anruf, Antwort und allmählich in den Gesang einfallenden Stimmen beginnend, führt ihrerseits, was ihres Amtes üblicherweise kaum ist, die Kristallisation neuer thematischer Varianten weiter fort, indem sie das Thema ihres Beginns aus dem zweiten, dasjenige des *Presto* Takt 362 ff., als Diminution des vierten bildet. Wie hier trägt schon in der Exposition der Hintergrund eines identischen Materials die dichte Aufeinanderfolge der dort vier thematischen Prägungen. So verbinden die impetuosen Aufstiege der Takte 6 ff. den Quartdurchgang als strukturierendes Element mit dem gerüstgebenden Dreiklang (vgl. Beispiel 12), dieser beim dritten Anlauf um eine dritte Terz nach e verlängert;

12

danach erscheint der Quartdurchgang sogleich in den drei außerordentlich unterschiedlichen Varianten Beispiel 13a, b und c, und wird anschließend, besonders durch

13

die Führung der Holzbläser (Takte 27/28, = Beispiel 14) als wichtiger Bestandteil

14

des zweiten Themas ausgewiesen, wenn zumeist hier auch überdeckt durch Trompeten und Hörner; wieder in raschen, synkopisch gebundenen Achteln und sequenzierend aneinandergesetzt (= Beispiel 13c) bildet er auch den Abschluß des zweiten Themenkomplexes (Takt 41 ff.) und konstituiert im Gegeneinander von Auf- und Abwärts, unterstützt von Differenzierung von Dynamik und Artikulation, ganz und gar das dritte Thema (= Beispiel 15), in das als einzig hier Neues Beetho-

15

ven als Gegenstimme den Terzaufgang Beispiel 10 einbringt. Das vierte Thema (= Beispiel 16) endlich gibt dem Quartabstieg eine Schwere und Gewichtigkeit, wel-

16

che er, zumeist in Achteln laufend, bislang nicht hatte. Die Identität der Grundstimmung dieses Satzes, welche die Vielzahl prägnanter Bildungen so fühlbar zusammenschließt, ruht dergestalt auf einer weitreichenden Identität des Materials, und dieses wiederum ist durch die vorangehenden Sätze in so umfassender Weise aufbereitet und definiert worden, daß es nun unablässig zu Kristallisationen, zur Präsentation von Ergebnissen drängt, zu Verfestigungen, die zuvor, ganz besonders dem ersten Satz, weitgehend vorenthalten blieben. So hat Beethoven die kausale Verknüpfung von produktiver, Konflikte bewältigender Arbeit und thematischer Postulierung ins Nacheinander der Satzfolge auseinandergelegt, hat in den ersten drei Sätzen musikalisch die Losungen begründet, die er im Finale ausgibt, denen er hier, als Tribun auftretend, Gehör und Wirkung verschafft. Er artikuliert in Musik den Übergang von der Theorie zur Praxis, von der Interpretation der Welt zu ihrer tätigen Veränderung. Dieser Analogie gehorcht auch die wachsende Praktikabilität i. e. Prägnanz der thematischen Gestalten, worin wiederum die Ecksätze konträr zueinander stehen: Das Thema des ersten kann für sich allein wenig bedeuten, es ist zu seiner Bestimmung und Legitimation auf den produktiven Zusammenhang des Satzes angewiesen; das erste Thema des letzten, durch Antizipationen (vgl. Beispiel 9a, b, c) und durch eine bislang unerhörte Form von Hinleitung vorbereitet, bedeutet sehr wohl schon für sich etwas, definiert sich unzweideutig, mit oder ohne Bezug auf ein bestimmtes Modell, als revolutionärer Marsch und Aufbruch, und erreicht gleichzeitig auch als musikalische Gestalt eine Autonomie, die zuvor bestenfalls das Thema des *Andante con moto* besaß. Konnte sich das Thema des ersten Satzes nur durch sein Funktionieren als Thema ausweisen, so bedarf dessen das erste Finalthema nicht, funktioniert als Thema gerade nicht. Nur zu Beginn und in der Reprise auftretend und im Schlußpresto in einer Variante erinnert, erscheint es lediglich als

Erkennungsmarke, als Ortsbestimmung für das Folgende; es definiert die Höhenlage des Satzes, ohne an ihm materiell teilzuhaben. Die Sorgsamkeit der Vorbereitung seiner Gestalt hat sich offenbar mit dem »höchsten Augenblick« des Finalebeginns ausgezahlt, hat nur auf diesen gezielt; entsprechend konsequent ist der Dreiklangsaufstieg aus der Textur des Satzes verbannt, wird lediglich durch die Takte 150–153 vor dem Anlauf zur Reprise neu als Zielpunkt definiert. Dennoch ist die Suggestivität des Themas groß genug, den Weg dieses Satzes vorzuzeichnen, ihn unabhängig von motivischen Bezügen zu vertreten. Diese Fähigkeit, in der ihm die anderen Finalthemen nahezu gleichkommen, dankt es wesentlich der Qualität eines Schlagwortes, der Losung, deren Sinn nicht erst der Werkzusammenhang definiert.

Diese Qualität stellt eine Art Kurzschluß zu der Öffentlichkeit her, an die die Musik sich wendet: In ihrer Prädefinition vom Hörer sofort verstanden, weil virtuell in seinen Erfahrungen schon vorhanden, hat dort die schlagworthafte musikalische Prägung keine Rezeptionsschwierigkeiten zu erwarten, denen mit einer bestimmten Darstellung als Glied eines auch in sich funktionierenden musikalischen Zusammenhanges begegnet werden müßte. Der Zusammenhang, in den die Themen sich stellen wollen, ist kaum noch primär ein musikalischer. Unter sich, in der musikalischen Dimension der ordnenden Aufeinanderfolge, haben sie kaum etwas abzumachen; so springen sie gleichsam aus ihr heraus, ehe sie ihr Genüge getan haben und von ihr ganz angeeignet waren. Die hieraus folgende Schwächung der ihre Folge bestimmenden Logik war schon im Andante zu beobachten gewesen, mittelbar in dessen erstaunlich irregulären metrischen Gruppierungen, welche getragen sind von dem Bestreben, die Präsenz der thematischen Prägungen immer neu herzustellen als einen qualitativen Umschlag, als Kristallisation, über die keine Vorausdisposition Macht gewinnt, mögen diese nun erfolgen als jäher Durchbruch der Takte 29 bzw. 78, den Beethoven in die zuvor anders entworfene Gestalt des Themas erst hineinbrachte[32], als Wiederfinden der Tonart nach der Abirrung der Takte 41 ff. bzw. 90 ff., oder als neu zusammenschießende Gestalt nach drei mit übergroßem Anteil und Ausmaß vertretenen, kaum als Überleitungen zu bezeichnenden Zwischenpartien (Takte 132 ff., 160 ff., 176 ff.), welche sich von motivischer Bindung hinwegbewegen zu indifferent anmutenden, eigentümlich in sich kreisenden Leerläufen. Ulibischeffs oben zitierte Beobachtung (»... _la conclusion se fait attendre plus de cent mesures ..._«)[33] deutet auf eine Stelle hin, wo die Schwächung der musikalischen Verbalität, die Lockerung der Verknüpfung, deren die spezifische Autonomie der schlagworthaften Prägungen bedarf, geradezu die Qualität eines Mangels in der Bewältigung der musikalischen Form zu gewinnen scheint: »Zu früh« am Ende des Finales kommt die Musik nach C-Dur zurück und verschenkt damit die Möglichkeit, eine letzte Steigerung in der Darstellung ihres Gegenstandes mit dem endgültigen Wiedereintritt der Grundtonart zu koppeln; daß die Musik sich strettahaft hetzt, während sie die harmonische Ruhelage schon erreicht hat,

---

32 Vgl. hierzu K. Westphal, a. a. O., S. 37/38.
33 Vgl. Anm. 18.

schafft eine Unstimmigkeit, die die lange Kette der Schlußschläge und in ihr die Diktatur der affirmativen Anstrengung, die Überdosis von Quod erat demonstrandum ebenso notwendig macht wie überdeutlich in Erscheinung treten läßt. Gerade aber, indem sie das Bündnis mit musikalischen Mitteln, hier mit der harmonischen Gravitation, verschmähen, werden die treibenden Impulse und Intentionen sichtbar als über alle ästhetische Stimmigkeit hinausschießend, als Bild jenes in einer Kommunikation unablässig überspringenden Funkens, vor deren Direktheit die Anordnung nach Maßgabe der musikalischen Syntax beinahe schon als Umweg erscheint. Sehr viel schneller werden die Finalthemen als revolutionäre Intonationen und als Appelle denn als Glieder und Stationen einer musikalischen Entwicklung verstanden; in einem ästhetisch gesehen gefährlichen Maße überflügelt in der Rezeption der semantische den syntaktischen Aspekt, da die Appelle weniger im musikalischen Gefüge als in der Öffentlichkeit der hörenden Massen Bewegung schaffen und tätig werden wollen.

Diese Öffentlichkeit als Partner zu denken und als moralische Instanz zu setzen, hatte erst der menschheitliche Horizont der Revolution ermöglicht. Das Finale der *Fünften Sinfonie* stellt mit besonderer Deutlichkeit und besonderem Risiko den Versuch dar, Öffentlichkeit auch als ästhetische Kategorie zu begreifen, und die ganze Sinfonie den Versuch, die stets ein wenig aristokratische Autonomie der hochentwickelten Strukturen der Musik zu den neuen demokratischen Kommunikationsformen zu vermitteln und beide aneinander fortzuentwickeln. Das bringt für den Komponierenden die Verpflichtung mit sich, die Historizität bekannter Prägungen, die ihnen durch die großen Ereignisse der Zeit angeschafften Bedeutungen aufzuarbeiten und einzuholen, schon vorhandene Begriffe aneignend nachzuschaffen und dabei, wenn ein Werk wie die *Fünfte Sinfonie* sich pyramidenhaft auf sie zuspitzt, in ihrer Allgemeingültigkeit ihre »Idealität« zu entdecken, eine im Verhältnis zum Schiller-Hegelschen Verständnis freilich vom Kopf auf die Füße gestellte Idealität. Indem die Autonomie der geprägten Gestalt, die die Finalthemen auch unabhängig vom Satzzusammenhang verfügbar erscheinen läßt, und die Gemeinverständlichkeit des Schlagwortes zueinanderkommen, beides Bedingungen jener Praktikabilität der Begriffe, deren der Tribun bedarf, bewegt sich die Sinfonie strukturell wie intentional vom Besonderen ins Allgemeine und kündigt Maßstäbe auf, nach denen dies als Enteignung der künstlerischen Subjektivität, als Preisgabe von Originalität oder als Beleidigung eines guten Geschmacks erscheinen könnte.

In solcher durchaus herausfordernd auftretenden Konsequenz, die eine unvergleichbar dichte Binnenorganisation des Gefüges einer Konzeption unterstellt, kraft deren die Musik sich nach außen kehrend immer mehr auf kommunikative Zusammenhänge verläßt, die zunächst vom einzelnen Werk unabhängig sind, artikuliert sich die Haltung des Citoyen, der wiederum nur, indem er sich die Kommunikationsformen des neuen demokratischen Regelkreises zueignet, in diesem tätig werden kann. Um eine Synthese zu schmieden, in der – als Bündnis der Dimensionen des Orchesters und des Auditoriums – die Kategorien der Kommunikation zu musikalischen werden und auf neue Weise sich die Information des Werkes verschränkt

Introduktion als Widerspruch im System
Zur Dialektik von Thema und Prozessualität

»Es ist gleich tödlich für den Geist, ein System zu haben, und keines zu haben. Er wird sich also wohl entscheiden müssen, beides zu verbinden.« Diese so auffällig Hegel präludierende Erfahrung war, als Friedrich Schlegel sie in seinen Athenäumsfragmenten (1797/99) aussprach,[1] vornehmlich eine philosophische und literarische, eine musikalische hingegen kaum. Daran hat sich auch dreißig Jahre später nichts geändert, wie die Hegelsche Ästhetik zeigt. Dort freilich fehlt der Name desjenigen, der sie inzwischen gewann und realisierte: In Beethoven hat sich das Verhältnis des schaffenden Künstlers zur Philosophie seiner Zeit merkwürdig verkehrt; zur Kenntnis zu nehmen, anzueignen, zu verarbeiten scheint mehr seine als deren Sache zu sein. Während er sich um Kant, Goethe, Schiller etc. bemüht, weiß jene nur, daß »das bloße Interesse nämlich für das rein Musikalische der Komposition und deren Geschicklichkeit eine Seite« sei, »welche nur Sache der Kenner ist und das allgemeinmenschliche Kunsturteil weniger angeht«.[2] Mag die Eule der Minerva ihren Flug noch so sehr »erst mit der eintretenden Dämmerung« beginnen können: Um das Jahr 1820 formuliert, hat die Einfalt dieser Aussage einen falschen Ton, da sie unterstellt, das »rein Musikalische« der *Mödlinger Tänze* habe gleiche ästhetische Relevanz wie das der *Missa solemnis*. Die Trennung des technologischen vom ästhetischen Wesen der Musik,[3] dieser einen Hermetismus unterstellend, der über sie von vornherein viel weniger als über ihre Schätzung und Stellung sagt, wurde in Beethoven mit neuem Nachdruck widerlegt, schon ganz und gar die ihr anhängigen Wertungen und Urteile. Der Empiriker Goethe meinte und akzeptierte, daß »die Musik ganz etwas Angeborenes, Inneres« sei, »das von außen keiner großen Nahrung und keiner aus dem Leben gezogenen Erfahrung« bedürfe,[4] was der Systematiker Hegel als Negativum faßte, da als Instrumentalmusik »dann aber die musikalische Produktion leicht etwas sehr Gedanken- und Empfindungsloses werden« könne, »das keines auch sonst schon tiefen Bewußtseins der Bildung und des Gemütes bedarf«,[5] worin deutlich das durch ein flaches Nachahmungskonzept genährte Mißtrauen zu vernehmen ist. Die Antwort darauf war längst gegeben durch den in seiner Kompetenz unterschätzten Christian Gottfried Körner: »Ein Kunst-

---

1 Athenäumsfragment 53, zitiert nach E. Behler, *Friedrich Schlegel*, Reinbek bei Hamburg 1966, S. 140.
2 *Ästhetik*, hrsg. von F. Bassenge, Frankfurt o. J. II, S. 269.
3 Vgl. C. Dahlhaus, *Der Dilettant und der Banause in der Musikgeschichte*, Archiv für Musikwissenschaft 25 (1968), 157 ff. An jener Trennung hat andererseits auch der Umstand Anteil, daß unter den Künsten die Musik am frühesten eine Rationalisierung ihres Handwerks erfuhr.
4 J. P. Eckermann, *Gespräche mit Goethe in den letzten Jahren seines Lebens*, Leipzig 1968, S. 406 ff. = Gespräch vom 14.2.1831.
5 A. a. O., S. 322.

richter, der in einer Reihe von Bewegungen und Tönen nur ein vollständig bestimmtes Object der Darstellung aufsucht, erklärt alles, was sich durch Worte nicht
aussprechen läßt, für leer an Bedeutung. Fühlt sich der Künstler dadurch gedemü-
tigt, und hält er es für schimpflich, den Verstand nicht zu befriedigen, so verkennt er
leicht die eigenthümlichen Schätze seiner Kunst und glaubt sie durch fremde Bei-
hülfe bereichern zu müssen.[6]«

Wie deutlich auch die Musik mit Beethoven in dem entscheidenden aufklärerischen Durchbruch den Ausgang aus ihrer Unmündigkeit vollendete, so sehr beharr-
te in dieser fast alles mit ihr befaßte Denken. Die Erweiterung ihrer Zuständigkeit
und Steigerung ihres Anspruchs gab nicht nur der gängigerweise nachhinkenden
Theorie ein übergroßes Quantum an Neuem zu verarbeiten auf; die Musik hatte
ihr nun überhaupt die Realisierung des ›Zeitgeistes‹ voraus, und so kommuniziert
mit dem Neuen in Beethovens Musik z. B. jeder Bereich der Hegelschen Philosophie stärker, zumal die Logik, als gerade die Musikästhetik.

Die Musik kommuniziert kraft ihres vergrößerten Erkenntnisgehalts, sowohl des
in ihr als Struktur objektivierten wie des auf diese Objektivation gewandten, womit
in sie die treibende Unruhe des sich nur im Fortschreiten und Entdecken verwirklichenden Geistes kommt. Dabei definiert jede weitergehende Differenzierung auch,
was sie nicht mehr ist, wovon sie sich entfernt. Dem immer auf das jeweils neue
Problem fixierten Beethoven[7] mußte der Fortgang von einer Lösung zur nächsten
auch ein Gegenbild von keineswegs durchweg überwundenen und unbrauchbaren
Möglichkeiten entwerfen, diese nicht im ausschließenden, sondern nur im dialektischen Sinne negiert, welcher Verarbeitung und Einbezug des Negierten fordert,
worin sich Schaffens- und Erkenntnisprozeß decken. Les extrèmes se touchent, zumal im Spätwerk, doch erst, nachdem sie sich aneinander definiert hatten: die Besonderheiten gleichbleibender musikalischer Dichte anhand von deren in der Sonate nötiger Unterschiedlichkeit; ein nahtlos kontinuierlicher Fortgang anhand eines
in Kontrasten springenden; eine virtuell unbegrenzte Entwicklung anhand einer,
der Ziel und Ankunft schon gesetzt sind; strikte Fesselung des Ohrs anhand von
dessen Emanzipation vom Klingenden bei Verknüpfungen und Überbrückungen;
die für sich bleibende Identität der Einzelheit anhand ihrer Rollenfunktion; eine
größere Unmittelbarkeit solcher Details anhand der größeren Bedeutungsfülle eines Rolleninhabers; das größere Gewicht der musikalischen Prozessualität im langsamen Tempo anhand des auf Summierung ausgehenden rascheren; die schockierende Störung im Gleichgewicht der Parameter anhand von dessen konservativer

---

6   *Über die Bedeutung des Tanzes* (1795), Ästhetische Ansichten, Marbach 1964, S. 48.
7   Vgl. seine zahlreichen überlieferten diesbezüglichen Äußerungen, so das oft zitierte »Ich bin nur
    wenig zufrieden mit meinen bisherigen Arbeiten; von heute an will ich einen neuen Weg einschla-
    gen«, u. a. bei R. Rolland, *Beethovens Meisterjahre*, Berlin 1952, S. 76, auch »Allein Freiheit, Weiter-
    gehen ist in der Kunstwelt, wie in der ganzen großen Schöpfung, Zweck, und sind wir Neueren
    noch nicht ganz so weit als unsere Altvordern, in Festigkeit, so hat doch die Verfeinerung der Sitten
    auch manches erweitert«. Zitiert nach J. Bahle, *Der musikalische Schaffensprozeß*, Konstanz 1947,
    S. 163.

Introduktion als Widerspruch im System 69

Bewahrung; das jäh und unerwartet Eintretende anhand des vorhersehbar Notwendigen.

Diese Aufzählung stellt den Momenten vermittelter, vorbedachter Disposition (jeweils an zweiter Stelle) die einer auf spontane Unmittelbarkeit bedachten Musik gegenüber, jene Momente also, die die Kunstarbeit im Interesse komplexerer Planungen einerseits auszuscheiden, andererseits nach vollzogener Bestimmung wieder zu integrieren bestrebt sein mußte. Hierbei mußte »der Geist« erkennen, daß es »gleich tödlich« für ihn sei, »ein System zu haben, und keines zu haben«. Die durch solches Bewußtsein der Musik zuteilgewordene Schärfung der Alternativen erscheint als Novum Beethovens mehr als alle Kühnheiten des Vokabulars oder der Syntax: Wahrgenommen wird jedes Detail als Entscheidung für und zugleich gegen etwas. So wenig für sich wie für seine Musik konnte Beethoven gelten lassen, was noch Thomas Mann im Banne der imago unschuldiger Spontaneität formulierte als »Ein Musiker darf einfach sein, was er ist«[8].

Unter dem Aspekt der von Bewußtheit geschärften Alternativen erscheint es keineswegs merkwürdig, daß einerseits der am Klavier improvisierende, andererseits der schwer und mühsam arbeitende Beethoven für die Mit- und Nachwelt gleicherweise ein Bild in schrankenloser Spontaneität sich gebender wie total vermittelter, im Dickicht der Intentionen, Zweifel und Bezüge nur langsam vorankommender Produktivität gab, mithin extreme Gegensätze in der Erscheinung dieses einen Musikers umfaßt sind. Nicht nur, weil zwischen Empfindsamkeit und Romantik stehend, greifen Schilderungen des improvisierenden Beethoven höher hinauf als die anderer Musiker; selbst der sachliche Czerny berichtet, daß »häufig kein Auge trocken blieb, während manche in lautes Schluchzen ausbrachen«[9], ein anderer, daß sich »die Musik von des Mannes Seele auf sein Gesicht übertrug« und er aussah »wie ein Zauberer, der sich von den Geistern überwältigt fühlt, die er selbst gerufen hat«; ein Dritter meint, »daß der, der ihn nicht in freier Phantasie hat hören können, die ganze Tiefe und Gewalt seines Genius nur unvollkommen kennt«; Schindler resümiert bündig, dies sei »das Höchste, was man hören konnte«.[10] Von solcher offenbar faszinierenden Spontaneität ist das Moment der Entlastung von sonst überstrenger Selbstkontrolle nicht wegzudenken, und gerade, da Beethoven diese Instanz umging, mochte die Heimkehr zur Einheit von Schöpfung und Vollzug als Präsentation für ihn mindestens auch etwas Unerlaubtes haben: »Wie gewöhnlich ließ er sich unendlich lange bitten ...« und »Nach solchen Improvisationen pflegte Beethoven in ein laut schallendes Lachen auszubrechen«.[11]

Beim Komponieren hält derselbe Beethoven seine Phantasie unaufhörlich an, sich vom Einzelnen ins Ganze zu denken, verbietet ihr alle Verliebtheit ins Detail,

---

8 *Pariser Rechenschaft,* Gesammelte Werke, Berlin 1955, XII, S. 89.
9 Zitiert nach P. Mies, *Quasi una fantasia,* Colloquium Amicorum, J. Schmidt-Görg zum 70. Geburtstag, Bonn 1967, S. 239 ff.
10 Zitiert nach P. Mies, a. a. O. Eine fast gleichlaute Äußerung ist von Ries überliefert.
11 Zitiert nach Th. v. Frimmel, *Beethoven-Studien II,* S. 243.

konfrontiert schon ihre ersten Hervorbringungen mit der Frage nach dem Warum und Wozu und überläßt sie nicht der Unbefangenheit des Fürsichseins; schon in die Dunkelheit des ersten Augenblicks schlägt die Helle des kontrollierenden und fordernden Bewußtseins, welches das Einzelne im Ganzen der Musik vergesellschaften und rechtfertigen muß. Dies müßte Entfremdung bedeuten, wäre Produktion allein Sache der Phantasie, Rücksichtnahme und Zurichtung auf eine Funktion nur Sache des pragmatischen Kunstverstandes, wäre der erste Entwurf bereits eine geprägte Individualität, der Veränderung nur schaden kann. Doch reicht die Vermittlung der Momente viel tiefer in den Ursprung hinein: Erst durch die Orientierung aufs Ganze findet das Beethovensche Thema, Motiv etc. seine Individualität, nicht durch Isolation, sondern durch Öffnung kommt es zu sich. Beethoven gelangt zur musikalischen Gestalt, indem er sie sich als arbeitendes Subjekt, als Funktion eines Zusammenhangs definiert. Häufig stellen erste Skizzen unverbindlich Details zueinander, die, wenn er im Folgenden dem Eigenwillen des einen oder anderen nachspürt, einander ausschließen wollen. Fast regelmäßig jedoch verhilft die Prüfung auf Funktionstüchtigkeit am Ende zu einem Qualitätssprung, der eine Synthese des zuvor Unvereinbaren fordert und zugleich damit den intuitiven Entwurf vom Beginn nachträglich rechtfertigt, ein Paradigma dialektischer Vermittlung schon dort, wo gängige Vorstellungen die paradiesische Frühe des Schöpfungsaktes suchten, die Reinheit und Unschuld einer ersten Intention, die von ihren Verpflichtungen noch nichts weiß.[12]

Die Spannweite der Extreme des reflektierenden und phantasierenden Beethoven lastet als Anspruch auf seinem Komponieren. An seiner Improvisation haben ebenso jene Kontrolle und Kritik Anteil, die er beiseite schieben muß,[13] wie sein Komponieren vor deren insistierender Strenge erlahmen müßte ohne die Kraft der Phantasie, die dem durch die Filter des zweiflerischen Bewußtseins Gegangenen neue Unmittelbarkeit geben muß und am Klavier immer neu geweckt wird.[14] Wenn dergestalt die Antinomien, zwischen denen sich das Komponieren bewegt, zugespitzt und weiter hinaufgeführt sind, muß der Akt ihrer Bewältigung stärker hervortreten: Dem Bilde des spielenden, noch so problematische oder ernste Gegenstände in der Sphäre einer ›höheren Heiterkeit‹ am Ende läuternden Künstlers hat Beethoven das Moment der Arbeit hinzugefügt, ungedeckt und aller Kunstideologie im Sinne Winckelmanns, Friedrich Schlegels etc. entgegen. Wie Beethovens Musik erarbeitet ist, arbeitet sie selber; es gehört zu ihrer Ethik, zu ihrem ästhetischen Rea-

---

12 Vgl. die verschiedenen Veröffentlichungen von Skizzen seit Nottebohm, zu deren Auswertung besonders P. Mies, *Die Bedeutung der Skizzen Beethovens zur Erkenntnis seines Stils,* Leipzig 1925; K. Westphal, *Vom Einfall zur Symphonie,* Berlin 1965, dort ein vollständiger Literaturnachweis zu diesem Gebiet.

13 Es ist bekannt, daß sich Beethoven zuweilen aufs Improvisieren vorbereitete, vgl. E. Ferand, *Die Improvisation,* Köln 1956, Vorwort.

14 »Er war gewohnt, alles am Klavier zu komponieren und manche Stellen unzählige Male zu probieren«, *Über den richtigen Vortrag der sämtlichen Beethovenschen Klavierwerke,* hrsg. und kommentiert von P. Badura-Skoda, Wiener Urtextausgabe, Wien 1963, S. 19. Da Czerny in diesem Werk systematisch vorgeht, wird im folgenden ohne Seitenzahl zitiert.

lismus, daß sie künstlerische Formung nicht als verhüllende Transzendierung ihrer Antriebe und Intentionen versteht.

Mit dem Fürsichsein der Musik ist es damit in einem doppelten Sinne vorbei, sowohl mit ihrer Ferne zur »aus dem Leben gezogenen Erfahrung« wie mit der schonenden Abschirmung der bilderschaffenden Phantasie gegen kritisches Bewußtsein, und damit haben ihre Produkte ein neues Gesicht: Nicht mehr res factae für sich, nicht mehr in ihrer Autonomie geschützt, entweder durch Zweck und Auftrag oder durch die romantische Aura der genialen Schöpfung, stellen sie nun Stationen einer weiterschreitenden Erfahrung dar, der Stil und Sprachmittel nicht mehr als Höhlungen taugen, in denen sich die Unbefangenheit der künstlerischen Phantasie birgt, und die ihr, so lang als unbefragte Selbstverständlichkeit gültig, Schutz bieten. Stehen Stil und Sprachmittel selbst zur Diskussion, da sich der Schaffende bewußt in ein Verhältnis zu ihnen setzt, so schwinden ihre Garantien dahin, muß jedes Werk seinen Standort neu bestimmen, seine Besonderheit umfassender definieren als vordem. Was zuvor Gewähr bot, nicht zuletzt die der Verständigung, entwickelt sich zum Apriori, dessen sich der Schaffende ebenso versichert wie erwehrt. In keinem musikalischen Werk vor Beethoven schlägt sich die Notwendigkeit des Weiterschreitens so deutlich nieder wie bei ihm. Die Werke erscheinen als Erledigungen, die keine Wiederholung gestatten, soll nicht der zentrale Anspruch, jeweils Besonderes und Einmaliges hervorzubringen, verwirkt werden. Über die Nöte dessen nachzudenken, der seine Arbeit im Lichte dieser neuen kritischen Relativierung sieht, dem schon in ihr der stimulierende Totalitätsanspruch gebrochen ist durch das Bewußtsein, daß sie nur approximativ, immer nur »Bruchstück einer großen Konfession« sein könne, hat neben Beethoven vor allem Schiller Grund gehabt: »Der naive Dichter erfüllt zwar also seine Aufgabe, aber die Aufgabe selbst ist etwas Begrenztes; der sentimentalische erfüllt zwar die seinige nicht ganz, aber die Aufgabe ist ein Unendliches.«[15] Solches Bewußtsein, die neue wechselseitige Kausalität von Authentizität und Fortschritt, zwingt den Schaffenden auf das Karussell dialektischer Negationen, es bedarf für ihn keines Menetekels klassizistischer Sterilität, um das Apriorische des Vorhandenen zu empfinden und sich zu ihm kritisch zu verhalten. In jedem störenden Sforzato schon des jungen Beethoven, in der verfremdenden Verbiegung des *Eroica*-Hauptthemas,[16] den vorsätzlich schockierenden Banalitäten der *Rasumowsky-Quartette* und ähnlichen Bizarrerien wird der eigene Standort in der Abweichung vom Erwarteten, virtuell schon Vorhandenen gesucht und bestimmt. In diesem Sinne eröffnet Beethoven für die Musik das Zeitalter einer modernen, in jedem Werk ihre Legitimation neu suchenden Kunst.

Der über das spezifisch Musikalische hinausgreifende Anspruch, welchen zumal die Sonatenform anmeldet, lastet zugleich auf diesem. In eben dem Maße, in dem

15 *Über naive und sentimentalische Dichtung,* Abschnitt *Idylle,* Ausgewählte Werke, Stuttgart/Zürich/Salzburg 1954, S. 446.
16 Vgl. H. J. Machatius, *Eroica (Das transzendentale Ich),* Kongreßbericht Kassel 1962, Kassel 1963, S. 193 ff.

sich die Musik aus ihrem ästhetischen Eigendasein herausarbeitete und den Zeitgeist, sei es in revolutionären Intonationen, sei es als dialektisches Verfahren, reflek-
tierte, mußte sie sich auch Erwartungen öffnen und gewachsen zeigen, die von
woandersher über solche Analogien an sie gestellt wurden. Solchen Ansprüchen,
besonders den philosophischen der Sonate, eignet für die Musik ein Innen und
Außen; ein Innen insofern, als die dialektische Logik überhaupt erst Beethovensche
Dimensionen ermöglichte und sich als musikalische Logik erwies, indem sie die
längst vorhandenen Momente Kontrast und Entsprechung, Spannung und Lösung,
Thema und Fortspinnung etc. übernahm und eine ihnen immanente Tendenz entdeckte und realisierte; ein Außen insofern, als Dialektik auch außerhalb der Musik
existiert, und dort gewonnene Erfahrungen, Bereicherungen etc. mit musikalischen
kommunizieren, sich in ihnen wiederfinden wollen. Beethovens ›hegelianische Wendung‹ zeigt dies Zugleich deutlich genug: Mehrthemigkeit, aus dem Ungenügen an
der Statik eines allein in sich bewegten Einen[17] und aus einem ins individuell-
Charakterhafte vertieften Begriff des Thematischen[18] hervorgegangen, entspricht
zunächst dem vordialektischen Stande der Kantschen Antinomien, in die sich die
Vernunft bei dem Versuch verwickelt, die Totalität zu fassen; wie Kant diese Widersprüche als transzendental, nicht in der Sache selbst liegend ansah, blieben sie auch
in der Musik insofern unverwirklicht, als sie zumeist nur dem postulierenden The-
menbereich angehören, wohl das Werk strukturieren und in weiter gespannten Entsprechungen größere Dimensionen ermöglichen, nicht aber als in der Sache liegend, aus der Totalität des Satzganzen entfaltend begründet sind. Dergestalt bleibt
eine gewisse Abstraktheit der von außen her aufgetragenen Kontraste (= Antinomi-
en) bestehen. Doch »ist dies eine zu große Zärtlichkeit für die Welt, von ihr den
Widerspruch zu entfernen, ihn dagegen in den Geist, in die Vernunft zu verlegen
und darin unaufgelöst bestehn zu lassen«[19]. In der kontrastierenden Ableitung, der
Entfaltung des thematischen Widerspruchs ex uno realisiert Beethoven Hegels Schluß
musikalisch.[20] Seine Kontraste postulieren nicht, sondern ergeben sich als thematische
Kristallisation der zur Entwicklung des Ganzen notwendigen Widersprüche; die langwierigen Mühen seiner Arbeit verursacht nicht zuletzt die Auseinandersetzung mit
dem Paradoxon, daß das Thema, bei dem er komponierend beginnen muß, sich erst
aus der Vorstellung eines Ganzen ergeben, daß er das Ganze aus dem Detail erst entfalten kann, nachdem er sich dieses als Funktion eines Ganzen definiert hat.

Im gleichen Maße freilich, in dem die philosophische Relevanz die Beethovensche Musik erhöht, droht sie auch, sie zu präjudizieren: Will die Sonate Dialektik
nicht einfach abmalen, sondern selber musikalische Dialektik sein, so muß sie sich

---

17 Vgl. R. Eller, *Die Entstehung der Themenzweiheit in der Frühgeschichte des Instrumentalkonzerts*, Fest-
    schrift Heinrich Besseler, Leipzig 1961, S. 323 ff.
18 Vgl. H. Besseler, *Charakterthema und Erlebnisform bei Bach*, Kongreßbericht Lüneburg 1950, Kassel
    o. J., S. 7 ff.
19 G. W. F. Hegel, *Wissenschaft der Logik I*, S. 236.
20 Zur kontrastierenden Ableitung vgl. A. Schmitz, *Beethovens »Zwei Prinzipe«. Ihre Bedeutung für The-
    men- und Satzbau*, Berlin/Bonn 1923.

auch zum Apriori des dialektischen Schemas dialektisch, d. h. als nach Aufhebung strebender Widerspruch verhalten. Je vielfältiger und reicher sich die Bezüge der musikalischen Struktur entfalten, desto größer die Gefahr, daß sie sich zu verselbständigen, ein Eigenleben zu führen beginnen. Beethovens Widerspruch zum System richtet sich also wie gegen konventionellen Selbstlauf auch gegen die Entwirklichung der Musik durch ein vorgeordnetes Schema, die Gefahr, als Erscheinung eines mit ihr nur halb identischen Apriori als ihres Wesens genommen zu werden und zu verblassen.

Graduierungen der musikalischen Wirklichkeit gehören zur Sonatenform selbst in der Unterscheidung thematischer, informationsdichter und vermittelnder, redundanter Abschnitte: Die letzteren sollten eine zuvor eingeschlagene Linie verlängern, doch nicht wiederholen, sollen wenig oder nichts Neues hinzubringen, um der Verarbeitung einer in der komprimierten Form eines Themas gegebenen Information Raum zu schaffen, sind also vor allem Leerraum, Auslauf, ihre Tugend ist Selbstverleugnung, schattenhafte Blässe und Tönung des Hintergrunds, auf dem die thematischen Gebilde stehen und hervortreten. Solche Abschnitte wollen nicht als musikalische Struktur im einzelnen genau erfaßt sein, sondern laufen neben einer Rezeption her, die noch mit der Verarbeitung des Vorangegangenen befaßt ist, schon auf Neues sich spannt oder auch einfach ausruht. Sie zeigen besonders deutlich, wie sich das adäquate Erfassen der Sonatenform zuweilen von der Unmittelbarkeit des Verlaufs lösen, als »aktivsynthetisches Hören«[21] Auseinanderliegendes, als wesentlich Erkanntes verknüpfen und Dazwischenliegendes vernachlässigen muß. In der Form sind diese Akte in einem gewissen Grade vordisponiert, sie liefert die Merkmale ihrer Einstufung selbst, modifiziert von sich aus den Realitätsgrad, den das Klingende gewinnen soll.

Während solche Modifikationen integriert sind, ja die volle Wahrnehmung des Musikwerkes erst ermöglichen, betrifft jene Entwirklichung, die die zu große Autonomie des dialektischen Schemas der Musik androht, diese als Ganzes. Jede Musik verliert ihre spezifische Realität und Unmittelbarkeit, wo sie sich zu strikt einem System, einer vorgefaßten Form unterwirft und darauf verzichtet, diese neu herzustellen und zu rechtfertigen. Je weiter die Implikationen der Vorgabe reichen, desto energischer muß die Musik sich behaupten, die assoziative Weite der Entsprechungen nutzen, ohne sich ihr zu unterstellen. Wenn ausschließlich eine abstrakte Vorgabe realisierend, bliebe sie immer veranstaltet, ein Moment, welches in der diskursiven Anlage der thematischen Auseinandersetzung ohnehin mitgesetzt ist, ein theatralischer Zug[22] nicht allein darin, daß die Sonate ihre Exposition, ihr imbroglio,

---

21 Vgl. H. Besseler, *Das musikalische Hören der Neuzeit,* Bericht über die Verhandlungen der Sächsischen Akademie der Wissenschaften zu Leipzig, philosophisch-historische Klasse CIV, Heft 6, Berlin 1959. Die Frage ist ästhetisch und hörpsychologisch weiterverfolgt bei Z. Lissa, *Hegel und das Problem der Formintegration in der Musik,* Festschrift für W. Wiora, Kassel/Basel 1967, S. 112 ff.

22 Hierzu kritisch Th. W. Adorno: »Die Betriebsamkeit der thematischen Arbeit mag für Beethovens reifes Komponistenohr angeklungen sein an die Machinationen der Höflinge in Schillerstücken, an kostümierte Gattinnen, erbrochene Schatullen und entwendete Briefe ...«, *Verfremdetes Hauptwerk, Moments musicaux,* Frankfurt 1964, S. 103 ff.

retardierende Momente, Katastrophen und ihre Katharsis hat, sondern mehr noch im Rollencharakter der Themen als der in einer Konstellation gleichsam autonom handelnden Subjekte. In der solcherart bedingten objekthaften Vergegenständlichung stellen die Wiener Klassiker »das Geistige als gleichsam Vollkörperliches dar, sie stellen es als sich durch eigene Spontaneität regendes, freies, handelndes Gegenüber hin«[23]. Darin ist aber zugleich eine Emanzipation des Gehörten vom hic et nunc enthalten und der Wahrnehmung eine Richtung auf die Einordnung des Gehörten als in einer Konstellation Funktionierendes gewiesen, ehe das Detail als musikalisches Gebilde voll durchgehört, in seiner Individualität voll erlebt wurde. Dergestalt wird die Prozessualität bzw. Gegenwärtigkeit der Musik ignoriert, ihr vorgegriffen oder Vergangenem nachgeschaut, erweist sich also gestalthafte Verfestigung als ein ihrer produzierenden Vorgänglichkeit entgegengesetztes, statisch fixierendes Moment.

»Bewegt sich die Begebenheit vor mir, so bin ich streng an die sinnliche Gegenwart gefesselt, meine Phantasie verliert alle Freiheit, es entsteht und erhält sich eine fortwährende Unruhe in mir, ich muß immer beim Objekte bleiben, alles Zurücksehen, alles Nachdenken ist mir versagt, weil ich einer fremden Gewalt folge. Bewege ich mich um die Begebenheit, die mir nicht entlaufen kann, so kann ich ungleichen Schritt halten, ich kann nach meinem subjektiven Bedürfnis mich länger oder kürzer verweilen, kann Rückschritte machen oder Vorgriffe tun u.s.f. Es stimmt dies auch sehr gut mit dem Begriff des Vergangenseins, welches als stille stehend gedacht werden kann ...[24]«

Im Lichte solcher Gegenübersetzung vertiefen sich herkömmliche Kontraste, z. B. der von schnell und langsam, zu prinzipiellen. Über die Kantabilität[25] hinaus, welche die Aufmerksamkeit schon beim Vorgang, bei der Unmittelbarkeit des lyrischen Singens festhält, doch noch immer mit musikalischen Gestalten umgeht, liegt auf der Gegenseite zu der die Zeitlichkeit disponierenden Perspektivenkunst der thematisch verarbeitenden Musik eine in reiner Vorgänglichkeit und damit in voller Gegenwärtigkeit gehaltene, denkbar nur als Introduktion. Die Introduktion leitet und führt zu etwas hin, was außer ihrer selbst liegt, will nicht selbst abhandeln, sondern einer Abhandlung präludieren, muß also funktionsgemäß themenfeindlich sein, innerhalb ihrer selbst liegende Gravitationspunkte meiden. An ihr löst sich das Paradoxon auf, daß Musik, die ihr Objekt und darüber hinaus überhaupt ihre Rechtfertigung nicht in sich selbst findet, dem Zeitwesen der Musik, ihrer Prozessualität am reinsten genügen kann, bleibt in ihr der Blick doch kontinuierlich auf das Kommende gerichtet, zu keiner rückblickenden Rechenschaft und Verknüpfung genötigt. Als Präludium zur Form muß die Introduktion dieser selbst entgegengesetzt

---

23 Thr. Georgiades, *Schubert – Musik und Lyrik*, Göttingen 1967, S. 121.
24 Schiller am 26.XII.1797 an Goethe. *Der Briefwechsel zwischen Goethe und Schiller in drei Bänden*, 3. Auflage Leipzig 1964 I, S. 455.
25 Vgl. P. Gülke, *Kantabilität und thematische Abhandlung. Ein Beethovensches Problem und seine Lösungen in den Jahren 1806/1808*, in diesem Bande S. 105 ff.

sein, geformte Formlosigkeit also, die auf die Aufhebung ihrer selbst hinzielt. Insofern bestimmt ihre Funktion sie zum Gegenbilde geformter i. e. thematischer Musik.

Diese Besonderheit war schon vor Beethoven, zumal bei Haydn und Mozart entdeckt, nachdem das Richtmaß des französischen Grave als formale Vergegenständlichung der Einleitung außer Kurs geriet, der Komponist mithin nicht mehr mit Einleitung als vorgegebener Form, sondern als stets neu gestelltem Problem zu tun hatte. Dennoch ist etwas von der offiziellen Gebärde, dem Portalhaften der französischen Ouvertüre über Haydns und Mozarts Sinfonieeinleitungen durchaus auch auf Beethoven gekommen, treu angeeignet im Trio op. 1/II, in der Cellosonate op. 5/II, in ironischem Gegensatz zur gassenhauerischen Simplizität des Liedes vom *Schneider Kakadu* gesetzt in der Einleitung der Variationen op. 121 oder durchfunktioniert im Hinblick auf das Kommende in der Einleitung der Siebenten Sinfonie.[26] Solche Introduktionen bleiben zu Formteilen vergegenständlicht; schon ihre Dimension läßt die reine Kontinuität geformter Formlosigkeit nicht mehr zu: Über einer bestimmten ›kritischen Masse‹ verliert eine ständig zu Neuem fortgehende Entwicklung allen Sinn, da ihre Rechtfertigung zu lang ausbleibt, bedarf also der Korrespondenzen und damit der Gestalten, die sie herstellen. So kommt es in den genannten, doch auch in anderen breit angelegten Introduktionen, die sich deren Problem weniger vermittelt stellen, wie in op. 53 oder op. 106, zu motivischen Wiederholungen, also Brechungen der Perspektive. Jene kritische Masse stellt zugleich die engen Grenzen dar, die einer absolut begriffenen Vorgänglichkeit gesteckt sind, jenseits derer sie in Absurdität umschlägt. Darum war es ein höchst metaphysischer Freiheitsbegriff, der Busoni veranlaßte, das Moment der Entlastung von konventionellen Verpflichtungen in der Introduktion, ihres Widerspruchs und Außen zur Form gegen ihr Angewiesensein auf diese zu hypostasieren, mithin die Notwendigkeit ihrer Selbstaufhebung zu übersehen.

»Solche Befreiungslust erfüllte einen Beethoven, den romantischen Revolutionsmenschen, daß er einen kleinen Schritt in der Zurückführung der Musik zu ihrer höheren Natur aufstieg; einen kleinen Schritt in der großen Aufgabe, einen großen Schritt in seinem eigenen Weg. Die ganz absolute Musik hat er nicht erreicht, aber in einzelnen Augenblicken geahnt, wie in der Introduktion zur Fuge der *Hammerklaviersonate.* Überhaupt kamen die Tondichter in den vorbereitenden und vermittelnden Sätzen (Vorspielen und Übergängen) der wahren Natur der Musik am nächsten, wo sie glaubten, die symmetrischen Verhältnisse außer acht lassen zu dürfen und selbst unbewußt frei aufzuatmen schienen. Selbst einen so viel kleineren Schumann ergreift an solchen Stellen etwas von dem Unbegrenzten dieser Pan-Kunst – man denke an die Überleitung zum letzten Satze der d-Moll-Sinfonie –, und Gleiches kann man von Brahms und der Introduktion zum Finale seiner ersten Sinfonie behaupten. Aber sobald sie die Schwelle des Hauptsatzes beschreiten, wird

---

26 Vgl. A. Knab, *Denken und Tun,* Berlin 1959, S. 37 ff.

ihre Haltung steif und konventionell wie die eines Mannes, der in ein Amtszimmer tritt.[27]«

»Steif und konventionell« meint vorab die geprägte Gestalt und den in ihr geschaffenen Ausgleich der musikalischen Parameter, den Zwang zu deren Kommunikation, dem die Introduktion nicht nur nicht unterliegt, sondern als Bild des noch Ungestalten entgehen muß: Seit Haydn stoßen Introduktionen zumal im harmonischen Bereich weit vor, geben sich avanciert, freilich dem Auftrag der folgenden, weniger avancierten Musik gemäß – Kühnheit also immer mit einem Zug von Uneigentlichkeit, nicht ins Verhältnis gesetzt zu den zentralen Ansprüchen musikalischer Form, sondern außerhalb stehend, was bei Auskünften über derlei Partien selten berücksichtigt ist.

Nicht ohne Zufall suchte sich die Lizenz, über den konventionellen Stand des Komponierens hinauszugreifen, gern die Deckung durch ein Programm. In Haydns *Chaos* konvergierte die programmatische Vorgabe am vollkommensten mit dem Noch-nicht introduzierender Musik und hat sie entsprechend weit herausgefordert. Mozart stellte in der Einleitung von KV 465 den vor dem Eintritt in die Loge Irrenden dar.[28] Schon *La Malinconia* war bei Beethoven eine programmatische Deckung ausgreifender Kühnheiten, eines krassen Widerspruchs zwischen periodischer Stimmigkeit, regelhafter Motivwiederholung und ungewöhnlichen harmonischen Ausschlägen. Solche Störungen im Gleichgewicht der Komponenten erklären die Funktion des durchweg langsamen Tempos von Introduktionen: Die Störungen beschäftigen als Abweichungen vom Erwarteten die Rezeption nicht ausschließlich, da die Bezüglichkeit der Bereiche geschwächt ist; das Ohr haftet am Vorgang, die zelebrierende Langsamkeit des Adagio (*Questo pezzo si deve trattare colla più gran delicatezza*) gibt dem Detail für sich Gewicht und vergrößert die Strecke zu einem Objekt, auf das sich die verknüpfende Beziehung stützen könnte; selbst die unthematischen, ganztaktig gehaltenen Akkorde macht sie zu eigengewichtigen Ereignissen. Ohne Ansehen der Substanz verleiht langsames Tempo allen Einzelheiten Schwere und Nachdruck und wirkt damit deren hierarchischer Stufung entgegen, wie sie die Sonate voraussetzt. Wo dergestalt Bezüge und Vermittlungen verblassen, tritt das Detail stärker in seiner individuellen Besonderheit hervor, nicht sofort beschlagnahmt durch eine Funktion, sondern in seinem Fürsichsein der Assoziation aufgetan.

Dies hat Beethoven in der Introduktion zu *Christus am Ölberg* für sich entdeckt und in einer Vielzahl von Symbolen genutzt, dem düsteren es-Moll-Signal am Beginn, schleichenden Streicher-Unisoni, gellenden Hornrufen und dem dunklen Pochen der Pauke, welche die Details ebenso verbindet wie ihre funktionelle Ver-

---

27 *Entwurf einer neuen Ästhetik der Tonkunst*, Wiesbaden 1954, S. 14 ff.
28 Vgl. J. Chailley, *Sur la signification du quatuor de Mozart KV 465, dit »les dissonances« et du 7ème quatuor de Beethoven*, Natalica Musicologica Knud Jeppesen Septuagenario, Hansen 1962; allgemein zu Mozarts Einleitungen vgl. W. Gerstenberg, *Über den langsamen Einleitungssatz in Mozarts Instrumentalmusik*, Festschrift für W. Fischer, Innsbruck 1956, S. 25 ff.

knüpfung hindert, – eine durch die Gemeinsamkeit einer tragisch gestimmten Pathetik zusammengehaltene Bilderfolge, in der Beethoven sehr lang ausschließlich linear, ohne überbrückende Bezüge vorangeht. Bemerkenswert, wie genau Carl Maria von Weber, wo er verschrobene Originalitätssucht anzuprangern meint, die Typologie gerade einer solchen Introduktion trifft.

»Glaubt ihr, daß in unseren aufgeklärten Zeiten, wo man über alle Verhältnisse wegvoltigiert, euretwegen ein Komponist seinem göttlichen riesenhaften Ideenschwunge entsagen wird? Gott bewahre! Es ist nicht mehr von Klarheit und Deutlichkeit, Haltung der Leidenschaft, wie die alten Künstler Gluck, Händel und Mozart wähnten, die Rede. Nein, hört das Rezept der neuesten Sinfonie, das ich soeben von Wien erhalte, und urteilt darnach: Erstens, ein langsames Tempo voll kurzer abgerissener Ideen, wo ja keine mit der anderen Zusammenhang haben darf, alle viertel Stunden drei oder vier Noten – das spannt! Dann ein dumpfer Paukenwirbel und mysteriöse Bratschensätze, alles mit der gehörigen Portion Generalpausen und Halte geschmückt; endlich, nachdem der Zuhörer vor lauter Spannung schon auf das Allegro Verzicht getan, ein wütendes Tempo, in welchem aber hauptsächlich dafür gesorgt sein muß, daß kein Hauptgedanke hervortritt und dem Zuhörer desto mehr selbst zu suchen übrig bleibt.[29]«

Wenig später knüpft Beethoven an die *Christus*-Introduktion in der Florestan-Szene an, in unübertroffener Verflechtung und Equilibrierung von musikalischer Funktion und assoziiertem Symbolsinn. Das Unisono-F der Streicher, mit dem er beginnt, erscheint, gedeutet durch den Kontrast der drohend schweren Bläserakkorde in f und Des, als Darstellung tödlicher Stille, Leere und Öde, als kalter Grufthauch in Musik; der durch solche Gegensätze umschriebene Raum muß ein düsteres Geheimnis bergen, in ihm nistet das Grauen; die statische Unbeweglichkeit der vier Takte gibt der Szene ihre lastende Schwere. Dem will der mühsam langsame Dreischlag der Streicher sich entwinden, gelangt aber nur bis zu einem verminderten Akkord, über dem der drohende Bläserruf, nun zum einzelnen Ton Ges konkretisiert, wiederkehrt. Ein zweiter Dreischlag schafft nun wieder das düstere f-Moll herbei und überdies den Bläserruf, verstärkt und noch eindringlicher gemacht durch das zweite Hornpaar, festgehalten über die nächste Takteins hinweg und erst auf der Zwei gestört. Die Folge Ges–f wird diatonisch korrigiert zu G, doch gehorcht die Harmonik nicht und zieht sich wie zuvor zu einem verminderten Akkord zusammen, wonach einem Überrest des Dreischlags eine schwache Kadenz nach C gelingt. Mit diesem Dreischlag scheidet bereits das erste Detail aus, gemäß der durch reine Prozessualität gebotenen Regel, keinem Detail Vergegenständlichung, eine von seinem Eingesponnensein in den Verlauf abstrahierte Selbständigkeit zu erlau-

---

29 *Tonkünstlers Leben – Fragmente eines Kunstromans,* Kunstansichten, Leipzig 1969, S. 46 ff. Daß sich die Passage konkret auf die Introduktion der *Vierten Sinfonie* beziehe, ist unwahrscheinlich. Vgl. hierzu A. W. Thayer, H. Deiters, H. Riemann, *Ludwig van Beethovens Leben,* Leipzig 1911, III, S. 15, und E. Knoll, *Carl Maria von Weber und Beethoven,* Neues Beethoven-Jahrbuch 6 (1935), 124 ff., besonders S. 127.

ben, wie sie durch eine Wiederholung bestätigt wäre. Schon eine dritte volle Wiederkehr des Dreischlags könnte ihn als motivisches Agens ausweisen und überdies das Quantum an Neuinformation und damit die spezifische Schwere des Fortgehens mindern.

Mit C-Dur ist in Takt 11 ein neues Gravitationszentrum erreicht, doch wie Takt 5 in schwacher Kadenz, wenn auch der harmonische Schritt f–C der bisher entschiedenste ist, weshalb die kadenzierende Anstrengung nachschwingt und -federt in einem Motiv, in dem die Halbtonfolge (zuvor ges–f, jetzt des–c) hochexpressive Qualität gewinnt. Diese Floskel erscheint dergestalt als melodisches Echo der Kadenz, entwickelt ihrerseits aber so große Ausdruckskraft, daß sie dreimal eine Antwort der Violinen herausfordert, die, wieder als Halbtonfolge (nun f–e), dem schmerzlich gespannten Vorhalt das zielstrebige Drängen zur neuen Takteins entgegenstellt. Das Widerspiel beider kreist in der Polarität der Bereiche f und C, aus der bei der dritten Antwort der Ausbruch gelingt, doch wie beim ersten Dreischlag nur in die Unentschiedenheit eines verminderten Akkordes. Freilich ist nun ein Klopfen in Sechzehnteln in Gang gesetzt, grundiert von dunkel verhaltenen Paukenschlägen, wieder einem Symbol unheimlicher, erwartungsvoll gespannter Stille, welche sich in einen grellen H^7-Akkord entlädt, dieser auch für den Harmoniegang eine grelle Wendemarke, da er in fremde Bezirke treibt, zunächst nach e-Moll, wo die fallende kleine Terz, auch als Fortbildung der expressiven Sekundfolge der Takte 11 ff. interpretierbar, ein Bild ohnmächtigen, rasch ermattenden Aufbäumens gibt, verdeutlicht durch Sforzato und wie in den Takten 11 ff. anlaufende Schleifer. Das e-Moll ist schon in dem vieldeutigen verminderten Akkord des folgenden Taktes zurückgenommen, und im weiteren bedient sich die Fortschreitung wieder mehr der ziehenden Strebigkeit des Sekundabganges der Bässe als der Kraft harmonischer Bezüge. Wo diese im Übergang zu Takt 21 erstmals die Entschiedenheit einer D/T-Folge gewinnen, wirken sie in der lang vermißten Zielstrebigkeit wie eine Mündung, die dem schon im vierten Takt exponierten Des als drittem Zentrum besonderes Gewicht gibt, das As-dur von »In des Lebens Frühlingstagen« vorausahnend, auch im melodischen Ansatz auf der Terz und als nach komplizierten Umwegen erreichter Zielpunkt; Mündung auch im Sinne endgültiger Fixierung einer Bewegungsform, nachdem der Untergrund des expressiven Terzfalls unsicher zwischen verschiedenen Gangarten hin und her schwankte: Zuerst (Takt 14) in klopfenden Sechzehnteln, dann zu Triolen und unter dem plötzlich eintretenden H^7-Akkord in diffuses Tremolo verwandelt, beschleunigt sie (in den Takten 18 ff.) die unter den fallenden Terzen gefundenen Triolen jeweils beim Übergang zur nächsten, neu durch Forte akzentuierten Taktschwere zu Quartolen; nun in Des-Dur ist sowohl ein neues Gleis, zuvor vermißte Entscheidenheit gefunden wie zugleich schon wieder eine der homogeneren Gangart vorausgreifende Unruhe eingesenkt, in der rhythmischen Begleitformel ♪♫, die sich nicht zum Einheitsablauf zusammenfügt, sondern eine Folge kleiner Anstöße gibt; noch deutlicher enthält diese Unruhe die synkopisch vorgreifende Melodie der Violinen, deren Vermeidung der Schweren die Flöte die Betonung entgegensetzt. Das aus Takt 11 stammende Motiv der Flöte bleibt das einzige bis zum Einsatz des Sängers nach einigem Abstande wiederaufgenommene. In den nächsten Takten (21–24) erweist sich wie zuvor (Takt 4 ff. und Takt 16 ff.) das Hinabziehen der Bässe als treibende Kraft, der sowohl der Begleitrhythmus wie das Synkopieren der melodischen Figur festhaltend widerstreben wollen, erkennbar auch als Festhalten an der Höhe: Den Abstieg vom Anfangston f" zu es", den die Melodie von Takt 21 zu 22 sequenzierend mitmachen muß, setzt sie nicht fort, sondern greift zurück nach dem von den Oboen festgehaltenen f".

Wiederum einen Durchbruch scheint der Übergang zu Takt 24 darzustellen: Die groß ausschwingende Figur der ersten Violinen und Bratschen ersetzt, deutlich unterstützt durch Bläser-Synkopen und rhythmischen Wechsel von zweiten Violinen und Bässen, die bisherige kleinschrittige Achtel-Gangart durch Pendelschläge in breiten Vierteln; damit hat zugleich die Bewegung neue drängende Dynamik gewonnen, ersichtlich ebenso aus den zur Takteins hinstrebenden Crescendi wie aus der Harmoniefolge. Deren dominantische Zielstrebigkeit jedoch erfährt eine Dämpfung: Das C des Taktes 27 wird nur noch plagal erreicht, dennoch wiederum eine Mündung, als Unisono die vorangegangenen sogar in der Eindeutigkeit des Ergebnisses übertreffend; das liegenbleibende C der Hörner, die den weiträumigen Synkopenrhythmus bewahren, unterstreicht das Unisono nur, welches den Ambitus des endlich stabilisierten C-Akkordes über Nachbar- und Durchgangstöne melodisch ausmißt, zunächst mit dem Gestus triumphierender Bestätigung. Der Unisono-Abstieg strebt offensichtlich einer Ruhelage zu, doch ist diese Tendenz schon wieder gebrochen durch die auf schwachen Zeiten stehenden Akzente, abermals ein Element, dessen Dynamik gemeinsam mit dem subdominantisch festhaltenden f-Moll über ein im nächsten Takte ruhendes C-Dur hinaustreibt. Wieder haben sich in einem Komplex, der, zunächst selbst Zielpunkt, zielstrebig einen neuen zu befestigen schien, forttreibende Kräfte angesammelt, die auch über diesen neuen Zielpunkt hinausweisen. So erscheint das seit Takt 24 versprochene C-Dur des Taktes 29 nur mehr als ein rasch zurückgeworfener Anprall. Die Gewalt des Andrängenden verursacht einen Rückstoß schon auf dem zweiten Achtel, ein Zurückfedern wieder in einem verminderten Akkord mit Sforzato, nachklingend im Tritonusschlag der Pauke, der die klopfende Erwartung der Takte 13/14 aphoristisch erinnert und nun als melodisches Element in der Imitation von Oboe und Fagott wahrgenommen wird. Dennoch, wenn auch in jenem Rückstoß fürs erste widerlegt, war jenes C das Ziel; in der Tiefe wird es zunächst von Celli, Bässen und Fagotten, später von Hörnern festgehalten, worüber bei aller komplizierten Faktur die Takte 29 ff. ein Ausschwingen in der endlich erreichten Ruhelage beschreiben. Nach der abschließenden Takteins 31 folgt eine letzte expressive Ballung, sowohl Nachschwingen der Bewegung wie, im Crescendo, Hinwendung zum Einsatz des Sängers. Auch dieses Aufbäumen erscheint als ein immer wieder ins Gravitationsfeld C schlagendes Pendel, in akkordischer Kompaktheit die melodische Umschreibung von Takt 27 fortführend, in der expressiven Gebärde der Motive und mit der zweimaligen Harmoniefolge f-C an die Takte 11 ff. erinnernd.

Florestans Einsatz nun zeigt die assoziative Offenheit der Introduktion: In drei wichtigen Details gleiches Material (das expressive Vorhaltmotiv der Takte 11 ff., das Klopfen der Pauke Takt 14 ff. und die synkopische Melodik der Takte 21 ff., die letztere in einem *Poco Allegro* später zu fließender Melodik umgebildet) kommentiert nun den Sänger. Der eindeutige Symbolsinn der Pauke (»Welch grauenvolle Stille«) läßt nach dem der anderen Details fragen, die, durch Rezitativstrecken voneinander isoliert, nun nicht mehr von der Logik des musikalischen Fortgangs getragen sind. Jede Vereinseitigung einer Priorität müßte ins Absurde führen: Weder erhalten die Details ausschließlich durch das kommentierende Wort ihren Sinn, wären dann also programmatischer Herkunft, womit sich die Introduktion als Rückprojektion erwiese, eine Rechtfertigung voraussetzend, die der Hörer noch nicht kennt; noch legt das Rezitativ nur schon Bekanntes, durch den musikalischen Fortgang schon Definiertes auseinander. In der subtilen Kunst des Uneigentlichen, Vorläufigen, Andeutenden der Introduktion reicht die Kausalität der Verknüpfung eben hin, eine sinnvolle Aufeinanderfolge der Details zu sichern, geht aber nicht so weit, diese allein in ihrem Sinne, ausschließlich als Stationen einer musikalischen Entwicklung zu determinieren, womit das Rezitativ nur als programmatische Überfremdung erscheinen könnte. Dieses Rezitativ liefert einen bisher unerschlossenen Sinn nach, doch bedarf es dieses Sinnes nun wiederum nicht, um rückschauend das in der Introduktion Vernommene zu erklären. Die Fähigkeit, sowohl in einem musikalischen wie in einem assoziativ-programmatischen Zusammenhang aufzutreten, beruht auf einer Doppelseitigkeit der Details: Die schmerzvollen Vorhalte von Takt 11 bzw. Takt 34 geben sowohl Symbole qualvollen Sichwindens, ohnmächtig-vergeblichen Aufbäumens, als auch zuvor ein Nachschwingen des schwer erreichten C-Schlusses, nachklingendes Echo einer harmonischen Anstrengung; das dumpfe Tritonus-Pochen der Pauken enthält ebenso die Intention »grauenvoller Stille«, wie es zuvor nach der expressiven Dichte der Takte 11–13 und deren ergebnislosem Ausbruch ermatteten Leerlauf widerspiegelt; in der synkopisch vorgreifenden Melodik der Violinen steckt ebenso unruhevolles Ankämpfen, das Zusammenraffen zur resümierenden und tröstenden Erkenntnis »doch gerecht ist Gottes Wille«, wie sie andererseits vorher nach einem unruhigen Wechsel der Gangarten in einer befestigten Tonart kreisend als Mündung in ein neues Flußbett gerechtfertigt und empfunden wird.

Solches Doppelwesen der Details hat hier zudem einen werkgeschichtlichen Hintergrund: Wie für Beethoven an der F-Dur-Melodie der Oboe im Finale die Worte »da stiegen die Menschen ans Licht« aus der Kantate auf dem Tod Josephs II. hafteten, so aus dem gleichen Werk an den ersten drohenden Bläserakkorden der Florestan-Introduktion die Rufe des Chors »Todt! Todt!«. In allen charakteristischen Details ist, nun von c nach f transponiert, die Struktur die gleiche, nur wird mit der harmonischen Folge c-Des in den Akkorden im *Fidelio* der wichtige Halbtonschritt exponiert, wohingegen der zweite Akkord in dem Frühwerk als verminderter über fis nach g strebt. Auch in der Kantate erscheint diese Viertaktfolge zunächst im Orchester, bevor sie durch das Wort gedeutet wird. Dergestalt war für

Beethoven die Todessymbolik dieser Akkorde bereits als Zitat konkretisiert, erschien ihm aber sprechend genug, um auch ohne das Wort zu wirken und verstanden zu werden.

Die assoziative Offenheit der Details und die Technik der Introduktion stimmen in der Vermeidung eindeutiger, ausschließender und alle Arbeit erledigender Determinanten überein. Funktionale Klärung im Normalsinne müßte gegen die Prozessualität die Vergegenständlichung der Details ebenso begünstigen wie motivische Bezüge (hier schattenhaft nur einmal der von Takt 21 ff. zu Takt 11 ff.); gestellte Regeln wie z. B. die absinkenden Linien im Baß, die den Harmoniegang von dominantischen Strebungen weitgehend abhalten, die chromatische Umschreibung von Zentraltönen, überhaupt die Wichtigkeit des Halbtonschrittes, müssen unterhalb der Schwelle motivischer Verselbständigung gehalten werden, dürfen eben bedeuten, daß der ganze Verlauf aus dem gleichen musikalischen Stoff gemacht ist; die kadenzierende Zielstrebigkeit darf nie eine Kraft entwickeln, die über die erstrebte Tonart hinaus eine Fernsicht und damit Lösung vom Verlauf erlaubt, weshalb selbst, wo sie, in langem Anlauf angelegt wie ab Takt 24 zu Takt 29, gebrochen wird, ihre Energie eben hinlangt, die neue Tür aufzustoßen. Dies gewährleistet, daß sich das Problem des Fortgangs sofort neu stellt und alle Details beschäftigt; die Kadenz als Inszene, die das nach ihr auftretende Motiv in Freiheit setzt und präsentiert, weil aus der Mitarbeit am musikalischen Prozeß entläßt, hat in der Introduktion schwerlich Platz; um so besser kann sie in toto Regiefunktionen ausüben, indem sie den Eintritt des Tempo giusto inszeniert. Einleitungen wie diejenige der Siebenten Sinfonie legen das Analogon Bühnenmitte als Ort des ›Königsauftritts‹ nahe genug: Erst tonartlich umschreibend, d. h. lokalisierend, dann mit der Verdünnung des Satzes den Blick auf einen Punkt fixierend und zugleich die Erwartungen spannend, gehorcht sie dem Vergleich mit theatralischer Darstellung in allen Einzelheiten.

Verglichen mit dem Bestreben der Introduktion, sich kontinuierlich allein in einer Dimension zu entwickeln, erscheint die thematische Abhandlung arbeitsteilig organisiert, da sie das Ensemble der musikalischen Kräfte nicht gemeinsam und vollständig mit dem Problem des produktiven Fortgangs befaßt, sondern wechselseitig: Eine starke Kadenz schafft harmonische Befestigung für längere Zeit, womit sich automatisch die Aufmerksamkeit auf das Neue richtet, das in dem nunmehr gesicherten Raum erscheint; analog können jähe Vereinfachungen komplizierter rhythmischer oder stimmlicher Strukturen solch eine inszenierende Funktion übernehmen; der Fortgang, hier mühevoll Takt für Takt erarbeitet, wird dort mühelos von der periodischen Stimmigkeit einer Melodie über eine längere Strecke getragen; in treibender wie retardierender, befestigender wie verunsichernder Funktion können melodische, rhythmische, harmonische Kräfte ebenso zusammenwirken wie einander die Arbeit abnehmen; das neue Erscheinende erntet die Früchte der Arbeit, die seinem Eintritt den Boden bereitete und, wie anhand der Siebenten Sinfonie gezeigt, den Ort bestimmte, von Arbeit also, die nicht seine eigene war. Einer Vereinseitigung in diesem Sinne widersetzt sich Beethovens Bemühen, das Thema nicht nur als Postulat und Ergebnis, also den Arbeitsprozeß selbst Heteronomes darzustellen, sondern als selber arbeitend, den Prozeß unmittelbar bestimmend. Allenthalben wirkt er der aristokratischen Neigung der musikalischen Gestalt entgegen, sich als Thema oberhalb der Arbeitssphäre zu halten; daher die Notwendigkeit, das Thematische als die arbeitende vom Thema als der präsentierenden Funktion zu unterscheiden.

Die produzierende Unmittelbarkeit introduzierender Musik muß sich auch insofern gegen das Vorgefertigte, thematisch Vorgegebene wehren, als dieses die Identität von produktiver Zündung, musikalischem Vollzug und dessen Objekt sprengt, sich von außen störend eindrängt in den Einstand der Momente bei reiner Prozessualität. Wie sie das Paradoxon versucht, der Unmittelbarkeit scheinbar voraussetzungslosen Improvisierens als komponierte res facta beizukommen, so hat andererseits auch die freieste Phantasie einen sichernden Rahmen nötig, kann des Themas, zumeist für Variationen, nicht entraten,[30] wie aus der Phantasie op. 77 ersichtlich, welche nach Czerny »ein treues Bild von der Art, wie er [Beethoven] zu improvisieren pflegte«, gibt, »wenn er kein bestimmtes Thema durchführen wollte [sic], und daher sich seinem Genie in Erfahrung immer neuer Motive überließ«.[31]

Die Nachbarschaft von Introduktion und Phantasie erläutert in frappierender Weise Czernys knapp zehn Jahre nach Beethovens Tode geschriebene *Systematische Anleitung zum Phantasieren auf dem Pianoforte*[32], welche überdies erstaunliche Bewußtheit bei der Wahrnehmung der Besonderheiten der Improvisation verrät, beginnend bei der Situation des Phantasierenden, der sich in einem Zuhörerkreis ans Klavier setzt und zu Akkorden, Läufen und Passagen Lizenz hat, »wo man ... gleichsam das Instrument prüft, die Finger einspielt, oder die Aufmerksamkeit der Zuhörer weckt«[33]. Dergestalt empfiehlt Czerny direkte Verarbeitung der äußeren Gegebenheiten der Situation, welche also unmittelbar an der Musik mitschafft, da der Phantasierende viel stärker als der Vorführende mit den Hörern verbunden ist, die ihm lauschen, deren Reaktionen er beantwortet, von denen er sich anregen läßt: »Es liegt ein sonderbarer Quell der Begeisterung für denjenigen, der spricht, in einem menschlichen Antlitz, das ihm gegenübersteht; und ein Blick, der uns einen halb ausgedrückten Gedanken schon als begriffen ankündigt, schenkt uns oft den Ausdruck für die ganze andere Hälfte desselben. Ich glaube, daß mancher große Redner, in dem Augenblick, da er den Mund aufmachte, noch nicht wußte, was er sagen würde. Aber die Überzeugung, daß er die ihm nötige Gedankenfülle schon aus den Umständen und der daraus resultierenden Erregung seines Gemüts schöpfen würde, machte ihn dreist genug, den Anfang, auf gutes Glück hin, zu setzen.[34]« In seiner

---

30 Vgl. Anm. 13. Neue grundsätzliche Einsichten zum Verhältnis zu Vorgaben bei Improvisation und Komposition gibt G. Knepler, *Improvisation – Komposition. Überlegungen zu einem ungeklärten Problem der Musikgeschichte,* Studia Musicologica Academiae Scientiarum Hungaricae 11 (1969), 241 ff.

31 C. Czerny, a. a. O.

32 op. 200, Wien 1836.

33 C. Czerny, a. a. O., 3a.

34 H. v. Kleist, *Über die allmähliche Verfertigung der Gedanken bei Reden,* Gesammelte Werke, Berlin 1955, III, S. 369.

offenen Faktur »bietet das Phantasieren einen eigenen Reiz dar, da in demselben eine Freyheit und Leichtigkeit der Ideenverbindungen, eine Ungezwungenheit der Ausführung herrschen kann, die man in wirklichen Kompositionen, selbst wenn sie als Phantasien benannt sind, nicht findet.[35]«

Dies gibt auch Lizenz zu experimentellen Vorstößen: »Auch sind selbst kühne, fremdartige Modulationen in diesen Vorspielen recht gut an ihrem Platz.«[36] Das jenen innewohnende Moment der Desorientierung und Beirrung, der Aufhebung eines musikalischen Ortsbewußtseins erwähnt Czerny bezugnehmend auf Joh. Seb. und C. Ph. Emanuel Bach: »Es gibt endlich noch eine sehr interessante Art zu präludieren, nämlich völlig taktlos, fast recitativartig, theils in wirklichen, theils gebrochenen Accorden, anscheinend völlig bewußtlos, gleich dem Umherirren in unbekannten Gegenden. Diese, vorzüglich den älteren Meistern ... eigentümliche Manier läßt sehr viel Ausdruck und frappanten Harmoniewechsel zu, und kann, zur rechten Zeit angewendet und gehörig vorgetragen, sehr viel Wirkung machen.[37]« Hierauf folgt, erstaunlich genug, ein Hinweis auf jene ›kritische Masse‹ introduzierender Musik, jenes Quantum, jenseits dessen die gestaltete, sinnvolle Formlosigkeit der Musik zur realen, sinnlosen wird: »Nur darf ein solches Vorspiel nicht zu lange ausgedehnt werden, ohne einen rhythmischen Gesang einzuweben.«[38]

Einmal und ohne alle programmatische Deckung, welche auch der Improvisierende in der Wahrnehmung seiner Situation besitzt, hat Beethoven konsequent versucht, auch in einer längeren Strecke unter jener kritischen Masse zu bleiben und überhaupt die Prozessualität einer Introduktion möglichst rein zu verwirklichen. Sein Streichquartett op. 59/III beginnt als Anschlagen des verminderten Akkordes als des stärksten Symbols harmonischer Vieldeutigkeit und funktionaler Indifferenz. In der Lage mit kleiner Terz c'–es' in der Mitte, von deren Tönen jeweils nach unten bzw. oben im Tritonusabstand fis resp. a', hält wenigstens als Grundton des Quartettes der Ton c' die stärkste Position, wenn auch in dieser, gehindert durch die Ambivalenz der verschränkten Tritoni, nicht hervortretend. Der Anschlag des Akkordes, forte mit anschließendem Diminuendo, klingt im dritten Takt echohaft wider, doch ist eine Stimme, das fis des Violoncellos, zu f verändert und damit eine Entwicklungsrichtung angezeigt: Von den vier Möglichkeiten, durch eine Halbtonveränderung abwärts einen Septakkord herzustellen, (a' zu as' ergäbe As^7, es' zu d' ergäbe D^7, c' zu h ergäbe H^7, fis zu f ergibt F^7) wählt Beethoven diejenige, die der Grundtonart C, wenn auch von ihr subdominantisch wegstrebend, zunächst liegt (in allen Sätzen des Werkes ist die Affinität zum B-Bereich stark)[39] und überdies auf Grund der guten Lage mit Grundton im Baß am zielstrebigsten wirkt, im Rahmen der Möglichkeiten also die gewichtigste Entscheidung. Doch werden damit geweckte Er-

---

35 C. Czerny, a. a. O., 3.
36 C. Czerny, a. a. O., zu 3a.
37 C. Czerny, a. a. O., zu 3b = S. 20.
38 C. Czerny, a. a. O., zu 3b = S. 20.
39 Vgl. im ersten Satz fast die ganze Durchführung, im zweiten Satz die Modulationsgruppe und den von ihr abgeleiteten Mittelteil, im dritten Satz das Trio, im vierten Satz T. 92 und analog die Reprise.

wartungen nicht erfüllt: der Fortgang zu Takt 5 ignoriert die Tendenz des F^7-Akkordes und folgt einer ganz anderen, rein linearen Logik: f zieht chromatisch herab zu e, was gleichzeitig die Rückung es'–e' in der zweiten Violine nach sich zieht; auf die für sich schon nach Auflösung, wenn auch in definierter Richtung, strebende F^7-Harmonie folgt damit, noch viel weniger stabil, ein Quartsextakkord, gehalten nicht zuletzt durch die seit Beginn festliegenden c' und a' in Bratsche und erster Violine. Mit Takt 6 gewinnt gegen die anfangs spürbare B-Affinität der Zug zu den Kreuztonarten die Oberhand, im Fortgang zu Takt 6 mit zwei Ganztonveränderungen, eine gute Lage des D-Septakkordes schaffend, der nun mit dominantischer Zielstrebigkeit, Quartschritt in der Oberstimme und Leittonschritt im Baß, nach G in Takt 7 drängt, wo allein das von der zweiten Violine festgehaltene fis' im Wege bleibt als eine Verzögerung, die den energisch gemeinsamen Fortgang von zweiter Violine und Bratsche, dann des Cellos, auslöst. Diese Gemeinsamkeit schafft den resolutesten Augenblick dieser ganzen Introduktion, trotz *sempre pp* ein Ausbruch aus deren lastender Schwere, Langsamkeit und Unentschiedenheit; freilich erreicht er sein Ziel nicht, sondern führt tiefer als vordem ins Ungewisse: Die chromatische Strebigkeit in Bratsche (fis' zu f') und Cello (A zu As) hat die Aktivität fehlgeleitet in einen Akkord, dessen Zuordnung der eben noch so stark wirksamen funktionalen Logik überhaupt nicht gelingt, der als fremd, als Irrtum und willkürliche Störung, als Anprall an ein falsches Hindernis erscheint, unterstützt zumal durch das neu erscheinende Forte. Dies Forte mit anschließendem Diminuendo und die Notwendigkeit eines Neuanfangs, da die Einordnung des Akkords nicht gelang, schaffen eine stille Korrespondenz zum Anfang, freilich kaum evident, da gedeckt durch den Schock des mißratenen Ausbruchs. Wie anfangs tönt im drittfolgenden Takt eine Art Echo zurück, doch ist zuvor schon, im Übergang zum zweiten (= neunten) eine chromatische Veränderung vollzogen, wiederum nicht klärend sondern tiefer ins Ungewisse führend; zum erstenmal seit dem Beginn wird wieder ein verminderter Akkord erreicht, doch diesmal nur als Durchgangsstation, geht doch, während die erste Violine, Bratsche und Cello über vier Takte (8 bis 12) ihre Töne festhalten, die zweite Violine von c'' über h' (ces') zu b' weiter, die Richtung nach Es-Dur weisend. Dies Es-Dur, durch das auf seinem As bestehende Cello noch kurz vorenthalten, erscheint nun tatsächlich als Ausbruch ins Freie, unterstrichen durch den Oktavwechsel der zweiten Violine, der die kompakte Engigkeit des Satzes auflöst und der ersten Violine frei über dem tief unten liegenden Akkorduntergrund sich abzuheben erlaubt, also auch in der Stimmdisposition eine Klärung, nötig zumal, da die seit der engen Lage des ersten Akkords konsequent auseinanderstrebenden Außenstimmen den Ambitus des Satzes ständig geweitet hatten. Der melodische Aufstieg der ersten Violine im Quintraum es''/b'', vage erinnert von der zweiten Violine fünf Takte später (Takt 18/19) und als Umkehrung in Takt 6/7 vom Cello ebenso vage antizipiert, befestigt einerseits das Es-Dur, wie andererseits dessen Ausstrahlungskraft allmählich schon wieder gebrochen wird: Die Störungen des Durchgangs in Takt 13 lassen sich nicht beseitigen, die zweite Violine etabliert mit des' in der Harmonie die Tendenz zur kadenzierenden Auflösung, wobei ihr der Wechsel der

Bratsche zum tiefliegenden g hilft, welches zusammen mit des' eine Tritonus-Klammer bildet, die zum Weitergehen nach as/c' drängt. Indes ist das Cello auf F hängengeblieben, die Tonart störend, welche die Linie nach unten auf Es hin abzudrängen strebt, doch wieder mit falschem Ergebnis: Selbst wo das melodische Interesse des Abwärtsganges und das harmonische der Reinigung des Akkords zusammenwirken, wird nur das ›falsche‹ Ergebnis E erreicht, womit, sofern das Abwärts sich nicht gleich fortsetzt, Es-Dur endgültig verloren wäre. Tatsächlich kennzeichnet die Takte 15/16 ein eigentümlicher Schwebezustand zwischen der noch starken Erinnerung an Es-Dur und der neuen, im C^7-Akkord sich kristallisierenden Strebung. Zwar fällt die Entscheidung mit dem Wechsel der zweiten Violine von des' nach c' zu deren Gunsten, doch rückt das Cello weiter nach Es, dies zugleich eine Entscheidung einer über das C^7 hinausreichenden Alternative: Der harmonischen Strebung und den Gesetzen leittöniger Stimmführung folgend müßte Beethoven hier die Regel der auseinanderstrebenden Außenstimmen verletzen und diese einwärts nach a" bzw. F führen. Doch entscheidet er sich für sein Gesetz, also gegen das gängige, wodurch das c-Moll des Taktes 17, ohne Konsequenzen bleibend, eine schwache Position hat, was zur Flucht nach vorn zwingt: Die in den Takten 13/14 so diatonische Melodiefloskel, nun chromatisch verformt und unterstützt durch die gegenläufige Linie der Bratsche, beseitigt die beruhigte, ganztaktige Folge der Stationen, der das instabile c-Moll nicht mehr gewachsen war. Als neuer Weg will sich eine plagale Kadenz nach G-Dur ankündigen, erscheint jedoch eben nur als Möglichkeit am Horizont, um durch die Gegenführung der Bratsche, die nicht erwartungsgemäß ins fis, sondern ins querständige f läuft, sogleich wieder versperrt zu werden. Wenngleich vereitelt, wirkt diese Strebung doch nach: Im Schritt c'''–h" weicht die erste Violine erstmals von der Regel des Fortgehens in die Höhe ab, was sowohl nachträglich der G-Tendenz Tribut zollt wie als Zurücknahme eines bisher konsequent und nicht immer konfliktlos durchgehaltenen Prinzips besonderes Gewicht erhält. Überdies erscheinen die Folgen h"–c'''–d''' bzw. D–C–H in erster Violine und Cello als Antwort und Fortsetzung der Gegenführung der Innenstimmen in Takt 18/19, welche nun ihr f bzw. as festhalten. Ohne den durch den Tonumfang des Cellos bedingten Schönheitsfehler der linienwidrigen Oktavierung zöge der Akkord Takt 22 ff., verglichen mit dem ersten, mathematisch genau die Konsequenzen der Erweiterung des Tonraumes als Vergrößerung aller Intervalle um eine Oktave: Die Terz der Innenstimmen ist zur Dezime geworden, der Abstand der Außenstimmen zur zweiten Violine bzw. Bratsche jeweils zur Duodezime. Mit dem f der Bratsche in der besten Position scheint der Akkord Takt 22 ff. in einem subdominantischen Verhältnis zum ersten zu stehen. Sofern funktionale Zuordnung solcher Akkorde überhaupt sinnvoll, wäre sie ohnehin relativiert durch die der Gegenführung der Außenstimmen immanente Harmonik als typischer Öffnung eines dominantischen Raumes, unterstützt durch das schon drei Takte lang zuvor herausgestellte c''' der ersten Violine. Dies unterschiebt dem verminderten Akkord der Takte 22 ff. ein nicht klingendes G als Grundton, mit dem das Ohr ihn umhört zu einem Dominant-Nonakkord. Diesem Umhören, welches auch die Erwartungen hinsichtlich

des Fortgangs präzisiert, gibt Beethoven breiten Raum, indem er den als Endpunkt
der auseinanderlaufenden Entwicklung gespreizten Akkord nach einem General-
pausentakt in enge tiefe Lage zusammenzieht, wo er unbewegt weitere drei Takte
klingt. Schon diese Zeitstrecke, mit sieben von insgesamt neunundzwanzig Intro-
duktionstakten fast ein Viertel der gesamten Einleitung, erzwingt das Umschalten
von der rückschauenden auf die vorausschauende Verknüpfung dieses Akkordes,
welcher im letzten Takt vor dem motivisch so überaus folgenreichen Auftakt endlich zum G^7-Akkord konkretisiert wird.

Dem Bilde einer rein aus sich selbst, nicht durch thematische oder sonstige Anstöße »tönend bewegten Form« ist Beethoven nie nähergekommen als hier, Teil
einer in diesem opus auf vielfältigste Weise betriebenen Grenzerweiterung.[40] Doch
zeigt gerade dieser konsequenteste Versuch ihrer Realisierung das Platonische der
Idee reiner Vorgänglichkeit: Auch hier kommt Beethoven ohne kleine, wenn auch
latente Bezüge nicht aus, weiß sie freilich in so hohem Maße in den Prozeß zu
integrieren, daß sie kaum als eigenwertig wahrgenommen werden, so weder die
Korrespondenz der Takte 1 und 8 noch die der terzdurchschreitenden Floskel in
den Takten 6/7, 13/14 und 18/19. Deutlicher noch als aus der *Florestan*-Introdukti-
on ist zu ersehen, wie die Regel, Antriebe und Klärungen nie über den Horizont
der jeweiligen Situationen hinausschießen zu lassen, ein Gesetz des minimalen Aufwandes diktiert. Die Halbtonveränderung einer Stimme reicht hin, eine neue Konstellation zu schaffen; zu große Kraft und Zielstrebigkeit der Veränderung könnte
eine voll geklärte, zu keinem weiteren Fortgang angehaltene Situation schaffen und
das Neueintretende als Ergebnis präsentierend aus dem Prozeß herausheben. Es
geht also um eine Dosis, die die eine Situation wohl überwindet, der neuen aber
zugleich wieder etwas zu lösen übrigläßt bzw. in sie so viel neue Konfliktsubstanz
einbringt, daß diese auf neue Weise lösungsbedürftig erscheint. Solche Ambivalenz
enthält mit Ausnahme der Takte 6/7 jede Fortschreitung der Introduktion zu op. 59/
III: Der Gang von c" nach h' der zweiten Violine in Takt 9 löst wohl auf, indem er
die Sekundreibung zum d" der ersten Violine beseitigt und einen Akkord verändert,
dessen schockhaft überraschendes Eintreten ihn dissonanter erscheinen ließ als er
seiner Konfiguration nach ist, doch führt dieser Halbtonschritt realiter nur tiefer ins
Ungewisse, in einen neuen verminderten Akkord, und ersetzt so eine Form der
Lösungsbedürftigkeit durch eine andere. Das Gesetz des kleinsten Aufwandes äußert
sich überdies in dem Bestreben, die Fortschreitungen der Stimmen voneinander zu
trennen und also jene ungelöste Spannung, die die letzte Fortschreitung brachte
und die zugleich die nächste erzwingt, auch klingen und wirken zu lassen. Endlich
mag der Beginn des Streichquartetts das platonisch Unreale einer rein aus ihrer
Immanenz bewegten Materie zeigen. Schon der Entscheidung über den Fortgang
nach der Regel des minimalen Aufwandes, hier als chromatischer Abwärtsgang in
einer der vier Stimmen, standen gleichberechtigt vier Möglichkeiten offen, über die

---

40 Zur Frage dieser Grenzerweiterung als kompositorisches Programm der Quartette op. 59 vgl. *Zur
    musikalischen Konzeption der Rasumowsky-Quartette op. 59 von Beethoven*, in diesem Bande S. 213 ff.

nur nach Gründen entschieden werden konnte, die nicht aus dieser Situation abzuleiten waren. Wie einleuchtend auch die Vorstellung einer allein ins Material hineinhörenden und dessen Eigenwillen nachspürenden Schaffensweise erscheint, wie naheliegend auch für die Beschreibung gerade solcher und mancher das Klangliche und Lyrische betonenden Musik: Der Dialektik von Material und Intention entgeht der Komponist auch dort nicht, wo er die letztere hintanzustellen sucht.

Beethovens Interesse an Struktur und Gesetz einer allein hinleitenden Musik war in op. 59 immerhin so exakt fixiert, daß er hier die nächstliegende, auch historisch folgenreichste Möglichkeit vorbereitenden Präludierens mied, diejenige, »Anklänge aus den Motiven«[41] zu geben, aus unverbindlicher Entfernung einen Blick auf den gedanklichen bzw. thematischen Horizont des Werkes zu werfen oder direkt die Entstehung des Themas darzustellen. Dies Verfahren, dank seiner psychologischen Implikationen früh entdeckt und vielfach kommentiert, bringt zwar das Introduzierende auf einen suggestiven Nenner, droht aber den Fernblick auf das Ziel in einer Deutlichkeit zu eröffnen, die das Vorgängliche der Hinleitung und ihr Befaßtsein mit sich selbst entwertet und ad absurdum führt, womit auch ihrer halben Autonomie das Recht entzogen wäre. Folglich hat Beethoven sie als thematisches Präludium, wie im ersten Satz der Neunten Sinfonie, ins Tempo giusto selbst hineingenommen. Andernfalls gilt das über thematische Vergegenständlichung Gesagte: Die Keimform des Themas bleibt entweder so dicht in die introduktionseigene Logik versponnen, daß eine Abstraktion von dieser und Bezugnahme auf das Kommende (welches der Hörer genaugenommen noch nicht kennen soll) nicht gelingt, oder bleibt der thematischen Gestalt überhaupt noch so fern, daß der Bezug nichts aussagt. Die ergänzende Zusammengehörigkeit von Introduktion und Hauptsatz wird noch immer stärker durch den habituellen Unterschied entwicklungshaft hinleitender und thematisch-diskursiver Strukturen gesichert als durch thematische Latenzen. Gewiß enthalten z. B. die ersten Takte der Vierten Sinfonie den Terzschlag des zweiten Themas, nimmt der An- und Abstieg der pp-Achtel in den Takten 6/7 ahnungsweise das thematische Verhältnis von Anlauf und Absprung im Dreiklang voraus, doch erscheint dieser ohnedies erst retrospektiv ersichtliche Bezug lediglich als Abstraktion eines Noch-nicht, welches im vorsichtig Tastenden, Suchenden, jegliche Setzung Meidenden der Introduktion ganz unmittelbar artikuliert wird.

Zumal als Negation, als Vermeidung muten die Kühnheiten der Introduktion wie integrierte Opposition zur Sonatenmusik an, über deren tonsprachlichen Status avantgardistisch hinausgreifend, aber in ihrer Funktion doch der Apologie des status quo dienend, in ihrer peripheren Rolle halbwegs neutralisiert. Beethovens Spätwerk wird zeigen, daß sich dennoch die von dieser Peripherie gestellten Fragen nicht beschwichtigen lassen als die eines repressiv Verdrängten, in der klassischen Synthese nicht Aufgehenden. Umgekehrt muß sich die Introduktion mit der etablierten Logik auf Schritt und Tritt auseinandersetzen; ihre Kühnheiten schafft nicht allein die Lizenz zum Ausfahren, sondern auch die Notwendigkeit der Vermeidung.

---

41 C. Czerny, a. a. O., 3b.

Dem Bilde einer von Prämissen befreiten musikalischen Unmittelbarkeit wohl nach-
strebend, ist sie dennoch kein Produkt spontan sich gebender Unmittelbarkeit; als
negierendes Spiegelbild unterliegt sie Kontrollen, d. h. Vermittlungen von gleicher
Schärfe und Strenge wie der Sonatenhauptsatz, z. B. im Gesetz des minimalsten
Aufwandes. Fürs Ohr negiert sie die etablierte Logik in der Enttäuschung präfor-
mierter Erwartungen: Trugschlüsse, überraschende Ausbiegungen, Scheinlösungen,
Gewaltsamkeiten gehören zur Introduktion. Schon Beethovens Versuch der Introduktion zu op. 59/III bedient sich solcher Momente, borgt sich zur Bewältigung
größerer Strecken wohl die ausgreifende Zielstrebigkeit oder gar Setzung eines
Gravitationszentrums bei der thematischen Musik aus, umgeht freilich die hieraus
folgenden Konsequenzen, indem er sie in dem Moment verwirft, da ihr Ergebnis
zutage kommen müßte. Zweimal strebt die Musik entschieden einer Tonart zu,
nach G-Dur in den Takten 6/7, nach Es-Dur in den Takten 11 ff., deren Anzie-
hungskraft sich wohl bedienend, Erfüllung aber meidend.

Da Entsprechungen dem Vorgänglichen der Introduktion zuwiderlaufen, verfallen bei Wiederkehr auch deren spezifische Verfahrensweisen dem Verdikt. Die Größe der Introduktion zur Vierten Sinfonie erfordert Wiederholung, was Beethoven
mit einer dominantischen Kadenz (Takt 12/13), der hier ersten, ausdrücklich betont. Jenen Übergang zum F aber, mit dem er nach dem pathetischen Schweller
Takt 5 den Bannkreis Ges durchbrach, und der in der Erinnerung haftet, enthält er
in den analogen Takten 17/18 dem danach suchenden Ohre vor, womit sich die
Tonlage der vortastenden Achtel (Takt 18 ff.) nun um eine kleine Sekund erhöht.
Wo die dominantische Kadenz aus Takt 12/13 wieder fällig würde (Takt 24/25),
steht nun ein Trugschluß; mithin ist auch die zweite markante Weichenstellung in
dem wiederholten Komplex verändert. Der Trugschluß, über generelle Häufigkeit
in Introduktionen hinaus, besitzt in derjenigen zur Vierten Sinfonie eine gewisse
Schlüsselfunktion: Im Übergang zu Takt 25 die Harmonien Fis und G brutal direkt
nebeneinanderstellend, zieht er in den Takten 35 ff., im Umschlag von A zu F unter
dem durchgehaltenen a'' der Violinen, den Vorhang rasch und plötzlich vor der
neuen Szenerie auf, jenem a'', in dem die Introduktion eben auszulaufen schien, als
Terz von F-Dur eine neue Strebigkeit gebend, die das B-Dur des Hauptsatzes anvisiert. Doch begann das Stück schon mit einem Trugschluß: B wird pizzicato und in
fünf Oktaven klingend hingestellt, eine nachdrückliche Setzung, der das ges der
Streicher trugschlüssig opponiert. Doch auch die Ges-Richtung des Trugschlusses
wird getrogen; die Untermediante stellt sich nicht her, der Terzgang der Melodie
verwirft sowohl sie (durch es) wie es-Moll (durch des); bliebe b-Moll, wäre die
Melodie nicht am Ende doch wieder auf Ges fixiert. Dergestalt entgeht sie jeder
Zuordnung, will unabhängig bleiben von einer Gravitation, auf die sie sich noch als
zielgerichteter Widerspruch bezöge, und erscheint in ihrer Unbestimmtheit nun als
autonome melodische Gebärde, ein kraftloses, den Terzfall repetierendes Hinab zur
Tiefe, dessen Verlängerung ad infinitum das Ges als immerhin stärkste Funktion
wehrt, mit dem Nachdruck des aufwärtsgehenden Sextschrittes wie des Crescendos
als versuchter Öffnung eines tonartlichen Horizontes. Dies gibt obendrein dem

wichtigen Schritt ges-f Gewicht, den in der neuartigen Partie Takt 6 ff. mit der chromatisierenden Ergänzung e zunächst das Fagott, dann Celli/Bässe wiederholen. So trifft auch die der Introduktion eigensten Mittel die Regel der Vermeidung: Obwohl in den Takten 2, 12/13, 24/25 und 35/36 an den wichtigsten Wendestellen erscheinend, wird der Trugschluß in seiner Identität verborgen.

Als Vorfeld der thematischen Abhandlung, als Heran- und Hineinspielen in diese vertritt die Introduktion auch insofern den Prozeß gegen das Ergebnis, als sie der baren Positivität, der Selbstverständlichkeit des res facta perspektivische Tiefe verleiht, einen Anmarschweg markiert, der sich zuweilen mit demjenigen der erfindenden Phantasie berührt bzw. ihn in idealer Begradigung nachzeichnet. Wo in ihr Thematisches vorausgeahnt erscheint, ist es vorläufig, unfertig, unangemessen im Hinblick auf die definitive Gestalt im Tempo giusto, gänzlich angemessen aber und im Sinne des von seiner Position Geforderten vollendet in der Introduktion, der das Thema das Problem der Unfertigkeit übereignet, es abzuhandeln übertragen hat. Das Noch-nicht der Gestalt ist erweitert zum Noch-nicht einer ganzen Struktur. Ein so häufig als ›Einstimmung‹ o. ä. beschriebenes Moment in ihr, am Bilde des sich am Klavier in schöpferischer Stimmung hineinphantasierenden Beethoven bestätigt, wäre als Hinleitung und Vorbereitung einer bestimmten Stimmungslage des Hauptsatzes, wie zumeist, mißverstanden: Denn der Eintritt des Hauptsatzes wischt Stimmungshaftes beiseite, artikuliert ernüchterndes Zusichkommen, ein zu vollem Bewußtsein Gelangen; in der Helligkeit entschiedener und bestimmter Verhältnisse bleibt für Stimmungshaftes kein Ort; es haftet den unentschiedenen, in der Schwebe gehaltenen Dingen, dem Sfumato auch der Funktionen, der »holden Dunkelheit der Sinnen« an, durchaus als schöpferische Gestimmtheit im Sinne der Kantschen Formulierung »die stimmung des gemüths zum Gefühl des erhabenen erfordert eine empfänglichkeit desselben für Ideen«[42] oder von Schillers Aussage »Eine gewisse musikalische Gemütsstimmung geht vorher, und auf die folgt bei mir erst die poetische Idee«[43]. Dies wird jeglicher Introduktion zum Thema, als ihr Minimum programmatischer Deckung, mit suchendem Vortasten, Abirren vom Wege, Zurückfinden, Abbrechen, Neubeginn etc.

In diesem Sinne fragt die Einleitung zum Streichquartett op. 74 unausgesetzt, die melodische Geste nutzend, die später im Thema dem Es-Dur-Dreiklang antworten wird; bei der Entsprechung der Takte 11–13 und 15–17 versucht ein drängender Anlauf (Dreiachtelauftakt *espressivo*) die rückbezügliche Wiederholung vergessen zu machen, mit nachfolgendem, den Ansturm abschlagendem Anprall. Erst einer langen siebentaktigen chromatischen Anstrengung, von d' bis es'' reichend, gelingt der Durchbruch; wie in diesem letzten Anlauf das Fragemotiv im Cello als Motor der Entwicklung ungeduldig vorgreifend sich verselbständigt und in vier Wiederholungen thematische Objektivierung vorwegnimmt, klingen andererseits

42 Zitiert nach J. und W. Grimm, *Deutsches Wörterbuch,* 318. Lieferung, Leipzig 1941, X, II. Abteilung, S. 3129, *Stimmung.*
43 Brief an Goethe vom 18. März 1796, *Der Briefwechsel …, a. a. O.* I, S. 158.

Anprall und Neubeginn aus der Introduktion im Hauptsatz nach: Die Takte 43 bis 48 rekapitulieren sie verkürzt zweimal, der einleitend drängende Dreiachtelauftakt ist am Ende der Exposition umfunktioniert zu entspanntem Auspendeln, entsprechend auch im Übergang zur und in der Coda.

Die Intention stockenden Suchens treibt die Introduktion in der *Hammerklaviersonate* op. 106 an die Grenze des als Vorgang noch Faßbaren, mit dem vorgeschriebenen, »kaum spielbaren«[44] Tempo nahezu bis zur musikalischen Selbstentäußerung. Eben ein »kaum spielbar« im Sinne von Darstellung eines sinnvollen Zusammenhangs scheint beabsichtigt: Nach dem Fis-Dur-Schluß des langsamen Satzes braucht das f am Beginn Zeit, damit die Möglichkeit, eine neue Tonart (= Dominante der Finaltonart B-Dur) zu gründen, eben in Reichweite kommt;[45] nur vor dieser Möglichkeit hat das Zurückfedern über Des nach Ges (= Fis) Gewicht und Funktion. Jenes Zurückfedern enthält zugleich aber den Dezimenschritt des Fugenthemas, vom Hörer ebensowenig realisierbar[46] wie die rhythmische Gliederung, diese auch dann nicht, wenn sie, wie schon Czerny angesichts des »willkührlichen« Bildes der Notation zu betonen nötig fand, »genau beachtet«[47] wird; gerade die schwebende Unbestimmtheit der Struktur, in der die Musik sich selbst nachzuhorchen, nach Vergewisserung des verschlossen in ihr Liegenden zu suchen scheint, spannt die Erwartung, die mehrere Male fehlgeleitet wird, ehe die Musik *prestissimo* auf die Fuge losstürzt, zuletzt noch wieder innehaltend, zurückgehend ins Pianissimo, als solle die schockierende Ernüchterung im Übergang zur kahlen Abstraktheit der Fuge, der so ganz und gar stimmungslosen Direktheit ihres zunächst eintönig dahinrollenden Subjekts gemildert werden, dies schon die erste der »alcune licenze«, mit denen »in die althergebrachte Fuge wirklich ein anderes, ein wirklich poetisches Element kommen«[48] soll.

Ungleich deutlicher schloß schon die Überleitung zum Finale der Fünften Sinfonie an das Vorangegangene an, indem sie Themen übernahm und umfunktionierte. Zunächst tut hier der zeitliche Abstand sein Werk; wenn nach 15 Takten des fremd eingefallenen As-Dur das Thema des dritten Satzes wiedererscheint, ist es nur mehr ein Schemen, Erinnerung und Rohstoff für die vorwärtstreibende Entwicklung, die eine Wendung absplittert und in insistierender Drehbewegung unaufhörlich wiederholt. So wendet sich der Blick fast ruckartig nach vorn, nachdem die As-Dur-Fläche zwar klopfende Erwartung, doch im Schatten des eben Gehörten, und einen Schleier des Vergessens darstellte. Im weitgehenden Verzicht auf harmonische Bewegung unterliegt diese Überleitung einerseits der Regel des geringstmöglichen

---

44 P. Badura-Skoda in seinen Erläuterungen zur Neuausgabe von C. Czerny, *Über den richtigen Vortrag* …, a. a. O.

45 Vgl. u. a. die Überleitungen am Ende des *Adagio un poco mosso* im Fünften Klavierkonzert und im *Adagio ma non troppo e molto cantabile* des Streichquartetts op. 127, die ebenfalls mit einem kleinen Sekundabstieg beginnen, der den zuvor gültigen Grundton zurückzunehmen bestrebt ist.

46 Vgl. K. Wetzler, *Die Geburt der musikalischen Idee bei Beethoven*, Die Musik 16, 1911, 163 ff.

47 C. Czerny, *Über den richtigen Vortrag* …, a. a. O.

48 Vgl. Thayer/Deiters/Riemann, *L. van Beethovens Leben*, Leipzig 1907, IV, S. 76.

Einsatzes, in der reinen Blähung des Klanges nahezu *primäre Klangform*[49], doch nötigt ihr andererseits dieser Verzicht motivische Elemente und regelhafte Gruppierungen auf als Reste des Vorausgegangenen, ohne das sie nicht denkbar wäre: Ihr Bild von Erstarrung setzt Bewegung voraus, welche nicht sofort zur Ruhe kommen kann; die Drehbewegung beginnt als Zitat, und im Pochen der Pauke klingen, bevor sie verwischt werden, die Viertaktperioden des Scherzos nach.

Des geheimnisreich verschlossenen Wesens introduzierender Entwicklung versichert Beethoven sich als Symbol eines unentweihten, von ernüchternder Erkenntnis nicht betretenen und erhellten Raumes im *Praeludium* zum *Benedictus* der *Missa solemnis.* Das Stück steht hier für die elevatio, die bisher jeglicher künstlerischen Darstellung versagte Wandlung und Fleischwerdung. Indem Beethoven diese komponierte, und übrigens mit Hilfe durchklingender Töne sowohl nach dem *Osanna* wie zum Beispiel des *Benedictus* hin einer hier liturgisch üblichen Unterbrechung den Riegel vorschob, beging er ein Sakrileg; dies zu unterlassen wiederum hätte ihm bedeutet, vom Dogma sich etwas von der obersten Würde seiner Kunst als »Annäherung an die Gottheit«[50] abmarkten zu lassen. Wieder strebt er, nun sogar ohne die Pausen von op. 59/III, doch sonst in ähnlicher Konsequenz, dem Ideal eines objektlosen, aus sich selbst bewegten Flusses nach, dieser freilich in Gang gesetzt durch die imitierende Überlagerung eines Motivs Beispiel 1, welches an kontrapunktische Subjekte im stile antico anklingt[51] und später expressiv verwandelt ist zu Beispiel 2, als welches es in enger imitatorischer Verschlingung den Satz aus dem

49 Vgl. R. v. Ficker, *Primäre Klangformen,* Jahrbuch der Musikbibliothek Peters für 1929, S. 21 ff. Zu dieser Überleitung vgl. auch K. H. Wörner, *Das Zeitalter der thematischen Prozesse in der Geschichte der Musik,* Studien zur Musikgeschichte des 19. Jahrhunderts, Band 18. Regensburg 1969, S. 16 ff.

50 »Höheres gibt es nichts, als der Gottheit sich mehr als andere Menschen nähern, und von hier aus die Strahlen der Gottheit unter das Menschengeschlecht zu verbreiten.« Zitiert nach A. Leitzmann, *Beethovens Persönlichkeit, Urteile der Zeitgenossen, Briefe und persönliche Aufzeichnungen,* Leipzig 1914, II, S. 192.

51 Z. B. an die den großen Intervallschritt zwar verengenden Themen der E-Dur-Fuge aus Bachs *Wohltemperiertem Klavier II* (zu dessen historischem Hintergrund vgl. Chr. Wolff, *Der stile antico in der Musik Johann Sebastian Bachs. Studien zu Bachs Spätwerk,* Beihefte zum Archiv für Musikwissenschaft VI, 1969, 60ff.), oder aus dem Finale von Mozarts *Jupitersinfonie* KV 551, auch in der B-Dur-Sinfonie KV 319 sowie in den Messen KV 192 und 257. An dem Auratischen dieser Partie hat also im Heraufrufen eines kontrapunktischen Archetypus die Beschwörung der musikalischen Vergangenheit Anteil.

weit entfernten H-Dur zurückholt nach C-Dur, eine Zielstrebigkeit freilich, die
wieder um ihr Ergebnis gebracht wird. Wenn auch nicht objektlos im Sinne reiner
Vorgänglichkeit, bindet der Prozeß dies Motiv als arbeitendes doch so streng an sich,
daß es eigenwertig kaum hervortritt; sowohl die lichtlose Dunkelheit und immate-
rielle Weichheit des Klanges (tiefe Flöte, Fagotte, später Kontrafagott, Bratschen,
Orgel nur in Baßlage, geteilte Celli und Bässe) wie die Phrasierung tragen zur Verschleierung bei.

Wenn schon das Gegenüber zur thematischen Abhandlung tief ins Grundsätzliche ausweitend, muß das Prinzip Introduktion auch als Umkehrung in ausklingen-
den, von der Auseinandersetzung abführenden Partien zu finden sein. Schon die
innerhalb eines Werkzyklus stehenden Introduktionen leiten nicht nur hin, sondern
stellen Vermittlungen dar, denen die aufgegebene Wahrnehmung der Situation weniger noch als thematisch fixierter Musik erlaubt, Voraufgegangenes zu ignorieren.
Dennoch zieht, dem Zeitwesen der Musik gemäß, keinem Symmetriezwang unterliegend, Umkehrung keineswegs schematische Entsprechungen nach sich: Das Noch-
nicht der Introduktion ist entwicklungsträchtig, das Nicht-mehr einer ›Extradukti-
on‹ entwicklungsfeindlich. Dennoch mußte von der Introduktion vor allem die
Coda gewinnen als im Tempo giusto gelegener Ort inniger Kommunikation vor-
gänglicher und thematischer Aspekte, sofern sie nicht Durchführung nachholt oder
erinnert, sondern die Auseinandersetzung zu Ende bringt, was auch heißt, daß sie
das Material übernimmt mit der ihm zugewachsenen Befrachtung, doch ohne dialektische Nötigung, nicht mehr als Konfliktsubstanz, sondern nach getaner Arbeit
aus dieser entlassen. Die Coda, um in Busonis Bild zu bleiben, entläßt die Themen
aus dem »Amtszimmer« und zeigt sie, wenn auch nur abschiednehmend, in ihrem
privaten Fürsichsein.

Der negierende Widerspruch zur thematisch abhandelnden Musik erhält eine
besondere Zuspitzung, wo Beethoven zwar mit Themen umgeht, ihnen aber keine
thematische Wirksamkeit gestattet, mithin die Erwartungen auf Auseinandersetzung
und Entfaltung enttäuscht. Derart in sich gesperrtes, an Kommunikation gehinder-
tes Material enthält ein Moment von Offenheit und drängendem Hinstreben zu
Austrag und Vermittlung, erscheint in seiner hochgespannten Potenzialität als blok-
kiertes Pendel, das in jedem Augenblick losschwingen könnte, ist doch das Instrumentarium der Auseinandersetzung vollständig versammelt. Dergestalt gegen ihre
Latenz stillgelegt, erfüllt von der aufgestauten, nicht genutzten Aktivität der musikalischen Gestalt, gewinnen sie für die Rezeption in eben dem Maße an Eindringlichkeit, in dem die immer in gewisser Weise erledigende Zuordnung zu einer Rolle mißlingt. Zugleich, da Gestalten gegeben sind, artikuliert sich die Offenheit des
Noch-nicht nicht mehr als Kontinuität einer Introduktion, womit ein sinnvoller
Zusammenhang supponiert wäre, sondern in Brüchen und Pausen, im schroffen,
unvermittelten Gegenüber, Opposition gegen veranstaltete Versöhnung so mit dem
Instrumentarium der thematischen Musik selbst.

Das *Andante con moto* des G-Dur-Konzerts hat als Gegenübersetzung starker
Kontraste kaum etwas von der entspannten lyrischen Versonnenheit eines Mittelsat-

zes; zwischen dem barschen, fast marschartig punktierten Unisono der Streicher und dem versponnenen *molto cantabile* des Klaviers fällt die Spannung des Ungelösten nicht dahin. Um sie dennoch augenblicksweise zu stillen, wird das Tempo allgemein gegenüber dem vorgeschriebenen ($\flat$ = 84) verlangsamt, dem Fürsichsein der Gestalten nachgebend, das der jeweils neue Einsatz des anderen Partners unbarmherzig stört. Besondere Schärfe bekommt der Konflikt dadurch, daß der Solist die Hoffnungen und Erwartungen auf lyrische Entfaltung wohl erfüllen will, sie geradezu immer neu erweckt, mit dieser Erwartung also bewußt gespielt wird. Ob nun, wie Berichte der Freunde sagen, Beethoven hier ein Bild des die Eumeniden anflehenden Orpheus gab oder nicht (Czerny bleibt vorsichtig bei der Auskunft stehen, daß »man nicht umhin könne, sich eine antike dramatisch-tragische Szene zu denken«[52]), – dies Programm erklärt und erhellt wohl, löst aber nicht die musikalische Problematik dieses die Partner i. e. Themen verzehrenden Dialogs auf, überließe sie sogar mehr der Musik, sofern man nicht in den Themen, sondern in Klavier und Streichern die Partner dieses Dialoges vergegenständlicht sähe. Wie immer auch gedeutet: Derart schroffes Gegenüber läßt nach Vermittlung und Versöhnung suchen. Zunächst zeigt die ungefüge Fünftaktigkeit des Unisonos das Unvermittelbare im Nebeneinander vor, und nicht vorproduzierter Periodizität folgend, sondern eigenwillig erst im sechsten Takt setzt der Solist ein; am Ende des zweiten Unisonos gibt der rezitativhafte Gestus immerhin eine Art Doppelpunkt, so auf das Folgende hinweisend (Takt 17/18). Wieder ein Stück voran kommt die Verbindung beim nächsten Mal (Takt 28), da nun das Unisono auslöst, wonach in den folgenden Takten die Partner in einen Dialog miteinander, ein Verhältnis gegenseitiger Verursachung treten, doch trotz allem immer engerem Wechsel nicht gezielt auf Abbau der Gegensätze, sondern nur auf Abbau von Substanz und Gestalt. Mit den nach oben schlagenden Terzen in Takt 28/29 ist ein Blick auf die signalhafte Dreiklangsbrechung des Finalthemas geworfen; was dort freilich als frisch auffahrendes Signal Nähe zum Geschwindmarsch hält, lebt hier mit *pp* und < > von der expressiven Intensität einer klagenden, flehenden (Orpheus-)Gebärde, womit es sich harmonisch versteigt und den Oberton zurücknehmen muß. Diese Zurücknahme, drei Takte weiter als Halbtonschritt nicht einmal mehr zu konsonanter Auflösung führend, setzt sich allmählich als Abwärtstendenz durch, während das Unisono auf seinen scharfen Auftakt reduziert wird. Über die Takte 33 und 34, in denen der Aufgang schon alle Kraft verloren hat, gewinnt der Abstieg die Oberhand, mit einer Folgerichtigkeit, die trotz der Korrespondenz zu den Takten 26 ff. (im Klavier als Umkehrung) die Takte 38 ff. ganz in ihrem Sinne determiniert. So behält gegenüber dem Rückbezug die Entwicklung die Oberhand; in ihrem Sinne verschärfen die Takte 45/46 die Struktur von 33/34 insofern, als das Klavier an motivischer Entfaltung, überhaupt an Bewegung verhindert wird, und demgemäß erscheint Takt 47 viel stärker als zuvor Takt 35 als Mündung und endlich gefundener Ausweg aus den Spannungen des eingangs exponierten Gegenübers. Doch kein Ergebnis,

---

52 *Über den richtigen Vortrag …, a. a. O.*

nichts Neues wird präsentiert, am wenigsten als Sieger eines der Themen, welche
beide nicht überlebt haben. Auflösend figuriert das Klavier den Abstieg der Takte
45 ff. nach und gerät endlich in den Sog haltlos chromatischen Hinabziehens. Das
Kadenzspiel über H^9 in den Takten 55 ff., mehr noch der ausgedehnte Epilog der
Takte 65 ff. stehen in einem schiefen Verhältnis zu den vorangegangenen ergebnislosen, wenn nicht fehlgelaufenen Ereignissen, weshalb in ihnen Hinweis und erwar-
tungsvolle Spannung den abschließenden Rückbezug und das verklingende Abschiednehmen überwiegen. Wie sehr auch das zweioktavige tiefe e der Streicher
einen Schleier breiten, der Abstieg der Celli und Bässe in die Tiefe des Vergessens
hinabwill, wie genau auch dieser Abstieg und die Klavierfiguren die in der Erinnerung beständigsten Details festhalten, bleibt dieser Abschied nach dem Vorangegangenen doch eine unangemessene Veranstaltung, voreilig und unverdient; über ihm
hängt als offene Frage die Erinnerung an einen ergebnislosen Konflikt, weshalb er
eine vollkommene Ruhelage nicht erreicht und noch im letzten Takt die Fermate
auf dem dissonanten Vorhalt fis das Unaufgelöste betont. Die Notwendigkeit des
Segue il Rondo, will sagen ›attacca‹, gründet sich auf die Offenheit des ganzen *Andan-*
te con moto als eines kunstvollen Kompromisses von langsamem Satz und Introduktion.

Noch näher an die thematische Abhandlung heran, nämlich störend in deren
intakten Verlauf hinein hat Beethoven das spannungsvoll Fragende einer in ihrer
Potenzialität verschlossenen Gestalt im Streichquartett op. 127 gebracht. Dessen *Allegro*
hat im Vergleich zu den Nachbarwerken der Jahre 1823/25 in seiner Ausgewogen-
heit, erinnernd an den Musizierton im ersten Satz von Mozarts großer Es-Dur-
Sinfonie KV 543 und weitab von allen heroischen Implikationen der Tonart, einen
fast klassizistisch apollinischen Klang. Die fließende Kantabilität seiner Themen, schon
das entspannt an einem Harmoniegang entlang sequenzierende erste, welches sich
sempre piano e dolce ohne allen affirmativen Gestus aus dem zuvor schon klingenden
As-Dur löst, wollen den wohl dialektisch disponierten Satz von aller dialektischen
Anstrengung fernhalten. Die Ansprüche freilich, denen er sich dergestalt entzieht,
sind außerhalb erhoben als schlecht verdrängte, unbeantwortete Fragen, unvermittelt und gewaltsam in den Verlauf eingeschnitten, der immer nur von ihnen loskom-
men, nicht aber Rede und Antwort zu stehen sucht. Durch massive Doppelgriffe,
teilweise mit der klanglichen Rohform leerer Saiten, mit einem synkopischen, zumal bei der Langsamkeit des vorgegebenen Tempos ($\flat$ = 54) nur schwer realisierbaren Rhythmus, erscheint der Vorspann mehr als Klangsymbol denn als Vorgang,
schon gar nicht als Hinleitung, sofern man diese nicht aus dem Aufstieg der ersten
Violine herauslesen will. Bei solch massiver Schwere wirkt schon das As-Dur des
sechsten Taktes als Öffnung, wo folgerichtig die erste Violine sich dem Bannkreis
entwindet und ins erste Thema hinübergleitet. Bezüge zu diesem mögen über die
augenfällig exponierte Quarte gehen,[53] liegen jedoch a conto der Unterschiedlich-

---

53 Erste Violine und Cello im Takt 2; erste Violine in Takt 4/5; Cello in Takt 5; Violine in Takt 7/8,
    auch Bratsche in Takt 7.

keit der Komplexe abstrakt weit auseinander; das *Maestoso* bleibt dem *Allegro* in seiner massiven, drohenden Übermächtigkeit fremd, auch wenn es wie zu Beginn der Durchführung dessen Stationen, doch eben mit unangemessener Überschärfe, markiert. Selbst diese Zuordnung zum Formverlauf reicht nicht weit: Zum dritten Mal, nun im größten Ambitus (C bis c''''), ausschließlich mit leeren Saiten in Bratsche und Violoncello und erstmalig mit ff bezeichnet, erscheint das *Maestoso* nicht, wie erwartet, zwischen Durchführung und Reprise wieder, sondern vor einer Scheinreprise mitten in der Durchführung, welche danach zu ihrer Arbeit zurückkehrt und später ohne große Anstalten zur echten Reprise kommt. Der Kontrast wird damit weniger erklärt als vorgezeigt, die Frage mehrmals gestellt, doch nicht beantwortet. Weil als Tor für dies *Allegro* zu groß und nicht von ihm integrierend eingeholt, bleibt das *Maestoso* als Einleitung und Frage für das ganze Stück freigesetzt und gültig. Die Divergenzen wirken stärker als die strukturellen Gemeinsamkeiten der Quarte: Sowohl als melodisch durchschrittenes (Takt 3/4) wie als nachklappendes (Takt 4) Intervall tritt diese im *Adagio* hervor (vgl. u. a. auch Takt 59), als Rahmen des charakteristischen Auftaktes im dritten und am deutlichsten als motivischer Rahmen im Thema des letzten Satzes.

Wo Musik sich dergestalt der Kraft offener Fragen, des von ihr nicht Realisierten versichert, widerstreitet sie einem Begriff von Vollendung als Abgeschlossenheit einer zu Ende gebrachten, keinen ungelösten Rest lassenden Auseinandersetzung. Wenn auch nie zu einer Theorie totalen Fertigseins verfestigt (wohl, weil diese der Frage nach Intention und Wirkung ins Gehege käme), liegt der Gedanke doch so genau auf der Tendenzlinie des ästhetischen Denkens spätestens seit Kants »interesselosem Wohlgefallen« bis zu Schopenhauer, darüber hinaus aller Apologien der Versöhnung, der Aufhebung von Widersprüchen in einer höheren Idealität und Wahrheit oberhalb jeder realistischen Zufälligkeit, von Winckelmann über K. Ph. Moritz, Schiller, Körner bis Friedrich Schlegel usf., daß er den Blick des Betrachters immer zu sehr auf das im Sinne der Form Funktionierende, in ihr Aufgehende fixierte, viel weniger auf jene über das hier und jetzt Realisierte und dessen Stimmigkeit hinausschießenden Momente. Das in der Klassik, zumal von Goethe oft betonte Entwurfhafte, Fragmentarische im Kunstwerk zeigt im Widerspruch zu einem zur Totalität strebenden System die Introduktion besonders als Verzicht, sich ihre Konflikte formulierend zu vergegenständlichen. Volles Begreifen und Definieren eines Problems gibt bereits den Ansatz zu dessen Lösung; in diesem Sinne erscheinen die Konflikte der Sonatenform virtuell lösbar, hingegen alles sich Entziehende ihr fremd und heteronom.

Von vornherein als Fragment, weil auf außer Reichweite Liegendes bezogen, stellt sich das Instrumentalrezitativ dar. Seine Deklamation zielt in einen anderen Bereich als den der musikalischen Abhandlung. Wie sehr es auch aus den Zeiten des »redenden Prinzips« bereitlag,[54] – fremd und nicht einholbar erschien es erst vor dem Hintergrund der auf volle Integration drängenden Sonate. Die kühnsten Stel-

---

54 Vgl. C. Czerny oben über die Phantasie bei den »älteren Meistern«, a. a. O.

len der in den Zusammenhang des ausdrücklich proklamierten *»neuen Weges«*[55]
gehörigen Sonaten op. 31 lassen sich wohl aus C. Ph. Emanuel Bach ableiten; in der
Beethovenschen Synthese bleiben sie dennoch neu, heraufqualifiziert zu einem prinzipiellen Gegenüber. Für das Rezitativ (= *Largo*) im ersten Satz von op. 31/II empfahl Czerny im *con espressione e semplice* Pedal zu nehmen,[56] weil es *»wie aus weiter
Ferne klagend ertönen muß«*.[57] *»Weite Ferne«* will hier über das Metaphorische hinaus
zugleich Ferne zur Sonate überhaupt meinen, und *»klagend«*, vergeblich deklamie-
rend beredt muß das Instrumentalrezitativ zumal in kahler Einlinigkeit immer erscheinen, ist ihm doch im Wort seine Legitimation abhanden gekommen, nach der
es zurückstrebt, Torso und Fragment um so mehr, desto eindringlicher es danach
ruft. Der Introduktion gleich, weil unvollendbar und in Ausdehnung begrenzt, unterscheidet es sich von ihr, indem das Gestaltete, der Bezugspunkt nicht vor, sondern hinter ihm liegt als vergangen und abgestorben. Im ersten Satz von op. 31/II
treten beide füreinander ein, erscheint doch das Rezitativ, vorbereitet schon in phan-
tasiehaften Arpeggiandi nach dem Doppelstrich, genau am Beginn der Reprise,
als Entsprechung zur scheinbar introduzierenden Akkordbrechung am Beginn des
Satzes, als Verlängerung, Vertiefung und Erklärung des dort Gegebenen, welches
immerhin so sehr präludiert, daß es lang genug[58] in seiner Funktion umstritten war.
Schon im Thema selbst, wie damit bewiesen, wollte Beethoven, das traditionelle
Vorder- und Nachsatz-Verhältnis ausweitend, den Gegensatz von Einleitung und
Hauptgegenstand, von Introduktion von Hauptsatz zusammenzwingen, und brachte damit das Gegenüber vom »bittenden« und »widerstrebenden« Prinzip auf eine
neue knappe Formel. Jene deklamierende Eindringlichkeit, welche später das Rezitativ entwickelt, ist freilich auch in dem das Tempo giusto, die ›richtige‹ Bewegung vertretenden Nachsatz angelegt, in dessen sprechenden Vorhalten ebenso wie
in der drängenden Wiederholung der Abwärtsgänge, viel mehr redendes Prinzip als
musikalische Gestalt, so daß mit arbeitenden Triolen ähnlich wie in op. 69 und in
op. 97 erst der Takt 21 als echter Beginn der Auseinandersetzung erscheint, zumal
nun der anfangs präludierende Dreiklangsaufschlag integriert und als Antrieb entdeckt wird.[59]
     Die regel- und bezugswidrige Eigenwilligkeit des Rezitativs tritt zwischen *Alla
marcia* und dem *Allegro appassionato* des einer Aria agitata ähnelnden Finales in op. 132
besonders stark hervor, unterstrichen durch die von Holz überlieferten, in den Ausgaben oft fehlenden Bezeichnungen, das steigernde Hinführen der Viertelschläge als

---

55 Hierzu vgl. die Diskussion Goldschmidt-Fischmann in: Beiträge zur Musikwissenschaft 8 (1966),
    173 ff.
56 C. Czerny, a. a. O.
57 Bei dieser Anweisung muß in Anschlag gebracht werden, daß der Nachklang der seinerzeit in Wien
    gespielten Klaviere wesentlich geringer war.
58 Vgl. L. Misch, *Das Problem der d-Moll-Sonate. Beethoven-Studien,* Berlin 1950. Zur Einbeziehung von
    eher zur Introduktion gehörigen Funktionen ins Thema vgl. unten S. 105 ff.
59 Zu derlei Umbrüchen vom Thema zur Verarbeitung vgl. unten S. 116 ff.

stringendo, die Deklamation des Rezitativs (die Ähnlichkeit zu Takt 56 ff. im Finale der *Neunten Sinfonie* zeigt, daß es weniger auf Individualität als allgemein aufs Rezitativische ankam) »an kein Tempo gebunden« etc., am Schluß *smorzando* in einer Figur, an die anknüpfend das Finale einsetzt.

So sehr hier eingebunden als letzte Station vor dem Tempo giusto, so frei und autark handelnd tritt das Rezitativ in der Einleitung zur Freudenode auf, wo es paradoxerweise logisch argumentiert, verwirft, bestätigt, was als begriffliche Operation Worte voraussetzt, die hier fehlen, interessanterweise aber in einem erläuternden Untertext wenigstens andeutend auftauchen: »Verzweiflungsvoller Zustand; Possen: Schöneres, Besseres; zu zärtlich, Aufgewecktes; Ha, dieses ist es, es ist gefunden – Freude!« Keineswegs treten hier wie in Florestans Introduktion zunächst musikalische für die später auftauchenden begrifflichen Verknüpfungen ein; die Logik, die das Rezitativ bewegt, ist begriffliche, dem Wort gehörige, setzt also dies abwesende Wort unabdingbar voraus. Jene Deutlichkeit, deren sich Beethoven hier in der Klarstellung der Funktion befleißigte, schlug in Undeutlichkeit um als schon nicht mehr musikalische. Nichts zeigt deutlicher als diese Überforderung, wie weit Beethoven im anthropomorphisierenden Verständnis musikalischer Details als handelnder, argumentierender Subjekte ging.

Die Beschwörung von Vergangenem im Instrumentalrezitativ gewinnt die größte Evidenz im Zusammenhang der Sonate op. 110, äußerlich kenntlich schon in der Aufeinanderfolge Rezitativ-Arioso. Doch will der Weg auch zum Rezitativ erst gefunden sein: Ein introduzierender Anstoß geht voran, schnell zerflatternd und die Linie freigebend; in diesem stehen kühnste Modulation und gängigste Formel unmittelbar nebeneinander (*Meno Adagio* und *Adagio*), nachdem zuvor drängend rasche Synkopierungen vergeblich zu rufen schienen, ein deklamatorischer Impuls über H^7, der resignierend erlischt. Gerade nach der nackten Konventionalität der Schlußformel drängt sich die doppelte Optik des Vergangenheitsbezuges wieder ein: Nicht unmittelbar und nach gängiger Regel selbstverständlich beginnt die Arie, sondern ihrerseits wieder mit einem Vorspann[60], einem allmählichen Eintauchen in die entrückte as-Moll-Sphäre, ein zweiter Rahmen und Durchblick also, dem am Ende im kahlen Unisono die Schlußformel ces-b-es-as entspricht, das as nachdrücklich befestigend, das die Melodie, auf einem letzten schmerzlichen Vorhalt lang verweilend, nur flüchtig erreicht hatte. Das solcherart eingefaßte *Arioso dolente* nun gibt keine Arie im Klavierauszug, sondern einen transzendierenden Inbegriff

60 A. Knab vergleicht dies in seiner Studie über die Sonate op. 110 (*Denken und Tun*, Berlin 1959, S. 46 ff.) mit der Ausbreitung des As-Dur vor »O sink hernieder, Nacht der Liebe« im zweiten Akt »Tristan«. Vgl. auch den arienhaften Gestus in der letzten Bagatelle op. 119. Die Melodik des *Arioso dolente* ähnelt auffallend derjenigen der Alt-Arie »Es ist vollbracht« aus Bachs Johannespassion, innerhalb von Beethovens Werk der aus dem Thema abgeleiteten Durchführungswendung im ersten Satz der Sonate op. 69. Zu op. 110 vgl. M. Katz, *Über Beethovens Klaviersonate op. 110*, in: Die Musikforschung 22 (1969), 481 ff., dies offensichtlich ohne Kenntnis der Untersuchung von A. Knab. Vgl. auch E. Voss, *Zu Beethovens Klaviersonate As-Dur op. 110*, Die Musikforschung 23 (1970), 256 ff.

vom Ariosen, wie die Benennung schon andeutet. Wie deutlich auch in 4+4+4+4
Takte konventionell gegliedert, ist in ihr dennoch das Singen verabsolutiert zu einer
nahezu ›unendlichen Melodie‹, deren Atem sie jedem realen Atem eines gedachten
Sängers entrückt. Das abschließende Unisono gehört nur noch halb zu ihr; einerseits ein nachdrückliches et hoc est finis, deutet es andererseits in sehr freier Umkehrung und in seiner Einstimmigkeit auf das danach eintretende Fugenthema hin.

Der Übergang zur Fuge erscheint nun als Schritt vom Schattenreich des as-Moll
in die Helligkeit des Dur, vom Imperfekt ins Präsens eines voll Gegenwärtigen, zu
Tätigkeit Drängenden – dies gerade eine Fuge! Abermals vertieft und bestätigt sich
diese Perspektive, wo das Arioso wiederkehrt; nun, als Zitat von ohnehin Zitieren-
dem nicht nur *dolente* sondern *perdendo le forze*, lädt es nicht mehr melodisch sicher
aus, der Kraft seiner Kantabilität vertrauend, sondern deklamiert unruhig, wie mit
Mühe an der Erscheinung haftend und nach dem entschwindenden Bilde greifend.
Dergestalt wird ein Hintergrund schattiert für die Fuge, welche im Jahre 1821 weiter verloren und abgelebt war als Rezitativ und Arie. Deren unzeitgemäße Schattenbeschwörung meint im Grunde die Fuge, sucht sie zur prallen, vollen Gegenwart heraufzuholen. Wie sehr auch immer gearbeitet und also mit Vergangenheit
und Tradition geladen, kann sie doch niemals in solchem Ausmaß zitieren und erinnern wie das Vorangegangene; wo sie mit der gängigen Umkehrung aufwartet, antwortet sie wieder dem Durchblick auf Vergangenes, will die Umkehrung gar nicht
als Produkt ihrer eigenen Logik ausweisen. Dergestalt überholt das bewußt gestaltete Imperfekt das in traditionellen Strukturen drohende und hilft diesem zu neuer
Gegenwart.

Die in op. 110 in der historischen Perspektive gebannte Gefahr des déjà vu droht
allem häufig Erscheinenden im erledigenden Aha des Wiedererkennens, welches
andererseits zur Verknüpfung unerläßlich ist. Das Hinleiten, wenn nicht thematisches Material produzierend, enthält das Moment des Findens insofern, als Introduktion nur berechtigt, wo nötig ist, ohne sie also das Folgende oder dort Wesentli-
che unentdeckt oder mindestens unverstanden bliebe. Nicht nur zwischen, sondern
auch innerhalb von Sätzen versichert sich Beethoven dessen, geht also auf das Paradox aus, schon Bekanntes neu zu finden. An dem E-Dur-*Adagio molto espressivo* im
As-Dur-*Adagio* von op. 127 erscheint zunächst, obwohl es an der Kontur des Hauptthemas orientiert ist, alles neu, sowohl in der Ton- als auch in der Gang- und Satzart;
die Übernahme der Melodie durch das Cello im fünften Takt, auch der Struktur
entsprechend, wird von der expressiven Figuration der ersten Violine halb verdeckt.
Wenn auch im Crescendo vorbereitet, ist der Gesang durch das dissonant hoch
gespannte C-Dur des achten (= 66.) Taktes doch schwer gestört. Danach gewinnt
als Rückkehr zum Gesang das Cantabile der folgenden Takte ein Unendliches an
Tiefe und Innigkeit, wird fast ausschließlich im Zeichen dieser Bewältigung, kaum
als erwartete Fortsetzung einer bekannten Melodie erlebt, obgleich es sich dem
Original stärker nähert als die vorausgegangenen Takte. Wenn auch später identifi-
ziert, erscheint die Melodie zunächst doch als objet trouvé, objet als längst vorhanden, doch neu erlebt, gefunden und angeschaut. Wie hier die pralle Fülle des Neuen

dem Hörer zu neuer Naivität verhalf, da alle anhand gesicherter Erfahrung »auswählende Kritik des Bewußtseins«[61] versagt und die Rezeption der Empirie neu ausgeliefert wird, so geschieht bald darauf das Gegenteil: Über eine chromatische Rückung[62] von e nach es wird der As-Dur-Bereich des Themas, außerdem sein 12/8-Rhythmus wieder erreicht, doch bleibt das Erwartete aus: Zwar erklingt eine Melodie, die Details der thematischen frei umkehrt, doch kann das Ohr dies kaum als Bezugnahme, schon gar nicht als den Hauptgegenstand hören, wohl aber als dessen Kontrapunkt: Denn die Melodie, obwohl die Rückung ein wenig ›zu spät‹ eintritt, paßt sehr wohl in den exakt freigelassenen Hohlraum der ersten Takte; diese scheinen ihr Erklingen vorauszusetzen, auf ihre Projektion durch das musikalische Bewußtsein zu vertrauen und wenden sich erst mit dem dritten (= 79.) Takt von ihr ab, wo die Kraft der projizierenden, doch enttäuschten Erinnerung kaum mehr trägt. Auch anderwärts nutzt Beethoven in subtiler Psychologie die Spannung zwischen Imaginiertem und tatsächlich Vorhandenem, gibt im Erklingenden eine Negativform, die das Erwartete definiert und aus der Vorstellung des Hörers mühelos aufnimmt, ohne es zu enthalten, wodurch sich die nach Bestätigung suchende Rezeption aufs Äußerste spannt.[63] Im fünften (= 81.) Takt, genau dem eingangs gesetzten Wechsel zwischen erster Violine und Violoncello gehorchend, erklingt das Thema im Violoncello und scheint in seinem selbstverständlichen Auftreten bedeuten zu wollen, daß der Wechsel doch immer gegolten habe.

Noch weiter biegt der Weg zum Weiterfinden im *Adagio* der Neunten Sinfonie in der Episode Takt 83 ff. aus. Zunächst nur als Ausweichung in die bläserische Tonart Es-Dur mit G–Es der Tonartfolge D–B vom ersten *Andante-Adagio*-Übergang entsprechend, entwickelt sie als neuen Kontrapunkt eine synkopisch nachziehende Antwort auf den thematischen Quartfall, den das Horn, in immer tiefere Lagen hinabgehend, sechsmal wiederholt. Weitgespannte Triolen im Pizzicato der Streicher halten den großen Zählwert gegenüber dem Achtelfluß des imitatorischen Gewebes der Bläser fest, die sechs Takte lang in Es-Dur kreisen. Die Moll-Trübung in Takt 89 mutet zunächst wie ein harmonisch vertieftes Echo zu Takt 87 an, bereitet aber auch die Wendung nach Ges vor, der das in die Imitation einsteigende Horn und die Quarte in der hohen Klarinette besonderen Nachdruck geben, als Zeichen des Erwachens zu neuer Aktivität nach dem Dahindämmern der Takte 85–89 und eines endlich erzielten Ausbruchs, der sogleich weiter nach Ces-Dur hinstrebt. Wie über die Tonart geht es nun auch über den Quartfall hinaus in einer viertaktigen Melodie der Flöte, in der die ganze Entwicklung Sinn und Ziel erhält als etwas sowohl Neues wie Einmaliges, aus dem bekannten Thema neu ge-

61 Chr. Kellerer, *Objet trouvé und Surrealismus,* Reinbek bei Hamburg 1969, S. 41.
62 Vgl. Anm. 45 und ihren Zusammenhang.
63 Beispielsweise läßt er im ersten Satz von op. 132 bei der Wiederkehr des Seitenthemas, welches ohnehin wie der Nachsatz zu etwas Vorangegangenem, realiter aber nicht Vorhandenem klingt, auch noch dessen Dreiachtelauftakt weg, welchen das Ohr in den Hintergrund des charakteristischem Begleitrhythmus hineinprojiziert; gleichzeitig erscheint dies Weglassen wie die Enthüllung des Anschlußcharakters des ganzen Themas.

wonnen, welches dennoch den charakteristischen Quartfall mit diesem gemeinsam hat, freilich nun als Folge Grundton-Unterquint, was früher Terz-Subsemitonium war. Auf diesen Quartfall in der gleichsam blinden, in sich kreisenden Zuständlichkeit des introduktionsartigen Abschnittes mußte die Musik zurückgezwungen und reduziert werden, um von hier aus den Durchbruch zu gewinnen, zu dessen Einordnung dem Bewußtsein alles fehlt, kaum, daß die im Quartfall vorhandene Korrespondenz entdeckt würde. »Fällt der Sinneseindruck in das Erlebnis der Leere, wird er wie ein Erstmaligkeitseindruck erlebt.«[64] Diese Leere war im aussichtslosen Kreisen der Motive in Es-Dur artikuliert, wovon sich die Melodie der Flöte als endlich gefundene, zielstrebig und sinnvoll sich schließende Gestalt, überdies in Ces-Dur mit der Leuchtkraft der mediantischen Verwandtschaft, abhebt.

Dabei ist in die Musik ein Zug lyrischen Verweilens gekommen, das von der Form nichts mehr weiß und sich sowohl im Nachklingen der ausdrucksvollen Schlußwendung in Takt 94 wie auch darin verrät, daß die Musik aus der Tonart Ges-Dur nicht heraus will, lang dort festhängt und der weitläufigen Kadenz des Horns Raum gibt; zumal die Pizzicati der Streicher unterstreichen das Festhalten der Harmonie, der die Modulation auf dem letzten Viertel vor *Lo stesso tempo* die Musik gewaltsam entreißt – auch diese Modulation, die ähnlich in allen Übergängen erscheint, durch jenen Abweg neu gerechtfertigt. Und sogleich bedarf es der in dieser eingeblendeten Phantasie aufgefrischten Mittel: Die neue Variation im $^{12}/_8$-Takt läßt in der Grundtonart das Thema wohl erwarten, entzieht es aber in schwer wahrnehmbarer Langmensur dem Ohr, welches einerseits von der Figuration der Violinen gefesselt ist, andererseits nach dem Thema sucht, das latent wohl spürbar ist, jeweils an den Zeilenenden kurz aufleuchtet (Takte 103, 107/108, 111), doch erst nach dem Ende der Figuration (Takt 114) frei vor dem Blick liegt. Die Bläserepisode erweckt eine Strebung nach Ausgleich und Heimkehr zu Tonart und Thema, welche eben groß genug erscheint, die Weite sowohl des musikalischen Atems wie des Abstandes zwischen thematischem Hintergrund (anfangs allein erste Flöte, Oboe und Fagott, und nur Fagott ohne Oktavbrechungen) und figurativ-expressivem Vordergrund zu bewältigen, Anforderungen, denen ein bequem auf Erfüllung vordefinierter Erwartungen ausgehendes Hören nicht gewachsen wäre. Erst hier gewinnt der Blick die der Landschaft dieses Satzes angemessene Weite.

So früh hier wie auch in op. 127 dem jedem Selbstlauf mißtrauenden Beethoven der Abweg nötig schien (der langsame Satz der Sinfonie hat hier erst zwei thematische Durchläufe, dazu zweimal das *Andante* hinter sich, das Streichquartett drei thematische Durchläufe), so wenig auch halten dessen Wirkungen im Hinblick auf das neugefundene alte Thema vor. Wohl bringt die Sinfonie die nächste Variation noch zu Ende, verfällt aber schon in den letzten Takten crescendierend der Drohung massiver Signale, großer, die Schreckensakkorde vom Finalebeginn antizipierender Menetekel, die alles friedliche Cantabile unwiderruflich ins Imperfekt setzen, gerade dort fühlbar, wo es nach einer Verstörung in ineinander gefügten fallenden Quarten

---

64 Chr. Kellerer, a. a. O., S. 89.

wieder zu sich kommt, die thematische Tonfolge d–a–b–f durch melodische Ausfüllung zu einem Abgesang umbildend. Nur sechs Takte währt der neue Versuch, das
lyrische Singen festzuhalten, und schon vom dritten (= 127.) Takte an gerät dieser
wiederum crescendierend in den Bann des nächsten Einbruchs. Nun ist die Musik
länger und tiefer verstört, nach Des-Dur geworfen; zwei Takte später weiter in subdominantische Tiefe nach es-Moll fallend, während die Signale echohaft fortklin-
gen, scheint die Musik völlig entgleist und gibt selbst dem Bezug auf die analogen
Takte 123/124 kaum Ansatzpunkte: Der Quartfall f–c–es–b von dort entzieht sich
in doppelt vergrößerten Werten schwach instrumentiert (Fl. des–as; Ob./Horn as–
es; Fl. es–b; Ob. b–f) der Wahrnehmung weitgehend, zumal ihn die Terzfälle f–des
und ges–es in den ersten Violinen und die Gegenführung im Baß ergänzen, wohingegen die zuvor nur sparsam angedeutete Chromatik (im Horn) nun in den ersten
Violinen und in der Terzenführung von Klarinetten und Fagotten plastisch hervortritt. Im Folgenden antwortet dem Abgesang dessen Umkehrung, wonach, wie um
deren Herkunft aus dem Themenanfang zu erweisen, die zweite Periode des Themas erklingt, freilich nur aphoristisch erinnert und rasch aufgelöst im kadenzierenden Hin und Her von Streichern und Bläsern, wogegen die Klarinetten die Melodie in Wiederholungen festhalten, in ihr also nicht mehr vorankommen. Die absteigende Sekund, nun verringert zur kleinen, behält als letzten Überrest ein verwi-
schender synkopischer Rhythmus im B-Dur-Feld der Takte 151 ff. übrig.

Dessen Nachpendeln und Nachschwingen in der schon zur Ruhe gekommenen
Harmonie, welches den Ereignissen des Satzes als vergangenen nachblickt und, als
extraduzierendes Gegenbild einer denkbaren Introduktion statt von Entwicklung nun
von Erinnerung trächtig, sie auf Andeutungen ihrer selbst reduziert, findet sich wiederum überraschend ähnlich auch im *Adagio* von op. 127, hier in den Takten 118 ff.:
Unter klopfenden Triolen erklingt im Pizzicato des Cellos der von den Abschnitt-
enden herstammende Dreischlag in Vierteln, über ihnen eine Dreiklangsbrechung
in Achteltriolen aus den Takten 77/78, in denen das Ohr die Wiederaufnahme des
Themas suchte; wo die Triolenbewegung endet, biegt der Dreischlag erinnernd
kurz nach dem E-Dur des *Adagio molto espressivo* aus, um danach rasch kadenzierend
nach As zu streben.

Die hier nach viel fließender und kleingliedriger Bewegung ratlos anmutende
Wiederholung des Dreischlages weist zurück auf eine Partie (Takt 94 ff.), in der die
Musik ähnlich dem *Adagio* der Neunten gestört, vom Wege abgebracht war, hier
nicht mit drohend großer Gebärde, sondern durch plötzliches Zurückweichen in
beirrende Halt- und Schwerelosigkeit, zielloses In-sich-Kreisen, das sich am Motiv
des Auftaktes hält (hier insgesamt fünfmal als g–as–c–des bzw. fisis–gis–his–cis erscheinend), nach erfüllter, klanglich üppig entfalteter Kantabilität ein schockieren-
der Rückzug in die schattenhafte Welt des Gestaltlosen und die fahle, lichtlose,
abseits liegende cis-Moll-Region. Nachdem diese in einem langwierigen Duo erreicht ist, herrscht sie, durch das durchgehaltene cis repräsentiert und zweimal kadenzierend bestätigt, sechs Takte lang, innerhalb deren zweimal eine Crescendo-
Entwicklung nur ein *subito piano* und abermalige Befestigung des cis-Moll zuwege

bringt, dem sie sich entwinden wollte. Dies gelingt erst einer in lapidaren Oktaven auseinanderlaufenden Zweistimmigkeit, freilich im ungesicherten A-Dur; das nunmehr notwendige harmonische Rückpendeln lenkt Beethoven in einer überraschend-genialen Wendung in die Haupttonart As-Dur um, dies eben überzeugend genug, um neuartig und neugefunden zu erscheinen. Wie vollkommen die Heimkehr zur Grundtonart auch sein mag – sowohl die umschreibenden, der letzten Variation im *Adagio* der Neunten Sinfonie ähnelnden Sechzehntel wie der Verzicht auf die Abschnittswiederholung zeigen an, daß nach dieser Störung die volle Gegenwart des Themas nicht mehr herstellbar, dieses nur noch erinnerbar ist.

Die Parallelität der Lösungen in zwei dem bekannten Variations-Reglement zunächst widerstandslos folgenden Sätzen läßt eine gewisse methodische Ausrichtung des Versuchs erkennen, mit den Erfahrungen und Möglichkeiten der Form die Unmittelbarkeit dessen zu verbinden, das von Funktion und Bezug nichts weiß. Beide Sätze enden anders als nach jenem Gesetz, wonach sie angetreten, wären nach diesem weit über das Maß hinaus mißraten, in dem jedes relevante Werk sich eines formalen Apriori erwehrt. Wie sie einerseits noch in den letzten Takten von dem Erwartungsmechanismus leben, den ihr Thema und seine Handhabung in Gang gesetzt haben, so schützen andererseits nicht erst die introduktionshaften Abwege Kraft und Individualität des Details gegen das sie determinierende Ganze, sondern schon Beirrungen wie der kunstvoll irreguläre Aufbau mit Wechsel der Gruppen im Thema des *Adagio molto e cantabile* der Neunten Sinfonie. Darüber hinausgehend aber bewirken jene Abwege, Signale etc. Gleichgewichtsstörungen, die von noch so nachdrücklichen Veranstaltungen des Abschließens nicht aufzuwiegen sind; wie meisterlich auch zu Ende gebracht, sind die Sätze doch nicht abgeschlossen im Sinne eines Prozesses, der seinen Gegenstand voll verarbeitet, wahrgenommen, erschöpft hätte. Weder die Signale der Sinfonie noch die stockenden Dreischläge im Quartett sind von den Satzschlüssen aufgewogen und erledigt und ihre störende Dynamik gestillt; beide klingen über die Satzgrenze hinaus, das Signal die Schreckensakkorde vom Beginn des Finales ankündigend, die Dreischläge des Quartett-Adagios wiederaufgenommen am Beginn des folgenden Satzes. Dergestalt erscheint die wenn immer auch partielle Autonomie des Satzes aufgehoben gerade dort, wo sie sich bestätigen müßte, treibt der aufhebende Widerspruch über das Setzen und Festhalten selbst eines Satzschlusses hinaus – ein Widerspruch, der sich im Spätwerk nicht nur an Nahtstellen und in allem von der Form nicht strikt Beschlagnahmten meldet, sondern permanent Negation erstrebt, die keinem Detail eindeutige Ausrichtung gönnt, keine ratenweise abgrenzende Arbeits- und Gebietsteilung zuläßt, sondern die Musik überall und ständig in der Aufhebung ihrer selbst zu einem Anderen, die Autorität und Organisation des Ganzen mit der Autonomie des Einzelnen Versöhnenden begreift. Im damit bewirkten Sowohl-Als-auch ihrer Erscheinung entziehen sich die Details jeglichem einseitigen Konformismus der Funktion. Das das Streichquartett op. 132 eröffnende *Adagio* introduziert nicht nur, gibt nicht nur ein Motto, sondern zugleich den aufs äußerste verdichteten strukturellen Kern des folgenden Satzes, dessen Substanz viel näher als das erste oder zweite

Thema;[65] der Beginn von op. 130[66] vereinigt vollends Einleitung mit Thema. Über ihren bei Beethoven selbstverständlichen Reichtum hinaus stehen im Spätwerk die einander überkreuzenden Bezüge nicht im Verhältnis friedlicher Ergänzung, sondern des provozierenden, im Sinne gängiger Kategorien sogar ausschließenden Widerspruchs, indem sie das paradoxe Zugleich von Setzung und Negation suchen.

Wenn die zur vollen Wirklichkeit ihrer selbst strebenden Einzelheiten sich als Individualität vom Ganzen als der gesellschaftlichen Instanz begrenzt, usurpiert, nur noch teilweise wahrgenommen weiß, kann sie sich schwerlich dabei bescheiden, ihre Anteile von jenem zugemessen, ihren Ort angewiesen zu bekommen. Was die klassische Form im Vertrauen auf Kraft und Richtigkeit ihrer Synthese als organisierendes Ganzes in Zeit auseinanderlegte, zieht sich nun im einzelnen zusammen, dessen Partialität sprengend. Synthese also unter erschwerten Bedingungen, den Einstand der Interessen von Einzelnem und Ganzem in jedem Detail suchend, da die Bürgschaft des Ganzen fürs Einzelne fraglich wurde, kennzeichnet den späten Beethoven, als musikalische Weigerung, die restaurative Verengung des menschheitlichen Horizontes auf den bürgerlichen anzuerkennen. Sein angestrengter Jakobinismus kann an keiner Stelle mehr das Einzelne dem Einzelnen, das Ganze dem Ganzen überlassen. Erst wo die Spannung dieses Gegenübers, von System und Widerspruch, von Autorität und Autonomie, erst wo der Anspruch auf deren Vermittlung fallengelassen ist und die ›bess're Welt‹ der Kunst sich resignierend ihres Fürsichseins zu freuen beginnt, verlischt die Fackel der Klassik.

---

65 Vgl. E. Ratz, *Formenlehre,* Wien 1951, S. 188 ff.
66 Vgl. K. Kropfinger, *Zur thematischen Funktion der langsamen Einleitung bei Beethoven,* Colloquium Amicorum, J. Schmidt-Görg zum 70. Geburtstag, Bonn 1967, S. 197 ff.

Kantabilität und thematische Abhandlung

Ein Beethovensches Problem und seine Lösungen in den Jahren 1806/1808

»Warum kann der lebendige Geist dem Geist nicht erscheinen!/Spricht die Seele so spricht ach! schon die Seele nicht mehr«. Dieses Schillersche Epigramm aus dem Musenalmanach 1797 bringt den Widerspruch zwischen dem Inkommensurablen des in Kunst Artikulierten und der in Begrenzungen definierenden Begrifflichkeit der Sprache auf eine für den Künstler nahezu selbstmörderische Formel. Mit diesem Widerspruch hatte auch der Musiker umso mehr zu tun, je weiter er seine Kunst begriffsähnlicher Intentionalität annäherte – dies vorab eine Leistung Beethovens, dessen Werke demgemäß in höherem Maße als die seiner Vorgänger nicht nur historische, biographische, stilistische etc. Stationen sondern Stationen der Erkenntnis darstellen.[1] Indem sich die Musik endgültig aus dem ästhetischen Eigendasein einer »freien Schönheit«,[2] in der die Ästhetik sie noch lange fälschlich befangen sah, zu philosophischer Relevanz und einer sehr direkten Kommunikation mit dem »Zeitgeist« heraufarbeitete, wurde sie, in Auseinandersetzungen mit neu gestellten Ansprüchen eine Erweiterung ihrer Zuständigkeit erstrebend, dieser Grenzen zunächst inne und definierte sich Standort und Mittel neu.

Damit fiel auch auf altvertrautes Inventar neues Licht, so zum Beispiel auf den Gegensatz von langsamen und schnellen Sätzen, keineswegs allein mehr einen des Tempos, Charakters oder eines hier aktiv gespannten, dort passiv erlebenden Hörverhaltens: Unter den latenten Qualitäten des raschen Tempos entdeckte die dialektische Abhandlung der Sonate auf neue Weise die Fähigkeit, rasch zu Summierungen zu kommen, Überblicke und Überbrückungen zu gestatten, da deren Haltepunkte nicht durch zu große Zeitstrecken voneinander getrennt sind. Die Abhandlung, wenn genau als solche begriffen, und dies geschieht durch Beethoven, bedarf des Themas, und dieses wiederum bedarf der Vergegenständlichung als prägnante Gestalt, welche sowohl im Kontext des musikalischen Prozesses steht wie aus ihm herausragt, sich verselbständigt, was auch heißt: die Aufmerksamkeit vom Prozeß ab- und auf sich selbst zieht. Vor dem unaufhörlich zu Neuem fortgehenden musikalischen Verlauf erscheint die Gestalt des Themas zumeist als gegeben, schon fertig, nicht im Augenblick seines Auftritts produziert, als Thesis und Postulat. Gerade Beethovens Skizzenarbeit als angestrengter und folgenreicher Versuch, das Thema als Einzelnes aus einer Idee des Ganzen zu deduzieren (nach Ernest Newman »With Beethoven we feel ... that the themes are not the generators of the mass of the music, but are themselves rather the condensation of this«),[3] hat das paradoxe Zu-

---

1 Die vorliegende Arbeit steht in engem Zusammenhang mit der im vorliegenden Bande auf den Seiten 67–103 abgedruckten.
2 Kant, *Kritik der Urteilskraft*, § 16.
3 *The unconscious Beethoven*, London 1927, 27.

gleich von Resumé und postulierender Thesis voll sichtbar gemacht, ein Widerspruch, den er insofern schlichtet, als er sein Ganzes nicht als Streckung und Dimensionierung des Themas, als Rahmen für dessen Präsentation begreift, sondern als Entfaltung der im Thema zusammengezogenen Latenzen, weshalb nicht, wenn es selbst erklingt, das Thema seine volle Wirklichkeit hat, sondern erst im Ganzen, da seine über die Grenzen der Gestalt hinausdrängende Potenzialität sich realisiert. Dergestalt wird die einsinnige Kausalität im Nacheinander von Postulat/Prozeß/ Resumé aufgehoben in der alle Details einbegreifenden Dialektik eines verwirklichenden Prozesses. Das Marxsche Konzept des sich erst in der Entäußerung verwirklichenden arbeitenden Subjekts[4] liegt nah genug; nicht umsonst hat Beethoven in der Musik, wie Hegel in der Philosophie, dem Begriff Arbeit als realisierendem Prinzip einen neuen Stellenwert verschafft.

Der noch unerschlossenen, zur Realisation drängenden Latenz im Thema, die die Sonatendialektik im Beethovenschen Verständnis voraussetzt, entspricht in seiner Erscheinung das abstrakte Moment der Vergegenständlichung und Emanzipation von der arbeitenden, verwirklichenden Prozessualität der Musik, eine gestalthafte Verdichtung, die, da sie sich nicht im unmittelbar klingenden Jetzt der Musik erfüllen kann, einen über dieses hinausgreifenden Bezug anmeldet. Mithin wäre das Thema nur halb begriffen als individuelle Einzelheit, als unmittelbar Klingendes, ist voll begriffen erst bei Einbezug seiner Funktion und Rolle in jener hinter dem sukzessiv Auseinanderliegenden der klingenden Musik stehenden Hierarchie der Bezüge, in der sich die Ganzheit der Musik realisiert. Gerade zum Sonatenthema als Gravitationspunkt gehört deshalb der Zwiespalt von Wesen und Erscheinung, von Unmittelbarkeit und Vermittlung, und in einer damit neu wahrgenommenen Qualität begünstigt das schnelle Tempo das gedankliche Zusammenziehen der Gestalten aus ihrer sukzessiven Ausbreitung zur gedachten Simultaneität: Die Vergegenwärtigung von Gestalten wie z. B. des ersten Motivs aus *op. 18/I* benötigt kaum eine andere Zeit als ihre musikalische Ausführung. Prägungen solcher Art, entweder in geballter Kürze von sprengender Potenzialität wie diejenige der Fünften Sinfonie, oder, noch häufiger, kurze Motive, die, gegen die größere Einheit des Themas sich verselbständigend, im musikalischen Prozeß danach als arbeitende Subjekte erscheinen wie schon in den *opera 1* und *2*, liegen am genauesten auf der Linie des von der Sonatendialektik Geforderten. Im Sinne der Bewältigung der Distanz von der unmittelbaren zur abstrakten Existenz des Themas erscheint das rasche, freilich nicht selbstzweckhafte rasche, bis höchstenfalls gemäßigte Tempo als ureigenes des Sonatenhauptsatzes.

Freilich, wenn das Tempo dergestalt jene Entfernung mindert, beseitigt es doch nicht das Zweifache der Existenz des musikalischen Gedankens, in dem mit dem Rollencharakter des Subjekts ein Als-Ob gesetzt ist, eine Funktion in einem Ganzen, das sich erst als vollendetes, fertiges, also nach dem Erklingen als richtig und stimmig erweisen kann, dem sich das Einzelne also gleichsam blind anvertrauen

---

4 K. Marx, *Ökonomisch-philosophische Manuskripte* (Paris 1844), Marx/Engels, *Werke*, Ergänzungsband, Erster Teil, besonders 511 ff.

muß. Solche halbe Anthropomorphisierung des Themas als handelndes Subjekt wäre unzulässig, führte die Analogie nicht noch weiter: Von diesem Ganzen als der vergleichsweise »gesellschaftlichen« Seite hängt ab, ob sich das Subjekt in arbeitender Selbstentäußerung verwirklicht oder seiner selbst entfremdet, ob es sich ihm öffnet oder verschließt. Wo Verwirklichung erwartet werden kann, folgt das Als-Ob, der Rollencharakter des Themas aus der ungeschlichteten Spannung zwischen gestalthafter Verhärtung und der in sie hineingezwungenen Überfülle unerschlossener Latenz, zugleich Hinweis auf deren Lösung. Wo nicht, tritt das Beschlagnehmende der Einordnung ins Ganze hervor, beeinträchtigt es die klingende Unmittelbarkeit in der Beschränkung ihrer Spontaneität, indem es Auflagen erteilt, so diejenige der postulierenden, affirmierenden Setzung, die das am Beginn stehende Thema nicht für sich allein, sondern für das ganze Musikstück vollzieht. In derlei Funktionen erscheint die Individualität eines Themas nie als Unmittelbarkeit per se, sondern determiniert und gefordert von einem Apriori, das überdies an der Zuordnung des Erklingenden nahezu unabhängig von dessen Besonderheit wenig Zweifel läßt. Noch ehe ganz erklungen, kann das Thema schon partiell erledigt, i. e. kategorisiert, einer Funktion zugeschlagen sein, und solche gegenüber der Einzelheit vorschnelle Rubrizierung stellt durchaus keine Verfehlung dar, sondern begreift nur in seinem Doppelwesen die bekannte Funktion vor der je neuen, unbekannten Individualität. Dieser kann die zielstrebige Organisation des Ganzen volle Geltung nicht gönnen, was tragbar und stimmig erscheint, solange diese Individualität über sich hinaus will, zur Aufhebung ihrer selbst in der größeren Dimension angelegt, weil ihr Latenzinhalt dieser Dimension angemessen ist – ein rücksichtsloser Pragmatismus, der ein Analogon in dramatischer Konsequenz findet: »Auf die bewußte Idee hin ordnet der dramatische Dichter die Einzelheiten seines Dramas an und rastet nicht, bis alles in der einen Idee zusammenhängt, auf sie verweist und durch ihr Licht vollkommen klar und durchsichtig wird. Was mit der Idee nichts zu schaffen hat, das läßt er als gleichgültig beiseite. Sein Werk wird deshalb, von außen gesehen, ärmer sein als die epische Dichtung.«[5] Dergestalt gegen das Recht der Einzelheit verschafft sich das Recht des Ganzen Geltung, um es ihr später, vermittelt und gesichert durch das Ganze, zurückzuerstatten.

Mit voller Deutlichkeit zeigt das der Vergleich mit Musik in langsamem Tempo. Hier hat alles Erscheinende Gewicht und Nachdruck, tritt die Aura von Zelebration und feierlicher Gemessenheit o. ä. der für die Sonate unerläßlichen Scheidung von Wichtig und Unwichtig geradenwegs entgegen. Überdies tritt bei langsamerem Fortgang mit der Prozessualität ihr produzierendes Moment hervor; bis zur Vollendung der Gestalten braucht es Zeit, in der immer noch Platz ist auch für die Verunsicherung durch andere denkbare Möglichkeiten des Fortgangs, welcher demgemäß offener, weniger determiniert erscheint. Nicht Gegebenes, virtuell schon Fertiges präsentiert das langsame Tempo; der Vorgang selbst, das lyrische Singen und Sagen ist ihm viel mehr Gegenstand als sein am Ende und erst in der Rückschau faßbares Ergebnis, die

---

5 E. Staiger, *Grundbegriffe der Poetik*, 4. Aufl. Zürich 1959, 175 ff.

melodische Gestalt. Somit bindet er die Aufmerksamkeit des Hörers auf eigene Weise, fixiert sie unablässig auf seine klingende Unmittelbarkeit: Vor dem Hörer entsteht
die Melodie, langsam genug, um ihm auch die Risiken und Unsicherheiten ihrer
Hervorbringung vorstellig zu machen; hier ist er tatsächlich, die Individualität des
musikalischen Gebildes voll wahrnehmend, »Sklave der allgemeinen Gegenwart der
Musik«,[6] und unmittelbar in dieser findet er ihren Sinn, nicht erst im Durchblick auf
die Bezüglichkeit ihrer Gestalten, dies zumindest nur in zweiter Linie. Hier exemplifiziert sich das Schillersche Epigramm musikalisch, die »Seele« als Reichtum und
Zauber der Unmittelbarkeit im singenden Sagen selbst, welches als volle Gegenwart
des lyrischen Vollzugs nach keiner Protention oder Retention ruft,[7] »Sprache« wird
die lyrische Melodie erst als voll ausartikuliertes Ganzes in der Rückschau, in der die
Melodie erinnerbar, doch vergangen ist, vergegenwärtigt nur als Imperfekt, zur Vokabel
geronnen, und »so spricht ach! schon die S e e l e nicht mehr«. Entsprechend erscheint das Ganze, die Form des langsamen, lyrisch bewegten Satzes weniger als
realisierendes Prinzip und Prozeß denn als Äußerlichkeit eines sichernden, stimmigen Rahmens. Die über die Gestalt hinaustreibende Latenz, aus welcher sich das
Formgefüge Beethovenscher Sonatensätze rechtfertigt und konstituiert, besitzen lyrische Themen kaum; sie sind sich selbst genug, in sich beschlossen, keiner Rechtfertigung und Stützung bzw. Wirkung in außerhalb ihrer selbst liegende Bereiche bedürftig. Wenn ihnen überschießende Latenz eignet, so in der Tiefe ihrer Individualität, in der Vertikale, für Streckung in die Zeit nicht nutzbar.

Dies Gegenüber blieb zunächst bei Beethoven ein Gegenüber verschiedener
Sätze, diskursiv-dialektischer Anstrengung hier, lyrisch-verweilerischer Entspannung
dort – Gegensätze freilich, die die wechselseitige Definition vertiefte und entfaltete
und die übergreifende Konzeption eines Werkes zusammenfaßte. Die immer rei-
cheren, komplizierteren Vermittlungen der thematischen Dialektik schufen zugleich
einen neuen Begriff von Unmittelbarkeit, den man in Beethovens langsamen Sätzen am Werk sieht, ihrer aus äußerster Konzentration herkommenden Einfachheit,
die jegliche Trübung durch nicht umgesetzte Intention, jegliches Moment von Wil-
lentlichkeit aus der reinen Unmittelbarkeit ihrer selbst verbannt. Als Meister getra-
gener Kantabilität galt auch der Pianist Beethoven, weit hinaus über das Maß, in
dem alle Meister des Klavierspiels danach strebten und lehrten, »eine cantable Art
im Spielen zu erlangen«;[8] er legte unterrichtend besonderen Wert auf das Legato, »in
dem damals noch von Mozarts Zeit das gehackte und kurz abgestoßene Spiel Mode
war. Beethovens Vortrag des Adagio und des Legato im gebundenen Styl übte auf
jeden Zuhörer einen beynahe zauberhaften Eindruck und ist, soviel ich weiß, noch
von Niemandem übertroffen worden.«[9]

6   P. Valéry, *Eupalinos oder Der Architekt*, Reinbek b. Hamburg 1962, 118.
7   C. Dahlhaus, *Musikästhetik*, Köln 1967, 111; zur Frage des Lyrischen E. Staiger a. a. O. 13 ff.
8   Bach zur Absicht seiner Inventionen.
9   C. Czerny, *Über den richtigen Vortrag der sämtlichen Beethoven'schen Klavierwerke*, hrsg. und kommen-
     tiert von P. Badura-Skoda, Wiener Urtextausgabe, UE Wien 1963, 22.

Dennoch stellt der Umgang mit den Gegensätzen von dialektischer Abhandlung und Kantabilität immer auch die Frage nach deren Vermittlung, und es widerstritte dem Reichtum und den vielfältigen Implikationen der künstlerischen Arbeit gerade Beethovens, sie allein mit der Verfolgung dieser konträren Tendenzlinien befaßt zu sehen. Schon in den Jahren um 1800 weicht sie von der Einspurigkeit einer solchen Gegenübersetzung deutlich ab. Lägen die Werke jener Jahre nicht in einer ihm selbstverständlichen Breite der Palette dicht nach- und nebeneinander, könnte ihre Zählung eine Krise der Sonate nahelegen mit Vermeidung in den Phantasiesonaten *op. 26* und *27*, und mit *op. 28* als entschlossenem Versuch, sowohl zur thematischen Einheitsgestaltung vorzustoßen als auch den lyrischen Ton der Phantasiesonaten in die Sonatenform selbst einzubringen: Hier erscheint das Hauptthema nicht als schon fertig und vorgegeben, sondern aus inniger Verschmelzung mit der Musik herausblühend und getragen vom weichen Fluß des Dreivierteltaktes, eine deutliche Abwendung vom affirmativ postulierenden Gestus des Sonatenthemas mit allen Symptomen eines antwortenden Anschlusses an nur vorstellungsweise Vorangegangenes, wenn nicht gar der Zurücknahme, so im *c'*, welches als Septime im Erklingen des Themas, das ein Thema zu sein sich wehrt, die Tonart untergräbt. Als Absage an die zur thematischen Abhandlung nötige Vergegenständlichung geht das weit hinaus über konzertierende oder lyrische Auflockerungen, die zumal in Violinsonaten oder Konzerten zuhause sind. Weil schon in sich selbst nicht festgelegt und sich zu einer fixierten Gestalt bekennend, keine klare Position definierend, stellen sich Themen wie dasjenige von *op. 28* der Auseinandersetzung nicht auf jene entschiedene Weise, die zur Methodik der Sonatendialektik gehörten. Zunächst also im Ton ist eine andere Konzeption angemeldet, die die bisherige Rollenverteilung im dialektischen Widerspiel nicht akzeptiert, in einem – wie in *op. 31/II* – fast noch präludierenden Gestus von experimenteller Unverbindlichkeit oder höflich-vorsichtigem Anspielen von Möglichkeiten, die noch nicht als das »Eigentliche«, thematisch Gültige genommen werden wollen, es dennoch freilich sind, am Beginn der *Pastorale,* wo Beethoven zur Beseitigung aller selbstbewußt setzenden Affirmation zunächst den ersten Ton des zitierten kroatischen Liedes wegschneidet, ebenso wie im *G-Dur*-Klavierkonzert *op. 58*, da schon die Eröffnung durch den Solisten alle gängigen Normen der thematischen Präsentation sprengt.[10] Dies Konzert stellt den Übergang dar zu einer Werkgruppe, in der Beethoven deutlich nach Vermittlung von lyrischer Kantabilität und thematischer Auseinandersetzung sucht, antizipiert schon in jenem Lyrismus, der sich von dialektischen Anstrengungen entfernt. »Moderato« als mäßigende Bestimmung zum Allegro, ähnlich »ma non tanto« in *op. 69* und »ma non troppo« im Violinkonzert und in der Pastoralsinfonie sind typische Signaturen der zeitlich eng beieinanderliegenden Sätze, in denen sich Beethoven auf kantable Themen und ihren expansiven Lyrismus, zugleich aber auch auf die Auseinandersetzung mit ihrem Fürsichsein, ihrer Unangemessenheit zur großen

---

10 hierzu Richard Strauß zu Edwin Fischer: »*... da müssen's doch nur Ihre Visitkarten abgeben*«, vgl. E. Fischer, *Musikalische Betrachtungen*, Wiesbaden 1950, 16.

Form einläßt, ein Versuch, ein von der thematischen Dialektik ausgegrenztes Element einzuholen und zu integrieren; dies freilich nicht unter der Maßgabe, daß die Sonate im bisherigen Verständnis überwunden werden müsse: Gleichzeitig entstehen die vierte, fünfte und sechste Sinfonie.

Das Nebeneinander der *opera 59, 61, 69, 70* und des wohl noch vor *op. 70* konzipierten Trios *op. 97* namentlich zu *op.* 60 und 67 trägt eher den Charakter eines weitgespannten Programms vorsätzlicher Grenzerweiterung[11] als den eines Durchgangsstadiums im Sinne einer Chronologie des Stils: *op. 58* war spätestens Ende 1806 vollendet, zwischen Mai und ebenfalls Ende 1806 entstanden die Streichquartette *op. 59*, im gleichen Zeitraum die Vierte Sinfonie und das »in sehr kurzer Zeit«[12] komponierte Violinkonzert; ins folgende Jahr fallen als Werke anderen Typs die Ouvertüre *Coriolan* und die Hauptarbeit an der seit drei Jahren skizzierten Fünften Sinfonie, daneben die Cellosonate *op. 69* und, bis in den Sommer 1808 reichend, die Arbeit an der Pastoralinfonie; die Trios *op. 70* gehören dem Jahre 1808 an, doch »war schon um 1807 unter seinen Freunden die Rede von einem großen Trio in B, das er eben arbeite«,[13] womit *op. 97* auch in engen Zusammenhang zu den übrigen Sonatensätzen mit kantabler Thematik gestellt ist; endlich gehört als weiteres großes Werk ins Jahr 1807 die *C-Dur-Messe op. 86*.

In provozierend beruhigter Klassizität scheint das Violinkonzert die ungetrübte, stille Heiterkeit und wolkenlose Bläue des Winckelmannschen Horizontes zu suchen; »alle Spur von Arbeit, Kunst und Bedürfnis«[14] ist getilgt, beide Themen, in ihrer Sanglichkeit wo nicht identisch[15] so zumindest ähnlich und in nichts mehr konträre Eckpunkte eines dialektischen Feldes, erklingen in der Grundtonart. Doch ist ihrer scheinbar sich selbst genügenden Kantabilität ein Widerhaken mitgegeben im einleitenden Vierschlag der Pauke, welcher, im Laufe des Satzes 76mal wiederkehrend, den Themen jene Funktion abnimmt, die sie nicht erfüllen wollen, nach der Grundierung des ersten Themas prononciert störend als nicht integriertes dis nach reinem D-Dur,[16] später aus einer Überleitungsfigur übrigbleibend (T. 42), zu Melodie geworden (T. 75) etc. oder sogar zur Vierachtelfolge verkürzt (T. 315 ff.). Die Partie danach, Herzstück

11 Zu dieser Grenzerweiterung als kompositorischem Programm der Rasumowsky-Quartette vgl. im
    vorliegenden Bande S. 213 ff. Da die Themenstellung des vorliegenden Aufsatzes den Kreis enger
    zieht, fallen die von H. Goldschmidt (*Motivvariation und Gestaltmetamorphose. Zur musikalischen Ent-
    stehungsgeschichte von Beethovens Violinkonzert*, Festschrift Heinrich Besseler, Leipzig 1961, 389 ff.) in
    einen ähnlichen Zusammenhang »kammermusikalischer Werke mit betonter lyrischer Intimität« gestellten
    opera 78 (dort fälschlich *79*), *96* und *102/1* (dort fälschlich 105/I) heraus. Von ihnen hält noch am
    ehesten *op. 78* die Nähe zu den hier untersuchten Befunden.

12 C. Czerny, a. a. O. 13.

13 C. Czerny, a. a. O. 15.

14 Fr. Schlegel über Sophokles, *Über das Studium der griechischen Poesie*, München 1797, cit. nach E. Behler,
    Friedrich Schlegel, Reinbek b. Hamburg 1966. 39.

15 hierüber H. Goldschmidt, a. a. O. 391 ff.

16 Im einzigen erhaltenen Skizzenblatt (vgl. H. Goldschmidt, a. a. O. 391) ist dieser Ton als *es* notiert;
    demgegenüber muß die spätere Veränderung in *dis* als bewußte Entfernung aus dem Bereich funk-
    tionaler Beziehbarkeit erscheinen.

des Mittelteils, artikuliert den Kontrast von selbstvergessenem Singen und Erinnerung ans Ganze besonders eindrucksvoll: In der rascheren Bewegung der Takte 315 ff. sozusagen verdrängt, tritt der Vierschlag in Takt 320 als Hornoktave mit neuem Ernst und Nachdruck hervor, eben dort, wo der Solist sich zu einem Alleingang anschickt und in scheinbar freier Phantasie mit einem ausdrucksvollen Motiv spielend durch abseitige Tonarten wandert, ein Bild selbstverloren sich ergehenden Vorsichhinsingens, dem alle Rücksichtnahme auf Zeit und Ort abhanden zu kommen scheint; doch gerade hier, wo am stärksten herausgefordert, ist die Form am wachsten: Als rhythmischer Ostinato, unaufhörlich in zweitaktiger Folge erscheinend, ist der Vierschlag dieser Partie eingesenkt als ernstes und eindringliches Memento der Form, – dies der Höhepunkt des Satzes als unmittelbares Gegenüber des beharrenden, zur Ordnung rufenden, und des unbekümmert ausfahrenden Elements. Ohne alles arbeitende, tätig auseinandersetzende Wesen erfüllt diese Episode als Konfrontation dennoch den Sinn einer Durchführung und setzt überdies eine schon früher eingeschlagene Linie fort: Im ersten Satz des zuvor komponierten Solokonzertes *op. 58* liegen die Elemente dieser Episode gleichsam zufällig verstreut, wurden also im Violinkonzert nachträglich gesammelt und in ihrem Funktionssinn erkannt: Das Motiv der Violine aus T. 331 in *op. 61* findet sich in *op. 58* bei sprechender Ähnlichkeit in den Partien T. 105 ff. und 275 ff., und das stille, mahnende Klopfen eines thematisch bedeutsamen Rhythmus begleitet in den Takten 231 ff. einen nicht weniger eigenwilligen Abweg des Solisten; zudem stehen alle drei Episoden in abseitigen Tonarten.

In ihrer klaren Periodizität mit Vorder- und Nachsatz erfüllen die gesanglichen Themen des Violinkonzerts noch voll die Forderung nach jener gestalthaften Verfestigung, die die Sonatenthemen als geprägte, fertige Objekte hinstellt. Eben dies meidet Beethoven im ersten Satz des ersten Quartettes *op. 59;* wie deutlich auch periodisch gegliedert (vgl. Beispiel 3), kommt die Melodie doch von sich aus zu keinem Abschluß, die zweite Viertaktperiode modifiziert das Ablaufschema der ersten, deren rhythmische Folge strikt beibehaltend, die dritte wiederholt die zweite um zwei Oktaven erhöht, die vierte die dritte um eine Quarte erhöht – ein Bild strophischen An- und Übereinandersetzens, dem ein Ziel nicht einbeschrieben ist, ein Fortstreben, das sich keine Ankunft setzt und diese zu finden den Zäsuren in der Periodizität der vershaften Struktur, mithin sich deren Vervielfältigungen überläßt. Zwar verlängern die kadenzwilligen Takte 17 und 18 die Linie, wirken aber weniger als Fortsetzung denn als Bremsen der Entwicklung, betont durch sf, più f. und ff. Der Gestus verspielter Beliebigkeit, mit der die Melodie sich in Wiederholungen fortspinnt, und das geringe Quantum an Neuem, was deren Folge bietet, widerstreiten den Forderungen thematischer Setzung ebenso wie der unempfindlich in Achteln klappernde Selbstlauf der Begleitung, der sich den harmonischen Funktionen nur teilweise anbequemt, ein prononciert nachlässig behandeltes konventionelles Element, ohne eigenes Profil.[17] Solche Struktur schafft kein Potential, das nach

---

17 Das Provozierende in *op. 59* wurde wohl empfunden und begriffen. Mit diesem Werk stand Beethoven erstmals einer anfangs fast einhelligen Ablehnung gegenüber.

Austrag und Wirkung drängt, scheint es eher schon in Wiederholungen zu verschwenden. Der Zwiespalt zwischen Thema als Gestalt und dem Thematischen als dem Abgehandelten findet sich hier bis zum Äußersten zugespritzt: Dieser Satzbeginn präsentiert weniger eine auf Entfaltung drängende Substanz, als daß er sie bereits verarbeitet, befindet sich viel mehr schon im Prozeß, als daß er dessen Ausgangspositionen markierte, erscheint als Versuch, Thematisches zu exponieren ohne exponierenden Gestus, Thematisches zu geben ohne Thema. Diese Lösung erkennt, indem sie es negiert, das postulierende Thema als vor dem musikalischen Prozeß liegenden Außenposten. Indem die thematische Kantilene selbst als musikalischer Prozeß erscheint, wendet sie sich gegen das Vorgreifende im Thema als dem in nuce schon alles Enthaltenden, dem Zugleich von Arbeitshypothese und Resumé und gegen die ihm innewohnende Gefahr, als Prädestinationsdogma dem musikalischen Prozeß alle Freiheit und Spontaneität zu rauben, ihn zum Vollzug einer prästabilierten Ordnung zu entwerten. Die Diskrepanz zwischen dem Wesen dieser Kantilene und den Erfordernissen thematischer Setzung wird vollends offenbar, wo Beethoven beide zum Beginn der Coda (T. 347 ff.) in einem massiven akkordischen Satz zusammenbringt, durch sforzati besonders auf schwachen Taktteilen gewichtig verstärkt – ein Bild gewalttätiger Verfestigung, das wohl die Kontur der Melodie, sonst aber von ihr nichts mehr enthält. Der Versuch, die Gestalt der Kantilene zu packen, die flüchtig-bewegte zu fixieren, die offene zu schließen, erreicht nur die freilich große Eindringlichkeit einer Abweichung, Verfehlung wenn nicht Entfremdung: Was dem Thema hier genommen, erstattet umso reichlicher das sich anschließende erlösende und entspannende Ausfließen zurück, Erfüllung des im Thema liegenden Versprechens lyrischer Freiheit nun ohne dessen ganze Gestalt: Da zeigt sich in voller Deutlichkeit die in ihm liegende Latenz jeglicher Form und allen Verpflichtungen auf sie abhold. Nicht zufällig erscheinen Partien in Mahlers Vierter Sinfonie[18] als Weiterführung dieser Coda.

Äußerlich schon in Ähnlichkeiten der Melodik angezeigt,[19] wird in der Cellosonate *op. 69* die in den *opera 59* und *61* erkennbare Tendenzlinie weiter verfolgt. Die Einstimmigkeit ihres Beginns, in den Takten 13 ff. durch das Vieroktavenunisono des Klaviers bestätigt, betont die lineare Logik im Thema: Nachdem mit A und B (Bsp. 1) ein klassisches Vordersatz-Nachsatz-Verhältnis geschaffen ist, entfaltet sich das Weitere in forttreibend abwandelnden Wiederholungen des Nachsatzes, die Wendung C zunächst dessen Intervalle vergrößernd und am Ende den Abfall in B durch ein Aufwärts beantwortend, was die Tendenz von D vorbereitet, dessen Komplementarität zu C im Übrigen unübersehbar ist; danach, um eine Oktave erhöht wiederholt, strebt D weiter hinauf wie der Anfang zuvor hinab, wonach das Folgende auspendelt, während der zunächst melodisch fixierte Ton E ein harmonisches Gravitationsfeld bildet, in dem der offene, unentschiedene Schluß, da der melodische Impuls zur Ruhe ge-

---

18 1. Satz, T. 330 ff.
19 Nachweis hierzu in R. Kolischs erstaunlich wenig beachteter Arbeit *Tempo and Character in Beethoven's Music*, Musical Quarterly XXIX, 1943; auch bei H. Goldschmidt, a. a. O. 407/408.

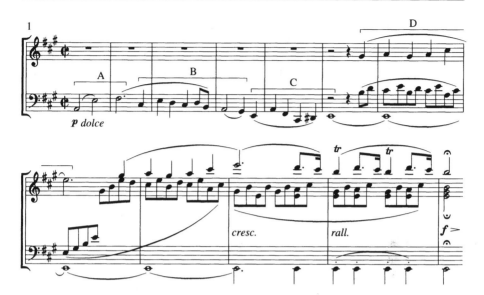

kommen ist, hängenbleibt. Anders als in dem ein fixes Modell strophenartig aneinandersetzenden Thema von *op. 59/I* und als die Fortbildung der skalischen Grundform in den Zwischensätzen usw. im Violinkonzert[20] ist hier die Motivvariation schon in der Konstruktion der thematischen Melodie selbst tätig und macht das produktive Wesen der Kantilene sichtbar, indem sie vom Gliede B an alles Weitere aus dem unmittelbar Vorangehenden entwickelt, alle Glieder also Derivate von B darstellen und auf dem Wege über dieses die immer weiter verlängerte Antwort auf die durch A gestellte Frage. Mit dem offenen Schluß im 12. Takt ist zugleich die Notwendigkeit einer neuen Tonika hergestellt und der mit dieser identische Wiederbeginn der Melodie als notwendige Ergänzung eines noch nicht Vollständigen ausgewiesen, ein Wiederbeginn freilich, der jenen Kreislauf wieder eröffnet, aus dessen Schließung er sich rechtfertigt. Der Fermate und ihrer Figuration zum Trotz versucht diese Notwendigkeit des Wiederbeginns dem Eindruck zu begegnen, die Wiederholung der thematischen Gestalt begänne ex nihilo; mindestens hält dem der Zwang zum tonikalen Fortgang die Waage. Die Wiederholung versucht zu verfestigen: Das breite Unisono des Klaviers beseitigt die Differenz der Tonlagen, aus der, da in T. 6 die Melodie auf dem tiefen E stillhielt, der Hinzutritt des Klaviers notwendig folgte, damit übrigens ein antwortendes Verhalten vorgebend, das die melodische Entwicklung nicht unbedingt fordert, weshalb nun in T. 16 als zweiter Partner das Cello zwei Takte früher einsteigt. Aus dem zuvor in der Tiefe grundierenden E sind auffällig im Klavier repetierende Oktaven geworden, aus dem Tonika-Dominant-Pendelschlag im Auslauf der Melodie massive Akkorde; das Ergebnis indes bleibt das gleiche.

Im Vergleich zum Folgenden, welches resolut in *a-Moll* ansetzend zu verarbeiten beginnt, erscheinen die bisherigen zweimal zwölf, anscheinend allein mit sich be-

20 hierzu H. Goldschmidt, a. a. O.

schäftigten Takte nun tatsächlich als sentenz- und mottohaft vorangestellter Vorspann, als noch außerhalb liegende Vorgabe, das *a-Moll* im Takt 25 hingegen als
Entschluß, aus dem verspielten Hin und Her der Melodie zwischen den Partnern,
aus vorzeitig zeitverschenkendem Kadenzieren etc. herauszukommen. Doch trägt
dieser Entschluß nicht weit, eben zwölf Takte, ein überleitendes Auspendeln schon
eingerechnet, welches in entspannte Achtelgänge und damit in den Bereich des
zweiten Themas führt.

In diesem sind drei Elemente des ersten fortgebildet: Die dort aszendente Quint
nun zum Rahmen eines Abstiegs, dem gewichtigen Dreischritt der Halben anhän-
gend der Nachsatz in Vierteln, und die dialogische Anlage entfaltet zu dreifacher
Imitation und einem kaum exakt lokalisierbaren Rollentausch. In der Frage, wo in
Takt 39 (Bsp. 2) der zuerst begleitende Achtelaufgang des Cellos die in Takt 40
errungene dominierende Rolle übernehme, versagt die übliche Unterscheidung
von Melodie und Begleitung. Beide Linien verflechten sich unauflöslich, sind aufeinander angewiesen, gerade, da sich das Schwergewicht vom Dreiklangsabstieg der
Halben zur Achtelfiguration hin verschiebt. Das dialogische Verhältnis der Partner,
im ersten Thema angelegt, wo beide sich nacheinander am gleichen Objekt betäti-
gen, ist hier in die musikalische Struktur eingegangen und zu einem irritierenden
Ineinander geworden, welches sich gegen rasche Erledigung durch das rezipierende
Ohr sperrt: Nicht nur bewirkt die Imitation der Einsätze eine Streckung zur Fünft-
aktperiode, verwehrt die immanente Mehrstimmigkeit die Fixierung des Ohres auf
nur eines der Elemente, auch ist das Ganze so sehr in den musikalischen Fluß einge-
woben, daß schon seinen Beginn zu fixieren schwerfällt. Zwar erscheint die Cello-
figur in Takt 37 als auf die neue Tonika *E* weisende Geste, mithin als leichter Takt,
modifiziert aber andererseits nur die thematische Dreiklangsbrechung der Halben.
Was so in der Schwebe gehalten ist, entscheidet erst die Wiederholung des Themas
T. 51 ff. zugunsten der Viertaktigkeit.

Daß wie nach dem ersten auch nach diesem zweiten Thema ein Forte-Triolen-
einsatz die Wendung zur Verarbeitung vollzieht (später zu Sechzehnteln gesteigert),
bestätigt eine neue, zur realisierenden Konzeption der Sonate querstehende Differenz zwischen Thema und Verarbeitung. Indem die thematische Kantabilität sich

der üblichen Arbeitsteilung widersetzt, da sie die exponierende Gebärde verschmäht und an die Stelle der Präsentation von Gegebenem, virtuell schon Fertigem einen Prozeß setzt, überträgt sie eine lyrische Haltung in einen der diskursiven Logik angenäherten Bereich, will sie einer begriffhaften Fixierung, einer vom Prozessualen abstrahierenden Vergegenständlichung eben dort entgegenwirken, wo diese dringend vonnöten sind. So stoßen im Felde der Sonate nun verschiedene Haltungen aufeinander; die kantablen Themen erscheinen qualitativ als anderes denn der mit ihnen nachher befaßte Prozeß, als Ruhepunkte, Idyllen, Episoden, als entlastende Aussparung inmitten angestrengter Logik, weshalb entspannte Ausläufe in Schlußgruppen, Coden etc. ihnen näherkommen als die verarbeitenden Partien. Die Forderung der Bezugnahme aufs Ganze, ursprünglich in der sprengenden, auf Verwirklichung drängenden Potenzialität des Sonatenthemas erfüllt, meldet sich, dort abgewiesen, nun beim Übergang in die Form umso nachdrücklicher zu Worte, als Bruch und Herausreißen aus einer der diskursiven Musik unangemessenen Haltung. Wohl kann es dem kantablen Thema gelingen, seinen eigenen Bezirk von den Implikationen der Form frei zu halten, befangen im lyrischen Vollzug das Bewußtsein seiner Partialität zu verdrängen, doch ist damit die Vermittlung ins Ganze nur hinausverlegt auf die Grenze zur Verarbeitung, die somit ungleich deutlicher in Erscheinung tritt. Jene Themen, die nicht von sich aus auf Austrag eigener Widersprüche drängen, müssen ihrem Fürsichsein gewaltsam entrissen werden, durch arbeitende, vorwärtsdrängende Triolen und die Molltrübung schon in *op. 31/II* sowie in *op. 69* und *op. 97*, durch das grell Signalhafte der Fortissimotakte 19/20 im ersten Satz von *op. 59/I* oder noch in *op. 110* durch rasche Zweiunddreißigstel-Figuration, sämtlich Demonstrationen und Folgen einer zuvor verweigerten Anpassung.

Soll das Ganze an diesen Widersprüchen nicht Schaden nehmen, so muß das, was im Bereich klingender Evidenz verlorengeht, woanders nachgetragen werden; schon die kontrastierende Ableitung[21] wies dazu die Richtung, sowohl in der Verknüpfung von Auseinanderliegendem als auch mit den Erfahrungen, das volle Inventar musikalischer Details von der eine Zuständigkeit definierenden Spielfigur bis zur autonomen thematischen Gestalt einheitlich zu prägen. Entsprechend der Abstandnahme von der dialektisch-dramatischen Veranstaltung verlagert sich das Schwergewicht in die unteren Bereiche der musikalischen Zuständlichkeit. Das Minus an dialektischer Zielstrebigkeit gleicht ein Plus der thematischen Bezüge und Varianten aus, ein Zuwachs zumal in früher peripheren, der perzeptiven Redundanz Raum gebenden Abschnitten, mit dem der Satz sich bei näherem Hinsehen tiefer und subtiler durchorganisiert erweist, als er erscheint. Insofern teilt sich auf Umwegen die Haltung des Themas der Form doch wieder mit, erscheint nicht durch den schockhaften Übergang in diese endgültig überwunden, sondern meldet sich immer wieder und bedarf immer neu der Korrektur: Im ersten Satz von *op. 59/I* wird nach dem grellen Signal der Takte 19/20 dieses Signal sogleich verarbeitet, wonach

21 vgl. A. Schmitz, *Beethovens »Zwei Prinzipe«. Ihre Bedeutung für Themen- und Satzbau*. Berlin/Bonn 1923.

der Satz nach *F-Dur*, zum entspannten Musizierton und zum Thema zurückfindet, nun in einem vom zweiten Takt des Themas ausgehenden neuen Motiv (T. 30 ff.), dessen Verlängerung die aufwärtsgehenden Viertel aus dem ersten Takt des Themas bilden. Diese tragen eine Steigerung, die ein neues Element vorbereitet: Triolengänge, im Verband zunächst abwärts gerichtet, versuchen nach einer *G*-Kadenz einstimmig aufwärtsgehend einen Neuanfang, eine Lösung aus dem Bannkreis des Themas, und führen, tatsächlich weitab von diesem, in eine harmonisch äußerst gespannte Partie über dem Orgelpunkt *G*, welche zumal mit der chromatisch abwärts durchschrittenen Quarte *c'/g* das zweite Thema vorbereitet. Dessen weich fließende Sekundbewegung erinnert an das erste, dessen Elemente, sogar eine Augmentation von dessen Quartaufgang (T. 71/72), sich an seiner Fortspinnung beteiligen. Beiden thematischen Bereichen gibt die Schlußgruppe Takt 91 ff. das tertium comparationis; durchweg und weit übertrifft der Gegensatz zu den die Belange des Ganzen, Fortspinnung, Vermittlung, Überleitung etc. vertretenden Abschnitten denjenigen innerhalb der Themen. Angesichts dieser Verlagerung stellt sich die Frage allenthalben neu, wie der musikalische Gedanke in ein Verhältnis zu einer Dimension, zu einem Raum gesetzt werden könne, der den unmittelbar von ihm beanspruchten um ein Vielfaches übertrifft, eine Frage, die in Beethovens thematischer Dialektik eine Beantwortung wohl erfahren hatte. Nun muß das Thema seinem Hang zum Beharren und Verweilen immer wieder entrissen werden: Schon jene Schlußgruppe (T. 91 ff.) epilogisiert ein wenig mehr, als ihrem Orte angemessen; in der Durchführung bedarf es nach einem gleichen Ruhe- und Endpunkt in *Des-Dur* (T. 168 ff.) in Takt 184 ff. als Anstoß von außen eines Kontrapunktes in stile antico,[22] um den Prozeß neu in Gang zu setzen, ein schroffer, ernüchternder Szenenwechsel, der die Gegensätze zwischen schwelgerisch in sich kreisendem Verweilen und aktivem Vorandrängen unbarmherzig verdeutlicht.

Nach der zitierten Aussage Czernys schon 1807 skizziert, gehört das erst 1814 uraufgeführte und 1816 veröffentlichte Trio *op. 97* unmittelbar zur Gruppe der kantablen Werke um 1806/1808, obwohl es nach Notizen im Autograph erst zwischen dem 3. und 26. März 1811 ausgearbeitet wurde. Auffallende Ähnlichkeiten verbinden das Hauptthema seines ersten Satzes mit dem des ersten Quartettes *op. 59*, auch mit dem des Schlußsatzes der Cellosonate *op. 69*, über das bei Beethoven häufig anzutreffende, in gleichen Vierteln strömende Melos hinausgehend in der in den schweren ersten und dritten Takten nahezu auftakthaft voranstrebenden Melodie, den leichten zweiten und vierten Takten als Ruhepunkten, womit die Linie sich aber gerade im Ausgleich widerstreitender Faktoren, auftaktigem Fortziehen auf der Schwere und, mit Zielpunkt auf dem metrischen Leicht, der metrischen Ordnung zuwiderhandelnd, charakteristisch kräftigt. Hierin erschöpfen sich die Gemeinsamkeiten nicht, muten die Themen (Bsp. 3) in manchen Details doch wie verschiedene Erscheinungsformen der gleichen melodischen Idee an, wofür auch spricht, daß sie

---

22 dies möglicherweise anknüpfend an eine motivisch wie strukturell ähnliche Partie in der Durchführung des Finales vom Streichquartett *op. 18/III*.

trotz unterschiedlicher Tempobezeichnungen und Tempi (*op. 59: Allegro* Viertel = 84; *op. 97: Allegro moderato* Viertel = 132; *op. 69: Allegro vivace* – mit Allabreve-Vorzeichnung – Halbe = 88) äußerst ähnlich in gleichmäßigen, motivisch indifferenten Achteln begleitet werden; überdies stimmen die Seitenthemen in *op. 69* und *97* in den paarigen Achtelrepetitionen und der melodischen Gruppierung ihres kleinschrittigen Ganges überein. In den Hauptthemen nun erscheint vieles interpo-

liert wenn nicht identisch: In *op. 97* ist der Themenkopf von *op. 69* nur geringfügig umgeformt; der charakteristische Quartabsprung zum zweiten Takt von *op. 97* erscheint auch in *op. 59*, dort jedoch erst nach dem Quartaufgang im ersten Takt, den *op. 97* im dritten Takt gibt, im vierten wie in *op. 59* eine ganze Note, deren Standort hier wie dort schon vorher durch zwei Viertel umkreist wurde, was in *op. 97* volltaktig, als Anstoß zu neuer Bewegung geschieht. Zumal also zwischen Quartett und Trio scheint eine Art Umverteilung der Elemente stattgefunden zu haben; die Fortspinnung in *op. 59* zeigt, wie bei stark veränderter Intervallstruktur und -richtung noch immer der melodische Habitus der gleiche bleibt, und beweist darüber hinaus, daß die Melodie von vornherein als veränderlich, nicht als Fixum begriffen wird; so gefährdet die Auszierung bei der Reprise in *op. 97* (T. 192 ff.) ihre Identität ebensowenig wie in Takt 91 ff. von *op. 59/I*, und schon im dritten Takt des Quartettes umspielt der Achtelgang ein einfacheres Modell (wie angedeutet), welches den ersten Takten von *op. 97* und *69* eine dritte Variante von Grundtonbezug und Terzenstruktur zur Seite stellt und überdies nahezu eine Vertauschung der Takte 1/2 bzw. 3/4 zwischen *op. 59* und *97* verrät. Der durch das Ornament verdeckte melodische Abgang von der Terz in den Grundton wird im Nebenthema (T. 60) nachgetragen. Völlig analog zu den umspielenden Achtelfigurationen im Quartett, bis in die Artikulation hinein, erscheint der Nachsatz im Thema von *op. 69*, fordert also gleicherweise zu einer (wie im Beispiel angedeutet) Vereinfachung zu einem zugrundeliegenden Melodieverlauf heraus, als welcher sich ein unmittelbares Nebeneinander der Elemente Quart- und Terzdurchschreitung im Abgang ergibt.

Im Gegensatz zu *op. 59/I* erscheint das Hauptthema in *op. 97* als vollgriffiger Klaviersatz, womit auch die Harmonie zur Mitarbeit genötigt ist; drei Takte lang festgehalten, kommt sie im vierten in Bewegung in der weichen, den Grundton festhaltenden Ausbiegung zur Subdominante, womit dem Pendelschlag die Richtung gewiesen ist, wie der folgende Takt zeigt: Sowohl melodisch wie harmonisch beginnt die zweite Viertaktperiode als Echo des Vorangegangenen, als Wiederholung des Pendelschlags B/ES wie der zuvor teilweise ausmelodisierten Tonfolge f"/ b"/g"; wie der fünfte an den vierten schließt der sechste Takt an den fünften an, als aufwärtsgerichteter Sekundgang, der siebente an den dritten, wenn auch ohne dessen beruhigte Gleichmäßigkeit, die arbeitende Kadenzstrebung durch Unterbrechungen, Triller und crescendo anzeigend. Dergestalt verrät der Fortgang der Melodie deutlich die schon bei *op. 69* beobachtete Methode einer linearen Logik, die das Kommende aus dem Eindruck des unmittelbar Erlebten zu entfalten bestrebt ist, nicht von außen und neu Kontraste hinzubringen will. Mit dem Abschluß in Takt acht ist eine paradoxe Situation erreicht: Das pulsierende Strömen der Bewegung drängt auf Fortgang, doch sind die melodischen Energien, die diesen tragen könnten, verbraucht – wieder demonstriert Beethoven deutlich das Fürsichsein der autonomen Melodie und benutzt dies zugleich zum präludierenden Vorstellen der Instrumente. Das überlang liegende *f'* des Cellos gesteht ein, daß der melodische Impuls weiter nicht trug, also ein neuer Anstoß zur Bewegung gesucht werden muß; deren Abwesenheit läßt gerade der liegende Ton stark fühlen, was sich nach dem Einsatz der Violine wiederholt, wo das Cello, möglichst rasch den Schlägen des Klaviers folgend, nach *e* weitergeht, so daß wiederum fünf Viertel lang nichts geschieht – dies Ganze ein Bild der Leere, belebt allein durch die Terzschleifen der Streicher, in dem sich allmählich das Streben zu einem Neubeginn meldet, sowohl in der chromatischen Folge f'–e'–es'–d' im Cello, unterstützt durch die Spitzentöne der Klavierschläge, als auch in deren kadenzierender Baßführung F–G–A–(B) und im Heraufarbeiten der Violine, am Schluß mit crescendo: So wird ein neuer Anfang erreicht. Abermals erklingt das Thema, in seiner Kantabilität gestärkt durch die Gegenmelodie des Cellos, doch wiederum erschöpfen sich seine Kräfte, diesmal verdeutlicht, bei weiterlaufenden Achteln und dem Zitieren des kadenzierenden Aufgangs im Klavier, durch die nach unten brechende Sext der Violine, als zweitaktiger Komplex dreimal wiederholt, dreimal in einem kraftlosen Hinab wiederklingend, wobei als einzig aktives Element der Auftakt des Klaviers nur immer den nächsten harmonischen Fall auslöst, der endlich in Es-Dur abgefangen und der Grundtonart wieder zugeführt werden kann, doch noch immer in schwacher Kadenz, was zur Befestigung in den folgenden Takten 29–32 nötigt. Wiederum sind es arbeitende Triolen, mit denen sich als Instanz des Ganzen die Modulationsgruppe meldet, welche die Melodie des ersten Thementaktes zur ostinaten Figur degradiert und in ihrem großen harmonischen Ausschlag mit dem Ziel, das weitab liegende G-Dur des zweiten Themas anzuvisieren, erstmals den Blick auf den weiten Horizont des Satzes richtet.

Vollends deutlich als Abstoßpunkt zu einer nicht unmittelbar von ihm geforderten Entwicklung zeigt sich das Thema in der Durchführung: Zunächst ist seinem Beginn eine neue Melodie angehängt (Takt 104 = 4. Takt nach *D*), welche zweimal vier Takte trägt, innerhalb deren die imitierenden Einsätze der zwei anderen Partner kontrapunktische Durcharbeitung mehr simulieren als tatsächlich betreiben, da die neue Melodie dominiert und in ihrer Begleitung die Figur des Themenkopfes sich leicht genug anbringen läßt. Darauf jedoch, das erste Viertel wegschneidend, versichert sich Beethoven der Expressivität des Schrittes von der Terz zum Subsemitonium und beginnt wiederum, nun von Es-Dur aus, eine Wanderung in Richtung D-Dur, indem er sich der neugefundenen Floskel in eng verschlungener Folge als Spielfigur bedient. Nichts Thematisches also im Sinne des vom Thema Verkörperten handelt er ab, sondern unterstellt etwas dort wie zufällig auch Vorhandenes weniger einer Entwicklung als der Notwendigkeit, einen Weg zurückzulegen, weshalb es sich bei Erreichung des Ziels auch verflüchtigt. Da das kantable Thema dem Prozeß den angemessenen Arbeitsgegenstand verweigert, befaßt er sich desto ausführlicher mit der Bewältigung der harmonischen Entfernungen zwischen den konsequenterweise weiter auseinanderliegenden Bereichen.

Dennoch war in jener Wanderung der Themenanfang wenigstens supponiert, denn danach erscheint der Nachsatz des Themas in originaler Form, somit voraussetzend, daß der Vordersatz vorausgegangen sei – dies einer der jähen Umbrüche dieser Durchführung, die sich, stationenweise die thematischen Details wechselnd, nun einen neuen Ausgangspunkt suchen muß, diesen Wechsel des Objekts aber nicht mit eigener entwickelnder Logik decken kann und will. Schon, indem er dies vorzeigt und bewußt wahrnimmt, wendet Beethoven es ins Produktive: Nachdem die Violine den Dreiklang ausfiguriert hat, klingt zwei Takte in Klavierrepetitionen reines D-Dur, wieder ein Bild von Leere und Nichtweiterwissen, in das mit frappierender Selbstverständlichkeit die Melodie des Cellos einfällt, als anhängender, auf Vorangegangenes bezogener Nachsatz einerseits das Vorangegangene in die Stellung des Vordersatzes erhebend, dem es als Verarbeitung des Kopfmotivs immerhin nahestand, andererseits aber als »heile« Melodie nach der Originalform fragend; darin erscheint sie wie ein Zitat, wie Erinnertes nur, das hier wie zufällig gefunden, neu entdeckt wird und deshalb stärker in seiner Individualität wirken kann als im Thema als »widerstrebendes« Prinzip. Dergestalt hat der überraschende Fund die pralle Unmittelbarkeit eines objet trouvé, dankt diese eben der Abwesenheit einer zwingenden Entwicklung, die vorausschauend und notwendig hierhin führte. Doch wie gefunden, so verworfen: Für Arbeit im hier geforderten Sinne ist auch dies Detail nicht tauglich; so kommt das Zitat über das Motiv des fünften Thementaktes nicht hinaus, bleibt das Cello nach dessen Wiederholung auf h einfach hängen, wie beinahe auch die Geige (auf e"), fände nicht das Klavier einen neuen Anfang, indem es die Tonfolge g'''/e''' der Violine fortbildet zu g"/f" und zu einer Akkordbrechung – wieder ein schroffer Umschlag in die nüchterne Arbeitswelt der Durchführung mit Verdünnung des Satzes, trockenen pizzicati und klanglicher Abstinenz. Gerade die konzertierend dialogisierende Lockerheit, in der sich Beethoven an der Unangemessenheit von Melodie und Form inspiriert, verrät solches Neufinden, die Wiederherstellung des Themas und seiner Unmittelbarkeit im unerwartet Plötzlichen seines Erscheinens als wichtige Intention solcher Sätze, die in den lyrisch entfalteten Themen kaum Unerschlossenes zu erschließen, Unentwickeltes zu entwickeln finden.

Wenn dergestalt der Widerspruch zwischen der sich selbst genügenden lyrisch-kantablen Einzelheit und eines nur durch deren Subsumption realisierten Ganzen immer neu zur Schlichtung ansteht und die Spannweite der Gegensätze und die Risiken von deren Bewältigung wachsen, richtet sich der Blick auf andere Formen der Sicherung des Ganzen.

So finden sich, ebenso auffällig wie notwendig, thematische Korrespondenzen zwischen mehreren Sätzen vornehmlich in Werken lyrisch-kantablen Charakters, solchen also, in denen zumal in ersten Sätzen die Autonomie des einzelnen Satzes nicht genug gefestigt scheint, um nicht der Stützung durch die Gesamtkonstellation der Sätze zu bedürfen. Gewiß gibt es auch anderwärts motivische und thematische Bezüge über Satzgrenzen hinweg in mannigfacher Art, mit motivischen Einzelheiten wie im Streichtrio *op. 9/III* oder in der Siebenten Sinfonie,[23] in allgemeineren Dispositionen wie in der Fünften und Neunten Sinfonie.[24] Dringlicher erscheinen sie jedoch dort, wo die Diskrepanz von Thema und Form einen Satz als Ganzheit zu schließen verwehrt, von *op. 28*[25] (vgl. oben) bis zu *op. 110*, wo so unterschiedliche Gebilde wie das kantable erste Thema des ersten Satzes, das Fugenthema des letzten, doch auch der Abschluß des dort vorangehenden *Arioso dolente* etc. untereinander innig korrespondieren.[26]

So auch in *op. 97*: Die oben zusammengestellte Themengruppe aus *op. 59, 69* und *97* müßte vervollständigt werden um das Finalthema von *op. 59/I*, die aus der Sammlung von Lwow/Pratsch übernommene Liedmelodie.[27] Gleich dem vereinfachten Nachsatz aus *op. 69*, stehen in umgekehrter Richtung hier (Bsp. 4) die zwei wichtigsten Elemente der Familie nebeneinander, die Quartdurchschreitung und

4

sempre p

---

23 Zu *op. 9/III.* vgl. E. Platen, *Beethovens Streichtrio op. 9 Nr. 2*, in: *Colloquium Amicorum, J. Schmidt-Görg zum 70. Geburtstag,* Bonn 1967; zur 7. Sinfonie vgl. A Knab, *Denken und Tun,* Berlin 1959, 27 ff. Daß die *»Faktoren der Einheit in der Mehrsätzigkeit der Werke Beethovens«* (vgl. die gleichnamige Veröffentlichung von L. Misch, Bonn/München 1950), trotz verschiedener Versuche und Anläufe noch immer als terra incognita erscheinen, rührt nicht zuletzt von Verengungen und Betrachtung sowohl in bezug auf die Semantik der Musik als auch in der Konzentration oft auf jeweils nur ein Werk her, die dessen ästhetische Autonomie mißverstehend zugleich für dessen problematische nimmt; vgl. a. D. Cooke, *In Defence of Functional Analysis,* in: Musical Times, Sept. 1959, 456 ff.

24 hierzu R. Réti, *The Thematic Process in Music,* New York 1947.

25 hierzu R. Réti, a. a. O.

26 hierzu A. Knab, a. a. O. 46 ff., und, ohne dessen Kenntnis, M. Katz, *Über Beethovens Klaviersonate op. 110,* in: Mf XXII/1969, 401 ff., und E. Voss, *Zu Beethovens Klaviersonate As-Dur op. 110,* in: Mf XXIII/1970, 256 ff. Zur gedanklichen und thematischen Einheit im Violinkonzert vgl. H. Goldschmidt, a. a. O.

27 *Lwow/Pratsch, Sobranije narodnich russkich pesen s ich golosami,* Petersburg 1790, NA Moskau 1960, vgl. hierzu auch W. Salmen, *Zur Gestaltung der »Thèmes russes« in Beethovens op. 59,* in: *Festschrift für Walter Wiora,* Kassel usw. 1967, 397 ff.

die Wahrnehmung der Terz, welche im ersten Satz von *op. 59/I* sowohl im unver-
zierten Takt 3 als auch im zweiten Thema erscheint, wie mittelbar auch in der wichtigen Rolle der komplementären Sext, erstmalig im dritten Takt des Themas, dann
in dem unmittelbar ans Thema anschließenden Abschnitt Takt 19 ff. als Signal entdeckt und unablässig herausgestellt, interessanterweise bei der Wiederholung fast
durchweg in Terzen verwandelt.

Wiewohl deutlich genug exponiert, eignet der »Terzigkeit« im ersten Satz von
op. 97 doch eine gewisse Latenz, im auftaktigen Neuansatz auf der Terz am Ende des
zweiten, im Herunterschlagen auf die Terz der Subdominant zum vierten und fünften Takt, beide Male mit dem Terzfall, den es schon im zweiten Takt gab; endlich
setzt der kadenzierende Anstieg in Takt 6 auf der Terz der Dominante an, bildet die
einzige faßbare Gestalt in den folgenden Takten, den melodischen Schleifer der
Streicher, einen Terzabstieg, schlägt nach dem zweiten Erklingen des Themas in der
Violine als Sext jeweils in die Terz der Tonart (Takt 21 *as* zu *f-Moll*, Takt 23 *ges* zu *es-
Moll*, Takt 25 *fes* von der plagalen Funktion umgedeutet zum abwärtsstrebenden
Leitton), während in den Takten 30/31/32 nicht zuletzt durch Wiederholung durch
alle Instrumente der abwärtsgehende Terzgang d–c–b die Wichtigkeit eines kadenzierenden Abschlusses bekommt. Dennoch bleibt bisher eine gewisse Latenz inso-
fern beobachtet, als die Terz zwar als wichtiges idiomatisches Detail, nicht jedoch in

motivischer Verselbständigung wahrgenommen ist. Diesen Schritt tut das zweite
Thema (Bsp. 5), wo Terz und Sext die strukturierenden Intervalle bilden, überdies in
Gruppierung und Gegenführung ausdrücklich bestätigt. Dem Wege zur Evidenz
dient das aus dem ersten Thema scheinbar willkürlich herausgeschnittene Motiv

Takt 116 (vgl. oben), indem es in enger Folge als Ansatzton unablässig die Terz herausstellt, und auch jener vom Cello neugefundene Nachsatz, da er auf der Terz hängenbleibt, in der Wiederholung mit dem Nachdruck wehmütig vergeblichen Rufens. Aus dem zweiten Thema übernimmt das Thema des Scherzos (Bsp. 6) jene Details, in denen sich die Terz als struktives Moment erwies, die Wiederholungen der Terztöne, die gruppierende Zweiteilung des Dreiklangs und die Umkehrung. Die letztere gilt auch für den Quartaufgang als der zweiten Übernahme aus dem ersten Satz, die nun mit dem Terzmotiv direkter verbunden ist als je vordem. Der Gesang des Andante cantabile (Bsp. 7) lebt von den expressiven Möglichkeiten des Nebeneinanders von Ab und Auf im Terzraum und gibt dem Aufstieg zur Dominantterz cis als dem Zielpunkt der melodischen Entfaltung durch die plagale Öffnung alle nur mögliche Leuchtkraft.

7

Die ausdrucksgesättigte Schönheit dieser Melodie, die den Satz beinahe zum Zentrum des Werkes macht, ist nicht abzulösen von der Vertiefung und insistierenden Versenkung in nur dies eine Detail, den Terzdurchgang, übrigens wieder fast ausschließlich in Sekundfortschreitungen, keineswegs »freie Schönheit« also, sondern aus äußerster Konzentration auf ein Bauprinzip hervorgehende. Das Finalthema (Bsp. 8) wiederum greift auf das paarig gruppierende Nebeneinander der Terzdurchgänge vom Scherzo zurück, freilich von vornherein auf der Terz ansetzend, weshalb der Beginn der zweiten Gruppe um einen Ton hinaufgeschoben wird auf eben die Subdominantterz *g*, welche im Thema des ersten Satzes so auffällig hervortrat. Die damit offenbare Tendenz zur Subdominant war schon anfangs in der Verunsicherung der Tonika *B* durch *as* angemeldet.

8

Unabhängig von der Artung der einzelnen Sätze stellt die thematische Disposition in ihrer übergeordneten Ebene ein Moment von Vereinheitlichung dar und in dieser eine eigene Tendenzlinie mit Höhepunkt im Andante cantabile – dies nicht zufällig, da allein langsames Tempo das in der Einzelheit Beschlossene voll zu entdecken und zu wiegen vermag. Insofern verbinden sich erfüllte Kantabilität und ein die Ganzheit des Werkes sichernder Bezug auf neue Weise, ist dem Ganzen Einiges von dem zurückerstattet, was das Fürsichsein der lyrischen Einzelheit ihm verweigerte, freilich in einer Ebene, die nur im Fernblick erfaßbar ist, in der die zeitliche Entfernung der aufeinander bezogenen Stationen der Entfernung von jeder Möglichkeit unmittelbarer musikalischer Objektivierung des Bezuges entspricht. Die

Themen der Sätze bilden zwei ineinander verschränkte Paare als die beiden durch beruhigte Kantabilität und die beiden durch energisches Vorandrängen gekennzeichneten; in der Realisierung des Verbindenden erscheint das erste Thema zunächst als freier, spontaner Entwurf, dessen beziehungsfähige Latenzen im Verlaufe des Satzes ans Licht kommen, deren sich das Scherzothema, als voll definierten, fast ausschließlich bedient, womit die thematische Erfindung bereits weitgehend den Verbindlichkeiten dieses Zusammenhanges folgt; noch mehr aber scheint sie dies in der Beschränkung auf nur eine dieser Verbindlichkeiten, auf den Terzgang, im Andante cantabile zu tun, erreicht freilich in der durch solche Beschränkung geforderten Vertiefung einen Umschlag in höchst individuelle Gestaltqualität, in dieser wohl ein Pendant zum ersten Thema, in der Konzentration freilich ein Gegenpol zu ihm. Die größere Ausschließlichkeit des Motivischen bei dem im Werkinneren stehenden Thema gilt auch für das zweite Themenpaar, ist doch in ihr das Scherzothema dem des Finales, dieses mit freiem Nachsatz, überlegen, während dieses schon wieder einer freien Erfindung zugewandt erscheint. Wie um diese im Andantethema gipfelnde Kurve voll stimmig zu machen, haftet im Finale die Terzigkeit allein am Thema, bewegt sich also der Satz von ihr weg, wie sich entsprechend der erste auf sie zu bewegte.

Jene Latenz der bezüglichen Details, bei der das Werk sowohl einsetzt wie endet, eignet freilich diesen Korrespondenzen im Ganzen insofern, als sie nicht eigentlich den Gegenstand der musikalischen Auseinandersetzung bilden, sich nicht in deren unmittelbarem Eindruck niederschlagen können. Was an Unmittelbarkeit für die lyrische Einzelheit gewonnen wird, wird bezahlt durch Hinausverlegung der Bezugsebene in noch höhere Abstraktheit, womit der Versuch, der Dialektik von Unmittelbarkeit und Vermittlung zu entkommen, nur tiefer in sie hineinführt und deren Schisma insofern vertieft, als dem unmittelbar Klingenden mehr Unmittelbarkeit, dem vermittelnd Verknüpfenden mehr Vermittlung zufällt, ein Rückzug also aus dem spezifischen Ausgleich beider, welcher in der Sonatenform hergestellt war.

Die Auseinandersetzung mit diesem Schisma mußte mit wachsender Entfernung von der realisierenden Dialektik der Sonate zunehmend individueller, konkreter an den Möglichkeiten des Materials orientiert sein, weshalb Erfahrungen aus früheren Werken schwer einzubringen waren; entsprechend vergrößerten sich die Schnelligkeit des Fortschreitens und das Quantum an Neuem, zumal in kammermusikalischen Werken, mit wachsender Entfernung von aller Normative. Je eigenwilliger die Autonomie der thematischen Erfindung auftritt, desto größer die Anforderungen an ihre Verkettung mit der Form.

Das Klaviertrio *op. 70/I* beginnt mit einem in hämmernden Achteln vorgetragenen Unisono, das fünfmal jeweils höher ansetzend eine abwärtsgehende Viertonfolge wiederholt und endlich auf das tonartfremde *f* hinzielt, eine Verirrung, aus der, die Leuchtkraft eines mediantischen Überganges benutzend, eine weiche Cellokantilene die Musik erlöst, weich zurückgleitend in die Grundtonart D-Dur, in der sich bald der Zwiegesang der beiden Streicher, später vom Klavier sekundiert, entfaltet. Der gesamte Verlauf erstrebt fugenlose Kontinuität. Bis zum Wiederholungszeichen

reicht ein in sich geschlossener Entwicklungsbogen, zweimal vom D-Dur-Ansatz
der Melodie ausgehend, beim zweiten Mal über eine Beschleunigung (im F-Be-
reich) auf einen dynamischen Höhepunkt in E-Dur hinzielend, der zumal mit der
nachdrücklich festgehaltenen Tonart als Gegenpol zum Beginn erscheint, wiewohl
ohne neue Motivik und nur Ankündigung des zweiten Themas,[28] welches dennoch
in seinem Schatten steht: Dessen kadenzierender Rhythmus, ohne einen eigenen
Bereich schaffen zu können, eröffnet bereits den Abbau der Entwicklung, welche,
selten genug in Beethovenscher Kammermusik, in einem ppp endet. Erst die Durchführung erinnert sich der eröffnenden Floskel, die im E-Dur-Höhepunkt lediglich
anklang und beinahe von der eigenwilligen Entwicklung verdrängt schien, die sie in
Gang setzte. Ihre Rolle gerade am Beginn und in der Durchführung bestätigt sie als
anstoßgebende, wiewohl der melodischen Entwicklung gegenüber periphere Funktion und als das Minimum von auslösendem Kontrast, dessen die selbstherrliche
Kantabilität nicht entraten kann.

Doch haben beide Details, anfangs als schroffer Gegensatz exponiert, das Geheimnis ihrer Identität zu hüten: Eins ist die Umkehrung des anderen (Bsp. 9). Im
Unterschied zu den kontrastierenden Ableitungen dialektisch gespannter Sonaten-

sätze arbeitet Beethoven keineswegs auf deren Enthüllung und Nachweis hin: An
keiner Stelle im Satz dürfen die beiden Elemente in der im Beispiel angedeuteten
Art ihre linear komplementäre Identität vorzeigen, was umso näher liegen sollte, als
die Umkehrung des einen zugleich zum Kontrapunkt des anderen taugt. Doch
bleibt jedes der beiden in seine Bewegungsform gesperrt, was ihre Kombination
hindert, mit der bezeichnenden Ausnahme der Beschleunigung der harmonisch
weitab liegenden, ganz als fortdrängende Entwicklung bestimmten Takte 27 ff.,
welche überdies in der Reprise ausfallen. Ihre Identität trägt eben genug, um sie
über das anfangs gegebene Zugleich von Kontrast und kausaler Verkettung hinaus
als Glieder eines Ganzen aneinander und damit dies Ganze selbst zu binden.

Bei solcher nicht aufgehobener und eingestandener Doppelbödigkeit nun beginnen Wesen und Erscheinung der Musik auseinanderzutreten; es ist eine von vornherein höchst vermittelte Naivität, in die sich die Kantabilität vor den determinie-
renden Zwängen des Sonatenschemas flüchtet. Die Musik appelliert wenig an die
verknüpfenden Instanzen, hält das Ohr bei ihrer klingenden Unmittelbarkeit, doch
sind hinterrücks Fäden gesponnen. Anstatt hierauf zu weisen, sucht sie diese, im

---

28 dessen Problematik schon E. T. A. Hoffmann in seiner ausführlichen Rezension behandelte, vgl.
    Musikalische Novellen und Aufsätze, GA Bd. II, Regensburg o. J., 47; sehr eingehend betrachtet den
    Satz überdies A. Halm, *Beethoven*, Berlin 1927, 142 ff. und 161 ff.

Singen befangen, zu vergessen, soweit die stehengebliebenen Zäsuren ihrer Form-abschnitte dies zulassen, verbirgt die eine, kompliziertere Seite ihres Wesens, indem sie den klassisch offenen Durchblick auf ihre zweite Existenz verstellt, dem Hören-den volle Teilhabe an ihren Vermittlungen verwehrt, sie ihm nicht zumutet oder zutraut. Mithin ist eine Art von Latenz gesetzt, die sich nicht realisieren kann und will. Im Unterschied zu zahlreichen unter der Wahrnehmungsschwelle bleibenden Bezügen jeglicher Musik, die, wie noch die schwer dechiffrierbaren thematischen Prozesse in *op. 67, op. 97* oder *op. 125*, in der Tiefe jener Perspektive liegen, die die klingende Musik öffnet, liegen derlei versperrte Vermittlungen in einer anderen Perspektive als der im Vordergrund anvisierten, nicht in deren geradliniger Verlän-gerung, sondern in einer der lyrischen Spontaneität des Vordergrundes fremden. Die historische Entwicklung wird das, über Brahms führend, in der für Schönberg notwendig gewordenen Unterscheidung von »Was es ist« und »Wie es gemacht ist« zutage bringen, die die Konzeption der Sonatendialektik als voller Realisierung und Evidenz eines eingangs Gesetzten aufgibt. Die fausse naiveté eines vorgespie-gelten sacrificium intellectus, Ausdruck gesellschaftlicher Entfremdung und Verein-samung eines Künstlers, der seine Kunst anhält, sich anders zu geben als sie ist, erscheint im ersten Satz von *op. 70/I* ahnungs- und andeutungsweise antizipiert, und darin auch die romantische Tragödie, daß, wo die Individualität vor der Ausein-andersetzung mit einer wie ihr scheint entfremdenden Beugung unter die Gesetze eines Ganzen flieht, sie einer umfassenderen Entfremdung leicht in die Arme läuft. Schon in den Auseinandersetzungen der Weimarer Klassiker mit der Frühromantik klingt das Problem an, bevor Heine es 1834 scharf formulierte.[29] Beethoven hat das vexatorische Spiel der Verhüllung nicht weiter getrieben, die volle problematische Tiefe seiner Musik, und sei es in Brüchen, wieder geöffnet. Daß zu verbergen Auf-trag der künstlerischen Produktion sein könne, mochte er schwerlich anerkennen. Über den subtilen Beziehungsreichtum von *op. 70/I* ging er wohl hinaus, nie je-doch über dessen dort versuchte Verdeckung.[30]

Der Versuch der thematisch-dialektischen Abhandlung, in der Kantabilisierung des Sonatenthemas etwas den ihr eigenen Mechanismen tendenziell Fremdes ein-zuholen, endet bei der Erkenntnis, daß sich der Konflikt zwischen der ersten, un-mittelbaren Existenz der Musik und ihrer zweiten, vermittelten, nicht schlichten läßt, sie sich überhaupt erst in ihm als der Dialektik verschiedener semantischer Ebenen realisiert, er sich also bestenfalls verlegen läßt. Beethoven hatte gegen das Rollenspiel der entfalteten Form keinen Fetisch von Naivität, Einfalt oder Ur-sprünglichkeit zu verteidigen. Jene Selbstverständigung, die seine Werke darstellen, definierte das Gegenüber von Unmittelbarkeit und Vermittlung ohnehin neu, aber

---

29 *Geschichte der romantischen Schule in Deutschland.*

30 Ähnlich kombinierbar, das eine als Kontrapunkt des anderen, sind die beiden Themen im zweiten Satz des Streichquartettes *op. 95*, obwohl nie so auftretend. Sie vertreten hier zwei prinzipiell un-terschiedliche Satzweisen, eine stimmig belebte homophone und eine fugische. Angesichts des in diesem *Allegretto ma non troppo* entfalteten Bildes einander ergänzender Gegensätze erscheint die Zusammengehörigkeit der Themen nicht in einem Maße wie in *op. 70* als versteckter Schlüssel.

außerhalb einer wenig später geläufigen Polarisierung, die das »sunder warumbe« lallender Einfalt, lyrischer Unmittelbarkeit als verlorene Heimat vom Sündenfall des reflektierenden und eingreifenden Bewußtseins schlecht ideologisierend abhob. Dennoch kritisiert die Abweichung im Verhältnis von Thema und Form deren Synthese; die Realisierung des einen im anderen erscheint gestört – eine Analogie zur Verengung des gesellschaftlichen Horizontes und zur Entfernung vom revolutionären Einklang der Interessen des Einzelnen und der Gesellschaft. In allen zitierten Werken wird, wie sehr auch auf verschiedene Weise, eine Alternative als zur Entscheidung anstehend gestaltet: Weder will die Kantilene von der Unmittelbarkeit ihrer selbst, vom lyrischen Fürsichsein lassen, noch die Form darauf verzichten, sich dialektisch abhandelnd zu rechtfertigen. Die Weichen scheinen noch gleicherweise gestellt für eine Konversion zur Selbstbeschränkung in klassizistischer Schönheit, die sich in sich selbst ergeht und nach Verpflichtungen nicht fragt, wie für hartnäckiges Festhalten dieser Verpflichtungen aufs Ganze als des kategorischen Imperativs, in dem Ethik und Ästhetik identisch werden, mit Verzicht auf sprengende, autonome Lyrismen. Dies zweite, mit allen Risiken jakobinischer Vereinsamung, da die bürgerliche Gesellschaft sich im verengten Horizont einrichtete und auch das Kunstschöne mit schonend reduziertem Wahrheitsgehalt leichter zu haben war, blieb dennoch die Wahl Beethovens. Die Kantabilität der Spätwerke ist eine andere; die Spannweite und Erfahrungen jener um 1806/1808 erblickten Alternative sind insofern in sie eingegangen, als sie wieder vor der vollen perspektivischen Tiefe des Ganzen steht, durchtränkt von dessen Bezügen, unnaiv sowohl ohne die starrsinnige Abgrenzung zur Verarbeitung als auch ohne das unbekümmerte Ausleben ihrer selbst, ohne jenen Selbstlauf des lyrischen Gebildes, der es, am Ende fixierend und schließend, zu isolieren droht.

Freilich – mag im Negativ das Bild noch so sehr aufgehoben und gerade im Abdruck ein konkreter Wahrheitsgehalt reflektiert sein, so stimmt das Passivische eines solchen ästhetischen Verhaltens doch keineswegs mit der offensiven, aktivischen Grundstimmung in Beethovens Kunst überein, auch, wenn man in der Bewältigung dieses Reflexes und Abdrucks das Hauptfeld künstlerischer Aktivität sieht. Da die Analyse in derlei Werken mehr Differenzen, mehr disparate Unangemessenheit zwischen Thema und Form etc. feststellt, als sich beim Hören mitteilt, müssen in ihnen Momente der Ganzheit und Vereinheitlichung tätig sein, die im Regelkreis Thema – musikalische Form keinen Platz finden, was zugleich aber heißt: in denen der konzeptionelle Anspruch wieder den Rahmen des von der Sonate« bzw. in deren Spielfeld musikalisch-strukturell Realisierbaren überschreitet. Aufklärerischen Geistes war die Sonatenform nicht zuletzt darin, daß sie technologische, formale, inhaltliche (oder auch: syntaktische, semantische, sigmatische, ja selbst pragmatische) Momente in einer Weise und bis zur Ununterscheidbarkeit näherte, daß eins am anderen durchsichtig, ein Einblick in den Produktionsprozeß möglich, dieser Prozeß selbst mit seinem Produkt hochgradig deckungsgleich erschien, eine Klassizität der transparenten Form, deren Humanität darin besteht, daß sie die Karten aufdeckt, in der aktiven Mitarbeit des Hörers diesen selbst fordert und einbezieht[31] und nichts im Verborgenen halten, kein Fabrikationsgeheimnis hüten will. Das freilich setzt eine Angemessenheit, setzt Konzeptionen und Themenstellungen voraus, die sich mit den Mitteln ihres Regelkreises realisieren lassen, in denen jeglicher semantischen Einheit eine syntaktische, im Sinne des Systems fungible entspricht. Mit dem, freilich hypothetischen, Idealfall einer vollkommenen Entsprechung wären zum Beispiel die Brüche der Durchführung in *op.* 97 unvereinbar, wo in Erinnerung oder Erwartung die Suggestivität der thematischen Gestalt über Klüfte hinwegträgt, die die musikalische Syntax nicht schließen kann, diese eher Fenstern ähnelt, durch die aufs Thema überraschend neues Licht fällt. Daß vom Ganzen einer musikalischen Form alles in dessen Thema Gesetzte eingelöst werde und kein Rest bleibe, erscheint als Idealforderung und falsche Verabsolutierung des Begriffs Realisierung, die die in diesem tätige Dialektik von Intention und Material und darüber hinaus übersieht, daß Latenzen erst in dieser Realisierung greifbar und definierbar werden. Gleichwohl hatte die Musik erst als Sonate sich voll zueignen, übersetzen und in sich abbilden können, was vordem bestenfalls assoziativ, sei es im Text oder wie immer nachahmend, mit ihr affiziert war, und erschien darin so gut neuer Intentionen und deren Realisierung mächtig wie zugleich vor neue Aufgaben gestellt. Der Totalitätsanspruch, der der Vermehrung und qualitativen Neuheit des in der Sonate musikalisch Objektivierten innewohnt, nicht zuletzt eine der realisierenden Kräfte des Ganzen, brach sich beispielsweise innerhalb ihrer selbst am Zwiespalt zwischen Thema als Abgehandeltem und als Gestalt: In einer thematischen Prägung ist neben dem Abstractum unerschlossener Latenz ein anderer, zweiter Teil der zumeist in kleineren, motivhaften Details ruhenden formbildenden Tendenzen bereits ans Ziel gelangt, hat sich dargestellt und verwirklicht in einer Weise, die nicht diejenige des entwickelnden, verarbeitenden oder entfaltenden Ganzen, im engeren Sinne von dessen Durchführung ist. Diese Prägung freilich wird als formulierte Thesis von eben jenem Ganzen gefordert, gegen dessen Formen der Erschließung sie sich in der ihr eigenen Weise und Synthese verhärtet. Gerade die frisch gekräftigte Verbalität der musikalischen Syntax bedarf des Substantivs. So bricht sich gemeinhin die Abhandlung einzelne Bausteine aus dem gestalthaften Ganzen des Themas, ein Motiv, so scheint dem realisierenden Anspruch am vollständigsten Genüge getan, wo der autonome Gestaltwert des Themas von vornherein hinter seiner motivhaft treibenden Potenzialität zurücksteht. In der Differenz zwischen Gestalt und Disponibilität zur Verarbeitung, zugleich der Differenz zwischen zusammenschießender Substanz und stationenweise auseinanderlegender Methodik der Form, ist mithin von vornherein angelegt, daß das Thema den Horizont des in der Dimensionierung Entwickelten überrage, eigene Statur gewinne und in ihr Eigenes sage, wie denn auch selten eine Durchführung aus sich heraus das Thema in der Reprise

---

31 *»Die Einheit der Form und die Einheit des Sinns, beides Merkmale der Klassik, beruhen auf einer zusammen-fassenden Kraft beim Hörer.«* H. Besseler, *Das musikalische Hören der Neuzeit,* Berichte über die Verhandlungen der Sächsischen Akademie der Wissenschaften zu Leipzig, Philologisch-historische Klasse, Bd. 104, Heft 6, Berlin 1959, 60.

wiedergewinnt und als Ergebnis oder endgültig Bewiesenes präsentiert. Hier zuallerst bleibt ein Stück Fügung merkbar, zeigen sich mithin Grenzen des realisierenden Anspruchs der Sonate: Das Thema selbst, als Postulat gesetzt, kann von ihr kaum je beweisführend ganz eingeholt und integriert werden. Frühestens hier kommen heteronome Momente ins Spiel, in Bedeutungen des Themas, die an dessen Gestalt und nur an dieser haften, und nicht wie diese motivisch teilbar und also zerlegt dem Prozeß zur Verfügung stehen.

Dergestalt erscheint die Unangemessenheit kantabler Themen eher quantitativ denn qualitativ neu, erscheint in ihr eine Problematik bis ins Konflikthafte gesteigert, die ohnehin in der Sonate angelegt war. Dies umso stärker, desto mehr die im Thema gefangene Sinn- und Bedeutungsfülle anwächst, wie u. a. anhand der Substanzgemeinschaft von Themen des Violinkonzerts, der Vierten Sinfonie und des *Fidelio*[32] ersichtlich. Hier ähneln und nähern sich Themen mit gemäß ihrer Position sehr unterschiedlichen Aufgabenstellungen, Entwicklung verursachend und treibend, Entfaltungen fordernd im sonatenhaft gebauten ersten Satz, aus der Fülle und dem Gewicht in sich ruhender und stimmiger Gestalt einen Satz tragend im Andante oder Adagio. Da im Thema das Entscheidende schon geformt und realisiert ist und wenig sprengende Unruhe zu stillen bleibt, gewinnt es eine Suggestivität und Tragkraft, gegen welche die motivische Verarbeitung schwer ankommt, der gegenüber die realisierende Geschäftigkeit geradehin als überflüssige Betulichkeit zu erscheinen in Gefahr steht, da sie kaum noch etwas herauszuschaffen und zu erschließen findet. Darüber hinaus unterscheidet sich ohnehin das von einer gestalthaften Prägung Bedeutete grundsätzlich von dem in einer Verarbeitung, Durchführung o. ä. herausgestellten Sinn, bleibt weitgehend unabhängig von der Zeitdimension der Musik und deren Struktur: Hier werden die Themen zu denjenigen Stellen, da die Musik sich Assoziationen und Symbolen öffnet, nicht aber schon Programmen im späteren Verständnis, unterscheiden sich im Hinblick auf die musikalische Struktur Symbol und Programm doch gerade darin, daß das letztere den gesamten Verlauf für sich zu beschlagnahmen sucht, das Symbol hingegen an der einzelnen gestalthaften Prägung haftet und dem Verlauf weitestgehend seine musikalische Autonomie beläßt, die ihm nicht schaden, eher es mittelbar vertiefen kann.[33] Eben jene Mittelbarkeit des Symbols läßt den von Schindler überlieferten Bezug des B-Dur-Trios zur Thematik »Held«[34] noch immer als Chiffre und ungelöstes Rätsel erscheinen. Eine spezifische Steigerung und Vertiefung erfährt die Sinnfülle einer in sich stimmigen lyrischen Kantilene, wo diese in eine Konstellation oder gar einen Vorgang gestellt ist: So leicht es fällt, den Gesang des ersten oder zweiten Themas im Violinkonzert abstrahierend vom Untergrund des Vierschlags wegzudenken, so wenig verhilft das zu besserer Definition des Thematischen, begegnen die Themen doch im-

32　hierzu H. Goldschmidt, a. a. O.
33　vgl. z. B. die Deutung des zweiten Satzes der Pastoralsinfonie bei J. Ujfalussy, *Dramatischer Bau und Philosophie in Beethovens VI. Sinfonie,* in: *Bence Szabolcsi Septuagenario,* Budapest 1969.
34　vgl., auf Schindler fußend, W. v. Lenz, *Beethoven, Eine Kunststudie,* Bd. 4, Hamburg 1860, 290 ff.

mer in dieser Konstellation, welche mithin selbst thematisch erscheint als ein Miteinander, in dem simultan zusammengezogen ist, was in der Sukzession der Themen an Kontrast fehlt, nicht zu reden von dem besonderen Relief und der besonderen Aura, die der Gesang vor dem andersartigen Hintergrund gewinnt, ähnlich wiederum dem Adagio der Vierten Sinfonie.[35] Nicht nur, wogegen der Gesang sich stellt, definiert der Vierschlag im Violinkonzert, sondern auch, woher er kommt, was ihn auslöst,[36] er erklärt, hüllt ein, schirmt die Melodie gegen eine bare Positivität der Thesis ab, die sie im Normalsinne als Thema verfügbar machte; damit sind der Aneignung und Verwendung im Satz Art und Richtung vorgegeben, die wesentlichen Koordinaten von Anfang an bestimmt.

Vollends zum Vorgang, der eine Selbstdeutung impliziert, ist das wenn auch nicht kantable so doch lyrisch gestimmte Thema im ersten Satz des *G-Dur*-Klavierkonzertes geworden. Da stellt die charakteristische Achtelbewegung die Tonart immer neu vor sich hin, wird aus ihr entlassen, indem sie darstellt, wie der Klang in Bewegung und Schwingung gerät. In dieser Folge von Vergegenwärtigung des Akkords und erwachender Aktivität ist die gängigerweise einer Introduktion gehörige Funktion – zu definieren, woher das Thema kommt und ihm den Ort zu bestimmen – selbst thematisch, sind Produktion des Themas und Thema nahezu identisch geworden, worin ein einzelner Akkord geradehin traumatische Schwere erhält als Objekt einer am Phänomen des einfachen Dreiklangs hängenden, ihn verinnerlichenden Meditation.[37] Zu ihr bleibt genau genommen kaum Zeit; den Raum und das Gewicht, die der Verlauf kaum läßt, sucht die Musik anfangs im harmonischen Felde, zumal beim *H-Dur*-Einsatz der Streicher im sechsten Takt, doch läßt sich dies ebensowenig beliebig neu herstellen und wiederholen, d. h. formalisieren wie die meditative Herleitung des Themas überhaupt. So muß sich die anhängende Achtelbewegung verselbständigend abspalten, werden sowohl das *G-Dur* des Klaviers wie das

35 vgl. H. Goldschmidt, a. a. O., und A. Feil, *Zur Satztechnik in Beethovens Vierter Sinfonie,* AfMw XVI/1959, 391 ff.
36 Um die Betrachtung ähnlicher Sachverhalte in allen Sätzen der Pastoralsinfonie (wie auch in allen Sätzen von *op. 58* von einer betonten Setzung im Thema ausgegangen wird) nicht nur im zweiten, wäre J. Ujfalussys erhellende Deutung (a. a. O.) zu ergänzen.
37 Der Vergleich mit dem in wichtigen Details ähnlichen Thema des ersten Satzes von Mozarts Sinfonie *A-Dur KV 201* veranschaulicht den Übergang von dem im Normalsinne kontrastierend disponierten zum »prozessualen« Thema; Das erste Glied, bei Mozart durch die Gewichtigkeit des Oktavschrittes und zwei Viertel profiliert, erscheint bei Beethoven »verkümmert« zum bloß angeschlagenen, in sich unbewegten Akkord, das zweite hingegen sowohl gesteigert und beschwert durch den akkordischen Satz (da auch das Tempo langsamer ist, in dem der Mozart-Satz übrigens zu den berühmtesten Streitfällen zählt), als auch einer eigenen, weiterreichenden Entwicklung fähig, wohingegen das Mozartthema dem Mechanismus einer zweitaktigen Wiederholung anheimfällt. Auch wenn nur zufällig ähnelnd noch symptomatisch (wiewohl die klanghafte Konzeption beider Sätze sie wie Glieder eines gleichen Zusammenhangs erscheinen läßt), erscheint bei Beethoven das in *KV 201* in der thematischen Gestalt synthetisierte Kontrastverhältnis in seiner Reichweite voll entdeckt, in den Konsequenzen als kausaler Zusammenhang wahrgenommen und erschlossen bis zu jener Grenze, jenseits derer sich die also herausgearbeitete Antonomie kaum noch als thematische Gestalt fassen läßt.

H-Dur der Streicher in der Reprise um ein Viertel verkürzt, letzteres überdies von
pianistischen Figurationen überspielt, beides nicht mehr vergegenständlichte Meditation, sondern nur mehr deren erinnerte Reste und verlassene Tempel. Dergestalt
spielen sich im inneren Kreis des Themas Vorgänge ab, die allein diesem gehören
und keine Vergrößerung und Streckung in Zeit vertragen. Die schwebende Mitte,
die der vergegenwärtigende Akkord im *G-Dur*-Konzert zwischen einem zum Thema gehörigen Gliede und einer zu ihm hinführenden Ortsbestimmung hält, wird
zumal anhand eines früheren Beispiels, der *d-Moll*-Sonate *op. 31/II*, deutlich, wo
Beethoven die thematische Einheit ähnlich bezeichnend gefährdete: Was in *op. 58*
zu einem Akkord verkürzt, erscheint hier vergrößert zu einem Akkordaufschlag im
Adagio, hatte also größere Selbständigkeit,[38] und entfaltet sich, umgekehrt wie in
op. 58, in der Reprise, d. h. beginnt rezitativisch zu reden, in einer Weise also, die
von thematischer Verarbeitung kaum adaptiert werden kann und deshalb wie ein
Einbruch von Fremdem anmutet.

Im Widerspiel von Thema und Verarbeitung entfaltet sich immer deutlicher ein
zweites, dasjenige zwischen einem von der entwickelnden Arbeit des Ganzen realisierten und einem an der gestalthaften Integrität der Themen haftenden Sinn. Dies
läßt vor der neuen Reichweite musikalischer Objektivation in der Sonatenform die
Sätze mit kantablen Themen als die symbolisch und assoziativ offenen erscheinen
und treibt damit die Betrachtung über den Regelkreis der musikalisch strukturellen
Dialektik hinaus. Oberhalb ihrer, als der »verbalen« Sphäre, treten die immer kom-
plexeren Substantiva der Themen in neue Verhältnisse zueinander, sei es die Satzgrenzen überspringend in gestalthaften Bezügen, sei es innerhalb der Sätze, deren
eigene Arbeit in den Schatten stellend. Es liegt im dialektisch offenen Wesen jener
tätigen Hervorbringung, die der Musik in der Sonate immanent geworden war, daß
ihr expandierender Griff nach neuen Objekten auch solche nicht scheut, die sie sich
nicht mehr in der ihr gemäßen Weise zueignen kann.

---

38 hierzu L. Misch, *Beethovenstudien,* Bonn 1958.

Zur Fünften Sinfonie

I. Biographischer Hintergrund

Die Skizzenbücher[1] weisen aus, daß Beethoven schon während der Arbeit an der *Eroica* eine c-Moll-Sinfonie geplant hat. Die ins *Eroica-Skizzenbuch* gehörigen Notizen zeigen, daß das Anfangsmotiv – und mit ihm gewiß ein bestimmter Charakter zumindest des ersten Satzes – von vornherein feststand. Auch durch frühere c-Moll-Kompositionen (u. a. op. 18 Nr. 4, op. 13, op. 1 Nr. 3 etc.) war eine bestimmte, an die Typologie der Tonart gebundene Linie vorgegeben.

Die nahezu fünf zwischen den ersten Skizzen und der Uraufführung liegenden Jahre gehören zu den produktivsten in Beethovens Leben und müssen umso mehr betrachtet werden, als der – bei Beethoven selten lange – Abstand zwischen erster Planung und endgültiger Ausführung die Erfahrungen vieler in dieser Zeit fallender Kompositionen in ein Werk einzubringen erlaubte, mit dem er sich gewiß immer wieder beschäftigt, dessen Ausarbeitung er jedoch oft unterbrochen und aufgeschoben hat. Konzeptionell schließt Beethoven an die *Eroica* an; wenn nicht die durch den Aufenthalt beim Grafen Oppersdorf veranlaßte, verhältnismäßig rasch komponierte B-Dur-Sinfonie dazwischengekommen wäre, wäre die Fünfte wohl seine Vierte geworden. Nun aber steht der ideellen Nähe zum großen sinfonischen Durchbruch der *Eroica* der ungeheure Abstand gegenüber, der durch die Arbeit an den dazwischenliegenden Werken geschaffen wurde. Nicht nur an Zahl und Format wiegen diese schwer; sie umfassen tatsächlich alle gewichtigen von Beethoven überhaupt gepflegten Genres – Sinfonie, Solokonzert, Streichquartett, Klaviertrio, Solosonate, Lied, Messe und Oper. Der Beethoven, der im Herbst des Jahres 1807 an die endgültige Ausführung des lange gehegten Vorhabens ging, hatte sich eben in unglaublich konzentrierter schöpferischer Arbeit mit allen wichtigen Genres auseinandergesetzt und sie mit exemplarischen Beiträgen bedacht. Im übrigen hatte er auch im persönlichen Leben ereignisreiche Jahre hinter sich.

Zu Beginn des Jahres 1804 gehörte Beethovens Aufmerksamkeit neben abschließenden Arbeiten an der *Eroica* und der Anfertigung einer Kopie des Werkes für die französische Botschaft vor allem der Komposition des *Fidelio*, für dessen Fertigstellung feste Termine gesetzt waren. Als gewichtige, aus dem Vorjahr übernommene Vorhaben vollendete er die *Waldsteinsonate* op. 53 und das Tripelkonzert op. 56; bei der ersteren ließ er sich von einem Freunde[2] erstaunlich rasch dazu bestimmen, den ursprünglich vorgesehenen Mittelsatz (der später als *Andante favori* erschien) durch eine Introduktion zum Schlußsatz zu ersetzen. Im Sommer arbeitete er – nachdem er im Juli ein Konzert im Augarten dirigiert hatte, bei dem Ries das c-Moll-Kon-

---

1 Vgl. unten S. 141 ff.
2 F. Wegeler und F. Ries, *Biographische Notizen über Ludwig van Beethoven*, Koblenz 1838, S. 101 ff.

zert spielte – an den Klaviersonaten op. 54 und op. 57, der *Appassionata*. Vorausgegangen war ein schweres, zu Beethovens Lasten gehendes (noch im gleichen Jahre
beigelegtes) Zerwürfnis mit dem Freunde Breuning – auch dies ein Zeugnis produktiver Hochspannung. Diese und das Selbstbewußtsein eines in der Wiener Öffentlichkeit durchgesetzten, an Popularität nur vom alten Haydn übertroffenen
Künstlers kennzeichnen einen Beethoven, der z. B. den aus London gekommenen,
international berühmten Muzio Clementi ruhig warten läßt, ehe er ihm ein Gespräch gewährt. Im Umgang mit seinen aristokratischen Mäzenen – und meist Freunden – demonstriert er immer wieder das demokratische, citoyenhafte Selbstver-
ständnis eines emanzipierten Künstlers. Dieses bekommt, mit einer herablassend
formulierten Zensur seiner Kompositionen, z. B. der preußische Prinz Louis Ferdinand zu spüren, der im Herbst des Jahres 1804 Beethoven besuchte.

   Neben die produktive Hochspannung tritt eine persönliche: Im Januar des Jahres
1804 war der ungeliebte Gatte der Josephine Deym geb. Brunswick gestorben,
möglicherweise der »*Unsterblichen Geliebten*«. Dreizehn im Jahre 1957 veröffentlichte Briefe an sie[3] gehören in die Jahre 1804 bis 1807; sie geben Zeugnis von einer
großen, entsagungsvollen Liebe, die noch vor Josephines erste, erzwungene Verhei-
ratung zurückreicht und anscheinend auch ihre zweite Ehe überdauert hat[4]. Deyms
Tod stellte die Liebenden offenbar vor eine Entscheidungssituation; er hatte jedenfalls eine persönliche Wiederannäherung zur Folge, die von der Brunswick-Ver-
wandtschaft als »gefährlich« empfunden wurde[5]. Im Sommer haben beide – nach
Beethovens Genesung von einer schweren Krankheit – auf dem Lande nah beieinander gewohnt, und nach der Rückkehr nach Wien erlitt Josephine im September
einen Nervenzusammenbruch. Im folgenden Sommer waren die beiden – nun in
Hetzendorf – abermals Nachbarn. Die wohl in den dazwischenliegenden Winter
gehörigen Briefe[6] lassen die quälende Peripetie eines Seelendramas ahnen, das, alle
Standesunterschiede beiseite schiebend, beiderseits zu vollen Geständnissen vorge-
drungen war.

   Dieses Bild einer privaten Tragödie freilich muß durch das eines im Vollbesitz
seiner künstlerischen Möglichkeiten schaffenden Beethoven ergänzt werden, wie
wir es etwa den im Jahre 1828 veröffentlichten Erinnerungen von Ignaz von Seyfried entnehmen können: »... Als er den Fidelio, das Oratorium ›Christus am Öl-

3   *Veröffentlichungen des Bonner Beethovenhauses*, Neue Folge III, herausgegeben von J. Schmidt-Görg,
     Bonn 1957; nunmehr in: Briefwechsel, GA, die Nrr. 201–203, 214, 216, 219–221, 279, 294, 295,
     297, 307, 404.
4   Zu den biographischen und den Zusammenhängen mit dem Werk vgl. H. Goldschmidt, *Motivvaria-
     tion und Gestaltmetamorphose. Zur musikalischen Entstehungsgeschichte von Beethovens Violinkonzert*, in:
     Festschrift H. Besseler, Leipzig 1962, S. 389 ff.; neugedruckt in: *Um die Sache der Musik*, Leipzig 1970,
     S. 27 ff., ²/1976, S. 28 ff.; ders., *Zitat oder Parodie?* in: Beiträge zur Musikwissenschaft XII, 1970,
     S. 171, sowie die zusammenfassende Darstellung in den *Beethoven-Studien II* desselben Verfassers,
     Leipzig 1977.
5   Vgl. einen Brief ihrer Schwester Charlotte an den Bruder Franz, zitiert u. a. in: *Thayer's Life of
     Beethoven*, revised and edited by E. Forbes, Princeton 1970, S. 359.
6   J. Schmidt-Görg in: *Veröffentlichungen...*, a. a. O. S. 25–26.

berg‹, die Sinfonien in Es, c-Moll und F, die Pianoforte-Konzerte in c-Moll und G-Dur, das Violinkonzert in D komponierte, wohnten wir beide in einem und demselben Hause, besuchten fast täglich, da wir eine Garçonwirtschaft trieben, selbander das nämliche Speisehaus und verplauderten zusammen manch unvergeßliches Stündchen in kollegialischer Traulichkeit. Denn Beethoven war damals heiter, zu jedem Scherz aufgelegt, frohsinnig, munter, lebenslustig, witzig, nicht selten auch satirisch; noch hatte ihn kein physisches Übel heimgesucht; kein Verlust eines, sonderlich dem Musiker so höchst unentbehrlichen, Sinnes seine Tage getrübt …«[7] Gewiß ist Seyfried nicht der verläßlichste Zeuge; in seinem Buch über *Beethovens Studien im Generalbaß* finden sich willkürliche Zutaten, und von der Taubheit wissen wir, daß Beethoven schon bei den Aufführungen der *Eroica* die Holzbläser nicht immer deutlich hörte. Dennoch paßt Seyfrieds Darstellung insgesamt gut zu einem Manne, der in jener Zeit ein ungeheures Arbeitspensum bewältigte. Zu diesem gehörte am 13. Februar eine nichtoffizielle Voraufführung der *Eroica* und am 7. April deren Uraufführung – ein Markstein, weil hier neue Ansprüche des sinfonischen Komponierens öffentlich angemeldet wurden und weil der Komponist sich endgültig profilierte als einer, der sein Publikum und die Musiker ebensowohl zwingt wie überfordert. Erstmals stieß er mit einem neuen Werk auf Unverständnis und fast einhellige Ablehnung[8], eine Erfahrung, die sich bei fast allen großen, in diesen Jahren geschriebenen Werken wiederholen sollte. Wohl am schmerzlichsten traf ihn dies bei der zweiten Uraufführung des Jahres 1805, der des *Fidelio* am 20. November. Bis zum Juni scheint die Oper im Entwurf fertig gewesen zu sein; neben Skizzen zur ersten *Leonoren*-Ouvertüre stehen solche zur Fünften Sinfonie. Außer dramaturgisch-musikalischen Mängeln trug die Besetzung Wiens durch napoleonische Truppen das ihrige zum Mißerfolg des Stückes bei, hatten doch der fortschrittliche Adel und das gebildete Bürgertum großenteils die Stadt verlassen, so daß im Theater überwiegend französische Offiziere saßen, die das Stück nicht verstanden und wohl auch auf eine andere Art von Unterhaltung aus waren. Schmerzlich war der Mißerfolg insbesondere, weil sich eine Umarbeitung als notwendig erwies, und Umarbeitungen waren Beethovens Sache generell nicht. Im Verlaufe des Schaffensprozesses hatte er die musikalische Erfindung so vielen harten Prüfungen unterworfen, daß ihm nach Vollendung eines Werkes keine Instanz mehr denkbar schien, vor der dieses nicht würde bestehen können. Außerdem war er meist schon vor Vollendung des einen Stückes auf das nächste orientiert, stand also unter dem Zwang, das Fertiggestellte als erledigt, als eine in einer neuen Aufgabe zu überschreitende Stufe anzusehen. Vor allem von hierher ist seine Ungeduld bei allen mechanischen Arbeiten, die mit der Fertigstellung eines Werkes verbunden sind, zu verstehen. Im Jahre 1805 hatte er überdies bereits eine Umarbeitung hinter sich, die des zwei Jahre

7 Zitiert in: *Die Erinnerungen an Beethoven*, herausgegeben von F. Kerst, Stuttgart 1913, Band I, S. 76.
8 Vgl. u. a. *Sie irrten sich, Herr Kritiker*, herausgegeben von I. Ormay, Leipzig 1963, S. 28 ff., nunmehr auch *Ludwig van Beethoven. Die Werke im Spiegel ihrer Zeit*. Gesammelte Konzertberichte und Rezensionen bis 1830, hrsg. von Stefan Kunze, Laaber 1987, S. 50 bis 68.

zuvor geschriebenen Oratoriums *Christus am Ölberg*; nun, im Falle des *Fidelio*, bedurfte es einer von dem Tenor Röckel anschaulich beschriebenen Verschwörung
der Freunde[9], um Beethoven zu Veränderungen zu bewegen. Zu mehr als drei Aufführungen – im Frühjahr 1806 – brachte es auch die neue Fassung nicht, allerdings
hatte Beethoven mit ungerechtfertigten Verdächtigungen gegenüber dem Intendanten Graf Braun das seinige getan, um die Beziehungen zum Theater zu belasten,
welche sich schon zuvor während der Probenarbeit getrübt hatten. Zu denen, die
sich dem *Fidelio* gegenüber reserviert verhielten, gehörte auch Cherubini, der schon
im Sommer 1805 in Wien weilte und bei einem Zusammentreffen bei Sonnleithner
von Beethoven sehr respektvoll behandelt worden war. Sehr anders war es kurz
zuvor dem um dreizehn Jahre älteren Ignaz Pleyel ergangen, der, nach langer Abwesenheit in Wien begeistert begrüßt, im Hause des Prinzen Lobkowitz Beethoven
begegnete, welcher ihn mehr noch als durch barsches Verhalten durch eine brillante
Improvisation über eine Passage aus der zweiten Geigenstimme eines seiner Quartette demütigte[10]. Mehrere bewundernde Berichte über den improvisierenden Beethoven beziehen sich auf jene Jahre. Aufschlußreich erscheint auch, daß Beethoven
gerade im *Fidelio*-Jahr sich herbeiließ, für französische Offiziere Glucks *Iphigenie auf
Tauris* aus der Partitur zu spielen, »wozu sie die Chöre und Gesänge garnicht übel
sangen«[11]. Ins Jahr 1805 gehören weiterhin die Vollendung der *Appassionata*, »welche
Beethoven selbst für seine größte [Sonate] hielt«[12] und die der zweiten Leonoren-
Ouvertüre, die Klaviertrio-Fassung der Zweiten Sinfonie und wichtige Teile der
Arbeit am G-Dur-Klavierkonzert. Die Nachbarschaft von Skizzen zu diesem und
zur Fünften läßt vermuten, daß Beethoven zumindest an deren Plan fortgedacht
hat, wie auch an dem der *Pastorale*, welche sich in den Skizzen ebenso früh ankündigt wie die Fünfte. Den Auftrag für die nachmaligen drei Quartette op. 59 scheint
Beethoven ebenfalls noch im Jahre 1805 erhalten zu haben, was sich mit einem
schon 1804 gefaßten Vorsatz traf, zur Quartett-Komposition zurückzukehren.

Zunächst jedoch mußte er zu Beginn des Jahres 1806 der widerwillig übernom-
menen *Fidelio*-Verpflichtung nachkommen; auf die neukomponierte dritte *Leonoren*-Ouvertüre ließ er das Theater fast bis zur letzten Stunde warten. Zur konzentrierten Schnelligkeit der nachfolgenden Arbeit an den Quartetten op. 59[13] mag
auch die Erleichterung darüber beigetragen haben, daß er komponierend nun wieder sein eigener Herr war. Dennoch hat er, obzwar diesmal auf den üblichen länd-
lichen Sommerurlaub verzichtend, auch an diesem Opus nicht in einem Zuge gearbeitet; im Spätsommer reiste er nach Grätz auf die schlesischen Besitzungen der

---

9 *Die Erinnerungen an Beethoven…*, a. a. O. Band I, S. 112 ff.
10 Vgl. u. a. *Thayer's Life of Beethoven …*, a. a. O. S. 377.
11 So Carl Czerny, in: *Die Erinnerungen an Beethoven … a. a. O.* Band I, S. 57.
12 Czerny a. a. O. Band I, S. 55.
13 L. Finscher, *Beethovens Streichquartett op. 59,3*, in: *Musikalische Analyse*, herausgegeben von G. Schuh-
    macher, Darmstadt 1974, S. 122 ff.; P. Gülke, *Zur musikalischen Konzeption der Rasumowsky-Quartette
    op. 59 von Beethoven*, im vorliegenden Bande S. 213 ff.

Lichnowskys und besuchte den Grafen Oppersdorf. Dessen hauseigene Kapelle führte bei dieser Gelegenheit die Zweite Sinfonie auf. Wie aus der von Grätz aus geführten Korrespondenz hervorgeht, muß Beethoven außer Teilen der Quartette – welche erst gegen Ende des Jahres fertiggestellt waren – die Vierte Sinfonie mitgebracht haben, zumindest in einem Stadium, das ihm erlaubte, sie dem Leipziger Verleger Härtel anzubieten. Nicht weniger als ihr Nachbarwerk, das Violinkonzert, bildet sie einen erstaunlich rasch bewältigten Einschub in die Arbeit an den Quartetten und der Fünften und Sechsten Sinfonie, welche eine viel längere Vorgeschichte haben und gewissermaßen ein größeres »Recht«, nunmehr in Angriff genommen zu werden. Czerny weiß mit Bestimmtheit zu berichten, daß das Konzert »in sehr kurzer Zeit« komponiert worden ist[14].

Die im Hinblick auf die opera 59, 67 und 68 hochinteressante Frage nach den Gründen dieses abermaligen Umweges läßt sich fast nur mit Mutmaßungen beantworten. Einiges erklärt die ideelle Nähe zu *Fidelio* in der gemeinsamen – wie auch immer übersetzten – Thematik der liebenden Vereinigung[15]. Beide Werke liegen fast durchweg weitab von der Fünften; besonders eindrucksvoll läßt sich in ihnen ein entspannter, an weitläufige Lyrismen hingegebener Beethoven vernehmen, der in eben dieser Richtung bei der im Mai begonnenen Niederschrift des ersten Satzes von op. 59 mit sich selbst Entdeckungen gemacht haben dürfte. Sicher war Beethoven außerdem aus ökonomischen Gründen interessiert, möglichst rasch Neukompositionen der anspruchsvollen Genres zur Verfügung zu haben; die Tatsache freilich, daß er dies auf dem Wege der opera 60 und 61 soviel schneller erreichte, weist wieder zurück in den schaffenspsychologischen Bereich. Vielleicht auch bedurfte es bei der Fünften einer weiteren Pause: Vieles spricht dafür, daß Beethoven erst verhältnismäßig spät Klarheit über ihre Gesamtkonzeption gewann, abweichend von der von Schindler überlieferten Regel, daß bei ihm mit der Idee des Ganzen gleich auch eine konkrete kompositorische Vorstellung vorhanden gewesen sei.

In den Herbst des Jahres 1806 gehören neben die Fertigstellung des vor Weihnachten uraufgeführten Violinkonzertes die Klaviervariationen WoO 80, die Sechs Eccossaisen für Klavier WoO 83 und Zwölf Eccossaisen für Orchester WoO 16. Der Grätzer Aufenthalt fand ein jähes Ende, als Lichnowsky Beethoven bewegen wollte, einigen zu Besuch weilenden französischen Offizieren vorzuspielen, und dies mit einem Nachdruck tat, der Beethovens Empfindlichkeit gegenüber jeder Art von Bevormundung reizen mußte. Jedenfalls reiste dieser bei Nacht und Nebel ab. Nach der Ankunft in Wien stand nun endlich im Spätherbst neben den Quartetten die Fünfte Sinfonie in seinem Arbeitsprogramm obenan.

Im Frühjahr 1807 brachte Beethoven in zwei Konzerten im Hause des Prinzen Lobkowitz die ersten vier Sinfonien zur Aufführung, außerdem die eben für Collins *Coriolan* komponierte Ouvertüre, ein Klavierkonzert (wohl das in G-Dur) und Teile aus *Fidelio*. Wenig später trat er mit zwei von ihm als Musiker wenig geschätzten

---

14 *Pianoforte-Schule* op. 500, Teil IV, S. 117.
15 Hierzu H. Goldschmidt, *Motivvariation und Gestaltmetamorphose* ... a. a. O.

Verlegern – Clementi in London und Pleyel in Paris – in geschäftliche Verbindung. Die ökonomische Nötigung hierzu muß dringlich gewesen sein, denn im gleichen Frühjahr akzeptierte Beethoven den Auftrag des Fürsten Esterházy, für den Namenstag von dessen verstorbener Gattin, den 8. September, eine Messe zu schreiben. Also mußte er im teils in Baden, teils in Heiligenstadt zugebrachten Sommer seine Kräfte zwischen der C-Dur-Messe und der Fünften Sinfonie teilen und im September nach Esterháza reisen. Dort gab es bei der – allzu übereilten – Einstudierung Unstimmigkeiten und nach der Aufführung, ähnlich wie ein knappes Jahr zuvor in Grätz, einen abrupten Aufbruch[16], weil Beethoven sich durch die in Gesellschaft vom Fürsten gestellte Frage »Aber, lieber Beethoven, was haben Sie denn da wieder gemacht« gekränkt sah[17].

Neben der Fünften und Sechsten Sinfonie galt Beethovens Aufmerksamkeit nach der Rückkehr auch der Sonate op. 69 – als einem in vieler Hinsicht an die opera 60 und 61 anschließenden Werk, und der von Clementi angeregten Umschreibung von op. 61 zum Klavierkonzert; nicht zufällig hat Beethoven hier in der Kadenz das »schicksalhafte« Pochen, welches das Stück eröffnet, im Dialog von Pauke und Klavier kompositorisch profiliert. Gegen Ende des Jahres nahm er einen Wechsel in der Leitung des Theaters an der Wien zum Anlaß, um sich – in einem ausführlich formulierten Vertragsvorschlag – als Hauskomponist anzubieten.

Die biographische Szenerie dieses ereignisreichen, für die Fünfte Sinfonie entscheidenden Jahres wäre unvollständig ohne die Erwähnung des – wahrscheinlich nur vorläufigen – Endes der Annäherung von Beethoven und Josephine nach einem, soweit verfolgbar, dramatischen brieflichen Dialog, welcher zwischen der Bitte um ein Gespräch und derjenigen schwankt, einander besser zu meiden. »Sie wollen, ich soll ihnen sagen, wie es mit geht«, endet der letzte der dreizehn Briefe; »eine Schwerere Frage kann man mir nicht aufwerfen – und ich will sie lieber unbeantwortet laßen, als – sie *zu wahr* beantworten – leben sie wohl liebe J. Wie immer ihr ihnen ewig ergebner Beethowen.«[18]

Der folgende Winter brachte abermals eine Krankheit; wegen eines Panaritiums hätte Beethoven beinahe einen Finger verloren. Nach längerer Pause sah man ihn erst wieder am 27. März 1808 bei jener denkwürdigen Aufführung der *Schöpfung*, in der Haydn letztmalig in der Öffentlichkeit erschien[19]. Wenig später, am 11. April, kam in einem Wohltätigkeitskonzert die *Eroica* zur Aufführung, und zwei Tage darauf dirigierte Beethoven im Burgtheater u. a. die Vierte Sinfonie, das Dritte Klavierkonzert und die Coriolan-Ouvertüre, im Mai im Augarten das Tripelkonzert.

16 Wogegen V. Papp argumentiert: *Beethoven és a Magyarok,* Budapest 1927, S. 71.
17 A. Schindler, *Biographie von Ludwig van Beethoven,* herausgegeben von E. Klemm, Leipzig 1970, S. 204.
18 *Ludwig van Beethoven, Briefe.* Eine Auswahl, herausgegeben von H.-J. Schaefer, Berlin 1969, S. 38; Briefwechsel, GA, Nr. 404 (Bd. 2, S. 86).
19 Vgl. H. W. Schwab, *Konzert, Musikgeschichte in Bildern,* herausgegeben von H. Besseler und W. Bachmann, Band IV, Lieferung 2, Leipzig 1971, S. 76/77.

Die Fünfte und Sechste Sinfonie gediehen in der ersten Jahreshälfte so weit, daß er sie am 8. Juni Härtel anbieten konnte. Den Sommer des Jahres verbrachte er teils in Heiligenstadt in der Nachbarschaft der Familie Grillparzer (»Meine Brüder und ich machten uns wenig aus dem wunderlichen Mann – er war unterdessen stärker geworden und ging höchst nachlässig, ja unreinlich gekleidet – wenn er brummend an uns vorüberschoß...«)[20], teils in Baden. Wohl erst im Herbst kam er nach Wien zurück. Wegen neuer Opernpläne setzte er sich mit dem Orientalisten Hammer-Purgstall und mit Collin in Verbindung; ein gemeinsam mit Collin in Angriff genommener *Macbeth* ist durch Skizzen bezeugt. Mehrmals in jener Zeit hat Beethoven die Absicht angedeutet, Wien zu verlassen – anscheinend nicht erst nach dem Angebot von Napoleons Bruder Jérome, der, jüngst zum »König von Westfalen« avanciert, ihn als Hofkapellmeister nach Kassel berufen wollte. Diesem Ruf zu folgen war Beethoven noch im Januar 1809 entschlossen, wobei offensichtlich Verärgerungen über die Wiener Verhältnisse den Ausschlag gaben. So ist es wohl vor allem einem von der Gräfin Erdödy angeregten »Vertrag« zu danken, daß Beethoven in Wien blieb; hinfort bezog er ein vom Erzherzog Rudolf und den Fürsten Lobkowitz und Kinsky ausgesetztes Gehalt von 4000 Florin jährlich.

Zu jenen Verärgerungen gehörten u. a. auch Schwierigkeiten, einen Raum zur Veranstaltung einer eigenen Akademie zu erhalten. Hierfür kam nur ein Theater in Frage. Erst mit der Berufung auf drei wesentlich von ihm bestrittene Wohltätigkeitskonzerte – neben den erwähnten am 15. November 1807 und am 13. April 1808 ein weiteres am 15. November 1808, u. a. mit einem Klavierkonzert und einer Sinfonie, worüber genauere Nachrichten fehlen – erwirkte Beethoven die Einwilligung des Intendanten Joseph Hartl zur Veranstaltung einer eigenen Akademie am 22. Dezember, einem Tage, an dem die Theater ohnehin nicht spielten. Wenige Tage später hat er bei der Gräfin Erdödy die ebenfalls in jenen Monaten beendeten Klaviertrios op. 70 aus der Taufe gehoben. Überdies fällt die Vollendung der Sonate op. 69 noch ins Jahr 1808. An der Chorphantasie op. 80, die ihm wohlmeinende Freunde als Schlußstück der geplanten Akademie zu schreiben rieten, scheint er buchstäblich bis zum letzten Augenblick gearbeitet zu haben.

Ursprünglich war als Widmungsträger der Fünften Sinfonie der Graf Oppersdorf vorgesehen, den Beethoven, wie erwähnt, zwei Jahre zuvor von Grätz aus besucht und bei dem er eine leistungsfähige Kapelle vorgefunden hatte. Ein Brief an Oppersdorf vom März 1808 zeigt, daß das Werk damals fertig war: »Ich will ihnen ... nur noch melden, daß *ihre Sinfonie* schon lange bereit liegt, ich sie ihnen nun aber mit nächster Post schicke – 150 fl. können sie mir abhalten, da die Copiaturen, welche ich für sie machen laßen wenigstens 50 fl. ausmacht – im Fall sie aber die Sinfonie nicht wollen, machen sie mir's noch vor künftigen Posttag zu wissen – im Falle sie selbe aber nehmen, dann erfreuen sie mich sobald als Möglich mit den mir noch zukommenden 300 fl. Das lezte *Stück der Sinfonie* ist mit 3 Posaunen und

20 *Grillparzers Werke in sechs Bänden,* Leipzig o. J. (1958), Band VI, S. 79.

flautino – zwar nicht 3 Pauken, wird aber mehr lärm als 6 Pauken und zwar besseren lärm machen.«[21]

Beethoven übersandte die Sinfonie jedoch nicht, obwohl er offenbar das Honorar erhalten hatte. Am 1. November schreibt er kleinlaut an Oppersdorf: »Bester Graf! Sie werden mich in einem falschen Lichte betrachten, aber Noth zwang mich die Sinfonie, die für sie geschrieben, und noch eine Andere dazu an Jemanden anderen zu veräußern – seien sie aber versichert, daß sie diejenige, welche für sie bestimmt ist, bald erhalten werden.«[22] Die nunmehr für Oppersdorf bestimmte war die Vierte, die »andere dazu« die Pastorale und der »Jemand andere« des Briefes Gottfried Chr. Härtel, der damalige Inhaber des Verlages Breitkopf & Härtel. Beethoven stand schon seit 1801 mit ihm in brieflicher Verbindung, doch hatten sich die Verhandlungen, welche zumeist Beethovens Bruder führte, mehrmals zerschlagen. Eine Verstimmung scheint es indes nicht gegeben zu haben, denn unter dem 8. Juni 1808 bot Beethoven Härtel neue Werke an, »… 2 sinfonien, eine Messe, und eine Sonate fürs Klavier und Violonzell – NB.: für alles zusammen verlange ich 900 fl.«[23] Diese Summe reduzierte Beethoven unter dem 16. Juli auf 700 fl., hielt jedoch an dem Junktim zwischen den angebotenen Werken – Härtel hätte gern auf die Messe verzichtet – ausdrücklich fest. Später noch ging er auf 600 fl. zurück und überließ die Messe dem Verlag »als Geschenk.« Für ein freundlicheres Verhandlungsklima hatte Härtels Freund, der Haydn-Biograph Griesinger gesorgt. Bei einem Besuch Härtels in Wien kam es am 14. September zu einem förmlichen Abschluß; bei dieser Gelegenheit übergab Beethoven die erste, später verschollene Stichvorlage.

Die Umstände der Uraufführung waren unerfreulich. Offensichtlich hatte es bei dem im November veranstalteten Wohltätigkeitskonzert Auseinandersetzungen zwischen Beethoven und den Musikern gegeben, in deren Gefolge Beethoven sich der Bedingung beugen mußte, während der Proben in einem Vorraum zu verweilen und von dort aus dem die Probe leitenden Seyfried seine Wünsche mitzuteilen. Die als Solistin der Arie »Ah, perfido« vorgesehene Anna Milder weigerte sich, ebenfalls infolge eines Streites, zu singen, und insgesamt war, wie der nachstehend zitierte Reichardt bezeugt, »nicht einmal von allen auszuführenden Stücken … eine ganz vollständige Probe zu veranstalten möglich gewesen.«[24] Bei der Chorphantasie endlich hatte der den Solopart spielende Beethoven eine Wiederholungsverabredung vergessen, so daß abgebrochen und neu begonnen werden mußte. Hierüber geben verschiedene Musiker, die mitgewirkt oder das Konzert angehört haben, übereinstimmend Bericht – Czerny, Dolezalek, Moscheles, Ries, Seyfried und Reichardt[25]. Die Schwierigkeiten bei der Veranstaltung einer eigenen Akademie, wie sie Beetho-

21 Zitiert in: A. W. Thayer, *Ludwig van Beethovens Leben,* herausgegeben von H. Deiters, revidiert und vervollständigt von H. Riemann, Band I–IV, Leipzig 1907–1917; das Zitat Band II, S. 11 ff.; Briefwechsel, GA, Nr. 325 (Bd. 2, S. 12–13).

22 *Beethovens sämtliche Briefe* … a. a. O. Band I, S. 239; Briefwechsel, GA, Nr. 340 (Bd. 2, S. 26).

23 Briefwechsel, GA, Nr. 327 (Bd. 2, S. 14–15).

24 Vgl. Anmerkung 27.

25 *Thayer's Life of Beethoven* … a. a. O. S. 448 ff.

ven eben wieder erlebt hatte, hatten ihn veranlaßt, die Gelegenheit so ausgiebig zu nutzen, daß alle Beteiligten überfordert waren. Die Wiener Zeitung vom 17. Dezember kündigte als Programmfolge an:

> die Pastoralsinfonie
> die Arie »*Ah, perfido*«
> einen Satz aus der C-Dur-Messe
> das Klavierkonzert Nr. 4 G-Dur
> die c-Moll-Sinfonie
> eine Phantasie für Klavier allein und
> die Chorphantasie.

Neben den Sinfonien war auch das Klavierkonzert eine Uraufführung. Hier, wie nach Schindlers Zeugnis[26] auch später noch – wenn auch nicht in der im folgenden Jahre gedruckten Originalausgabe – sind die *Pastorale* und die c-Moll-Sinfonie in der Zählung vertauscht. Ob dies als Hinweis darauf verstanden werden darf, daß die Pastoralsinfonie vor der nachmaligen Fünften vollendet war, steht dahin; auch über die Gründe der Änderung ist nichts bekannt. Den lebendigsten und umfassendsten Eindruck des ebenso denkwürdigen wie qualvollen Abends vermittelt Johann Friedrich Reichardts vom 25. Dezember 1808 stammender Bericht, wie er in seinen *Vertrauten Briefen* veröffentlicht ist[27]:

»Die verflossene Woche, in welcher die Theater verschlossen und die Abende mit öffentlichen Musikaufführungen und Concerten besetzt waren, kam ich mit meinem Eifer und Vorsatz, Alles hier zu hören, in nicht geringe Verlegenheit. Besonders war dies der Fall am 22sten, da die hiesigen Musiker für ihre treffliche Wittwenanstalt im Burgtheater die erste diesjährige große Musikaufführung gaben; am selbigen Tage aber auch Beethoven im großen vorstädtischen Theater ein Concert zu seinem Benefiz gab, in welchem lauter Compositionen von seiner eigenen Arbeit aufgeführt wurden. Ich konnte dieses unmöglich versäumen und nahm also den Mittag des Fürsten Lobkowitz gütiges Anerbieten, mich mit hinaus in seine Loge zu nehmen, mit herzlichem Dank an. Da haben wir denn auch in der bittersten Kälte von halb sieben bis halb elf ausgehalten, und die Erfahrung bewährt gefunden, daß man auch des Guten – und mehr noch des Starken – leicht zu viel haben kann. Ich mochte aber dennoch so wenig als der überaus gutmüthige, delicate Fürst, dessen Loge im ersten Range ganz nahe am Theater war, auf welchem das Orchester und Beethoven dirigierend mitten darunter, ganz nahe bei uns stand, die Loge vor dem gänzlichen Ende des Concertes verlassen, obgleich manche verfehlte Ausführung unsere Ungeduld in hohem Grade reizte. Der arme Beethoven, der an diesem seinem Concert den ersten und einzigen baren Gewinn hatte, den er im ganzen Jahre finden und erhalten konnte, hatte bei der Veranstaltung und Ausführung manchen

---

26 a. a. O. S. 593.
27 Zitiert in: A. W. Thayer … a. a. O. Band II, S. 82 ff. Vgl. auch J. Fr. Reichardt, *Briefe, die Musik betreffend*, herausgegeben von G. Herre und W. Siegmund-Schultze, Leipzig 1976, S. 276–278.

großen Widerstand und nur schwache Unterstützung gefunden. Sänger und Orchester waren aus sehr heterogenen Theilen zusammengesetzt, und es war nicht einmal von allen auszuführenden Stücken, die alle voll der größten Schwierigkeiten waren, eine ganz vollständige Probe zu veranstalten, möglich geworden. Du wirst erstaunen, was dennoch alles von diesem fruchtbaren Genie und unermüdeten Arbeiter während der vier Stunden ausgeführt wurde.

Zuerst eine Pastoralsymphonie, oder Erinnerungen an das Landleben. Erstes Stück: Angenehme Empfindungen, welche bei der Ankunft auf dem Lande im Menschen erwachen. Zweites Stück: Scene am Bach. Drittes Stück: Frohe Unterhaltung der Landleute; darauf fällt ein viertes Stück: Donner und Sturm. Fünftes Stück: Wohlthätige mit Dank an die Gottheit verbundene Gefühle nach dem Sturm. Jede Nummer war ein sehr langer vollkommen ausgeführter Satz voll lebhafter Malereien und glänzender Gedanken und Figuren; und diese eine Pastoralsymphonie dauerte daher schon länger, als ein ganzes Hofconcert bei uns dauern darf.

Dann folgte als sechstes Stück eine lange italienische Scene, von Demoiselle Kilitzky, der schönen Böhmin mit der schönen Stimme, gesungen. Daß das schöne Kind heute mehr zitterte als sang, war ihr bei der grimmigen Kälte nicht zu verdenken: denn wir zitterten in den dichten Logen in unsere Pelze und Mäntel gehüllt.

Siebentes Stück: Ein Gloria in Chören und Solos, dessen Ausführung aber leider ganz verfehlt wurde. Achtes Stück: Ein neues Fortepiano-Concert von ungeheurer Schwierigkeit, welches Beethoven zum Erstaunen brav, in den allerschnellsten Tempis ausführte. Das Adagio, ein Meistersatz von schönem durchgeführtem Gesange, sang er wahrhaft auf seinem Instrumente mit tiefem melancholischen Gefühl, das auch mich dabei durchströmte. Neuntes Stück: Eine große sehr ausgeführte, zu lange Symphonie. Ein Kavalier neben uns versicherte, er habe bei der Probe gesehen, daß die Violoncellpartie allein, die sehr beschäftigt war, vier und dreißig Bogen betrüge. Die Notenschreiber verstehen sich hier freilich auf's Ausdehnen nicht weniger, als bei uns die Gericht- und Advokatenschreiber. Zehntes Stück: Ein Heilig, wieder mit Chor- und Solopartien; leider wie das Gloria in der Ausführung gänzlich verfehlt. Elftes Stück: Eine lange Phantasie, in welcher Beethoven seine ganze Meisterschaft zeigte, und endlich zum Beschluß noch eine Phantasie, zu der bald das Orchester und zuletzt sogar der Chor eintrat. Diese sonderbare Idee verunglückte in der Ausführung durch eine so komplette Verwirrung im Orchester, daß Beethoven in seinem heiligen Kunsteifer an kein Publicum und Locale mehr dachte, sondern drein rief, aufzuhören und von vorne wieder anzufangen. Du kannst Dir denken, wie ich mit allen seinen Freunden dabei litt. In dem Augenblick wünschte ich doch, daß ich möchte den Muth gehabt haben, früher hinaus zu gehen.«

»… Eine große sehr ausgeführte, zu lange Symphonie« – dies als einziger Kommentar eines bedeutenden Musikers zu Beethovens Fünfter Sinfonie erscheint mehr als mager. Reichardt war nicht der einzige, der ohne tiefere Eindrücke blieb und verlegen, wenn nicht betreten reagierte. Beethovens Fünfte Sinfonie ist als das, was sie wenig später und bis heute der Musikwelt darstellt, bei ihrer Uraufführung nicht wahrgenommen worden.

II. Skizzenarbeit

Die erhaltenen *Skizzen* zur Fünften Sinfonie[28] verteilen sich auf mehrere Konvolute, die heute an verschiedenen Orten aufbewahrt werden[29]. Da Beethoven auf jeweils bereitliegenden Notenblättern skizzierte und offenbar gleichzeitig mehrere Hefte bzw. Blätter benutzte (u. a. auch, wie von Freunden bezeugt, auf seinen Spaziergängen), läßt sich nur selten die zeitliche Aufeinanderfolge bzw. der Werdegang der musikalischen Vorstellung rekonstruieren. Überdies sind die Hefte – von vielen einzelnen Blättern nicht zu reden – nur in Ausnahmefällen noch in der Form vorhanden, in der Beethoven sie benutzte. Zumeist wurden sie nach seinem Tode recht wahllos zu Konvoluten zusammengebunden, so daß beispielsweise in dem Konvolut Staatsbibliothek Preußischer Kulturbesitz, *Landsberg 19e* neben Skizzen zur Fünften solche zu den opera 17, 18, 22, 23, 58 und 72 stehen; die entsprechende Liste bei dem Konvolut *Landsberg 10* reicht von op. 36 bis op. 123. Größte Vorsicht ist bei dem Versuch geboten, aus dem Abstande zur Endfassung eine Aufeinanderfolge rekonstruieren zu wollen, zeigen doch die Beispiele, anhand derer man bei Beethoven die Entwicklung der kompositorischen Vorstellung verfolgen kann, eindeutig, daß er nach Annäherungen an die Endfassung oft noch Umwege geht und Varianten ausprobiert, deren – auch negative – Ergebnisse er in der endgültigen Form aufhebt. Auch die Nachbarschaft zu anderen Werken kann nur selten als Indiz dienen, fehlt doch in den meisten Fällen die Gewähr, daß die Einträge etwa gleichzeitig erfolgten. Im Hinblick auf ein über längere Zeit währendes Nebeneinander mehrerer Entstehungsprozesse allerdings kann diese Nachbarschaft sehr interessante Auskünfte geben, etwa bei den im motivischen Ansatz nahe beieinanderliegenden ersten Sätzen der Fünften Sinfonie und des G-Dur-Klavierkonzerts. Mögen die beiden Stücke als musikalische Charaktere auch weit voneinander entfernt sein – Erfahrungen mit dem Motiv, die Beethoven in dem einen machte, können dennoch die Arbeit an dem anderen beeinflußt haben. Die folgende Übersicht verfährt vornehmlich systematisch. Obwohl sie über bisherige Darstellungen hinausgeht, konnte sie auf Vollständigkeit nicht angelegt werden, schon deshalb nicht, weil – ange-

---

28 Die Skizzenarbeit zur Fünften Sinfonie ist – außer teilweise in den großen Biographien – behandelt worden bei G. Nottebohm, *Beethoveniana, Aufsätze und Mittheilungen von G. Nottebohm*, Leipzig 1872; ders., *Zweite Beethoveniana. Nachgelassene Aufsätze von G. Nottebohm*, Leipzig 1887; J. S. Shedlock, *Beethoven's Sketchbooks*, in: The Musical Times 33, 1892, S. 331 ff.; H. Schenker a. a. O.; P. Mies, *Die Bedeutung der Skizzen Beethovens zur Erkenntnis seines Stils*, Leipzig 1925; G. Schünemann, *Einführung* zu: *Ludwig van Beethoven, Fünfte Sinfonie* (Faksimileausgabe des Autographs), Berlin 1942, S. 5 ff.; K. Westphal, *Vom Einfall zur Sinfonie*, Berlin 1965; L. Bernstein, *Freude an der Musik*, München 1963, S. 67 ff.; C. Canisius, *Quellenstudien und satztechnische Untersuchungen zum dritten Satz aus Beethovens c-Moll-Sinfonie*, Diss. Heidelberg 1966; E. Forbes, *The Sketches*, in: *Beethoven, Symphony No. 5 in C minor, Norton Critical Scores* (a. a. O.), S. 117 ff. Die jüngste Übersicht über Literatur zu Beethovens Skizzenarbeit (1999) bei Klaus Kropfinger, Artikel *Beethoven, Ludwig van*, in: MGG, 2. Ausgabe.

29 Einen Katalog aller erhaltenen Skizzen Beethovens gab H. Schmid, *Verzeichnis der Skizzen Beethovens*, in: *Beethoven-Jahrbuch VI*, 1965/68, S. 7ff.

fangen bei Notaten in den unteren Systemen des Autographs der Fünften – sich in
schwer leserlichen, noch nicht erschlossenen Notizen wichtige Wegemarken der
Kristallisation des Werkes verbergen können. Ziemlich sicher lassen sich in den
Skizzen zur Fünften zwei Schichten unterscheiden. So stehen, offenbar fast in einem Zuge niedergeschrieben, die Skizzen Beispiele 1–3 unmittelbar nebeneinander in dem Konvolut *Landsberg 19e*, als frühestes erhaltenes Zeugnis einer ein zykli-
sches Ganzes anvisierenden Planung.

Sogleich die hierher gehörige Notiz zum ersten Satz (Beispiel 1), bezeichnenderweise mit der Beischrift *presto*, zeigt, wie wenig mit dem berühmten Thema bzw.

Motiv dem Satz vorgegeben, wie groß die Gefahr ist, daß er sich in schematischen
Sequenzierungen verzettelt. Als Fixierung eines möglichen Satzbeginns kann diese
Skizze kaum angesehen werden, lediglich als die eines bestimmten »Rohmaterials«.
Interessant freilich ist, wie konsequent Beethoven hier das Motiv der verschachtelt
fallenden Terzen wahrnimmt, in den Takten 14 ff. des Beispiels in einer Form, die er
später in der Endfassung erst am Schluß des Satzes (Takte 406 ff.) verwenden wird.
Hier anschließend (Beispiel 2) skizziert er eine auf einem Orgelpunkt ruhende
Entwicklung, wie er sie – sehr anders – in der Endfassung mehrmals schreiben wird,
so in den Takten 33 ff. und 374 ff.

In einem weiteren Entwurf, nun eindeutig zum Beginn des ersten Satzes (Beispiel 3), erscheinen viele Einzelheiten der Endfassung bereits definiert. Abgesehen

von Details wie den Durchgängen am Ende der Takte 7, 10 und 11 des Beispiels, ist hier bis Takt 20 der endgültige Verlauf erreicht, darf man doch die Skizze (wie die allermeisten) als Stenogramm betrachten, bei dem im vorliegenden Fall die Imitation der nacheinander einsetzenden Stimmengruppen schon mitgedacht ist. Die Tilgung jener Durchgänge in der Skizze Beispiel 4 hält die entsprechenden Einsätze

nicht nur näher beim Thema und ergibt ein kantigeres Profil, sie spart zugleich die Sekundfortschreitung – im Rahmen einer Quart – für die in Takt 13 beginnende Passage auf und sichert dieser mehr Neuheit. In der Skizze Beispiel 3 fällt auf, wie rasch Beethoven nach den später getilgten Takten 21/22 auf das zweite Thema zugeht. Selbst, wenn nach der Fermate Takt 22 ein Abbruch und also bei Takt 23 ein Neuansatz gedacht war, bleibt interessant, daß Beethoven von der dazwischenliegenden Entfaltung des Themas noch keine Vorstellung hat und zunächst zu der neuen thematischen Prägung weitereilt. Schon hier also ist er mit dem Problem konfrontiert, daß der motivhafte Zuschnitt seines Themas, daß dessen bausteinhafte Kleinheit von sich aus nicht weit trägt und sogleich Ausarbeitung, »Durchführung« erfordert. Auch dem zweiten Thema der Skizze Beispiel 3 fehlt noch alle Fortspinnung; statt ihrer begegnet hier eine Modulation – wohl nach C-Dur – und in dieser das Vorhaben eines harmonischen Ausschlags, den Beethoven später, offenkundig im Sinne von Konzentration und Beschränkung, getilgt hat. Eine ähnliche Tendenz zur Arbeit mit harmonischen Farben und Ausschlägen – die sich als Kompensation der rhythmischen »Eintönigkeit« zunächst anbieten mußte – zeigt die Skizze Beispiel 5a.

In ihrer – unverbundenen – Fortsetzung Beispiel 5b begegnet ein Orgelpunkt, möglicherweise ein Vorstadium der Takte 33 ff. der Endfassung, in denen Beethoven der früh ins Auge gefaßten Folge zweier verschachtelter Terzabschläge (vgl. Beispiel 1) die Folge verschachtelter Terzaufschläge entgegenstellt (Beispiel 6). Nur

dehnt er hier deren Reihung gewaltig aus, wie die entsprechende in Gegenrichtung am Ende des Satzes in den Takten 407 ff.

Die Tendenz zu konzentrierender Beschränkung, die sich in der Tilgung harmonischer Expansionen zeigt, dokumentiert sich sehr eindrucksvoll in Beethovens Ringen um einen angemessenen Satzschluß. Zunächst entwirft er auf der Seite 83 des Autographs die Lösung Beispiel 7. (Der erste Takt des Beispiels entspricht dem Takt 500 in der Sinfonie). Doch scheinen ihm schon während der Niederschrift Zweifel gekommen zu sein, anderenfalls er sie zu Ende geführt hätte. Angesichts der so streng durchgehaltenen Allgegenwart des thematisch gesetzten Dreiachtelauftakts mochte schon der Einachtelauftakt am Ende dieser ersten Lösung als zu neu, als angehängt und nicht aus der zuvor formulierten Konsequenz hervorgegangen erscheinen. Schon auf den unteren Systemen der Seite 83 finden sich Skizzen zur Lösung Beispiel 8, in der das »allzu« Neue der Endtakte von Beispiel 7 den »Stau« der Takte 11–19 auslöst. Allerdings bleiben hier Zweifel bestehen, weil nicht klar ist, ob Beethoven einen Verlauf wie den in Beispiel 8 gegebenen ins Auge gefaßt hatte oder aber die Passage Takt 11 ff. unmittelbar an Takt 1 des Beispiels 8 anschließen wollte. Für die zweite Möglichkeit spricht, daß die Skizzierung auf Seite 83 des Autographs genau auf der dem Takt 2 entsprechenden Stelle einsetzt und musikalisch der Takt 10 (der letzte Takt von Beispiel 7) ein schwerer Schlußtakt ist, welcher in das Beispiel 8, nimmt man es als Ganzes, eine für eine Schlußlösung störende und unwahrscheinliche metrische Unregelmäßigkeit hin-

einbringt[30]. Am Ende jedoch fühlt er sich durch diese Umwege zu der Erkenntnis geführt, daß die Folgerichtigkeit des Satzes keinerlei Neues mehr dulde. So springt er vom ersten Takt beider Lösungen auf deren drittletzten und verändert, um bis zum letzten Augenblick – anstatt eines bekräftigenden Ausschwingens – einen konkreten musikalischen Vorgang zu haben, den vorletzten Takt zur Dominante. Auf diese Weise wird auch am Schluß die schroffe, lakonische Kürze als Ausdruck der streng-sachlichen diskursiven Logik dieses Satzes ausgewiesen[31].

---

30 Schünemann a. a. O. diskutiert diese Möglichkeit nicht; seine Übertragung des breiter ausgeführten Schlusses enthält Fehler.

31 Vgl. auch die Darstellung der Schlußlösungen bei L. Bernstein a. a. O.

Eine Filiation der wenigen Notizen zum zweiten Satz ist nur wenigen Zweifeln ausgesetzt: Offenbar handelt es sich bei der aus dem Konvolut *Landsberg 19e* stammenden Notiz Beispiel 9 um die früheste erhaltene, so daß die Skizzen Beispiel 10–12 als drei Stationen einer von hier ausgehenden Arbeit angesehen werden können, wobei sie ein etwa gleiches Stadium vertreten. Beispiel 9a zeigt deutlich, daß Beethoven zunächst einen anderen Charakter im Auge hatte, und scheint mit der beseelten Kantabilität des nachmaligen *Andante con moto* noch nichts gemein zu haben. Von dessen so hoch differenziertem Thema indessen steckt etliches schon in jenem als musikalische Gestalt so wenig profilierten Entwurf, so die die melodische Kontur absteckenden Spitzentöne c und des in den Takten 1 und 3, die – später zeitweilig verworfene – punktierende Rhythmik und das Sequenz-Verhältnis der Takte 3/4 zu

den Takten 1/2. Dies stellt sich in der Skizze durchaus als Mangel dar, ist doch die Linie insgesamt so wenig durchgebildet, daß die Takte 3/4 als aufdringliche Wiederholung eines Allgemeinplatzes erscheinen müssen. Im Seitensatz hingegen (Beispiel 9b) ist der Weg zur Endfassung nicht weit; eine auffallend ähnliche Melo-

die übrigens hat Beethoven zum langsamen Satz der zweiten Sinfonie skizziert (vgl. unten Beispiel 48). Immerhin mußte auch hier – wie bei Beispiel 9a – einiger sequenzierender Selbstlauf getilgt werden. An die Stelle des dritten Sequenzgliedes trat später jenes unentschiedene »Hängenbleiben« (erstmals in den Takten 27/28), in das mit größter Wirkung die »Explosion« des Taktes 29 einfällt. Dessen zugleich metrisch stauende und harmonisch öffnende Wirkung freilich hat Beethoven in der Skizze schon anvisiert, zumindest beim zweiten Mal (Takt 15 des Beispiels) in der Stellung eines »zusätzlichen« Taktes. Damit verbunden ist der Ausbruch nach C-Dur über die offenbar als c-Moll gemeinten Takte 5–8; freilich fehlt ihm hier, als einer nahezu normalen Modulation, die Dimension »Ausbruch«. Auf ähnliche Weise, wie die Melodie ins C-Dur getragen wurde, kehrt sie am Ende nach As-Dur zurück, wozu die weitgehende Analogie der Abschnitte Takte 1–8 und Takte 9–17 das ihrige tut. Wichtige Momente sind hier also schon vorhanden, nicht aber schon als »Ereignisse« entdeckt; im Rahmen eines »quasi Menuetto« bzw. »quasi Trio«-Charakters konnten sie schwerlich ihre nachmalige Dimensionierung erfahren. Mit der Abkehr von der Konzeption eines »lyrischen Menuetts«[32] und der in den folgenden Skizzen dokumentierten Zuwendung zum kantablen Andante wuchsen die Ansprüche an die melodische Durchbildung des Themas erheblich. Insofern erscheint es beinahe

---

32 H. Goldschmidt, *Motivvariation und Gestaltmetamorphose*, a. a. O., Leipzig 1970 bzw. 1976, S. 40.

erstaunlich, daß Beethoven weiter an Beispiel 9a als dem Ausgangspunkt festhielt. Zunächst schien der Umformung die Punktierung im Wege zu stehen; daß Beethoven sie am Ende wieder in die Melodie zurückholte, belegt einen jener mehrmals verfolgbaren Umwege, nach denen er auf einer neu gewonnenen Ebene zuvor unvereinbar Scheinendes zusammenbringt. Im übrigen differenziert und dynamisiert er seinen recht statischen Entwurf. Wie im gleichen Fall bei der Zweiten Sinfonie steigt der neue Auftakt (vgl. Beispiel 10) aus der Unterquart auf und schafft der auf der Takteins stehenden Terz das Gewicht eines Hochtons. Die allzu selbstverständliche Form, in der die Quasi-Menuetto-Melodie zum f abstieg, wird in der Rückwendung nach c und dem Quart-»Sturz« zum f durch eine ausdrucksvolle Geste ersetzt, und im weiteren »verfehlt« Beethoven die sequenzierende Entsprechung: den am Ende des zweiten Taktes fälligen Quart-Terz-Aufgang f–b–des' füllt er mit Durchgängen und schafft damit soviel melodische Strebigkeit, daß ein dem ersten Takt entsprechendes Verweilen auf dem Hochton unmöglich wird. Die Melodie verschiebt sich gewissermaßen um ein Achtel nach vorn, scheint durch die gewonnene Dynamik aus ihrem »bequemen« Gleichgewicht gebracht, was die Takte 4 ff. zu bestätigen scheinen in der Akzentuierung der Taktzwei durch den melodisch jeweils wichtigsten Ton, welcher nun seinerseits in freier Sequenzierung hinabwandert (c'–b–as). Daß dieser Hinabgang durch den Dreiklang as–c'–es' abgefangen wird, ist bei der Skizze Beispiel 10 möglicherweise bereits mitgesetzt. Zumindest

10

enthält die Notiz Beispiel 11 ihn, die ein gleiches Stadium vertritt und, in einer ruhenden As-Dur-Harmonie kreisend, offenkundig eine epilogisierende, den Takten 130 ff. des *Andantes* vergleichbare Prägung darstellt. Die Skizze Beispiel 12

läßt trotz des Stenogrammcharakters den gemeinten Vorgang einigermaßen deutlich erkennen: In den ersten Takten ein unentschiedenes, den Takten 160 ff. des *Andante* ähnliches Schaukeln in Dreiklängen, ab Takt 5 des Beispiels offenbar ein großer, hier nur durch Eckpunkte bezeichneter Aufbau des Tutti, der wohl eine »triumphale« Reprise des Themas einleitet, wie sie die Endfassung ab Takt 185 gibt.

Mit der Kenntnis der endgültigen Lösung läßt sich leicht konstatieren, daß der rhythmische Gleichschritt der Sechzehntel von der Differenziertheit der in Beispiel 10 entworfenen Lineatur auffällig absticht und die Melodie in ihm allzu widerstandsfrei dahinläuft. Der Rückgriff auf die Punktierung lag also nahe. Nicht zuletzt anhand ihrer dürfte sich die Bewegungsform dieses *Andante con moto* konkretisiert haben.

Weitaus die meisten Skizzen haben sich – möglicherweise nicht zufällig – zum dritten Satz erhalten. In diesem Bestand wiederum überwiegen Skizzierungen der »Nahtstellen« – zum Beginn, zum Übergang vom Minore ins Maggiore und wieder zurück ins Minore und endlich zur Überleitung ins Finale. Wie anzufangen, wie Neues einzuführen, wie zu enden und neu anzusetzen sei – dies wurde hier in besonderer Weise zum Problem, nahezu mit thematischer Qualität. Daß das Finalthema von Mozarts g-Moll-Sinfonie KV 550 hier Pate gestanden hat, wie ein ausführlicher Auszug aus dieser in unmittelbarer Nachbarschaft von Skizzen zum Scherzo auch explicite belegt[33], hat Beethoven die Formulierung durchaus nicht erleichtert. Die Skizzen zeigen ihn in der weiteren Fortführung des Verlaufs viel sicherer als bei der Ausformung der ersten Takte. Die Verteilung der Skizzen läßt darüber hinaus den Schluß zu, daß er immer wieder auf diese Frage zurückgekommen ist. Die wohl früh zu datierende Notiz zu Beispiel 13 beginnt auftaktlos und steht dem Mozartschen Vorbild so fern, daß man die Möglichkeit ins Auge fassen möchte, Beethoven habe es erst später, gewissermaßen nur als »Katalysator«, in die Konzipierung einbezogen. Die Melodie beschreibt in Beispiel 13 in eiliger modulatorischer Führung eine harmonisch weit ausholende Kurve – bis hin zur Kadenzierung auf d, als einem doppeldominantischen Vorstoß, den Beethoven in anderen, wohl späteren Notizen zurücknahm und – wie in der Endfassung – den zweiten Ansatz übertrug.

Damit löste er auch die allzu mechanische Entsprechung der beiden Achttaktgruppen aus Beispiel 13 auf. Im übrigen fixiert diese Notiz bereits wichtige Momente des weiteren Verlaufs und zeigt, daß Beethoven vom Bewegungscharakter des Trios früher konkrete Vorstellungen hatte als von dessen Thematik. Als er, wohl mit einigem zeitlichen Abstand, auf das Scherzo zurückkam (Beispiel 14), trifft er zunächst Maßnahmen gegen das fundamentlos Vagierende der Melodie; er tilgt nicht nur die Modulation nach d, sondern fixiert den Ausgangspunkt mit allem nur denkbaren Nachdruck; in einer anderen Notiz (Beispiel 15) ist dieser »Bleiklotz« am Beginn einem dreimaligen Quartsprung gewichen, der den Aufstieg der Melodie gewissermaßen aus sich herauswirft. Am Ende jedoch erschien Beethoven auch

---

33 Takte 146–174 des Finales. Nottebohm nannte diese Nachbarschaft eine »Verrätherin«; *Zweite Beethoveniana*, a. a. O. S. 531.

diese vorbereitende Veranstaltung überflüssig, möglicherweise, weil ihm ein Zuviel
an Erklärung und Zuordnung das Suchend-Geheimnisvolle dieses Satzbeginns zu
beeinträchtigen schien. Wenn das verlängerte c beim Wiederbeginn des Minore

14

15

(Takt 237) im Thema auftritt, so weniger als Relikt früher erwogener Formen denn als Tonika-Zielpunkt der vorangegangenen Überleitung.

So schwer sich die Musik des Scherzo in Gang setzen läßt, so rasch kann sie, hat sie ihr Gleis gefunden, einem nahezu haltlosen, perpetuum-mobilehaften Selbstlauf anheimfallen, den Beethoven nicht zuletzt durch die überlange, von Takt 114 bis Takt 130 reichende Bindung verdeutlicht. Die vier Entwürfe der tragenden Baßlinie (Beispiele 16–19), im Gegensatz zur Endfassung (Takt 131 ff.) alle auf c endend,

16

17

18

19

spiegeln seine Mühen bei der Formung dieses »formlosen« Selbstlaufs wider, ganz besonders die drei ersten in der Arbeit mit unregelmäßigen metrischen Bildungen, wogegen die Achttaktigkeit des vierten hier »statisch« anmutet, eher wie ein Entwurf eines Passacaglia-Basses. Die Notiz Beispiel 20 zeigt Beethoven am Ende des Minore mit einem As-Orgelpunkt beschäftigt, offenkundig als Vorbereitung zum C-Dur des Trios. Dessen Thema zeigt erstmals die Skizze Beispiel 21, ein Entwurf des Trio-Schlusses. Eine Rückleitung ins Minore scheint hier noch nicht geplant zu sein, eben jene, die Beethoven bis hin zur endgültigen Niederschrift beschäftigte.

Ein frühes Stadium zeigt die folgende Skizze Beispiel 22, die in der Aufteilung der

Systeme der des Skizzenkonvoluts Deutsche Staatsbibliothek Berlin *Landsberg 12*
(siehe Faksimile I) folgt. Die Zusammenhänge, zumal zwischen den Zeilen, sind
keineswegs klar, vor allem der hier besonders interessierende zwischen der zweiten
und der dritten Zeile. Zumindest scheint Beethoven – nach der hemiolisch stau-
enden Bewegung der zweiten Zeile (deren letzter Takt nicht gesichert ist) – an ein
Ausschwingen auf den wiederholten c's am Beginn der dritten Zeile gedacht zu
haben, woran das Minore sodann anschließt. In der Skizze Beispiel 23 hingegen
experimentiert Beethoven mit dem – später tatsächlich verwendeten – Melodiefall,
der auf g zurückprallt zu jenem as, dem in der Notiz Beispiel 20 schon beim Übergang vom Minore zum Maggiore eine wichtige Rolle zugedacht war. Mit einem
Melodiesturz wie Beispiel 23, nun freilich durch schaukelnde Brechungen verlängert, schließt der erste von drei im Autograph skizzierten Entwürfen (Beispiel 24)
unmittelbar an und gibt mit den am Ende über das System gesetzten Strichen mög-

licherweise ein Indiz für ein hier eingeplantes Da Capo[34]. Die Notizen Beispiel 25 und Beispiel 26 zeigen, wie sehr der Melodiesturz, der am Ende in den Takten 224 ff.

eine so sinnfällig-einfache Form erhielt, Beethoven beschäftigt hat. Beide formulieren nahezu echte Alternativen zur Endfassung, Beispiel 25 zumal in der durchschwingenden, in Takt 15 unvermittelt ans Ziel gelangenden Bewegung, und die der endgültigen Lösung noch näher stehende Notiz Beispiel 26 vor allem mit dem die Bewegung abrupt blockierenden d/as in Takt 13. Eine ähnliche Absicht, den entspannenden Auslauf vor dem Minore zu brechen, zeigt, freilich in weniger prononcierter Form, die unten zitierte Notiz Beispiel 41. Die drei nachfolgend zitier-

---

34   Hierzu S. 162 ff.

ten, ebenfalls dem Autograph entnommenen Notizen (Beispiel 27–29) variieren die eben erörterten Formen des Übergangs.

Eine Überleitung zum Finale scheint frühzeitig zu Beethovens Konzeption dieser Sinfonie gehört zu haben. So entstammt die nachfolgende Notiz Beispiel 30 einem

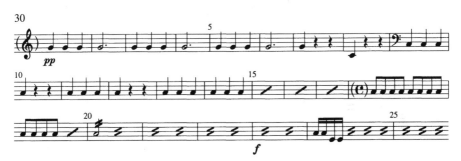

vermutlich auf 1804/05 zu datierenden Skizzenheft. Die Steigerung wird aus den Bezeichnungen *pp* und *f* und aus der Verkleinerung der Werte ersichtlich, wie auch in der nächsten, wohl später niedergeschriebenen Skizze Beispiel 31, in der Beetho-

ven erstmals verrät, wohin die Entwicklung geht. Beispiel 32 setzt die Überleitung nach einer jähen Unterbrechung des Scherzos an, und die Skizze Beispiel 33 entspricht bereits der Endfassung (vgl. Takt 322 ff.).

In der ausführlichen Skizze Beispiel 34 erscheint erstmals die Absicht angedeutet, in der Überleitung mit Elementen des Scherzo-Themas zu arbeiten. In der

vorletzten Zeile der im Faksimile I wiedergegebenen Skizze (vgl. Beispiel 35) wird
dies konkretisiert; zugleich fixiert Beethoven auch jenes as-Pedal, welches bei zwei
vorangehenden Überleitungen geplant und verworfen, in dieser endlich (vgl.
Takt 324 ff.) seinen Platz finden wird. Am Beginn dieser vorletzten Zeile hat Beethoven die Baß- und Violinschlüsselpartie übereinander geschrieben. Im übrigen
bleibt unklar, ob und wie die Zeilen verbunden sein sollen. Hier wie schon in den
zuvor zitierten Skizzen begegnet ein Umschlag in den ⁴/₄-Takt, der, später erst mit
dem Finalebeginn eintretend, zunächst »auf halber Strecke« liegen sollte. Vermutlich
mußte er weichen, nachdem Beethoven die Steigerungsmöglichkeiten erkannt hatte, die sich aus der »Kreiselbewegung« des vom Scherzo-Thema abgespaltenen Motivs

gewinnen lassen. Das folgende, sehr viel später im gleichen Notierungsbuch begegnende Beispiel 36 zeigt eine Erkundung dieser Möglichkeiten, die sich der Endfas-

sung bereits stark annähert (vgl. dort die Takte 361 ff.). Mit diesen Vorbereitungen
jedoch war das kompositorisch neue Terrain dieser Überleitung immer noch nicht
ausreichend erschlossen. Bei der endgültigen Ausarbeitung der Partitur (Seiten 205
und 206) skizziert Beethoven weiter; insgesamt enthalten die Seiten 202 bis 209 die
im Verhältnis meisten Ausstreichungen und Verbesserungen im Autograph
(Faksimile VII).

Das zuletzt zitierte Beispiel 36 nun hat offensichtlich zu einem Partiturfragment
gehört, das man wohl als letzte Vorstufe vor der endgültigen Fixierung ansehen muß
und aus dem deutlich hervorgeht, in welcher Weise, wenn sich Beethovens kompositorische Vorstellung gefestigt hatte, eine ein- oder zweistimmige Aufzeichnung
auch für komplexe, polyphon gearbeitete Strukturen stehen konnte. Einige Unstimmigkeiten im Verlauf (Beispiel 37) ergeben sich aus einer falschen Einheftung

(37)

(37)

der Lagen[35]. Wie im Autograph sind zwölf Systeme für die partiturmäßige Aufzeichnung eingerichtet (1:Vl. I; 2:Vl. II; 3:Va.; 4: Fl.; 5: Ob.; 6: Cl.; 7: Fg.; 8: Cor.; 9: Tp.; 10:Timp.; 11:Vc.; 12: Cb.), jedoch nur höchstens zwei beschrieben. Die Übertragung Beispiel 37 enthält also, ergänzt um Hinweise auf die jeweiligen Parte, den gesamten vorhandenen Text. Auftakt und erster Takt befanden sich offenbar auf einem verlorengegangenen Blatt. Die Aufzeichnung verrät (vgl. dort Takt 59), daß Beethoven die in der Endfassung erst in Takt 97 beginnende Durchführung der beiden Themen zunächst früher ansetzen wollte.

Es erscheint kaum denkbar, daß Beethoven in der Konzeption des ersten, zweiten und dritten Satzes weit vorangekommen sein könnte, ohne vom Finale genauere Vorstellungen zu haben. Insofern ist besonders bedauerlich, daß die Beispiele 31, 32 und 34, die das bekannte Finale-Thema enthalten, nicht genauer datiert werden können. Die Frage erhält besonderes Gewicht dadurch, daß die frühe Notiz Beispiel 38 als Thema des »ultimo pezzo« etwas präsentiert, was vom nachmaligen Fi-

nale-Thema denkbar weitab liegt – so weit, daß man annehmen möchte, hier sei ein späterer Umschlag ins Maggiore bereits einkalkuliert. Unsere ohnehin sehr unvollständige Kenntnis der Entstehungsgeschichte der Fünften hat hier ihre wohl schmerzlichste Lücke. Interessant ist, daß nach Ausweis der Skizze Beispiel 39 die Rück-

35 Staatsbibliothek Preußischer Kulturbesitz Berlin, Mendelssohn-Stiftung 20. Zu allen Einzelheiten vgl. C. Canisius, a. a. O. S. 146 ff. Dort S. 125–143 stark verkleinerte Faksimilierungen des Fragments.

blende ins Scherzo früh ins Auge gefaßt war und Beethoven zunächst an eine von
der ersten viel stärker unterschiedene, mit Motiven aus der Fortführung des Finale-
Themas (vgl. Takte 391 ff.) arbeitende Hinleitung gedacht hatte.

III. Die Wiederholung im dritten Satz

Die Ausgabe von 1977 hat die große Wiederholung im Scherzo so angezeigt, wie
sie ursprünglich beabsichtigt war. Mit ihr kommt in der Abfolge A (= Minore)–B (=
Maggiore)–A–B–A' eine fünfteilige Satzanlage zustande, die bei Beethoven insgesamt zehnmal begegnet – durchweg in Werken, welche im engeren zeitlichen Umkreis der Fünften Sinfonie stehen: die Sinfonien 4, 6 und 7, die Streichquartette
op. 59 Nr. 2, op: 74 und op. 95, die Klaviertrios op. 70 Nr. 2 und op. 97 sowie die
Sonate für Klavier und Violoncello op. 69, mit Ausnahme der Klaviersonaten also
alle Werke größeren Zuschnitts, die in den Jahren zwischen 1805 und 1811 entstanden. Beethoven selbst hat mitverschuldet, daß die Wiederholung in Vergessenheit
geriet. Hieraus zu folgern, daß er der Frage der Teilwiederholungen gleichgültig
gegenüberstand (und nur dies könnte etliche übliche Willkürlichkeiten ihrer Handhabung rechtfertigen), wäre aber grundfalsch[36]. Schon seine entschiedene Stellung-
nahme bezüglich der – heutzutage fast immer gestrichenen – Expositionswiederholung in der Eroica zeigt dies in aller Deutlichkeit. So wenig diese Frage hier
ausführlich behandelt werden kann, obwohl sich in den Ecksätzen der Fünften die
Extremfälle einer stets und einer kaum je befolgten Wiederholungsvorschrift ge-
genüberstehen, so wenig soll sie dogmatisiert werden. Mit der Auskunft freilich, daß
der jeweilige Abschnitt »zu lang« würde, ist keine Streichung gerechtfertigt. Selbst
die umfangreiche, hier wieder in die Rechte eingesetzte Wiederholung verlängert
die Aufführungsdauer der Sinfonie um nur etwa dreieinhalb Minuten, womit diese
in der Gesamtdauer noch immer hinter der Neunten, Dritten und Sechsten Sinfonie zurücksteht und lediglich die Siebente überholt. Allerdings vergrößert sich das
eigentümliche zeitliche Mißverhältnis des 1./2. bzw. 3./4. Satzes der Sinfonie nun
noch mehr, ein Mißverhältnis freilich, das, durch die Konzentriertheit des ersten
Satzes geschaffen, hier ganz offenbar zur Sache, zur Konzeption gehört. Die Begründung »zu lang« freilich meint unausgesprochen oft etwas anderes – den Umstand nämlich, daß bei bekannter Musik schon das erstmalige Erklingen Momente
einer Wiederholung enthält, eine Überlegung, aus der heraus Brahms z. B. Teilwiederholungen mitunter freistellte.

Zur Wiederholung im Scherzo der Fünften hat sich bis vor kurzem nur Riezler
geäußert, der, sie als von Beethoven gestrichen annehmend, nun »die Selbständigkeit des Satzes sehr wesentlich beeinträchtigt« sieht; »er ruht nicht mehr wie jedes
andere Scherzo oder Menuett im Gleichgewicht, sondern verliert gegen Ende schon

---

36 Hierzu vgl. W. Hess, *Die Teilwiederholung in der klassischen Sinfonie und Kammermusik,* in: Die Musikforschung XVI, 1963, S. 238 ff.

in dem sich im pp verflüchtigenden Trio beginnend immer mehr an Gleichgewicht«[37]. Noch eindeutiger plädiert R. Simpson[38] für die Wiederholung, wobei er
annimmt, daß Beethoven selbst zumindest unschlüssig gewesen sei. In den zur Uraufführung benutzten Orchesterstimmen war die Wiederholung ursprünglich ausgeschrieben. Jedoch scheint sie in ihnen bald getilgt worden zu sein, da bei dem
größten Teil der Stimmen Handschrift und Tinte der Korrektur und das dabei benutzte eingeklebte Notenpapier die gleichen sind wie in den Stimmen selbst. Dies
spräche für eine sehr frühe Revision der Wiederholung, mithin auch dafür, daß der
verlorengegangene Brief an Härtel, worin Beethoven u. a. die Einfügung des zusätzlichen Taktes vor der zweiten Fermate im ersten Thema des ersten Satzes anordnete, auch die Tilgung der Wiederholung mitteilte.

Damit würde sie sich als nahezu spontane Reaktion auf die wenig geglückte
Uraufführung darstellen. Unverständlich bliebe dann freilich, wieso Beethoven die
auf das Scharnier der Wiederholung bezogenen Rückfragen des Verlages mißver-
stand und daß man in Wien das Stück weiterhin mit der fraglichen Wiederholung
spielte: Offenbar existierten weitere handgeschriebene Materiale, von denen Einiges sich im Besitz der Gesellschaft der Musikfreunde Wien befindet. Franz Oliva,
ein Freund Beethovens, vermerkt in den Konversationsheften im Jahre 1820 eindeutig als empörenden Ausnahmefall, daß in einem Konzert am 9. April die Wiederholung weggeblieben sei. »Ich habe vergessen, Ihnen zu sagen, daß Dillettanten
gestern Ihre Symphonie abgekürzt haben; im 3ten Stück ließen sie fast die Hälfte
weg; – der fugirte Mittelsatz war nur einmahl, dann trat gleich die Stelle ein wo die
Violinen piccicato haben, und der Übergang in das Finale, es machte eine sehr
schlechte Wirkung.«[39]

Wenn in der Folgezeit nicht mehr um das Da capo insgesamt, sondern nur um
die zwei zu ihm hinführenden Takte diskutiert worden ist, so deshalb, weil sie auch
ohne Da capo stehengeblieben und also überzählig waren[40]. Wie das Autograph
zeigt, hat Beethoven den betreffenden Übergang mehrmals verändert und den Schrei-
bern der Stichvorlagen eine recht unklare Fassung übergeben. Leider ist die entsprechende Seite der seit 1945 verschollenen zweiten Stichvorlage nicht fotografiert worden. Da die Erstausgabe (siehe Faksimile II) den Text der Taktpaare 238/
239 (prima und seconda volta) ohne die dazwischengehörigen Wiederholungszeichen nebeneinanderstellt, war wohl auch die erste Stichvorlage nicht eindeutig.
Sollte – was wenig wahrscheinlich ist – freilich zutreffen, daß Beethoven schon hier

---

37 W. Riezler, *Beethoven*, Zürich 1944, S. 160.

38 R. Simpson, *The First Version of Beethoven's C-Minor-Symphony*, in: *The Score No. 26*, 1960, S. 30 ff.

39 Ludwig van Beethoven, *Konversationshefte*, herausgegeben von G. Schünemann, Berlin 1943, Band II,
    S. 41, bzw. *Ludwig van Beethovens Konversationshefte*, herausgegeben von K.-H. Köhler und D. Beck,
    Leipzig 1976, Band II, S. 53; Schünemann las statt »abgekürzt« »abgekratzt«.

40 Das Problem der Wiederholung findet sich ausführlich diskutiert in der Dissertation C. Canisius,
    Quellenstudien ... a. a. O. Dieser Darstellung wird im weiteren gefolgt, ohne daß Einzelnachweise
    gegeben werden. Für alle Details sei, da hier nur ein Überblick gegeben werden kann, auf sie
    verwiesen.

eine Streichung der zwei Takte angewiesen hatte (wie der Verlag später mitteilte, s. u.), so wäre ihm der Zusammenhang erstaunlich früh aus dem Gedächtnis gekommen. Für die Mitwelt schien der Fehler, weil Beethoven ihn übersehen hatte, seine Autorisation zu haben. Daß bei der Uraufführung und weiteren Aufführungen, bei denen man das erste handgeschriebene Material benutzte, wiederholt worden war, fiel merkwürdigerweise nicht ins Gewicht.

In der faksimilierten Fassung ist die Stelle sodann gespielt worden, auch dort, wo gerade anhand der Fünften Sinfonie erstmals neuzeitliche Maßstäbe von Orchesterarbeit gesetzt wurden, in Paris in den Jahren 1829/30 unter François Antoine Habeneck. Dort nahm der Musikschriftsteller F. J. Fétis erstmalig an den »zwei überflüssigen Takten« Anstoß, welche, sofern sie beabsichtigt seien, von »forcierter, kindischer Originalität« und »schlechtem Geschmack« zeugten[41]. Laut G. Grove hatte man die zwei Takte in jenen Jahren auch im Leipziger Gewandhaus und in London gestrichen[42], in Leipzig zweifellos veranlaßt durch Mendelssohn. Als dieser beim Niederrheinischen Musikfest 1846 ebenso verfuhr, löste er eine langanhaltende Diskussion aus, bei der die Macht der Gewohnheit immerhin Männer wie Berlioz, Schindler und A. B. Marx für die Beibehaltung der beiden Takte plädieren ließ. Habeneck hatte sie, wie er Schindler im Jahre 1841 gestand, nicht zuletzt deshalb beibehalten, weil er sonst einen »Sturm der Entrüstung im Conservatoir-Orchester erregt« haben würde[43]. Schindler führte ins Feld, daß »von der Zeit des Erscheinens dieser Sinfonie bis zu des Meisters Heimgang … dieselbe oft in seiner Anwesenheit entweder probiert oder aufgeführt worden, ohne daß seinerseits ein Wort gegen jene Stelle … bemerkt worden wäre«[44], und er mit ihm, Seyfried und den Dirigenten der Wiener Concerts spirituels (u. a. Franz Piringer, der einige der Wiener Orchesterstimmen signiert hat) das Werk vor einer jeweils neuen Einstudierung sorgfältig durchgegangen sei. Sofern dies wirklich zutrifft, wäre doch eine – wenig wahrscheinliche – Takt-für Takt-Lektüre notwendig gewesen, um auf die Wiederholungsfrage zu stoßen. Überdies ist bekannt, daß dem fast immer ganz auf die in Arbeit befindlichen Werke konzentrierten Beethoven Einzelheiten früherer Werke schnell aus dem Gedächtnis kamen. »Derlei Beweise ergaben sich nur zu oft mit Copisten oder bei Gelegenheit von Anfragen.«[45] Beethoven selbst sah in jener Zeit wenig Anlaß, sich zur Frage ihm selbst unterlaufener Fehler zu äußern[46], weil »ich mich mein Leben nicht bekümmere um das, was ich schon geschrieben habe«[47].

41 Rezension in: Le Temps, zitiert in: W. v. Lenz, *Beethoven. Eine Kunststudie,* Band II, Kassel 1855, S. 25.

42 G. Grove, *Beethoven und seine neun Symphonien,* deutsche Bearb. M. Hehemann, London 1906, S. 161.

43 A. Schindler, a. a. O. S. 555.

44 a. a. O. S. 556.

45 A. Schindler, *Biographie von Ludwig van Beethoven,* Münster 1927, S. 15, vgl. auch S. 29 und 44.

46 Brief vom 3. VIII. 1809; *Ludwig van Beethovens sämtliche Briefe,* herausgegeben von A. C. Kalischer, a. a. O. Band I, S. 286; Briefwechsel, GA, Nr. 394 (Bd. 2, S. 76).

47 Brief an Härtel vom 26. VII. 1809; a. a. O. Band I, S. 282; Briefwechsel, GA, Nr. 392 (Bd. 2, S. 71–73). Bei dieser Formulierung freilich muß berücksichtigt werden, daß Beethoven sie in ei-

Und bei Aufführungen muß der Ertaubende bei der betreffenden, im *pp* verlaufenden Passage den Zusammenhang fast zwangsläufig verloren haben.

Entfallen war Beethoven auch, daß er mit dem Verlag über die fragliche Stelle korrespondiert hatte, wie aus einem Brief vom 21. August 1810 hervorgeht, der im Zuge der durch Mendelssohn angeregten Diskussion in der Allgemeinen Musikalischen Zeitung Nr. 27 (Juli 1846) faksimiliert veröffentlicht wurde[48]. Demnach hatte Beethoven schon knapp zwei Jahre nach der Uraufführung den Zusammenhang der fraglichen zwei Takte mit einer Wiederholung aus dem Gedächtnis verloren; er bezeichnet sie als »zuviel« und weist ihre Streichung an. In einer Beischrift zu dem Faksimile formuliert der Verlag, daß seinerzeit eine entsprechende Anweisung der Stichvorlage »sowie die mit Rothstift darübergeschriebene Bemerkung ›Si replica con Trio allora 2‹ beim Stich übersehen worden« seien. Diese Auskunft aber desavouiert sich selbst, weil die Streichung der Takte und die italienische Beischrift einander widersprechen. Daß Beethoven beim Korrigieren beider Stichvorlagen der gleiche gravierende Irrtum unterlaufen sein sollte, ist mehr als unwahrscheinlich. Die Tatsache, daß die entsprechende Seite der zweiten nicht fotografiert wurde, läßt überdies vermuten, daß Beethoven hier nicht korrigiert hat.

Nicht aber nur hier, sondern gleich zu Beginn des Satzes, im vierten Takt, ist beim Stich etwas übersehen worden, genau also an der korrespondierenden Stelle zu der fraglichen, nämlich eine – im Autograph deutlich lesbar hinzugefügte – Wiederholungsanweisung (vgl. Faksimile III). Anfangs war die Unstimmigkeit sogar entdeckt worden: Am 14. September 1808 hatte Beethoven die erste Stichvorlage an Härtel übergeben und im nachfolgenden Frühjahr die zweite mit etlichen Korrekturen nachgereicht, so u. a. die bekannte Ergänzung der zweiten Fermate im Hauptthema des ersten Satzes durch einen zusätzlichen Takt. Daß Beethoven sie im Autograph nicht nachtrug, zeigt an, daß dessen quellenmäßige Verbindlichkeit hier endet, was – oft übersehen – entsprechend für viele seiner Eigenschriften gilt. Härtel kam in Schwierigkeiten; ein Teil des Materials war schon ausgedruckt, und die zusätzlichen Takte mußten mit einigen Mühen in die schon fertigen Platten eingestochen werden. Der Verlag erkundigte sich nach einem Fehler im Scherzo, übersandte jedoch keine Unterlagen, so daß Beethoven nicht erkennen konnte, worum es ging. In einem Brief vom 28. März 1809 erbat er einen Korrekturabzug, den er jedoch nicht erhielt. Eine geplante Reise nach Leipzig, bei welcher er an Ort und Stelle hätte korrigieren können, unterblieb. Erst im November 1809 erhielt er die gedruckten Stimmen, jedoch nicht vollständig, so daß er den gesamten Stimmensatz erst im Sommer 1810 durchsah, wobei er nun angesichts vieler stehengebliebener Fehler sehr verärgert war[49]. Bei dieser Gelegenheit hat er – in dem 1846 veröffentlichten Brief – die Streichung angewiesen. Indessen galt auch denjenigen, die von

---

nem Zusammenhang tat, der ihn zu derlei sarkastisch-ironischen Übertreibungen eher ermuntern mußte.

48 Faksimile bei Canisius, a. a. O. S. 163.
49 Brief an Breitkopf & Härtel vom 21. August 1810; Briefwechsel, GA, Nr. 465 (Bd. 2, S. 148–152).

der vorhanden gewesenen Wiederholung wußten (unter ihnen Marx, Nohl, Jahn, Nottebohm und Thayer), der Brief vom August 1810 als letztes Wort in der Sache. Beethoven aber kann sie lediglich aus den Augen verloren haben, anderenfalls er das »Si replica Allegro con trio allora se piace 2« widerrufen hätte. Hier ist es nicht überflüssig, daran zu erinnern, daß »se piace« nicht im Sinne eines ad libitum, sondern als höfliche Aufforderung zu verstehen ist (»Man wiederhole das Allegro und das Trio und dann bitte die 2«) – vgl. Faksimile V.

Aus den erhaltenen Skizzen geht hervor, daß Beethoven sich mehrmals mit den Wiederholungen im Scherzo beschäftigte und verschiedene Lösungen erwog. Vor der endgültigen Niederschrift im Autograph hatte er lediglich eine Wiederholung des c-Moll-Teils im Auge. Die früheste hierüber Auskunft gebende Notiz Beispiel 40

40

enthält bei dem Abschluß des Moll-Teils außer einem Doppelstrich und der Bezeichnung *trio* für das Folgende eine *2* über dem System, womit seinerzeit oft Wiederholungen angezeigt wurden[50]. Auch in einer zwischen dieser Skizze und dem Autograph stehenden Fassung des Scherzos, welche sich in dem oben als Beispiel 37 übertragenen, 38 Seiten starken Partitur-Fragment erhalten hat[51], hielt Beethoven an diesem Wiederholungsplan fest; er hat dort an der entsprechenden Stelle den durchgezogenen Taktstrich durch jeweils nur durch die einzelnen Systeme gehende Striche zum Doppelstrich ergänzt; allerdings fehlen die Doppelpunkte, was angesichts des skizzenhaften Charakters der Niederschrift erklärlich ist, stellt sie doch ein auf die führenden Stimmen sich beschränkendes Stenogramm dar. Aus verschiedenen Einzelheiten[52] läßt sich mit einiger Sicherheit schließen, daß es sich hierbei um die erste partiturmäßige Aufzeichnung des Scherzos handelt. Im Autograph (S. 168) scheint Beethoven zunächst ebenso verfahren zu wollen, d. h. er beginnt den durchgezogenen Taktstrich jeweils in den Systemen zu verdoppeln, bricht jedoch auf dem 11. System ab und setzt einen zweiten, alle Systeme durchlaufenden Strich als Scheidelinie zwischen Minore und Maggiore und mit einiger Wahrscheinlichkeit auch im Sinne einer Entscheidung gegen Wiederholung an dieser Stelle. Schon bevor er ins Minore zurückkehrt, beginnt ihn der hier fällige Übergang, wie Skizzierungen in den unten freibleibenden Systemen zeigen (Faksimile IV), zu beschäftigen, und hier (S. 183) begegnet nach den Vorstadien Beispiel 23 und Beispiel 25 ein Entwurf, in dem mit *d. C.* das Da capo ausdrücklich angezeigt ist (Beispiel 41, vgl. das untere System im Faksimile IV). Eine Seite weiter, bei dem Übergang angelangt, scheint Beethoven wieder unsicher zu sein; zunächst sieht er eine Wiederholung

50 Übertragung bei Canisius a. a. O. S. 83 bzw. zuvor bei Shedlock, a. a. O. S. 598.
51 Vgl. Anmerkung 35.
52 Hierzu insbesondere Canisius, a. a. O.

nicht vor, korrigiert dies jedoch und setzt, um Zweideutigkeiten auszuschließen, die italienische Anweisung hinzu (siehe Faksimile V). Dies geschieht mit dem gleichen Stift und vermutlich im gleichen Arbeitsgang wie die Markierung der Wiederholung am Satzbeginn[53] und der Seconda-volta-Takte drei Seiten weiter (Faksimile VI). Die Spuren des zuvor anvisierten wiederholungslosen Fortgangs freilich hat er nicht konsequent getilgt, und so ist wohl zu verstehen, daß der Kopist sich zwischen Streichungen, ungenau angezeigten *Vi-des* und unklaren Anschlüssen nicht zurechtfand. Hier also nimmt die Geschichte dieser verschütteten Absicht ihren Anfang. Daß diese, auf sehr komplizierte Weise, nur vergessen wurde, muß angenommen werden, solange kein Widerruf der Wiederholungsanweisung bezeugt ist, welcher der Rötelstift überdies den Charakter einer nachdrücklichen Bekräftigung gibt. Hier freilich endet die Zuständigkeit der positiven philologischen Nachweise. Die Zeugnisse der Uraufführungsstimmen und Olivas stehen gegeneinander und verhindern vorderhand jede Eindeutigkeit einer Beweisführung für oder gegen die Wiederholung.

Bedenkenswert bliebe deren Problematik aber selbst dann, wenn sich zweifelsfrei nachweisen ließe, daß Beethoven sie nach der Uraufführung gestrichen wissen wollte. Dann hätten wir hier einen der weniger für ihn als etwa für Charaktere wie Bruckner typischen Fälle vor uns, in denen der erste Zusammenprall mit der Realität selbst langgehegte Intentionen über den Haufen zu werfen vermag. Beethoven war mit dem Gedanken an diese Wiederholung so lange umgegangen, daß sich ein fast desavouierender Widerspruch ergäbe zu der Eile, mit der er, sie streichend, auf Eindrücke der verunglückten Uraufführung reagierte. Es wäre kaum ein Sakrileg, hinter die Kompetenz dieser Entscheidung – wie vergleichsweise hinter Bruckners Geneigtheit, den Vorschlägen seiner Jünger zu folgen – ein vorsichtiges Fragezeichen zu setzen. Wieviel Gewicht ein Dirigent nun diesem oder jenem Argument zuzubilligen bereit ist – an einem gewissenhaften Abwägen aller Gesichtspunkte sollte er sich nicht vorbeistehlen können.

---

53 Eine genaue Beschreibung dieser Passage (der Seiten 185–189 des Autographs) bei Canisius, a. a. O. S. 71 ff.

Faks. 1: Seite 1 des Skizzenkonvoluts Landsberg 12
(Staatsbibliothek zu Berlin, Musikabteilung)

Faks. 2: Erstdruck: 3. Satz, T. 231 ff. aus der Violoncello/Kontrabaß-Stimme
(Staatsbibliothek zu Berlin, Musikabteilung)

Faks. 3: Beginn des 3. Satzes in Beethovens autographer Partitur
(Staatsbibliothek zu Berlin, Musikabteilung)

Faks. 4: Seite 183 (3. Satz) der autographen Partitur – im unteren Teil
skizzierter Übergang, der das Da capo (d.C.) (2.Takt) der unteren Zeile) anzeigt
(Staatsbibliothek zu Berlin, Musikabteilung)

Faks. 5: Seite 185 (3. Satz) der autographen Partitur
(Staatsbibliothek zu Berlin, Musikabteilung)

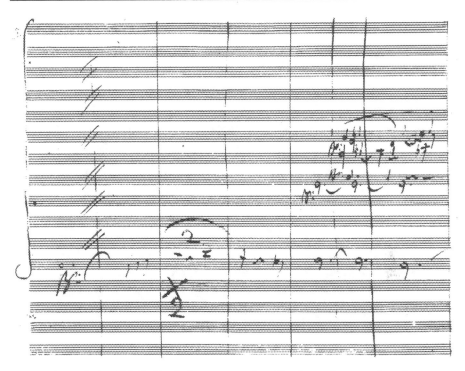

Faks. 6: Seite 188 (3. Satz) der autographen Partitur mit seconda-volta-
Einzeichnung (Staatsbibliothek zu Berlin, Musikabteilung)

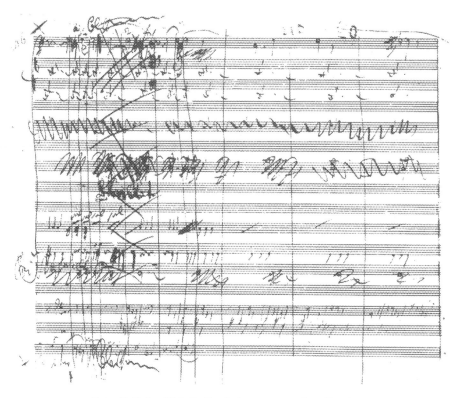

Faks. 7: Seite 206 (3. Satz) der autographen Partitur
(Staatsbibliothek zu Berlin, Musikabteilung)

IV. Beziehungen zur französischen Revolutionsmusik

»Den Musikern kann doch die Zensur nichts anhaben. Wenn man wüßte, was sie bei Ihrer Musik denken!« So hat Grillparzer voller Neid zu Beethoven gesagt[54]: Die Fünfte Sinfonie gehört zu den Beethovenschen Werken, die diese Äußerung zu widerlegen scheinen, kann man doch schwerlich an ihren aktuellen Bezugnahmen vorbeihören. Als Kronzeugen mag an den oft zitierten alten Soldaten erinnert sein, der während einer Pariser Aufführung des Werkes beim Finale-Eintritt aufsprang und in den Ruf »C'est l'Empereur, vive l'Empereur« ausbrach. Als dies – in den Jahren 1828/30 – geschah, hatte sich im Protest gegen die Herrschaft der Reaktion und die Ideologie des »Enrichissez-vous« schon jene Napoleonlegende gebildet, die den Kaiser auch als denjenigen feierte, der die alten Feudalregimes das Fürchten gelehrt hatte und damit zum Inbegriff einer großen Zeit geworden war, eines Aufbruchs, worin Revolution und Feldzüge verschmolzen. Insofern war er rasch assoziiert mit Intonationen, die in eine Zeit vor dem 18. Brumaire, wo nicht überhaupt vor den Thermidor gehörten.

Die nachfolgenden Beispiele sollen nicht beweisen, daß Beethoven in der Fünften bewußt entlehnt hat. Sollte dies geschehen sein, so bliebe es dennoch weniger wichtig als der Umstand, daß er im Geist und Stil französischer Revolutionsmusik erfand und deren Intentionen in seinem, dem sinfonischen Bereich vollstreckte. Zudem konnte anhand der Ersten Sinfonie wahrscheinlich gemacht werden, daß Beethoven über die französische Botschaft das *Magazin de Musique* kannte, worin etliche revolutionäre Gesänge abgedruckt wurden[55].

Der charakteristische, nach oben gebrochene Dreiklang mit anschließendem Herabgehen – zumeist in Sekunden und bis zurück zum Grundton-, der das Finale der Fünften eröffnet, findet sich im französischen Repertoire mehrmals, so in einem Freiheitschor von François Joseph Gossec[56] aus dem Jahre 1792 (Beispiel 42), hier freilich in einer reigenhaft entspannten Rhythmik; Beethoven näher steht eine Siegeshymne von Lacombe/Adrien aîné[57] (Beispiel 43). Es handelt sich hier um eine gewissermaßen »elementare« diatonische Melodieprägung, die auch schon früher oft begegnet[58]. Beethoven hat sie mit durchaus andersartiger Intention vor der Fünften Sinfonie schon mehrmals verwendet, so als »Con brio«-Charakter im Nachsatz des Hauptthemas des ersten Satzes der Ersten Sinfonie (Takt 33 ff.), als Hauptthema des c-Moll-Klavierkonzertes und als Maggiore-Thema im Trauermarsch der Eroica (Takte 69 ff.).

54 Zitiert in: C. Träger, *Einführung,* in: *Grillparzers Werke,* a. a. O. Band I, S. 34.
55 G. Knepler, *Musikgeschichte des 19. Jahrhunderts,* zwei Bände, Berlin 1962, Band II, S. 553.
56 F. K. Prieberg, *Der melodische Archetyp,* in: Neue Zeitschrift für Musik, 1956, Heft 2; K. H. Wörner, *Das Zeitalter der thematischen Prozesse in der Musik,* Regensburg 1969, S. 18.
57 C. Pierre, *Musique des Fêtes et Cérémonies de la Révolution française,* Paris 1891, Nr. 61; vgl. hierzu und allgemein zum hier erörterten Zusammenhang P. Gülke, *Motive aus französischer Revolutionsmusik in Beethovens Fünfter Sinfonie,* in: Musik und Gesellschaft 1971, S. 636 ff.
58 Vgl. weitere Zitate bei Prieberg a. a. O. und Wörner a. a. O.

Arnold Schmitz, der als erster das Augenmerk auf die hier erörterten Bezüge lenk-
te[59], entdeckte eine verblüffende Parallele zum Beginn der Fünften Sinfonie in
Cherubinis *Hymne du Panthéon*[60] (Beispiel 44). Das komplementär-rhythmische In-

einandergreifen der Stimmen ab Takt 5 wie auch das mottohafte Voranstehen der
vier Unisonotakte mit Aufenthalten im zweiten und vierten hat im Hinblick auf die
Fünfte beinahe Modellcharakter. Der gleiche Komplementärrhythmus begegnet,
überdies in einem c-Moll-Stück, auch in Esmenard/Lesueurs *Chant du Premier Ven-
démiare*[61] (Beispiel 45), hier verbunden mit dem Dreiklang von Beethovens Finalbe-

59 A. Schmitz, *Das romantische Beethovenbild*, Berlin 1927, S. 164 ff.
60 a. a. O. S. 164; auch bei Knepler, a. a. O. S. 554.
61 C. Pierre, *Musique …* a. a. O. Nr. 30.

ginn. Der »élan terrible« des ersten Satzes der Fünften findet sich auch in den Texten der genannten Gesänge wieder, bei Cherubini als grimmige Entschlossenheit zum Kampf (»Sur votre cercueil héroique/Nous jurons tous le fer en main/De mourir pour la République/Et pour les droits du genre humain« = »An Eurem Heldensarge/ schwören wir alle, das Schwert in der Hand/für die Republik zu sterben/und für die Rechte des Menschengeschlechts«), bei Lesueur in der Beschwörung des heroischen Beispiels der Alten (»Jour glorieux, jour de mémoire/O Rome antique sors du tombeau/La France aura/toute ta gloire ...« = »Ruhmvoller Tag, Tag des Gedenkens/O altes Rom, entsteige dem Grabe/Frankreich wird/all Deinen Ruhm haben.«).

Der lapidare Zuschnitt und heroische Gestus der meisten revolutionären Gesänge – und der Fünften Sinfonie – gibt einfachen, oft benutzten Intervallfolgen auf neue Weise Gewicht und Bedeutung, wie dies von anderer Seite auch Beethovens thematische Arbeit besorgt. Die prägnante Folge zweier verschränkt fallender Terzen, die im Thema des ersten Satzes begegnet, prägt u. a. den Refrain einer *Hymne an die Vernunft* des als Verfasser der Marseillaise berühmt gewordenen Rouget de l'Isle[62] (Beispiel 46),

dessen Text, getragen vom großen Pathos des »Heilig die letzte Schlacht«, umstandslos als poetische Paraphrase zu Beethovens erstem Satz verstanden werden könnte: »Quand déchirant les voiles sombres dont la nuit couvrait l'univers« (»Wenn wir die düsteren Schleier zerreißen, deren Nacht das All bedeckte«). Über diese gewiß zufällige Parallelität geht eine andere hinaus, die sich auf die Gemeinsamkeit zweier steigender Sekunden gründet und darauf, daß in der aufwärtsgehenden, mit resoluter Gewichtigkeit durchschnittenen Terz ein melodischer Gestus von Zuversicht, Festigkeit und Vorandrängen formuliert wird. Rouget de l'Isle deklamierte in dieser Weise in seiner *Hymne dithyrambique*[63] das zentrale Losungswort der Revolution (Beispiel 47). In der

Chan-tons la li - ber - té, cour-ron-nous sa sta - tu - e

Fünften Sinfonie erscheint der Terzanstieg mit thematischer Qualifikation erstmals im Gesang der Klarinetten und Fagotte im *Andante* (Takte 23 ff.), welcher einem Entwurf für den zweiten Satz der zweiten Sinfonie (Beispiel 48) merkwürdig stark ähnelt[64]. Der gleiche Terzanstieg findet sich als Auftakt in der frühesterhaltenen Skizze

62 C. Pierre, *Musique* ... a. a. O. Nr. 34.
63 C. Pierre, *Musique* ... a. a. O. Nr. 23.
64 Vgl. u. a. K. Westphal, *Vom Einfall zur Sinfonie*, a. a. O. S. 61, bzw. B. Deane, *The Symphonies and Ouvertures*, in: *The Beethoven Companion*, a. a. O. S. 287.

etc.

zum zweiten Satz (vgl. oben Beispiel 9a). Hier wie in der Zweiten Sinfonie setzten Beethovens Vorstellungen bei einer Konzeption »quasi Menuetto«, bei »lyrischen Menuett-Konzeptionen« ein und gingen zur beseelten Kantabilität eines Andante fort, beide Male wurde der im Terzraum liegende Auftakt durch gewichtige Aufstiege aus der Unterquart ersetzt. Im *Andante* der Fünften bereitet Beethoven der Melodie der Klarinetten/Fagotte ein merkwürdiges Schicksal: sie bleibt in einem verminderten Septakkord hängen, worin ihr alle Zielstrebigkeit abhanden kommt. In einem jäh einbrechenden Fortissimo reißt das Tutti den vordem so »stillen« Gesang der Holzbläser an sich und führt ihn in triumphierendem C-Dur fort, »so als ob dieses Lied eines einzelnen ein Lied der Massen werden sollte«[65]. Hier gibt Beethoven erstmals eine Vorausschau auf den Triumphgesang des Finales, und gewiß nicht zufällig erscheint der Terzanstieg an wichtiger Stelle in dessen erstem Thema (Takte 4–6), sodann, verwandelt und diskret als Kontrapunkt eingesetzt, als Gegenstimme zum dritten (erstmals Takt 47 ff.), um in der Durchführung immer mehr anzuwachsen und ganz die Führung an sich zu reißen in einem Abschnitt, worin ein großer, enthusiastisch bewegter Rundgesang abgebildet scheint, in den immer mehr Stimmen einfallen. Daß dieser dithyrambische Jubel sich an dem Wort »la liberté« entzünden bzw. um es kreisen (Beispiel 49) könnte, bedarf kaum der Erläuterung. Keineswegs freilich soll damit eine verschwiegene Tropierung aufgedeckt werden.

(»la li - ber - té«   )

Die innere Notwendigkeit und substantielle Stimmigkeit, in der sie einrastet, macht die Frage nach der Zufälligkeit bzw. Bewußtheit dieser Korrespondenz fast zu einer anekdotischen. Einkomponiert, in seiner verbalen Erscheinungsweise überflüssig gemacht ist der Untertext »la liberté« so und so.

Die aufgewiesenen Bezugnahmen könnten wohl dazu verführen, allzu geradlinig auf eine bestimmte Art des Widerhalls zu schließen, die die Fünfte gewissermaßen finden mußte. Sieht man von dem oben zitierten Veteranen ab, so wird diese – unangemessene – Erwartung weitestgehend enttäuscht. Erschrocken allerdings war man sehr wohl über die Fünfte. Goethe fand sie im Jahre 1830 »sehr groß, ganz toll; man möchte fürchten, das Haus fiele ein«[66]; die Malibran gar erlitt bei der Auffüh-

---

65 G. Knepler, a. a. O. S. 565.

66 Berichte von Felix Mendelssohn an seine Eltern, 25. Mai 1830, u.a. in: *Goethes Gespräche,* hrsg. von Flodoard Freiherrn von Biedermann und Wolfgang Herwig, Zürich – Stuttgart 1972, III. Band, 2. Teil (1825–1832), S. 626.

rung konvulsivische Anfälle, und Berlioz berichtet anhand der Habeneck-Aufführungen in Paris von ähnlichen Wirkungen. Das Erschrecken betraf aber noch immer in erster Linie die ästhetische Gestalt, kaum die revolutionäre Botschaft, und wenn E. T. A. Hoffmann in seiner Rezension (s. u.) und im entsprechenden Kapitel der *Fantasiestücke in Callots Manier*[67] nirgends von Revolutionsmusik, wiederholt aber von dem von Beethoven betretenen »Geisterreich des Unendlichen«, von »unnennbarer Sehnsucht« o. ä. spricht, so darf man ihm nicht vorhalten, er habe am Wesentlichen des Werkes vorbeigehört, sei einer Verdrängung unterlegen bzw. einfach der ästhetischen Verinnerlichung der »tatenarmen« (Hölderlin) Deutschen aufgesessen. Real und im übertragenen Sinne lagen die Orte, wo eine Sinfonie aufgeführt wurde, und derjenige, wo man Revolution macht, bis zur Unvergleichbarkeit weit auseinander, so daß selbst eine so deutliche Annäherung unbemerkt bleiben konnte. Andererseits darf man jene Bezugnahmen nicht schlankweg mit der Intention des Stückes gleichsetzen und von »Beethovens Absicht« reden, »mit der heroischen c-Moll-Sinfonie die Begeisterung für den vaterländischen Befreiungskampf zu steigern ...«[68].

Immerhin schlagen Ahnungen und Erkenntnisse hinsichtlich der sprengenden Intentionen der Fünften, wenn auch sporadisch, öfter durch. Goethe hatte sie sich vom jungen Mendelssohn vorspielen lassen; der Hintersinn des an die zitierte Äußerung sich anschließenden Satzes »... und wenn das nun alle Menschen zusammen spielen!« läßt sich kaum überlesen. Adolf Bernhard Marx[69] argumentiert gegen eine Verknüpfung mit dem »Empereur«, denn »hier handelt es sich nicht um irgendeinen vereinzelten Kampf; jeder Kampf, den der Mensch in edlem Ringen gegen das Schicksal besteht, in welcher Gestalt es auch entgegentrete, findet hier sein ideales Abbild und seinen Triumph. Gerade die Ungeeignetheit der Musik, das Konkrete so genau zu bezeichnen, wie Plastik und Poesie vermögen, ist hier der idealen Darstellung zustatten gekommen«. Und Wilhelm von Lenz resümiert bündig: »Kein Einzelkampf gegen Lebensgeschicke ist der Gegenstand dieses Gedichts, – Kampf von Massen gegen Massen.«[70]

V. Zur Analyse und Interpretation

Nur wenige Sinfonien haben die analysierende und deutende Betrachtung so häufig und so vielfältig herausgefordert wie die Fünfte. Dies aufzuarbeiten ist hier um so weniger der Platz, als es sich kaum trennen ließe von der Rezeptionsgeschichte des Werkes, einem schier uferlosen Stoff. Mehr als einige Ansatzpunkte können deshalb im folgenden nicht benannt werden.

---

67 E. Th. A. Hoffmann, *Poetische Werke,* herausgegeben von H. Mayer, Berlin 1963, S. 98 ff.
68 K. Schönewolf, *Das Konzertbuch,* Band I, Berlin 1962, S. 416.
69 A. B. Marx, *Ludwig van Beethoven, Leben und Schaffen,* zwei Bände, Berlin 1859, Band II, S. 62.
70 a. a. O. Band IV, S. 70.

Was die zeitlichen Dimensionen der Sätze angeht, so ist die Fünfte, von außen betrachtet, Beethovens am »schlechtesten« proportionierte Sinfonie; das verstärkt sich noch durch die hier wieder in ihre Rechte eingesetzte Wiederholung im dritten Satz. In der ungefähren Dauer der Sätze (bei Wahrnehmung aller vorgeschriebenen Wiederholungen, zugrundegelegt die Zeiten einer Toscanini-Einspielung aus dem Jahre 1951, I = 7'25", II = 8'40", III = 7'28", IV = 10'10") ergibt sich ein – sehr ungewöhnliches – Übergewicht des Scherzo-Finale-Paares, wobei überdies zu bedenken bleibt, daß Toscanini in der Temponahme des Finales weit über Beethovens gemäßigte Anweisung hinausgeht. Verursacht ist das Übergewicht des Scherzo-Finale-Paares durch die außerordentliche Knappheit des ersten Satzes, in der Beethoven geradezu den Extremfall einer Alternative zum ersten Satz der *Eroica* zu suchen scheint, an die er in der Fünften konzeptionell in vieler Hinsicht anschließt. Dies und mehr noch der Umstand, daß sich der Hörer dieser »Disproportion« kaum bewußt wird, also bei diesem ersten Satz wie kaum irgendwoanders ein Unterschied zwischen der Zeitmenge und ihrer inneren musikalischen Dimensionierung in Erscheinung tritt, erledigen die Frage, ob es sich um einen versehentlich eingetretenen Übelstand handle, dem man entgegenwirken müsse. Die Gepflogenheit, die Exposition des ersten Satzes zu wiederholen, die des Finales aber nicht, ist oft hierdurch – falsch – motiviert. Man hat vielmehr in dieser scheinbaren Disproportion ein Moment der Gesamtkonzeption zu sehen, angefangen dabei, daß die Sätze mehr aufeinander angewiesen sind als in anderen Sinfonien, als – zwischen der diskursiv »argumentierenden« Grundlegung im ersten und dem »éclat triomphal« des Finales – Stationen einer Entwicklung, gegen die kein Detail sich verselbständigen darf. Im Sinne dieser Entwicklung leistet das knappe *Allegro con brio* genau, was hier vonnöten ist, es fixiert ihren Ausgangspunkt und motiviert ihre Richtung. Gleichzeitig präsentiert Beethoven eine Radikallösung des Finale-Problems: Die zunehmende Differenzierung sowie innere und äußere Dimension der ersten Sätze hätte die Gefahr einer Kopflastigkeit des sinfonischen Ganzen mit sich gebracht, welcher der Beethoven der Dritten, Fünften und Sechsten Sinfonie nur unter Aufbietung einer Konzeption beikam, die über den musikalischen Eigenbereich hinausgriff.

Die Konsequenz des in der Fünften Sinfonie durchschrittenen, mit »durch Nacht zum Licht« schlagwortartig bezeichneten Weges muß kompositorisch vor allem in der Identität des Abgehandelten gesichert werden. Weit darüber hinaus aber arbeitet Beethoven den den verwendeten Formen innewohnenden Tendenzen zur Schließung und Abrundung entgegen und bringt auch in deren innere Komplexion die Risiken des Unterwegs immer neu ein. Dies geschieht in einer im sinfonischen Komponieren durchaus neuartigen Weise; zweifellos spielen dabei Erfahrungen mit, die Beethoven in der Hammerklaviersonate, im *Fidelio*, in der Vierten Sinfonie und besonders im Streichquartett op. 59 Nr. 3 in der Formung einer hinleitenden, nichtthematischen, zugunsten des Vorgänglichen alle Gravitationspunkte meidenden Musik gewonnen hatte[71].

71 Vgl. P. Gülke, *Introduktion als Widerspruch im System. Zur Dialektik von Thema und Prozessualität bei Beethoven,* in: Deutsches Jahrbuch der Musikwissenschaft für 1969, Leipzig 1970, S. 5 ff., im vorliegenden Bande S. 67 ff.

Selbst innerhalb der diktatorischen Geradlinigkeit des ersten Satzes schafft er einer Wanderung ins Ungewisse Raum und gibt eben damit jener Geradlinigkeit besondere Tiefe und Legitimation. Am Ende dieser »Wanderung« steht, hier ein jäh einschlagender Blitz, jene Gestalt, die die Gemeinsamkeit derThemen endgültig manifest macht. Es handelt sich um die vieldiskutierten[72] Takte 196 ff., in denen Beethoven die Musik den metrischen Boden unter den Füßen verlieren läßt. »Irgendwo« in dieser Passage gerät die paarige Ordnung der Takte aus dem Tritt. Die Gruppierung 2 × 4/4 +1/2 × 6/2 × 4 wertet den Takt 208 als zusätzlichen und räumt dem Takt 209 die Möglichkeit ein, die Schwere einer neuen »Tonika« auf sich zu ziehen, was der hier beginnende Wechsel von Bläsern und Streichern bekräftigt. Doch auch eine Gruppierung 3 × 4/3/4/6/2 × 4 erscheint denkbar; hypothetisch bleiben die eine wie die andere, weil die Festlegung eines Umschlagpunktes dem Wesen der hier intendierten Ungewißheit widerstreitet und dementsprechend der Verifizierung beim Hören entzogen bleibt.

Nicht weniger als hier geht auch in den Takten 41 ff. des *Andante con moto* die Reise ins Ungewisse, als in einem zaghaften Vorantasten, bei dem, ebenfalls wie in der eben besprochenen Passage, im Fehlen kleiner Werte die Bewegungsform der Musik sistiert erscheint. Auch hier strebt die Musik aus dem vorgegebenen Rahmen heraus einer reinen Vorgänglichkeit zu, welche gegen Ende (Takte 45–47) immer mehr in den Sog jenes As-Dur gerät, dem sie durch den C-Dur-Einbruch der Takte 29/30 entrissen worden war. Der Wiederkehr dieser Passage (Takte 90 ff.) gibt nicht zufällig der aus dem ersten Satz zitierte Rhythmus die Feinstruktur. Eine Beirrung anderer Art komponiert Beethoven in den Takten 134 ff., einer auswuchernden Verselbständigung der kleinen Sechzehntelfloskel zu einem Insichkreisen, worin alle Orientierung abhanden zu kommen scheint, ehe die Musik ins Gravitationsfeld der letzten C-Dur-Apotheose gerät. Im Scherzo endlich hat Beethoven die Polarität von tastendem, immer wieder fragend hängenbleibenden Suchen und zielstrebigem Vorangang geradezu thematisiert und den Vorangang (Takte 19 ff.) an die rhythmische Grundformel der Sinfonie gebunden. Und an seinem Ende steht jener Übergang, der als Inszenierung des »éclat triomphal« allein zu gering bewertet wäre, nur aus der alle Sätze übergreifenden Konzeption erklärbar ist – und übrigens, so sehr er es auch dissoziiert, das Scherzo-Thema als Chiffre fragenden Suchens bestätigt, weitab liegend also von dem Finalthema in Mozarts g-Moll-Sinfonie

---

72 Vgl. E. Tetzel, *Der große Takt,* in: Zeitschrift für Musikwissenschaft III, 1920/21, S. 605 bis 615; Th. Wiehmayer, *Der »Große Takt« und die Analyse der c-Moll-Sinfonie von Beethoven,* in: Zeitschrift für Musikwissenschaft IV, 1922, S. 417–427; M. Frey, *Die Taktart im 1. Satz von Beethovens c-Moll-Sinfonie,* in: Die Musik 9, S. 64 ff.; R. Hammer, *Versuch einer rhythmischen Analyse des 1. Satzes der c-Moll-Sinfonie,* in: Neue Zeitschrift für Musik 78, 1911, S. 4 ff.; Th. Müller-Reuter, *Über die rhythmische Bedeutung des Hauptmotivs im 1. Satze der Beethovenschen 5. Sinfonie,* in: *Bilder und Klänge des Friedens,* Leipzig 1919, S. 179 ff.; F. v. Weingartner, *Ratschläge für die Aufführung klassischer Sinfonien,* Band I, Leipzig 1925, insbesondere S. 67 ff.; H. Schenker a. a. O.; A. Imbie, *»Extra Measures« and Metrical Ambiguity in Beethoven,* in: *Beethoven-Studies,* ed. by A. Tyson, New York 1973, insbesondere S. 55 ff. Eine – nicht ganz vollständige – Übersicht über die Literatur zur Fünften Sinfonie gibt D. MacArdle, *Beethoven Abstracts,* Detroit 1973.

KV 550. Beethoven hat hier paradigmatisch ausgeformt, wie Musik ankommen, an ihr Ziel gelangen kann. Eben darum aber gibt es für dieses Finale nichts mehr zu suchen, keine Wegstrecke mehr zu bewältigen. Dies aber gehört wesenhaft, unabhängig von der hier vorgeschlagenen Konzeption, zu fast jeder Beethovenschen Durchführung, und entsprechend wäre eine solche hier nicht möglich. Beethovens Lösung dieses Problems zeigt die Geradlinigkeit, mit der er sein Konzept verfolgt: Nach dem Wiederholungszeichen verhilft er jenem oben mit »la liberté« assoziierten Terzaufgang zu immer größerer Bedeutsamkeit und steigert dies zum Bilde eines Rundgesangs, der musikalischen Übersetzung eines Revolutionsfestes. Er komponiert keine arbeitende, Konflikte bewältigende Durchführung, sondern mehr eine Expansion schon vorhanden gewesener Elemente. Formal gesehen gehörte so etwas eher in eine Coda. Nach dieser Kulmination die Themen in der Reprise als wiedergewonnen, als Ergebnis zu präsentieren, wäre widersinnig. Vor allem von hier aus mag jene überraschende, schon von Zeitgenossen bestaunte und bewunderte Einblendung der Scherzo-Reminiszenz motiviert sein, welche überdies noch einmal die rhythmische Grundformel und die durchlaufene Wegstrecke vergegenwärtigt. Es hieße die Möglichkeiten der Musik zu solcher Vergegenwärtigung unterschätzen, sähe man in dieser Reprise die Zwänge zu musikalisch-formaler Stimmigkeit obsiegen gegenüber dem Tatbestand, daß ein Durchbruch wie derjenige zum Finale nur einmal erfolgen kann. Dies – übrigens bei der Vermeidung der Expositionswiederholung gewiß noch seriöseste – Argument simplifiziert die Musik Beethovens auf eine bloße Abbildlichkeit herunter, die ihr, bei aller noch so konkreten ideellen Programmatik, nicht eignet.

Den Stationencharakter der Sätze hat Beethoven in vielen Einzelheiten des musikalischen Materials gesichert, was sich großenteils, um die als Themen formulierten Individualitäten nicht zu beeinträchtigen, »unterhalb« von deren Sphäre im Bereich der kleinen Bausteine abspielt. Die fast alle thematischen, motivischen etc. Elemente einbegreifende Gesamtkonzeption, wie Beethoven sie eben in der *Eroica* auf neue Weise verwirklicht hatte[73], bedient sich in der Fünften noch deutlicher als in der *Eroica* des Prinzips des kleinsten gemeinschaftlichen Vielfachen. Im *Allegro con brio* exemplifiziert er es im Verhältnis von thematischer Vorgabe und Ausarbeitung zum Satz als in einer Studie zu den Möglichkeiten der Allgegenwärtigkeit eines Bausteins. Vom Bezug des Hornthemas im dritten Satz (T. 19 ff.) auf den ersten muß nicht ausführlich gehandelt werden. Weniger manifest, in der Bezugnahme jedoch nicht weniger triftig, erscheint die »Grundformel« im zweiten und vierten Satz in verschiedenen Mensuren, im *Andante* im kantablen Dreischritt hin zum

---

73 Hierzu vgl. P. Hauschild, *Melodische Tendenzen in Beethovens »Eroica«,* in: Deutsches Jahrbuch der Musikwissenschaft für 1969, Leipzig 1970, S. 41 ff. Der Nachweis eines allen Sätzen der Fünften Sinfonie gemeinsam zugrundeliegenden melodischen »patterns«, den R. Réti in einer teilweise tiefdringenden, detaillierten Analyse versuchte, krankt an einer einseitigen Überwertung diastematischer Momente, welche unverkennbar unter dem Eindruck des dodekaphonen Reihendenkens steht; vgl. R. Réti, *The Thematic Process in Music,* New York, 1954, S. 165 ff.

Hauptton (z. B. T. 23/24), verstärkt im kraftvollen Voranschreiten der Takte 30/31 etc. und diminuiert in einem hintergründigen *pp* als Begleitung jener oben beschriebenen, abirrenden Wanderung (Takte 88 ff.). Im Finale steckt sie in Dreiachtelauftakten im ersten (Takte 6, 8, 10 etc.) und noch deutlicher im dritten Thema (T. 45 ff.), das seine Wiederholung in eine selbständige Gestalt integriert. Zudem ist es auch diese Grundformel, die die Steigerung zum »Rundgesang« auf ihren Kulminationspunkt treibt (T. 122 ff.).

Das dritte Thema weist – vom thematisch gesetzten Terzfall abgesehen – als gewissermaßen »natürliches« melodisches Korrelat der viertönigen rhythmischen Figur die Quartdurchschreitung aus. In den beiden ersten Sätzen bleibt es hierin bei einer Diskretion, welche die Befrachtung mit motivischer Bedeutsamkeit beinahe dem Vorwurf der Überinterpretation aussetzt, so im ersten Komplex Takte 14–16 (Beispiel 50) und gegen Ende in zwei verschiedenen Richtungen und Mensuren (Takte 407 ff. bzw. 423 ff., Beispiel 51a und b).

Allen Nachdruck freilich gewinnt sie an jener einzigen Stelle, die von der Diktatur des allgegenwärtigen Motivs und der damit verbundenen Bewegungsform nicht erreicht wird und eben daher die Eindringlichkeit eines erlösten, von allen Verpflichtungen dispensierten Aussingens bezieht, dem ein kleiner Freiraum ausgespart ist: Die Kadenz der Oboe in der Reprise (Takt 268). Im *Andante* wird die Quartdurchschreitung von der »Abirrung« der Holzbläser produziert (Takte 142 ff., Beispiel 52) und kurz darauf in Gegenrichtung in einer ebenfalls umwegigen Überleitung aufgenommen (Takte 178 ff., Beispiel 53).

Im dritten Satz – und auch hierin erweist dieser sich als gewaltig ausgebaute Hinleitung zum Finale – macht Beethoven die Verknüpfung der rhythmischen Grundformel mit der Quartdurchschreitung mit allem Nachdruck manifest, wenn das Horn, zunächst auf einem Ton skandierend, »endlich« melodisch zu formulieren beginnt (erstmalig T. 25 ff., Beispiel 54). In der Begleitung des perpetuum-mobile-

haften Fortrollens der Takte 115 ff. erscheint sie ebenso (Violine I, T. 116, 120 etc.) wie als strukturgebundenes Element im Thema des Trios (Takte 140 ff., Beispiel 55a), von wo ein direkter Bezug zum ersten Finalthema geht (Takte 6 ff., Beispiel 55b).

Im Finale endlich strukturiert sie die Details in einem Maße, worin die Allgegenwart der rhythmischen Grundformel im ersten Satz ihre Entsprechung findet. Ein einheitsstiftendes Element ist hier um so mehr vonnöten, als es eines Ausgleichs zur Überfülle der thematischen Kristallisationen (s. u.) bedarf. So individuell geprägt die Themen des Finales auch erscheinen mögen – überall ist die Quartdurchschreitung präsent: ein kleiner Baustein im Nachsatz des ersten (vgl. Beispiel 55b), erscheint sie, wenn auch im Endton durch die Blechbläser überdeckt, als melodischer Abgang im zweiten (Takte 26 ff., Beispiel 56a), strukturiert das dritte in einem nahezu »sauber« sequenzierenden Auf und Ab ganz und gar (Takte 44 ff., Beispiel 56b) und wird im vierten in aller denkbaren Eindringlichkeit selbst zum Thema (Takte 64 ff., Beispiel 56c). Ihre Verwendung in einer überleitenden Passage wie

den Takten 22 ff. bildet eine genaue Entsprechung zu den oben zitierten (vgl.
Beispiel 51a) Takten 407 ff. des ersten Satzes.

Die Behandlung dieses Elementes läßt das Finale wie ein Auffangbecken erscheinen und als die Stelle, wo zuvor latent vorhanden Gewesenes manifest wird.
Die Folge zweier aufwärtsgehender Sekundschritte, an die oben im Beispiel 49 das
Wort »liberté« geheftet wurde, spielte schon in den Skizzen zum zweiten Satz eine
besondere Rolle (vgl. oben Beispiel 9b); rasch hintereinander intoniert Beethoven
sie auf denkbar verschiedene Weise – in den Takten 23/24 als beseeltes Cantabile,
zwei Takte weiter, zur kleinen Terz verengt, als bange Frage, und wieder wenig
später als triumphierendes C-Dur-Maestoso. Als dieses gelangt sie sodann ins Finalthema, womit der Kontrapunkt zum dritten Thema – gleich in beiden Bewegungs-
richtungen – zunächst nichts zu tun zu haben scheint. Ob auch das Maggiore-
Thema des dritten Satzes – vgl. besonders dessen »Fragmentierung« in den Takten
162 ff. – zu den Bezugspunkten der Terzdurchschreitung gerechnet werden darf,
bleibt eine schwer entscheidbare Ermessensfrage.

Auch das Symbol der Ankunft, des »éclat triomphal«, der nach oben gehende
Dreiklang, ist am Finalbeginn nicht neu. Am Ende des *Andante*-Themas (Auftakt zu
T. 7 ff.) hat er, durch überraschendes Forte markiert, als »Rettung« aus der Gefahr
sequenzierender Wiederholung und in der Entsprechung zu dem als Dreiklangsbrechung auf der Unterquart ansetzenden Melodiebeginn, allen Nachdruck. Möchte
man ihn hier noch, als Teil einer sehr subtilen, detailreichen Melodiegestaltung,
unabhängig vom Bezug auf das Finale sehen, so wird dieser doch wenige Takte
später überdeutlich, wenn Beethoven, nach zwei echohaften Wiederholungen der
Dreiklangsfigur, den Holzbläsern die Fortführung der Melodie »gelingen« läßt, und
mit dem nun sich anschließenden Abgang zur Tonika genau jene melodische Figur
zustande kommt, die den Kopf des Finalthemas bildet. Der Umstand, daß es sich um
einen melodischen Urtypus handelt, der auch in ganz anderen Zusammenhängen
begegnet (vgl. oben die Behandlung der Beispiele 42 und 43; die heute zumeist mit
dem Text »Trarira, der Sommer der ist da« bekannte gleiche Melodie mochte Beethoven vom Bonner Karneval mit dem Text »Hohoho, die Fassenacht es do« kennen)[74], mindert die Bezüglichkeit innerhalb des so genau disponierten Regelkreises
der Fünften Sinfonie nicht. Auch zwischen scheinbar peripheren Gestalten begegnen auffällige Ähnlichkeiten; beispielsweise macht im *Andante con moto* die Klarinette nach der Zweiunddreißigstel-Variation das Thema zu einer Frage (Takte 127 ff.);
deren bekräftigende Beantwortung durch das Fagott, eine Abbreviatur des Themas,
in der dessen Anfang und Abschluß zusammengezogen sind, klingt deutlich in jener
Melodie nach, die – wiederum im Fagott – den Anlauf zur Coda des Finales einleitet (Takte 317 ff.) und zugleich auf die Intervallkonstellation des zweiten Themas
(Beispiel 56a) anzuspielen scheint.

Derlei zusammenschließende Bezüge sind um so dringlicher vonnöten, je stärker sich die Individualität der einzelnen Sätze ausprägt und von einer »gewohn-

---

74 H. Hisgen, *Der Landsknechtsmarsch in Beethovens 5. Sinfonie,* in: Neue Musikzeitung 43, 1922, S. 348 ff.

heitsrechtlichen« Typologie entfernt. Diese Erfahrung verband sich für Beethoven insbesondere mit der *Eroica.* Hier wie nun in der Fünften aber stehen die – bisher vornehmlich in ihrer blanken, kompositionstechnischen Positivität erörterten – Details in einem größeren Zusammenhang – einem konzeptionellen, dessen über den musikalischen Bereich hinausgehende Verbindlichkeiten im Verlaufe des Werkes immer deutlicher offengelegt werden. Bei der *Eroica* ist dies anhand der Prometheus-Thematik öfter dargestellt worden. Ihr – durchaus nicht unproblematischer – Abstand zwischen den Ecksätzen findet sich in der Fünften auf anderer Ebene wieder: im ersten Satz das Schulbeispiel einer knapp gefaßten dialektischen Auseinandersetzung, die den thematischen Prägungen eigenwertiges Hervortreten kaum erlaubt und in der Zielstrebigkeit einer Auseinandersetzung von nahezu diskursiver Logik keine Abwege oder Ruhepunkte duldet; im Finale ein »éclat triomphal«, der thematische Gestalten in einer Fülle produziert, welche den Satz wohl in Gefahr bringen könnte, bei ihrer Bewältigung und sinnvollen Verknüpfung zu versagen. Tatsächlich verarbeitet Beethoven im Finale nur andeutungsweise, das erste Thema z. B. überhaupt nicht – dieses steht hier »nur« als Zeichen der Ankunft. Der erste hingegen mutet geradehin wie eine immerwährende, die Stationen der Sonatenform unterlaufende Durchführung an, ganz und gar, wenn man – was fragwürdig ist – unterstellt, das Unisono der ersten fünf Takte bilde »das Thema«. Dabei wären deren mottohafter Charakter und die Tatsache allzusehr ignoriert, daß, ehe dem Hörer klar geworden ist, wo der Satz endgültig beginne und was das Thema sei, dessen Verarbeitung bereits anfängt – dies ganz offenbar eine mit dem »neuen Weg« zusammenhängende Verfahrensweise[75]. Daran ist nun gar nichts Schulmäßiges, ebensowenig wie an dem engen strukturellen Bezug der beiden als Charaktere so weit auseinanderliegenden Themen: Die verschachtelten Terzfälle des ersten (Beispiel 57a) vergrößert Beethoven in dem »Portal« zum zweiten (Beispiel 57b) zu Quinten und

57

schreibt als zweites Thema der damit entstandenen, die Funktionen I–IV–V–I absteckenden Viertonfolge b–es–f–b kantabilisierende Vorhalte ein (Beispiel 57c). Der solche Bezugnahmen glücklich charakterisierende Begriff der »kontrastierenden Ableitung«[76] möge nicht suggerieren, daß hierbei die ableitend verknüpfende Disposition etwas erreichen und also der musikalischen Erfindung einiges abnehmen könne. Die Ansprüche an diese, die Maßstäbe ihrer Prüfungen steigern sich vielmehr. Auch ohne die strukturelle Bindung wäre das zweite Thema ein »Fund«. Diese Bindung nun könnte hineininterpretiert erscheinen, zumal Beethoven zu-

75 C. Dahlhaus, *Beethovens »Neuer Weg«,* in: Jahrbuch des Staatlichen Instituts für Musikforschung Preußischer Kulturbesitz, 1974, S. 46 ff.
76 A. Schmitz, a. a. O.

nächst das kleine Intervall (Terz) und den kleingliedrigen Rhythmus (Achtel) einerseits und große Intervalle (Quinten) und große Werte (Halbe) andererseits beieinanderhält. Eben dies jedoch gibt ihrer späteren wechselseitigen Vermittlung besonderes Gewicht: Die thematische Relevanz jenes »Portals« stellt Beethoven in der Durchführung (Takte 179 ff.) deutlich heraus und löst eben hier die oben beschriebene Zuordnung auf – in dem blitzschlaghaften Fortissimo der Takte 228 ff., das die Wanderung ins Ungewisse beendet; hier kommt das kleine Intervall mit den großen Werten zusammen. Nach der Reprise knüpft Beethoven hier in einer Partie an (Takte 398 ff.), welche sich zu einer zweiten Durchführung mit neuen Ergebnissen entwickelt.

Je kleiner das gemeinschaftliche Vielfache, desto besser kann es die Struktur in allen Details durchdringen: Das gilt, wie oft am ersten Satz der Fünften dargestellt, für dessen rhythmische Grundformel ebenso wie für die oben erörterte intervallische Konstellation. Viel seltener ist analysiert und gewertet worden (ein sensibler Betrachter wie D. F. Tovey hat das zu Recht glossiert)[77], daß, je kleiner dies Vielfache ist, zumal in der Qualität einer thematischen Vorgabe, desto mehr der kompositorischen Herausarbeitung zu leisten bleibt. Hätte Beethoven nicht schon beim Skizzieren mit dem »Motto« des Satzes vieles affiziert, so wäre von der kleinen Figur als solcher das Nachfolgende weniger definiert gewesen als von fast jedem anderen Sonatenthema. Der bei den Vorarbeiten öfter in sequenzierendes Geschiebe geratene Beethoven (s. o. Bsp. I) hat mit diesem Problem immer neu zu tun gehabt. Wenn er sich zum ²/₄-Takt entschloß, so nicht nur zu einer äußeren Entsprechung zur Gedrängtheit der thematischen Formulierung oder, weil – schon vor dem Einschub des zusätzlichen Taktes vor der zweiten Fermate im Thema – Taktwechsel unumgänglich gewesen wären, oder weil das Thema metrisch nicht immer gleich hätte bewertet werden können. In dem kleinen Takt vergegenständlichte sich ihm die Freiheit zur Formung sehr unterschiedlicher Komplexe, des Widerspiels viertaktiger, zweitaktiger oder eintaktiger Folgen etc., dem neben Tovey u. a. auch Wilhelm Furtwängler eine eindrucksvolle Betrachtung gewidmet hat[78]. Beispielsweise schreibt Beethoven ab Takt 6 zunächst viertaktige Komplexe, entsprechend auch ab Takt 25, sodann ab Takt 34 zweitaktige, welche alsbald (Takte 38 ff.) zu eintaktigen komprimiert werden als in einer »außerordentlich steilen Steigerung in rasendem Tempo; erst wenn das obere c-Moll erreicht ist, entlädt sich die ganze Wucht des großen f-Tuttis in zwei breit ausladende viertaktige Perioden«[79] (Takte 44 ff.).

Die nachträgliche Einfügung eines zusätzlichen Taktes vor der zweiten Fermate im Thema stellt in der Wahrnehmung der durch den kleinen Takt gewährten Freiheiten nur den letzten Schritt dar. Da Beethoven sie erst am 28. März 1809 anordnete, zu einem Zeitpunkt, da ein erster Satz Orchesterstimmen schon gedruckt war,

---

77 D. Tovey, *Essays in Musical Analysis,* Band I, London 1935, S. 38 ff. Auszugsweise nachgedruckt in der Ausgabe der *Norton Critical Scores,* a. a. O. S. 143 ff.
78 W. Furtwängler, *Beethoven und wir* (1951), in: Ton und Wort, Wiesbaden 1955, S. 221 ff.
79 a. a. O. S. 228.

findet sie sich weder im Autograph oder der Stichvorlage noch in den zur Uraufführung benutzten Stimmen und brachte den Verleger in Schwierigkeiten, mußte
doch der neue Takt nachträglich in die Platten eingestochen werden[80]. Nicht zuletzt
dies Datum und also die Möglichkeit, die Einfügung als Reaktion auf bei der Uraufführung gemachte Erfahrungen zu erklären, gibt dem Argument, Beethoven habe
»diese vier Takte, das heißt, diese beiden Fermaten, für den Hörer als ein in sich
zusammengehöriges Ganzes vom übrigen Stück abtrennen«[81] wollen, besondere
Glaubwürdigkeit. Der hiergegen erhobene Einwand, die durch einen Takt bezeichnete Quantum Zeit sei viel zu klein, um die Dauer der Fermaten merkbar zu unterscheiden, übersieht die Funktion der optischen Veranschaulichung, zumal im Zusammenhang mit dem durch die Fermate geforderten ad libitum der Dehnung.

Die mehrmals in der Literatur begegnende Vermutung, Beethoven habe sich erst
bei der partiturmäßigen Ausarbeitung zu dem kleinen Takt entschlossen, da im Autograph die vorgesehenen Takträume nachträglich von ihm durch zusätzliche Taktstriche halbiert worden sind, muß in Zweifel gezogen werden. In den Skizzen begegnet ein ⁴/₄-Takt nirgends; bestenfalls könnte unterstellt werden, Beethoven habe
die Möglichkeit eines ⁴/₄-Taktes noch einmal kurz erwogen und offenhalten wollen. Wahrscheinlicher ist, daß ein anderer die Taktstriche eintrug und dabei übliche
Abstände (drei Takte auf einer Seite) wählte. Auch in den anderen Sätzen sind frei-
händig zusätzliche Taktstriche eingezogen worden.

Nach der robbespierreschen Unerbittlichkeit des *Allegro con brio* schafft der »Hoff-
nungsgesang«[82] des *Andante con moto* beinahe eine »Gegenwelt« – keineswegs aber
im Sinne einer unbedroht-idyllischen Einfriedung. Das humanitäre Pathos seiner
Kantabilität freilich steht außer allem Zweifel; eine Vorausschau hierauf mag man in
der Art und Weise sehen, in der der in der Reprise des ersten Satzes frei kadenzierenden, von der Diktatur des allgegenwärtigen Grundrhythmus befreiten Oboe alle
Innigkeit und Unmittelbarkeit einer vox humana zuwuchs. Beethoven gibt den
»Doppelvariationen« des *Andante* zunächst einen festen, selbstsicheren Verlauf, integriert aber schon in diese die oben angesprochenen Momente der Beirrung. Im
zweiten Variations-Durchgang konkretisiert er deren Hintergrund im schattenhaf-
ten Erscheinen der rhythmischen Grundformel. Allenthalben in der Wiener klassischen Musik, und bei Beethoven zumal, begegnet man in langsamen Sätzen der
fortschreitenden Auflockerung eines vorgegebenen Ablaufschemas, meist – wie auch
im vorliegenden Falle – endend bei einer triumphierenden Wiederkehr des Themas.
In der Fünften freilich gewinnt dies eine besondere Wertigkeit im Rahmen der hier

80 Kinsky/Halms Auskunft, es sei heute von den ersten, vor der Einfügung ausgedruckten Materialien
    nur eines bekannt, das im British Museum London liegende, muß korrigiert werden; u. a. gehört
    auch der größere Teil der in der Deutschen Staatsbibliothek Berlin liegenden Original- bzw. Erst-
    ausgabe zu jenem ersten Stimmensatz. *Das Werk Beethovens. Thematisch-bibliographisches Verzeichnis
    seiner sämtlichen vollendeten Kompositionen,* herausgegeben von G. Kinsky, nach dem Tode des Verfas-
    sers abgeschlossen und herausgegeben von H. Halm, München 1955, S. 159.
81 Furtwängler, a. a. O. S. 225; vgl. hierzu die unter Anmerkung 79 genannte Literatur.
82 H. Goldschmidt, *Beethoven – Werkeinführungen,* Leipzig 1975, S. 42.

vorgeschlagenen Konzeption des Unterwegs zwischen den Stationen der Ecksätze
– und gewinnt darüber hinaus neuartige Dimensionen. Im dritten Durchgang
(Takt 99 ff.) bricht Beethoven aus der selbstgestellten Ablaufregel in der erweitern-
den Passage Takte 114 ff. aus, einer »Verstörung«, in deren Gefolge die Prägungen
dieses Satzes in größerem Abstande umkreist werden, weil er ihrer nicht mehr in der
früheren Selbstverständlichkeit gewiß ist; er muß sie, zwischendurch in Fermaten
auflaufend oder figurativ sich verlierend, neu finden oder »erringen«, neu auf sie
zukommen, auf den C-Dur-Gesang der Takte 148 ff. ebenso wie auf die Takte 185 ff.,
eine Apotheose des Hauptthemas, welche bezeichnenderweise in einer mehrmali-
gen Wiederholung des triumphalen Dreiklangs endet (Takte 190 ff.). Der Seitensatz
(erstmals Takte 22 ff.) findet hier überhaupt keinen Platz mehr; in einem *Più mosso*
(Takte 205 ff.) verliert die Musik gar ihre Bewegungsform, um sich in einer großen
As-Dur-Expansion zu fangen und dem thematischen Nachsatz in einer melodischen Neuformulierung wie nie zuvor einen Sinn von Stillung und Tröstung anzu-
schaffen (vgl. besonders Takt 225), einem Vorgang ähnlich demjenigen, den Thomas
Mann anhand der letzten thematischen »Anrufung« im zweiten Satz der Sonate
op. 111 beschrieben hat. In den Dreiklängen (Takte 242/243 und 245/246), mit
denen das *Andante con moto*, nicht zufällig, schließt, weist es unverkennbar über sich
hinaus.

In einem doppelt reziproken Verhältnis hierzu steht der dritte Satz: Hier hat
Beethoven zum kompositorischen Gegenstande gemacht, daß die Musik sich erst
findet. Immer wieder muß sie sich aus einem De profundis herausarbeiten und jene
Selbstgewißheit erst gewinnen, mit der – wie anders auch immer – das *Andante*
einsetzte. Und ebenfalls umgekehrt wie jenes erleidet sie außerhalb des thematisch
Gesetzten nicht Verschattungen und Infragestellungen, sondern erlebt den Einbruch
von Helligkeit und Dur: Im C-Dur des Trios wird, metaphorisch gesprochen, der
Aufmarsch der Massen geprobt, hier erlebt die am Ende des *Andante* stehengeblie-
bene Verheißung eine erste Konkretisierung, wie auch der aus Beispiel 55 ersichtliche Bezug auf das Finalthema ausweist. Nicht zufällig schließt Beethoven zuvor das
Minore in eben der Weise, die dem Schluß des ersten Satzes über die Unterschiedlichkeit der Taktarten hinweg am nächsten kommt. Nicht zuletzt freilich dankt der
Impetus dieses Maggiore seine befreienden Wirkungen dem Umstande, daß Beethoven dem Minore die Signatur der Ungewißheit nie völlig genommen hat: Die
befestigenden Wirkungen des »Ha, es ist gefunden«-Effektes, mit dem die Hörner in
Takt 19 das vagierende Suchen beenden, halten nicht lange vor, immer weitere
Neuansätze sind vonnöten, und wo die Musik am ehesten ihr Gleis gefunden zu
haben scheint (besonders Takte 115 ff.), rollt sie auf diesem fast haltlos davon, so daß
ihr, wieder durch das Grundmotiv, in den Takten 133 ff., Halt geboten werden
muß.

Daß in der Fünften Sinfonie alles Vorangegangene ins Finale münde, artikuliert
die Überleitung in vielbestaunter Weise. Bestenfalls im formalen Verhältnis handelt
es sich nur um eine Brücke zwischen vorletztem und letztem Satz. Beethoven ging
es um die letzten Schritte vor dem »éclat triomphal«, um die letzte Steigerung eines

Weges, der schon im ersten Satz begann. Besonders vor dem Hintergrunde ihrer Gemeinsamkeiten stellt sich die Entfernung der beiden Eckpunkte dieser Strecke eindrucksvoll dar: In beiden Sätzen ist ein gemeinschaftliches Vielfaches ihrer thematischen Kristallisationen fast immerwährend gegenwärtig – im ersten die rhythmische und die intervallische Grundformel, im letzten der Quartdurchgang. Doch welch ein Unterschied in allem Übrigen! Handelt es sich, prononciert gesprochen, dort um immerwährende Durchführung, so hier um permanente Exposition. Das endlich errungene Reich der Freiheit wird musikalisch auch dadurch charakterisiert, daß es immer neuen Kristallisationen zusammenzuschießen erlaubt und sich um deren Motivation anscheinend nicht zu kümmern braucht. Die Suggestivität und Individualität der vier Themen macht die Frage nach Woher und Wohin vergessen. Im ersten Satz hingegen hat Beethoven alles getan, um zu verdeutlichen, daß alle thematischen Bildungen in das gleiche Material hineingearbeitet sind, aus dessen Bannkreis er sie nie entläßt. Zumal im Zeichen des Gegensatzes zum Finale erhalten Vergleiche wie derjenige mit der Unerbittlichkeit der revolutionär-jakobinischen Diktatur oder, auf anderer Ebene, mit Fichtes *Geschlossenem Handelsstaat* (als einem Versuch, mit allen Konsequenzen einer Bürgerdemokratie Ernst zu machen) ihre Legitimation. Die Themen des *Allegro con brio* bleiben Kollektivwesen; alle Verselbständigung, alles aristokratische Für-Sich-Sein, aller Schein einer wie auch immer eingeschränkten Autonomie sind ihnen verwehrt; den qualitativen Abstand zwischen den vermittelnden oder »arbeitenden« Partien und den thematischen Gravitationspunkten hält Beethoven so gering wie eben noch möglich ist, ohne ihre Funktion zu gefährden. Und genau damit definiert und begründet er die Befreiung von allen diskursiven Verpflichtungen, die die Finalthemen genießen. Hier, so scheint es, haben der große Arbeiter unter den Musikern und seine »Besonnenheit«[83] abgedankt und sich einer unreflektierten Direktheit der appellierenden Mitteilung überlassen, welche nicht selten als problematisch oder gar beleidigend empfunden worden ist. Spohr z. B. nannte die Überleitung zum Finale »das einzige Geniale der V. Sinfonie«[84]. Ulibischeff, noch schärfer, sieht in der Coda des Finales »ein ganz gewöhnliches Reizmittel, eine Ausfüllung durch Gemeinplätze der Militärmusik«[85], Hermann Kretzschmar findet die Themen »einfach bis zur Trivialität« und Paul Bekker sieht »fast die Grenzen bedenklicher Volkstümlichkeit«[86] gestreift. Da wird nun – und darin ist die Kritik instruktiver als viele unkonkrete Apologie – nicht nur die Komposition in Zweifel gezogen, egal, ob dies den Verfassern bewußt war. Vielmehr handelt es sich um Kritik an der Wirkungsweise der Musik, an ihrem agitatorischen Gestus, der die Normen des ästhetischen Wohlverhaltens, des »interesselosen

---

83 Dies ein von E. T. A. Hoffmann mehrmals mit Bezug auf Beethoven benutzter Begriff.
84 L. Spohr, *Lebenserinnerungen*, Tutzing 1968, S. 231.
85 »… un remplissage en lieux communs de musique militaire«; *Beethoven – ses critiques et ses glossateurs*, Leipzig 1857, S. 205.
86 H. Kretzschmar, *Führer durch den Konzertsaal, 1. Abtheilung: Sinfonie und Suite*, Leipzig ²/1891, S. 97; P. Bekker, *Beethoven*, Berlin 1911, S. 242.

Wohlgefallens« (Kant) eindeutig kündigt[87]. Daß in der Textur dieses von Prägung zu Prägung forteilenden Finales, metaphorisch gesprochen, die Ausrufezeichen die syntaktische Verknüpfung ersetzen, bezeugt das Ungenüge mit der Wirkungsweise einer in ästhetische Kategorien – im damaligen Verständnis – eingeschreinten Musik. Beethoven überschreitet diese Wirkungsweise; hier will er erklärtermaßen auf andere Weise wirken als nur als Komponist bedeutender Musik. Dies müßte als Allgemeinplatz erscheinen, wäre nicht durch die Wegstrecke von der »Argumentation«, der diskursiven Angestrengtheit des ersten Satzes zur »Agitation« des letzten diese Überschreitung als konzeptioneller Gegenstand, als – in einem sehr weiten Verständnis – das ideelle Programm des Werkes ausgewiesen. Wenn hier schon nicht die Frage nach dessen großen Implikationen gestellt oder gar beantwortet werden kann, so soll wenigstens auf den gewaltigen Unterschied an Bewußtheit hingewiesen sein, der zwischen der (von Beethoven ohnehin bekannten) Haltung eines engagierten Citoyen und dem Entschluß liegt, deren Konsequenzen in allen Ebenen des eigenen Schaffensbereiches durchzusetzen. Beethoven steht damit in einem umgreifenden Zusammenhang, er nimmt teil an der Bewältigung des beinah wichtigsten und ungelöst gebliebenen deutschen Problems seiner Zeit, dem Verhältnis von Gedanke und Tat. Der Übergang von jenem zu dieser, für den Beethoven hierin besonders nahestehenden Fichte eine »Nagelprobe« (in einer fast bis an die elfte Feuerbachthese heranführenden Konsequenz) steht in der Fünften Sinfonie als Thema – mit der Folge, daß der Beethoven des Finales zum Rhetor wird, sich also in einem Bereich betätigt, der in Deutschland (und jüngst mit allem Nachdruck bei Kant)[88] von dem der Kunst sorgsam abgegrenzt und mit dem Odium der Verunreinigung durch »banale« Zwecke versehen worden war – und der dies eingesteht. Musikalisch spiegelt sich das Eingeständnis in der Direktheit der Formulierungen bis – wie oben besprochen – heran an die Grenzen scheinbarer oder möglicher Zitate, mit gutem Grund: »Indem der Redner das Wort ergriff, hatte er sich Gesetzen unterzuordnen, die nicht von ihm, sondern von denjenigen durch ihr praktisches Leben vorgeschrieben waren, an die er es richtete. So verwandelten unter den Händen des Aufklärers sich Beweise in Forderungen, Vernunftschlüsse in Aufrufe und der Autor selbst in einen Tribunen«[89]. Hinter der Stationenfolge »durch Nacht zum Licht«, für die die Fünfte das Modellwerk bildet, steht die des Übergangs vom Denken zum Tun, kompositorisch realisiert als Sprengung des einer Sinfonie vorgegebenen Regelkreises, ein Weg von innen nach außen, ein allmählicher Austritt aus dem Bereich einer wie sehr auch immer ins gesellschaftliche »Außen« vermittelten ästhetischen Selbstbestimmung zum unmittelbaren Wirkenwollen, bei dem die Intentionen immer weniger im musikalischen Regelkreis aufgehen und integriert sein wollen: daher das

---

87 Hierzu ausführlicher P. Gülke, *Zur Bestimmung des Sinfonischen bei Beethoven,* in: Deutsches Jahrbuch der Musikwissenschaft für 1970, Leipzig 1971, S. 67 ff., im vorliegenden Bande S. 37 ff.

88 I. Kant, *Kritik der Urteilskraft,* Leipzig 1968, S. 228 (Anmerkung zu § 53).

89 C. Träger, *Fichte als Agitator der Revolution im Umkreis der Zeitgenossen,* in: *Studien zur Literaturtheorie und vergleichenden Literaturgeschichte,* Leipzig 1970, S. 326 ff.

affirmative Pathos des Finalschlusses, dessen vom Bedürfnis nach endgültiger Fixierung und Bestätigung bedingte Ausführlichkeit, deren Überdosis manchen Tadel auf sich gezogen hat und in so genau disponiertem Gegensatz zum schroffen, knappen Schluß des ersten Satzes steht. »Handeln, Handeln, das ist es, wozu wir da sind«[90] scheint über dem Finale zu stehen, und um dieses »genau bestimmten Handelns«[91] willen wird der ästhetische Regelkreis überschritten, was keineswegs heißt: widerlegt, strebt er zur Aufhebung im Gesellschaftlichen. Für das sinfonische Komponieren der klassischen Zeit wird damit ein Äußerstes gewagt, wird die Gattung der Sinfonie bis an die Grenzen ihrer Identität getrieben.

Das zeigt Beethoven auch äußerlich an: Im Finale treten als neue Instrumente Piccolo, drei Posaunen und Kontrafagott hinzu. Dies kann nun nicht einfach aus dem Bedürfnis nach Klangverstärkung erklärt werden, wie schon in Beethovens Formulierung in einem Brief an Oppersdorf anklingt: »... Das letzte Stück der Sinfonie ist mit 3 Posaunen und flautino – zwar nicht drei Pauken, wird aber mehr Lärm als 6 Pauken und zwar besseren Lärm machen«[92]. Die Selbstverständlichkeit, mit der man allein um klanglicher oder koloristischer Nuancierungen willen nach ungewöhnlichen Instrumenten oder Kombinationen griff, gehört der nachbeethovenschen Zeit an. In der klassischen Musik stellen Instrumentarium, Genre und ein bestimmtes kompositorisches Programm im allgemeinen Momente in einem kommunizierenden System dar, in dem nicht einseitig verändert werden kann. So war etwa die Hereinnahme des dritten Horns in die *Eroica* Ausdruck einer bestimmten Konzeption, nicht anders als die der Posaunen in die *Pastorale*, nicht zu reden von der Neunten. Zumal bei neu hinzutretenden Instrumente, die eine zuvor gültig gewesene Konstellation verschieben, ist die Frage nach programmatischen Hintergründen legitim, wenn auch nicht immer so eindeutig zu beantworten wie in der *Egmont*-Musik durch den in den Skizzenblättern begegnenden Hinweis, daß der Eintritt der Trompeten die »Freiheit für das Vaterland« signalisiere. So wenig wie die Trompete war auch die Posaune ein als Charakter indifferentes Instrument. Einerseits war sie definiert durch ihre Rolle bei verschiedenen Arten von Freiluftmusik, besonders Turmmusiken, andererseits durch Spezialaufgaben wie in Glucks *Orfeo*, bei Mozart (*Don Giovanni, Zauberflöte, Requiem* etc.) oder in Haydns *Schöpfung*. Das Kontrafagott hatte sich eben in der Wiener Militärmusik eingebürgert, war aber als Typus noch so wenig fixiert, daß Beethoven von der Darstellung z. B. der Takte am Beginn der Final-Durchführung keine Vorstellung haben und deren genaue Ausführung kaum erwarten konnte: in solcher Weise war das Instrument, der Lage wegen schon in Mozarts *Maurerischer Trauermusik* oder bei Haydn in der *Schöpfung* und den *Sieben Worten* eingesetzt, noch nie gefordert worden. Das Piccolo hatte

90 J. G. Fichte, zitiert in: M. Buhr, *Zur Geschichte der klassischen bürgerlichen Philosophie*, Leipzig 1972, S. 43.

91 Ebenfalls Fichte, zitiert in: *Die Französische Revolution im Spiegel der deutschen Literatur*, herausgegeben von C. Träger, Leipzig 1975, S. 320.

92 Vgl. Anmerkung 21.

seinen festen Platz als koloritgebender Charakter, zumeist assoziiert mit Marsch-
und Janitscharenmusik. In allen drei Fällen handelt es sich also nicht einfach um
periphere Instrumente, sondern um solche, die wegen ihrer Fixierung auf Spezialaufgaben im Konzertsaal und der ihm gehörigen Musik bisher keinen Platz hatten.
Mit ihrem Hinzutritt signalisiert Beethoven so etwas wie eine Ortsverlagerung der
Musik, er versetzt seine Zuhörerschaft in ein öffentliches Forum unter freiem Himmel. Daß er große oder kleine Trommel nicht heranzog, mag mit der angesprochenen, so deutlich strapazierten Identität der Gattung zu tun haben.

Diese Grenzsituation des Genres nun steht für die der Arbeit des Künstlers insgesamt, in der sich, das Risiko der Selbstaufgabe eingeschlossen, viele der besten Köp-
fe jener Zeit sahen – eben jene, die eine bequeme Scheidung von Denken und Tun,
von ästhetisch-philosophischer »Innerlichkeit« und gesellschaftlicher Praxis nicht
hinnehmen konnten. »Wenn's sein muß, so zerbrechen wir unsere unglücklichen
Saitenspiele, und tun, was die Künstler träumten! Das ist mein Trost!« oder :»… Und
wenn das Reich der Finsternis mit Gewalt einbrechen will, so werfen wir die Feder
unter den Tisch und gehen in Gottes Namen dahin, wo die Not am größten ist, und
wir am nötigsten sind.«[93] Dem hier zitierten Hölderlin wurde der Opfertod zur
Chiffre dieser Überschreitung und Selbstaufhebung – und bildet insofern ein ge-
naues Analogon zu Beethovens strahlender C-Dur-Apotheose. »Hier, wo die Opfer
fallen, ihr Lieben, hier!/Und schon tritt der festliche Zug! schon blinkt/Der Stahl!
Die Wolke dampft! sie fallen und es Hallt in der Luft und die Erde rühmt es!/ –
Wenn ich so singend fiele, dann rächtest du/Mich, mein Achill! und sprächest, er
lebte doch/Treu bis zuletzt! das ernste Wort, das/Richtet mein Feind und der To-
tenrichter!«[94]

Weitgehend auf der Strecke bleibt bei der vorgeschlagenen Deutung die Etiket-
tierung der Fünften als »Schicksalssinfonie«. Dies Epitheton verdankt seine unglück-
selige Karriere vor allem der metaphorischen Suggestivität des »So klopft das Schicksal
an die Pforte« und der Vieldeutigkeit des Schicksalsbegriffs. Dessen verwaschenes
Verständnis und die übergroße Subjektbezogenheit des romantischen Kunstden-
kens haben wesentlich jene Personalisierung der Deutung getragen, die, auf das Bild
des »Titanen« bezogen[95], schon bei Berlioz ausgeprägt ist und den Gesichtspunkt
der nahezu tagespolitischen Konkretheit des Werkes – auf den durchaus nicht immer rekurriert werden muß – nahezu ins Vergessen drängte. »Der erste Satz malt die
ungezügelten Gefühle, welche eine der Verzweiflung verfallene große Seele in Auf-
ruhr versetzen … Bald ein rasendes Fieber, welches in erschreckende Schreie aus-
bricht; bald eine übermäßige Niedergeschlagenheit, welche nur Töne der Trauer
hat und sich selbst bemitleidet. Man horche auf das Schluchzen im Orchester, auf

93 Friedrich Hölderlin, Stuttgarter Ausgabe, Band 6, S. 307 bzw. 139.
94 *An Eduard;* Stuttgarter Ausgabe, Band II, S. 39.
95 Vgl. hierzu A. Schmitz, a. a. O., und H. H. Eggebrecht, *Zur Geschichte der Beethoven-Rezeption;* Aka-
    demie der Wissenschaften und der Literatur Mainz, Abhandlungen der geistes- und sozialwissen-
    schaftlichen Klasse Jahrgang 1972, Wiesbaden 1972.

die zwischen Blas- und Streichinstrumenten abwechselnden Akkorde [Berlioz meint
hier die Passage Takte 196 ff.], welche, immer schwächer werdend, kommen und
gehen, wie der schwere Atem eines Sterbenden, dann einer Wendung voll Heftig-
keit Platz machen, mit der das Orchester sich aufzurichten scheint, neu belebt durch
ein Aufblitzen der Wut; man beobachte, wie diese ganze bebende Masse nach einem
Augenblick des Zögerns, in zwei unisono aufflammende Hälften geteilt, gleich zwei
Lavaströmen vorwärtsdrängt; und dann sage man, ob dieser leidenschaftliche Stil
nicht außerhalb und über allen früheren Hervorbringungen der Instrumentalmusik
steht ...«[96]. In diese Richtung, die, wie Berlioz beweist, oft die Authentizität eines
tiefgehenden Erlebnisses für sich hatte, gehen die meisten Deutungen, sofern sie
nicht in der Fixierung auf ein zumeist sehr anonym verstandenes »Schicksal« kreisen. Nicht, daß sie sich in anderen Bereichen als den hier bevorzugt besprochenen
bewegen, darf getadelt werden, gehört es doch zu den wichtigsten Eigentümlichkeiten der künstlerischen Mitteilung, daß sie verallgemeinert und übertragen werden kann; insofern taugt die Fünfte zum Symbol für vielerlei Formen von »Durch
Nacht zum Licht«, von Bewältigung, Überwindung und Durchbruch. Wohl aber ist
vielen Deutungen anzukreiden, daß sie sich weit vorwagen ohne Rechenschaft darüber, auf welchen historisch konkreten Grundlagen die Symbolkraft des Werkes
gründet. Viel seltener übrigens als das »Schicksal«, wenn hier auch nur die Anregung
für die rhythmische Grundformel gemeint ist, wurde reflektiert, was Carl Czerny,
ein sehr verläßlicher Zeuge, zu berichten weiß: »Viele Motive Beethovens entstanden durch zufällige äußere Eindrücke und Ereignisse. Der Gesang eines Waldvogels
(des Ammerlings) gab ihm das Thema zur c-Moll-Sinfonie, und wer ihn fantasieren
gehört hat, weiß, was er aus den unbedeutenden paar Tönen zu entwickeln wußte.«[97] Weil sie mit Auslösung und Deutung zwei verschiedene Dinge betreffen, können Czernys und Schindlers Auskünfte nicht gegeneinander ausgespielt werden.
Dennoch erscheint ihr nahezu pikanter Gegensatz bemerkenswert.

---

96 *Musikalische Streifzüge,* in: Berlioz, *Literarische Werke,* Band VI, Leipzig 1912, S. 26 ff.
97 Zitiert in: G. Schünemann, *Czernys Erinnerungen an Beethoven,* in: Neues Beethovenjahrbuch 1939,
    S. 64 ff.

Natur darstellen – Natur sein: die Pastorale

I.

In der *Eroica* hatte Beethoven Konzeption und die Erkundung sinfonischer Dimensionen zum Äußersten getrieben; schwerlich ließ ihn unangefochten, daß man vor allem die »Maßlosigkeiten« sah – wenn immer auch in der einzigen Sinfonie, die über den zuvor in der Kammermusik erreichten Stand explicite hinausgreift; auch unter manchem kompetenten Blickwinkel konnte die *Eroica* wie ein Elefantenbaby erscheinen. Hat er in den folgenden Sinfonien auch darauf reagiert? – In der Vierten versteckt er die Avantgardismen, als wolle er den Konservativen signalisieren, daß er sie respektiere, und den Eingeweihten, daß er sich nichts vergebe. Die Fünfte mutet ideell wie eine Reprise der *Eroica* an; freilich disponiert Beethoven nun besonders bewußt die Länge der Sätze, skelettiert die Sonate im ersten gegen den Druck des großen Apparates und lockert im Weiteren die hier angesetzten Zwänge zunehmend bis hin zum Finale und dessen wie unkontrolliertem Fortgehen von einem Thema zum nächsten, von einer Losung zur nächsten. Das Kommando der Idee wirkt stark genug, um vergessen zu machen, daß wir ein zeitlich »schlecht« equilibriertes Werk vor uns haben.

Das hier so hart in die Pflicht genommene Orchester inthronisiert Beethoven in der »Pastorale« als Gegenmacht, fast, daß es wie ein autonomes Naturwesen – jedenfalls Natur vertretend – von sich aus mitkomponiert, ein »Trick«, um die Dimension des großen Apparates als Widerpart, als mitredend zu begreifen: der Widerpart hat Idee und Namen. Wie manchem Schreibenden der Text leichter in die Feder fließt, wenn er den Lesenden sich vor Augen stellt, so mag diese Arbeitshypothese dem rigorosen Konstrukteur geholfen haben, seine imperatorischen Neigungen gegenüber dem musikalischen Material zu zügeln, konzentrierende Zwänge hintan- und die entspannte musikalische Rede in Fluß zu halten, unerachtet aller auch hier überwachen »Besonnenheit« (E. T. A. Hoffmann). Nach dem ein wenig terroristischen Idealismus der Fünften nun also der Versuch, alle Bevormundung durch Intention und Arbeit abzuschütteln, Musik als Natur und Natur als Musik wie aus sich heraus und ohne vorgeordnete Idee zum Tönen zu bringen. Freilich ist auch das Idee und Konzeption, allerdings eine, die viel mit Nichteinmischung zu tun hat und gewissermaßen oberhalb der Maßgaben wohnt, nach denen ihm dieses Vorhaben als Entschuldigung für locker gehaltene Zügel verdächtig werden müßte.

II.

Beethovens Penibilität inbezug auf die – abgeänderten – Satzüberschriften steht für uns selbstverständlich im Spannungsfeld einer Polarität, die ihm in der uns geläufigen Weise nicht bekannt war. Er hatte nicht nötig, mit »mehr Ausdruck der Empfindung« oder »man überläßt es dem Zuhörer, die Situationen auszufinden« die Dignität einer absoluten, oberhalb der abmalenden Bezugnahme gelegenen Musik zu betonen, im Gegenteil: er nimmt es zuweilen programmatisch sehr genau und notiert beispielsweise bei einer Skizze »je größer der Bach, je tiefer der Ton«; eher schon mochte er das Plus gegenüber dem Fundus gegebener Topoi betonen wollen, auf den der pastorale Vorwurf zwangsläufig verwies: Murmeln des Wassers, Grollen des Donners, Hirtenmusik – dies alles stand bereit und brauchte nur abgerufen zu werden. Doch eben solcher Nachahmungsmechanik und ihren Normativen mißtraute er, alles kam darauf an, aus äußeren Landschaften innere zu machen, Chiffren einer Befindlichkeit, einer Stimmung, z. B. das Murmeln des Baches ineins zu setzen mit entspannter, still sich selbst genügender Naturseligkeit. Wie nahe muß die Verständigung über die alten Erkennungsmarken noch gelegen haben, daß er es so nötig fand, sich abzugrenzen! – und wie fern liegt sie uns. Wieviel Grund besteht zur Frage, wie sehr die Koordinaten, in die diese uns unmittelbar vertraute, so direkt sich mitteilende Musik eingetragen war, von den uns geläufigen sich unterschieden, ob wir also von einem angemessenen Hören nicht noch viel weiter entfernt sind, als wir vermeinen?

Andererseits mögen wir noch so sehr darauf insistieren, daß diese Musik sich der nachmaligen Polarität von »absolut« und »programmatisch« nicht fügt – wir entgehen ihr dennoch nicht und gewännen wenig durch die allgemeine Auskunft, daß fast alle Musik, die klassische zumal, in wechselnden Anteilen zugleich absolut und programmatisch sei – und außerdem noch einiges mehr. Wie wandelbar erweist sich in dieser das Verhältnis zu ihrem Gegenstande! Die Darstellung der bei der Ankunft auf dem Lande erwachenden heiteren Gefühle im ersten Satz erlaubt und erheischt eine musikalisch eigengesetzliche Formung; indessen steht vor dem Hintergrunde der »Einstimmung«, als welche das Allegro ma non troppo fast die Funktion einer Ouvertüre hat, das Detail des an ein kroatisches Volkslied anklingenden Themas, daherkommend fast, als pfiffe es einer vor sich hin; derlei scheint Beethoven auch im Auge zu haben in der mutwilligen Verspieltheit, mit der er sich, ehe das Thema einmal vollständig erklungen ist, in Wiederholungen verliert. Vollständig aber erklingt es nie; in welcher Vollständigkeit auch? – die einzige erreichbare ist die virtuelle, über den ganzen Satz ausgedehnte und in diesem substantiell, doch nie Ton für Ton erfüllte. (Fast könnte man daraus diese Definition des klassischen Themas zimmern: ein Gebilde, bei dem Bedeutung und Gestalt nicht zusammenpassen.)

»Szene am Bach« – da soll die Musik zunächst möglichst unmittelbar der Bach sein. Die Oberstimme gibt den Blick auf das Wogen der Mittelstimmen großzügig frei, so daß ihre ersten Töne erst im Rückblick als Melodietöne kenntlich werden, – Musik, die zum Lauschen verhält nicht nur im Sinne einer subjektiven Empfindung und Metapher, sondern sehr konkret insofern, als man dem, was da Melodie ist oder werden will, nachlauschen und auf die Spur kommen muß. Zuerst tritt alle musikalische res facta zurück, damit der Naturlaut, das Gemurmel des Baches, tönen und vernommen werden kann; also muß die Oberstimme »Fenster« haben, Durchblicke eröffnen, und so erscheint das erste, einzeln stehende b' der ersten Violinen umso

mehr geladen mit Intention und Potenzialität, Keim der Melodie und schon Teil
von ihr, die sich über Tonwiederholungen und vorhaltende Schleifer allmählich
großbogig entfaltet. Im Untergrund beginnt es eben dort schneller zu strömen, wo
sie die kohärente Linie erreicht. »Die Musik ist der Bach« – solche (wie immer
vermittelte) Kongruenz kann, wenn auch nur auf Zeit verabredet, ihre Sache nicht
sein – schon die Transzendierung im stillseligen Singen der Melodie zeigt das (zur
richtigen Ausführung des fp im sechsten Takt gehört vielleicht, daß man's nicht
will). Dennoch mag die Kongruenz als Beobachtungsposten dienen, um die semantischen Positionswechsel zu verfolgen: Nach dem ersten Themendurchlauf, da das
Gemurmel erstmals aussetzt, in den Hornquinten ein Innehalten, ein Lauschen,
worin sich das erlebende Subjekt gewissermaßen selbst vernehmbar wird; danach
ein synkopierend intensiviertes Fließen, bald modifiziert zu stakkatierenden Dreiklangsbrechungen; und abermals später Kadenzierungen, zumal die erste, »hemioli-
sche«, in denen die musikalischen Komponenten gebündelt und einer einzigen Strebung unterworfen, also aus ihren programmatischen Zuständigkeiten zurückgezo-
gen erscheinen. Dennoch: wer wollte bestreiten, daß bei Beethoven ein Bach kadenzieren kann.

Wieviel eindeutiger das »lustige Zusammensein der Landleute«! – Inzidenzmu-
sik, und als zitierende garnicht weit hinausgehend über das Maß, in dem jedes klassische Menuett zitiert. Das musikalische Subjekt »tut so« – mit einer Delikatesse, die
einem doppelten Mißverständnis ausgesetzt ist: zum einen, daß wir, weil uns die
Musik so selbstverständlich ist, ihre subtilen Brechungen nicht erkennen, die vor-
gebliche Unbekümmertheit etwa, in der anfangs F-Dur- und D-Dur-Komplexe
nebeneinanderstehen, oder auch diejenige, mit der die Musik erst allmählich zu sich
selbst findet, zur richtigen Tonart, zum Tutti, zum Fortissimo; zum anderen, daß wir
mit der zweiten Naivität solcher Brechungen psychologisieren und zuviel ironische
Distanz vermuten, wo Beethoven Dorfmusikanten karikiert – in der »zu spät« einsetzenden Oboe oder dem streckenweise mit nur drei Tönen umgehenden Fagott.

Rascher Szenenwechsel sodann, da die Musikanten gerade voll im Zuge sind
(»Presto«; die schmetternden Terzen der Hörner und Fagotte müßten primitiv und
penetrant lustig klingen): die Musik entschlüpft der Dorfkapelle und wird zur Szenerie, sie übt in den Tutti (wobei an Beethovens sehr gemäßigte Tempovorschrift erinnert sei) physische Gewalt wie das Gewitter selbst (trotzdem noch immer keine
Posaunen!) und scheint sich in dieser am offensten programmatischen Partie, noch
die Unberechenbarkeit der Blitzschläge protokollierend, gänzlich an die äußeren
Ereignisse wegzugeben. Beim Windessausen und dem anschließenden Tutti (nun erstmals mit Posaunen) wird beinahe auch noch die Taktordnung geopfert, das Tutti
schlägt wie blind drein. Also lädt das Abflauen danach notwendigerweise zur Betrachtung darüber ein, inwiefern piano eo ipso einen »ästhetischeren« Stärkegrad
darstelle als ein körperlich bedrängendes, wenn nicht belästigendes Forte – wir können wieder atmen, wir haben wieder Raum, wir sind als Subjekt wieder da, nachdem
die Tutti zuvor uns beiseitegeschoben hatten. Nun freilich – nochmals vom Standpunkt jener Kongruenz her gefragt – bleibt unklar, wer die wunderbar beruhigen-

den Abgänge am Ende des Gewitter-Satzes singt: die erlöst aufatmende Natur oder das betrachtende Subjekt; doch desavouiert die Frage sich selbst – sie singen beide. Die Flöte, das luftigste, leichteste Instrument, führt aus dem Zwiespalt heraus, fast als vox humana, sie führt beinahe die entspannte Regenluft nach dem Gewitter bei sich – und führt hinüber zum Hirtengesang. Da nun tritt das musikalische Subjekt wieder in seine Rechte und singt selbst, da kehrt die Musik zum Ausgang zurück, da schließt sich der Bogen, der programmatische Rundlauf der Mittelsätze; nicht zufällig spricht Beethovens Beischrift abermals von »Gefühlen«. Dennoch kann er sich der Entsprechung nicht umstandslos bedienen, er muß den Wechsel des Gegenstandes reflektieren und damit die ästhetische Distanz zwischen dem vorangegangenen »programmatischen« Satz und dem musikalisch autonomen Dankgesang. Für kurze Zeit kommt es gar zu einer Spaltung der Bildebenen – die thematischen Voranklänge der Klarinette und des Horns tönen wie von verschiedenen Seiten herkommende Rufe der Hirten, die unten liegenden Quinten F–c–g schaffen dazu eine Räumlichkeit, als werde vor dem Gebet noch einmal in die Weite der Landschaft geblickt.

III.

Freilich – der die Natur da besingt und am Ende betet, will und kann sich nicht als Gegenüber zu ihr verstehen; was ihn zur Andacht verhält, ist auch in ihm selbst. Hinter ihrer offenen Bildlichkeit schwört er seine Musik auf noch andere Weise aufs Thema ein, indem er das Gegenüber von Material und ideellem Vorwurf zu tilgen sucht – möglichst so rigoros, daß mitunter die Konsequenzen thematischer Disposition und Verarbeitung wie oktroyiert anmuten; er will, daß die Musik, der Klang, das Orchester so weit wie möglich von sich aus als Natur sich verhalten und erscheinen, daß sie Natur seien; auf diese Verabredung kommt er immer neu zurück, zuweilen, als könne er sie herantreiben an ein intentionsloses Aus-sich-selbst-Tönen, und als könne, gelänge dies, alle »programmatische« Abbildlichkeit, dann wie von außen aufgetragen erscheinend, überflüssig werden, als brauche die Musik dann, weil sie Natur sei, sich nicht mehr artifiziell zu schinden, um Natur darzustellen.

Gerade in den Sätzen, die bekannten Mustern folgen, nimmt diese Sinfonie sich Zeit, läßt sich wenig behelligen von der Ungeduld der auf Abgrenzungen, Definitionen, Kontrastierungen etc. ausgehenden Formung bzw. scheint deren Zwängen entgehen, sie mildern zu wollen und setzt ihr entgegen, was man Trägheit der Masse nennen könnte, wirkte es nicht vor allem als Vertiefung und Versenkung. Auch, wenn er irrte, hat der Verfasser der ersten Rezension in der Leipziger Allgemeinen Musikalischen Zeitung etliche Sensibilität bewiesen, indem er nannte, was er streichen würde – gesprächig und weitschweifig hatte er Beethoven noch nicht erlebt. Gäbe ausschließlich das Funktionieren des musikalischen Diskurses den Maßstab, so ließen sich streichen

– einige der (mit Ausnahme des einmal hinzutretenden Fagotts) neun textlich identischen Takte, die sich der ersten Präsentation des Themas anschließen (wie kann er sich in Wiederholungen und einem dynamischen Auf und Ab ergehen, da er noch gar nicht ernstlich zur Sache gekommen ist?)

– die letzten zwei Takte vor der Überleitung ins zweite Thema (= T. 51/52);

– die letzten Takte der dritten Präsentation des zweiten Themas (= Takte 89–92), auch, da dieses in den Bässen noch erklingt;

– im Auspendeln vor dem Doppelstrich vier Takte oder gar acht (= Takte 131–134 oder 127–134);

– zweimal in den beiden jeweils 28taktigen Flächen (= T. 151 ff.; T. 197 ff.) der Durchführung (eben dort erhob der Leipziger Rezensent Einspruch);

– im zweiten Satz in den dreimal verlaufsgleichen Takten 33/35, 41/43 bzw. 105/107, wennnicht gar die Komplexe Takte 33–40 bzw. 104–112 insgesamt, weil sie ja ohnehin in »korrigierender« Verkürzung wiederholt werden;

– im Finale vielleicht einmal vier Takte innerhalb der acht Takte ab T. 32 bzw. 140 ff., oder die Takte 175/76 bzw. 204/05.

Man muß sich derlei Barbarei vorstellig gemacht haben, um immer neu sich dem Punkt zu nähern, wo Syntax und Substanz nicht mehr unterschieden werden können und zu fragen zwingen, um wessentwillen die Syntax funktioniere. In der Exposition des ersten Satzes gehört auch die »voreilige« Wiederholung der Takte 16 ff. zur Sache, denn nicht ein Thema als Thesis und in sich geschlossene Formulierung wird exponiert, sondern eine Konstellation, ein Verhältnis zwischen Stoff und Vorgabe – insofern entspricht jene »Voreiligkeit« durchaus dem Vorgreifenden jeglicher Exposition als einer der Abhandlung voranstehenden, nachfolgend zu verifizierenden Behauptung. Im Komplex des zweiten Themas würde dessen drittes Erscheinen verkürzt, und die beiden dort anschließenden, aus der Viertaktigkeit herausfallenden Takte (= 91/92) braucht Beethoven als der intermittierenden Tonika C vorausgehende Dominante. Wer die zwanzig Takte C-Dur zu lang findet, in denen die Exposition auspendelt, begreift nicht, inwiefern die naturhafte Intention des Klangs auch das Verhältnis von Information und Redundanz berührt, daß es hier anders gelagert ist als bei anderen Sinfonien, ja, daß diese Unterscheidung hier wenig einbringt. In der Durchführung z. B. wird – eben in den kritisch beanstandeten Flächen – die eigenwertige Entfaltung des Klanges zum Gegenstande, so daß man die auspendelnde Schlußgruppe zuvor auch als Vorgriff auf dies Anliegen der Durchführung verstehen kann.

Die Trennung von Sagen und Gesagtem hat bei dieser Musik, wie in jeglicher flächig, zuständlich oder lyrisch konzipierten, noch weniger Chancen als anderswo. Wollte man im Sinne des Leipziger Rezensenten den Rotstift noch weiter bemühen, wären als nächstes vielleicht (wie schon beim letzten Vorschlag), die Wiederholungen der thematischen Komplexe dran: das erste und das zweite Thema des ersten Satzes und das erste des letzten präsentiert Beethoven jeweils dreimal. Doch eher noch als den Begriff »Thema« möchte man hier den der Wiederholung in Frage stellen. Werden die Themen schlichtweg wiederholt, wird bereits Gesagtes einfach unverändert rekapituliert? Wie sinnlos z. B. die Feststellung, in jeder der beiden »Flächen« der Durchführung werde das Motiv des zweiten Thementaktes je 36mal wiederholt! und erst recht diejenige, es werde »durchgeführt« – obwohl Beethoven sich die Bestandteile des Themas tatsächlich nacheinander vornimmt. Weil wir allzusehr in abgrenzende Begriffe eingesperrt sind, klingt paradoxer, als es realiter ist: das Sagen, wenn immer auch anhand eines Gegenstandes, sagt sich selbst aus. Dem entspricht hier – wie selten beim konzise formulierenden Beethoven – eine Neigung (schon anhand des Themas der »Szene am Bach« wurde sie erkennbar), die einzelne Prägung bis zur Ununterscheidbarkeit zusammenzuhalten mit ihrem Kontext und ihr ein individuelles Hinausragen über diesen weitestmöglich zu verwehren. Im zweiten thematischen Komplex des ersten Satzes erscheint die Melodielinie, die man am ehesten »das Thema« nennen könnte, nicht zufällig zunächst als Baß – denn ein solcher ist sie ihrem Wesen nach –, melodische Kurzformel für zweitaktiges Pendeln zwischen Tonika und Dominante. Auch hier »strömt« es schon, nicht erst am Bach, und abermals im Finale, z. B. in den Takten 32 ff. bzw. 140 ff.: Das Naturhafte eines gleichmäßigen, durch keine weitere Intention gestörten Dahinströmens in einem jeweils präzise definierten »Flußbett« treibt die Musik den Assoziationen mit murmelnden Bächen unfehlbar in die Arme.

Von Wiederholung zu reden verbietet sich also, es sei denn mit stets hinzugedachten Anführungsstrichen –, nicht einmal so sehr, weil auch ein textlich getreu Wiederholtes als zitierende Wiederholung, als »Erinnerung nach vorwärts« (Kierkegaard) etwas anderes ist als das erstmalig Hingestellte, weil auf dieses bezogen – unterstreichend, abschwächend oder gar zerredend, jedenfalls ein Kommentar; sondern viel mehr noch, weil dem musikalischen Sagen so viel Gewicht zukommt, weil es zu neuen Objekten gar nicht so schnell fortgehen darf und vor allem am Gleichbleibenden, langsam Veränderten sich bestätigt. Daher die entspannte, weitmaschige Sukzession, die liebevoll »wiederholende« Versenkung ins Detail, das gegen alle fortziehende Zeitlichkeit sich stemmende meditative Insichkreisen. Nicht aber nur Themen werden mehrmals exponiert, Durchführungsflächen mehrmals hingestellt, Zwischenergebnisse wie der Nachsatz zum zweiten Komplex im ersten Satz sogleich rekapituliert oder autonome Komplexe wie der fugierende im Finale (Takte 177 ff., bzw. 206 ff.) – hier rechtfertigt sich das zweite Erscheinen auch daraus, daß die beim erstenmal »sperrig« und abstrahierend herausfallende Passage dem strömenden Habitus der Musik angeglichen wird –, nicht nur auf die größeren Bausteine bezieht sich die »Wiederholung«: sie nistet schon in den kleinsten. Das Thema der »Szene am Bach« entfaltet sich aus einem durch meditative Umkreisung und Umschreibung in Bewegung gebrachten Ton, dessen Nachsatz als sorgsam zeichnendes Ab und Auf im Quartraum; das Thema des »Lustigen Beisammenseins« setzt sich aus verschiedenen Interpolationen einer einzigen Dreiton-Konstellation zusammen; dasjenige des dort eingeblendeten 2/4-Taktes erscheint wie eingesperrt in einen engen Tonraum, den es wieder und wieder durchmißt; und endlich benutzt der »Kuhreigen«, der Hirtengesang, immer wieder gleiche Töne und Konstellationen.

IV.

Hingegen erlebt der Klang ganz eigene Expansionen, vornehmlich in den Coden als den hierfür besonders wichtigen Orten – denn die große Form samt ihren Notwendigkeiten der Korrespondenz, Kontrastierung etc. bleibt doch auf jene Unterscheidung von Sagen und Gesagtem angewiesen, die Beethovens Konzeption allenthalben unterläuft; ohne diese Unterscheidung bräche die Form zusammen, Sprechen und Gesprochenes ineinsgebracht gibt es nur als Flucht- und Idealpunkt außerhalb des Realisierbaren. Umso mehr muß den, der dies produktiv zu schlichten unternimmt, jener Ort interessieren, wo man von dem Bewußtsein leben kann, daß das Haus fertig gebaut ist, von fast allen Rücksichten auf Statik und Grundriß dispensiert. Wie zu erwarten, steigert die Konzeption das hieran haftende Gefühl der Befreiung. Dreimal holt Beethoven zu Expansionen aus. Im ersten Satz entspannt er den daktylischen Rhythmus des Themas triolisch (zugleich als Vorausschau auf die »Szene am Bach«), die Musik ergibt sich einer Selbstdarstellung der großen Klangdimension, einem fast überbordenden Fluten und Drängen, welches, um den Gegensatz zum »Engschrittgang« des zweiten Thementaktes zu verdeutlichen, eigentlich im 24/8-Takt geschrieben sein müßte; unüberhörbar danach ein Unterton von erst barscher, später humoriger Zurechtweisung, mit der Beethoven die Musik in die Bannmeile der Form zurückholt. Noch größer die Expansion im Finale: Da wirft sich das in Sechzehntelläufe aufgelöste Fugato einem Tutti in die Arme, welches seinerseits kraft der Energie der Baßfigur sich bis zur doppelt vorhaltenden Dissonanz der Takte 225/226 auftürmt, um danach, dem ersten Satz vergleichbar, beruhigt zurückzufluten, die hymnische Gehobenheit zurückzunehmen zum »Dankgesang an die Gottheit« (Takte 237 ff.); »Ausdruck des Dankes. Herr, wir danken Dir« hat Beethoven bei einer Skizze zu diesem Satz notiert, später aber jeden unmittelbar religiösen Bezug aus den Beischriften getilgt – dies zu betonen war nicht mehr nötig. Und mit diesem Gebet hat er Mündung und Schluß nicht nur für das Finale, sondern der ganzen Sinfonie.

Expansion auch am Ende der »Szene am Bach«: aus einem Nachklingen zum Nachsatz entwickelt, wird die Wellenbewegung der Mittelstimmen erstmals zweitaktig organisiert und jeweils im ersten Takt (127 bzw. 125) erstmals in durchgängig steigender Bewegung; sie hebt den Klang in einem gewaltigen messa di voce des Orchesters und kippt ihn subdominantisch um – als ein Elementarereignis, das in keinerlei weiterreichende harmonische Zielstrebigkeit mehr eingebunden erscheint und die Musik wie hilflos auf der Strecke liegenläßt; nach dem Zusammensinken des Klanges ist alles offen. Da beginnen Nachtigall, Wachtel und Kuckuck zu singen, da betet die Musik nicht weniger als am Ende des Finales.

V.

Natur und Kunst, wer kommt zu wem? Die Verlegenheit und das Vogelterzett erschien am besten bemäntelt, wenn man sie nicht ansprach. Erklärungen reichen von der Ähnlichkeit des Nachtigall-Motivs mit der Wellenbewegung am Beginn über Bezugnahmen auf Konzertkadenzen bis zum Verweis auf die musikgeschichtliche Genealogie, insbesondere das Vorbild des wohl ins Jahr 1784 gehörigen »Portrait musical de la nature ou Grande Symphonie« des Justin Heinrich Knecht und noch weiter bis zur Berufung auf das, was Czerny Beethovens »Muthwillen« genannt hat, dessen Produkte der Argumentation weitgehend entziehend – Teilmomente all dies (immerhin gibt es eine Kontinuität onomato-poetischer Darstellungen seit dem Trecento). Dennoch dispensieren sie nicht von der Frage, ob Beethoven nicht außerdem auf einem nur dieser Werkkonzeption gehörigen Wege zum Gespräch der Vögel gelangt sei.

Vorgriffe auf die Öffnung der Fenster, welche den Vögeln in die Musik hineinzuzwitschern erlaubt, finden sich allenthalben. Beethoven tritt so ausdrücklich unter den Prämissen der lockeren Fügung an, daß der Verlauf kaum als unentrinnbar auf eine vorgegebene Folgerichtigkeit eingeschworen erscheint, die die Grenzen der res facta abschottet und diese unantastbar macht – beinahe ein Gegenentwurf zur geschlossenen, beethovensch stringenten Dramaturgie, der allemal Möglichkeiten offenhält, daß es auch anders weitergehen könne, der die Schwelle für Störungen und Irritationen niedrig hält. Damit aber muß supponiert bleiben, die Musik könne derlei tolerieren und verarbeiten. Inwiefern freilich verfährt eine Logik noch strenger, sensibler und artifizieller, die simpler und weniger stringent anmuten soll, als sie ist; welch tiefe Reflexion, welche »Besonnenheit« steckt hinter den Simplizitäten dieser Partitur! Allemal sind die avantgardistischen Werke die naiveren, die, ihnen nachfolgend, im Materialstande zurückgenommenen viel eher »zweite Naivität«; Beethovens Vierte ist weniger naiv und artifizieller als die »Eroica«, die Sechste mehr als die Fünfte, die Achte mehr als die Siebente.

Locker gefügt ist wie die Aufeinanderfolge der Ereignisse auch die Vertikale. Öfter als anderswo bei Beethoven begegnen eigentümlich arbiträre Kontrapunkte mit dem Unterton verspielter Beliebigkeit. Wohl passen sie, erscheinen aber tektonisch nicht unbedingt nötig – so im Komplex des zweiten Themas vom ersten Satz die Flöte (Takte 79 ff.), nicht ganz so sehr acht Takte später das (sodann freilich rasch zur Führung vordringende) Horn oder im zweiten Satz in den Takten 36 ff. bzw. 108 ff. die (hier nur zu selten hörbare) Klarinette. Höhepunkt des Verfahrens bildet die Reprise der »Szene am Bach«: da addiert Beethoven fast provozierend unbekümmert (die ihren Part allein spielende zweite Flöte hat kaum eine Chance, vernommen zu werden), was sich dem Thema inzwischen zugesellt hatte – Synkopen, lustige Dreiklangsbrechungen der Bläser, den dreitönigen, ruhig-gleichmäßigen Dreiklangsabstieg; hinzu treten überdies die Achtel der Oboen, als ginge es um den Anschein, daß dies oder jenes auch wegbleiben oder anderes hinzutreten könnte in dem naturwüchsigen Übereinander und Durcheinander, worin nur zufällig

Alles zu Allem paßt, ein »offenes Singen« nahezu mit der Einladung, mit einem eigenen Beitrag in den Kreis einzutreten, und eben so aleatorisch, wie der obligate Satz es nur irgend zuläßt, zugleich Konzentrationspunkt eines Elements, welches das Werk allenthalben durchzieht: des konzertierenden.

Wie immer die großen Instrumental-Soli der anderen Sinfonien geartet sind – in der »Pastorale« versuchen sie immer wieder, dem großen Kontext zu entkommen, versuchen sich in nahezu sinfoniewidrigen Alleingängen – paradigmatisch die konzerthafte Kadenz der ersten Violinen im ersten Satz – fast im Stil der in mozartschen Konzerten angebrachten Eingänge. Die zum »Hirtengesang« rufende Klarinette und das Horn muten wie sprechende Personen an, darin bestätigt durch den Kontrast zum stets chorisch besetzten Hauptthema; als Einzelstimmen melden sie sich immer wieder (z. B. Takte 57 ff., 109 ff.), bis zum Schluß, wo dem sordinierten Horn das letzte Wort zufällt. In den Mittelteil der »Szene am Bach« blendet Beethoven konzertierende Dialoge ein, der Flöte und Oboe ab Takt 58, der Klarinette und der Fagotte in den Takten 69 ff., und deren erster kommt in der gemeinsamen Kadenz einem Vogelkonzert sehr nahe, mehr imitatio naturae scheint im »großen Stil« der beethovenschen Sinfonie kaum noch vorstellbar, ein Äußerstes an kompositorischer Verinnerlichung von Natur und zugleich eine Beschwörung. Pfitzner hat von den das Bachgemurmel unterbrechenden Hornquinten der Takte 18 bis 20 gesagt, in ihnen sei ein Lauschen artikuliert; dies fortdenkend darf man fragen, ob nicht immerfort in dem Satz ein Lauschen mitenthalten sei, mindestens als Anstrengung des Subjekts, Natur ganz zu erreichen, in ihrem Tönen aufzugehen. Im Sinne solcher Intentionen müßte die Musik in dem oben angesprochenen subdominantischen Abkippen der Takte 126 ff., wo sie hinsichtlich ihres Fortgangs klaglos und andächtig die Waffen streckt, nur noch wie Ohr und Erwartung erscheinen, als Mündung und fast Abdankung der veranstalteten res facta zugunsten einer arkadisch-utopischen Deckung von Natur und Kunst, als Schwelle zum Übertritt in einen Bereich, wo die Paradoxie der zweiten Natur und die Dualität von »Natur darstellen« und »Natur sein« sich aufhöben. »Nicht dann ist das Gebets-Verhältnis das wahre, wenn Gott hört, worum gebeten wird, sondern wenn es der Betende ist, der im Gebet verharrt, bis er der Hörende ist, welcher hört, was Gott will« (Kierkegaard).

Die Beschwörung gelingt: Vögel beginnen zu singen, und der Musik bleibt, da dies erreicht und geschehen, da die Natur zum Sprechen gebracht ist, nichts mehr zu tun; eben das scheint der gebethafte Nachsatz des Themas zu sagen, mit dem das zuvor verstummte Orchester, die zum innehaltenden Lauschen gewordene Sinfonie der Epiphanie antwortet, zaghaft, dann rasch und doch behutsam zuendeführend. Noch leiser, noch andächtiger, noch weiter zurückgenommen der zweite Nachsatz, von der stillen Glückseligkeit Siegfrieds, der plötzlich die Sprache der Vögel versteht. Und danach schnell der Schluß, weil nun nichts mehr zu wünschen bleibt.

Zum Allegretto der Achten Sinfonie

Angesichts des von Beethoven mehrmals bekundeten Mißtrauens gegenüber jeder Art mechanischen Selbstlaufs kann nicht zweifelhaft sein, welches im Hinblick auf Mälzels Erfindung der Gegenstand seines »scherzando« sein würde: Der im Ticken des »musikalischen Chronometers« hörbar gemachte, in kleinste Einheiten amorph aufgegliederte, gegen das in ihm Geschehene indifferente Zeitfluß. Und wenn der Satz, der mit dem »ta-ta« der Holzbläser begann, wie als Rossini-Persiflage endet, ist klar, daß von vornherein mehr gemeint war als nur die neue, von Beethoven als Möglichkeit zur genaueren Fixierung seiner Absichten begrüßte Erfindung. Andernfalls freilich hätte Beethoven auch kaum Anreiz und Möglichkeit gesehen, den Spaß zu so hohem Anspruch auszubauen und ihm Hintergründigkeit gerade dadurch zu geben, daß er bis an eine Grenze heranspielt, jenseits derer der Spaß aufhört.

Von den viermal drei Takten des Kanons WoO 162 erscheinen in der Sinfonie als geschlossene Gruppe nur die ersten drei; die jeweils ersten Takte dieser Dreitaktgruppe sind im »Ticken« der Holzbläser zusammengezogen; zwei später im Kanon begegnende Wendungen (Takte 6, 9, 12) erklingen in veränderter Funktion und Gestalt. Diese Betrachtungsweise unterstellt mit der Priorität des Kanons einen Tatbestand, der keineswegs gesichert ist, in vergleichbaren Fällen aber meist angenommen wird, da man sich die künstlerische Arbeit als vom Einfacheren zum Komplizierten fortgehend vorstellt.

Im vorliegenden Falle kommt Schindlers Mitteilung hinzu, das Allegretto sei aus dem Kanon entwickelt worden.[1] Schindlers Bericht über den Abschiedsabend im Frühling 1812, bei dem Beethoven den Kanon improvisierte,[2] scheint aber nicht in allen Einzelheiten zuzutreffen. Mälzel reiste nicht, wie Schindler angibt, gleich danach nach England, sondern erst im Spätjahr 1813, und für die Anwesenheit des Grafen Brunsvik zu jener Zeit in Wien fehlt jedes weitere Zeugnis, vor allem das recht zuverlässige des Verzeichnisses der in Wien eingetroffenen Personen.[3] Es gibt also Grund, Schindlers oft sehr sorglos nachgesprochene[4] Auskunft zu bezweifeln.

1   A. Schindler, *Biographie von Ludwig van Beethoven*, 3., neu bearb. u. verm. Aufl., Münster 1860, I, S. 195 f. Mehrere Beiträge des folgenden Kongreßtages (Herre/Beck/John) haben die Skepsis des Verfassers bestätigt. Nach Auskunft von Fräulein Kathryn John, Bonn, die eine Arbeit über die Skizzen zur 8. Sinfonie vorbereitet, gehen Skizzen zu dem Gesamtwerk ohne Zweifel zeitlich einem Datum voran, das für den ominösen Abschiedsabend in Frage kommt. Im Interesse der Widerspiegelung des Kongreßablaufs wurde dem einschlägigen Passus, obwohl er nun überholt ist, die Form belassen, in der er den Kongreßteilnehmern gedruckt vorlag.

2   Ebd.

3   Thayer's Life of Beethoven, rev. and ed. by E. Forbes, Princeton 1967, S. 545.

4   Zu den Ausnahmen zählen P. Bekker, *Beethoven*, Berlin 1912, S. 262, und C. Dahlhaus, *Bemerkungen zu Beethovens 8. Sinfonie*, in: Schweizerische Musikzeitung, Jg. 110 (1970), S. 205 ff.

Die überlieferte Textierung des Kanons wurde auf jeden Fall später nachgetragen, da man frühestens im Jahre 1815 vom »Metronom« sprach. Nottebohms[5] Vermutung, daß Beethoven schon im Jahre 1811, vielleicht gar schon 1810 an der Sinfonie gearbeitet hat (da sekundäre Zeugnisse fehlen, wäre sie bestenfalls anhand der in Bonn, Paris und Stockholm liegenden Skizzen[6] zu überprüfen), gibt die Frage auf, wie weit Beethoven hierbei gelangen konnte, ohne eine Vorstellung vom zweiten Satz als der »Schlüsselposition« zu haben. Möglicherweise hat Beethoven an jenem Abend, sofern dieser überhaupt ins Jahr 1812 fällt, improvisierend die Vorgabe des schon konzipierten Allegrettos benutzt. Das Ticken des Metronoms ist bei den Bläsern zumindest ebenso gut aufgehoben wie im karikierenden »ta-ta-ta« der Sänger, und ganz offenkundig ist der Kanon (was einem Gelegenheitswerk beileibe nicht angekreidet werden soll) um die – keineswegs kanonartige – erste Zeile als den eigentlichen »Einfall« herumkomponiert.

Wenn auch das in den jeweils dreitaktigen Zeilen den ersten Takt bildende »ta-ta-ta« die Formung einer durchlaufenden Melodie erschwert oder gar verhindert, so ist doch bemerkenswert, wie im Verlaufe der vier Zeilen die Merkmale der addierenden Montage immer deutlicher hervortreten. Nicht vergessen sei überdies, daß Beethoven in der Sinfonie von der Kanonfügung nirgends Gebrauch macht; wo es dort, ganz kurz, einmal zu einer kanonhaften Passage kommt, hat diese mit dem Mälzel-Kanon nichts zu tun. Aus diesen Gründen ist es angebracht, den Gesichtspunkt der zeitlichen Aufeinanderfolge aus der analytischen Betrachtung herauszuhalten.

Die besondere Pointe der ersten, der Sinfonie und dem Kanon gemeinsamen »Zeile« besteht darin, daß die Melodie sich aus dem Ticken in einer Kontinuität herausentwickelt, die auch die Setzung der metrischen Schweren einbezieht, so daß jede spätere schwere Taktzeit mehr Gewicht hat als die vorangehende. Auf diese Weise wird jeweils das Vorangegangene durch das Folgende nachträglich zu einer Art Auftaktigkeit umqualifiziert. Dem entspricht die wachsende Dimensionierung der musikalischen Ereignisse: Nach dem »Vorspann« des ersten Taktes regt sich erste melodische Aktivität in dem denkbar kleinsten Detail der Umspielung des zuvor repetierten Tons, eine Umspielung, die auf dessen Befestigung hängenbleibt, was dieser Taktdrei regelwidrig mehr Schwere gibt als der vorangegangenen Takteins.

In der hiervon abschwingenden Girlande melodisiert Beethoven eine Permutation der ersten Tonumspielung (= Bsp. 1a), umständlich gesprochen deren Krebsumkehrung (= Bsp. 1b). In der Floskel, mit der er auf der Tonika ankommt, stellt er die Figur »auf die Füße«. Wenn man sich schon dieser Terminologie bedient, möchte man diese Form (= Bsp. 1c) die »Grundgestalt« nennen. Wichtig ist, daß Beetho-

---

5   G. Nottebohm, *Beethoveniana*, Leipzig-Winterthur 1872, Kap. X und XIV.
6   H. Schmidt, *Verzeichnis der Skizzen Beethovens*, in: Beethoven-Jahrbuch, Jg. 6 (1965/68), Bonn 1969, S. 7 ff., Nrn. 106, 134, 190, 379.

ven hier die gleiche Floskel mehrmals wendet und dabei gewissermaßen immer »konkreter« wird, in der Landung auf der Tonika die Floskel endgültig findet. Zu diesem Eindruck trägt neben der Landung bei, daß der Abschluß nach der ornamentierenden Verschleierung der Folge Bsp. 1b im Rückbezug auf den melodischen Ansatz Bsp. 1a seine motivische Wertigkeit bestätigt erhält. Bestätigt wird ebenfalls der Vorstoß gegen die Hierarchie der Taktschweren: In deren Sinne hat dieser Abschluß alle Qualitäten einer Takteins, in der Sinfonie um so mehr, als er die Baßbewegung (Bsp. 2a) auslöst, im Kanon die Überleitungsfigur zur dritten (= Bsp. 2b) bzw. vierten (= Bsp. 2c) Dreitaktgruppe. Schon dies wirft die Frage auf, ob Beethoven die »falsche« Taktart gewählt habe, ob er nicht einen Vierachteltakt hätte schreiben müssen; doch führt sie auf die allgemeinere, ob der Spaß mit dem im Ticken vergegenständlichten indifferenten Zeitfluß nicht grundsätzlich der Akzentstufenordnung des Taktes opponiere und den Komponisten zum Spiel mit den Divergenzen zu ihr nicht geradezu nötige.

Überdeutlich zeigt dies die dialogische Aufsplitterung der »Zeilen« im Orchester: Der »Ta-ta«-Satz der Bläser leistet nur jeweils das unvermeidliche Minimum dessen, was zur harmonischen Anpassung an den Melodieverlauf vonnöten ist, so, als wolle er von den melodischen Ereignissen möglichst wenig Kenntnis nehmen. Diese nun sind dadurch tatsächlich »verstört«: Die Geschlossenheit der von den ersten Violinen gespielten Melodie drängt auf korrespondierende Ergänzung, doch bleibt sie aus. Anstatt ihrer treibt die Baßfigur Bsp. 2a zu einer Modulation, welche die

Bezugskraft der Melodie schwächt und das von ihr geschaffene Potential zur Komplettierung verschenkt. Mit der Versetzung nach g-Moll muß fast von neuem begonnen werden, was auf zweierlei Weise deutlich wird: Beethoven läßt sie hier unverändert zum zweiten Mal erklingen (die Oktavversetzung des Schlusses nicht gerechnet), und er läßt sie »zu spät« einsetzen, indem er jenen Punkt (den Beginn des fünften Taktes) verstreichen läßt, zu dem die Melodie nach Maßgabe der durch sie selbst etablierten Periodizität hätte eintreten müssen. Dieselbe Verspätung wiederholt sich nach einer weiteren Modulation, doch hat hier das widersprüchliche Nebeneinander von metronomischem Ticken und Melodie bereits ein Ergebnis: es wird aufgegeben. Nach gemeinsamer Kadenz finden beide sich, von der »zerstäubten« Melodie nur mehr motivische Partikeln, zu einem Kompromiß, dem das Thema den Anspruch auf melodische Füllung einer größeren Dimension opfert, während das Ticken sich zu einer detaillierten »Kenntnisnahme« und zu mehr Gliederung bequemt – insgesamt eine intermittierende, engschrittige, »kurzsichtige« Passage, die keine Vorausschau ermöglicht und sich in Repetitionen ergehen muß. Schon an diesem Punkte ist klar: Beethoven exponiert von vornherein nicht ein Thema (dessen amorphisierende Verinselung und Zerstäubung dann unerträglich wäre), sondern eine Konstellation, einen Konflikt. Wenn man etwa formulierte, daß hierin die sprengende Dynamik dieses musikalischen Spaßes liege, wäre damit nur metaphorisch überdeckt, was ästhetisch genauer definiert werden müßte: Das Verhältnis dieser konflikthaften Konstellation der musikalischen Komponenten zu ihrer Aufhebung in der Heiterkeit des »scherzando«, der munter dahinspringenden Motive usw. Auf die Vermittlung beider Ebenen verweist die überraschende, aus der Konsequenz jener Verinselung und Zerstäubung nicht erklärbare Synthese von Tikken und Melodie in dem massiven Viertakter Takte 20/23: Hier scheinen beide Partner zugleich ganz zu sich selbst und zum vollen Einklang gebracht – was den Gestus übermütiger Dreistigkeit ermöglicht, mit der ein gordischer Knoten durchhauen wird. Nicht nur als geschlossener melodischer Bogen, sondern auch motivisch knüpft dieser erste Forte-Komplex an die Melodie vom Beginn an: Das Spiel mit den Dreitonfolgen (vgl. Bsp. 1) steigert Beethoven hier zum Gegeneinander verschiedener Mensuren (= Bsp. 3a), wobei in der augmentierten Form des Drei-

oktaven-Unisonos genau jene Permutation nachgetragen wird (= Bsp. 3b), die im Kreise der vier möglichen noch fehlte. Zugleich exponiert Beethoven unter der Hand den im weiteren so wichtigen Quartabstieg.

An die Grenze zur Groteske rührt die Figur der Unterstreichung des Abschlusses dieses Komplexes: Im Takt 23 scheint sie alles Recht zu haben als ein fröhliches Quod erat demonstrandum zur gelungenen Synthese, welches zugleich das Ticken der Bläser zum Schweigen bringt. Zwei Takte weiter, da eben das Spiel mit dem hier neuen Einton-Auftakt begonnen hat, stört sie den neuen Vorgang und mutet wie die Fehlhandlung von jemandem an, der über der Sorge um die unterstreichende Fixierung von Gliederungspunkten den Zusammenhang aus dem Auge verloren hat, nun zur Unzeit dazwischenkommt und so die Funktion der Fixierung ad absurdum führt. Die Verstörung wirkt: Wurden bisher, bei allen Divergenzen zum vorgegebenen Takt, die geradzahligen Verhältnisse nie gefährdet, so geschieht dies nun in einer Passage (= Takte 26 Mitte ff.), in der die Reihung der fallenden Auftaktfiguren vier klare Dreiachtelgruppen ergibt (= Bsp. 4). Mit Hilfe des Quartabstiegs wird die Musik wieder in ihr metrisches Gleis zurückgebracht (= T. 30), freilich, um es eben mit ihm sogleich noch gründlicher zu verlieren: In der Zersplitterung zu Zweiergruppen »gefährdet«, schießt die Figur im Übergang zu Takt 37 neu zusammen, wird zum Quintabstieg vergrößert und ballt sich zu einem in sich krei-

senden »Wirbel«, wie ihn Beethoven auch anderwärts komponiert hat als eine gegen den Zusammenhang sich absperrende Verwirrung, nach der die Musik mit besonderer Emphase ihren Hauptgegenstand wiederfinden kann. Im vorliegenden Rahmen, dem pointenreichen Spiel mit immer neu formulierten Widersprüchlichkeiten von Metrum und Rhythmus, gewinnt dies Insichkreisen einen besonderen Stellenwert: Nachdem in den beschriebenen Dreiachtelgruppen der Nenner der Taktbezeichnung $^2/_4$ (warum nicht $^4/_8$?) schon einmal verdoppelt werden mußte, um die Gruppierung angemessen zu fassen, geschieht dies nun abermals in einer $^5/_6$-Gruppierung, die Beethoven durch genaue Setzung von »dim.« und »pp« und durch den Hinzutritt der Streicher deutlich unterstreicht (= Bsp. 5).

Hier wie schon bei der Dreiachtel-Struktur wäre es falsch, von einem »immanenten« oder gar »eigentlichen« Takt in dem Sinne zu sprechen, daß Beethoven ihn möglicherweise sogar notiert hätte. Wie vage auch immer, bleibt der vorgegebene Takt im Hintergrund dieser Komplexe doch gegenwärtig, und sei es nur in Form einer Beirrung, die die Rechenschaft über die Art der neuen Gruppierung verzögert oder verhindert: Sie lenkt unsere Erwartungen gewissermaßen in eine »falsche« Richtung, weil sie uns nach Anhaltspunkten zur Aufrechterhaltung des vorgegebenen Taktes suchen läßt. Die $^5/_{16}$ Passage gibt hierfür ein Beispiel: In den vorangehenden Takten (= 34–36) wird durch die Zerlegung des Quartabganges in jeweils zwei Zweiergruppen die binäre Ordnung nachdrücklich betont, und diese Zweiergruppen bewerten den melodischen Ansatz auftaktig. Dies aber mußte die im Beispiel 5 eingetragene, bis zum Erreichen der Tonika sauber aufgehende Gruppierung von fünfmal fünf Sechzehnteln ignorieren – zweifellos eine hörpsychologisch unstatthafte Gewaltsamkeit. Eine zweite $^5/_{16}$-Gruppierung trägt der Auftaktigkeit Rechnung, weshalb ihr Beginn mit dem »offiziellen« Takteins zusammenfällt. Ihre letzte Gruppe freilich verkürzt sich auf $^4/_{16}$ – in ihr befindet sich die Abirrung metrisch sozusagen schon auf dem Heimweg. Gerade diese Ambivalenz der Gruppierungen gibt über die Relativität ihrer Zuständigkeit Auskunft – als die einer übergestülpten Hypothese, die das »Torkeln« der Musik wohl näher definieren, nicht aber eine unverrückbar geltende Zuordnung durch eine andere ersetzen kann.

War es, so möchte man fragen, der Hinblick auf diese Diminution, der Beetho-

ven dem Allegretto statt $^4/_8$ die weitgehend »illusorischen« $^2/_4$ vorschreiben ließ?
Zumindest liegt eine solche Vermutung auf der Linie der Konzeption, von der Primitivität des metronomischen Tickens ausgehend die Grenzen der metrisch-rhyth-
mischen Regulative und die Möglichkeiten ihrer Gefährdung zu zeigen – und das
im Rahmen denkbar knapper, nahezu aphoristischer Dimensionen. Diese Dimensionierung nun samt der Gefahr des Mißverhältnisses zwischen dem Anspruch des
Abgehandelten und dem hier ihm zugemessenen Raum müßte geradehin unverständlich scheinen, würde die Abhandlung nicht anderwärts fortgeführt, bildete das
Allegretto also nicht mehr als nur ein »Teilsystem« im zyklischen Ganzen der Sinfonie. Die thematischen Korrespondenzen (Bsp. 6a, b) mit dem Finale (die übrigens

die Formel Bsp. 1c als »Grundgestalt« bestätigen) stellen hierbei nur das am deutlichsten ins Auge springende Symptom dar. Gewissermaßen »tiefer« in der Struktur
sitzt z. B. in der Finaldurchführung – als weitere Parallelität zum Allegretto – ein
Spiel mit Diminutionen (Takte 120 ff.): Jeweils acht Pfundnoten im Quartabstand
erscheinen hier nacheinander als Doppelganze, Ganze und Halbe und bewirken so,
nacheinander 16 bzw. 8 bzw. 4 Takte tragend, eine atemberaubende Steigerung der
musikalischen Dichte.

Nach der $^5/_{16}$-Passage, in der auch die synkopierenden Hörner das ihrige tun, um
die Erinnerung an den geraden Takt zu verwischen, schreibt Beethoven als zweiten
Teil eine »Reprise« im Sinne konvergierender Strebungen: Zu einer »Zerstäubung«
des Themas und zu harmonischen Rückungen kommt es nicht mehr; die in eine
weiche Wellenbewegung figurierend aufgelöste Melodie und das Ticken der Holzbläser bequemen sich zwanglos zueinander; also gibt es keinen gordischen Knoten
mehr, der durchschlagen werden müßte. Der entsprechenden Partie fehlt die kom-
plexhafte Geschlossenheit, weil Beethoven hier eine Selbstkorrektur demonstriert,
die die in eine »falsche« harmonische Richtung laufende Musik auf recht unsanfte
Weise ins richtige Gleis zurückbringt. Die ostentativ simple Kanonstruktur schiebt
dem derb zupackenden Gestus der Stelle eine neue Motivation unter. Der Tonfall
des musikalischen Spaßes erscheint hier, zumal nach der eleganten Kolorierung des
Themas zuvor, zu derb und direkt, als daß nicht untergründig eine Bosheit mitklän-
ge, die die Freunde Beethovens bei manchen Äußerungen seines »genialen Muthwillens« (Czerny) das Schaudern lehrte. Der Gegenstand ist zu ernst und wichtig, als

daß ihm ohne Gefahr einer Entgleisung der Balanceakt gelänge, nur im eingangs angestimmten distinguiert-geistreichen Ton zu spaßen. Jene den Endpunkt fixierende 32stel-Figur, welche beim ersten Mal – besonders bei der Wiederholung (= Takt 25) – wie eine sinnlos verselbständigte Aktion erscheinen mußte, erhält hier als energischer Ordnungsruf neuen Sinn und neue Rechtfertigung.

Eine Deutung wie diese, der man möglicherweise den jähen Sprung in psychologisierende Hermeneutik vorwerfen kann, erhält eine Stütze in der Form, in der Beethoven den Satz beendet, ohne ihn als »Abhandlung« abzuschließen. Der Wiederholung der $^5/_{16}$-Passage fehlt diesmal die Mündung ins taktgemäße Ticken, sie bleibt im B-Septakkord unentschieden hängen, und nicht der geringste Spaß ist, wie Beethoven statt des erwarteten Wiedereintritts die bei ihm an Satzschlüssen häufige, oft der Hermeneutik in besonderem Maße offenstehende Fragmentierung des Themas bzw. Verlaufs dazu benutzt, in sehr durchsichtiger musikalischer Übersetzung darzustellen, daß das Spielzeug kaputtgegangen ist und jemand ohne Glück versucht, es wieder in Gang zu bringen. Da kommt es zu stockenden Einsätzen im falschen, zu raschen Tempo, zu nahezu explosionsartigen Kontrastierungen, und im drittletzten Takt scheint gar die richtige Gangart wiedergefunden, der Chronometer wieder intakt zu sein, aber doch nur – und da stellt sich das Element der Rossiniade als pikante Beigabe, aber doch eben nur als Beigabe dar –, um auf und davon zu gehen im musikalischen Bilde einer in hemmungslosem Selbstlauf davonrasenden Maschinerie. Dem Hörer wird hier, am drastischsten in der – abermals diminuierten – penetranten Wiederholung der Kadenzfolge, bedeutet, daß der Komponist zum Ende kommen will, abseits von der »Lösung« des Problems, das die eingangs exponierte Konstellation enthielt. Dieses erscheint wie weggewischt und vergessen in der mutwillig-gewaltsamen Verlagerung auf eine Ebene von nahezu programmhafter Abbildlichkeit, mit der der artifizielle Zuschnitt des Spaßes, welcher schon in der simplen Kanonführung der Takte 52 ff. gefährdet war, aufgegeben ist. Nur hier kann Beethoven so direkt, mit so derben Strichen karikieren und persiflieren und mit dem maschinenhaften Mechanismus so umspringen, wie seine Gefährlichkeit es verdient. Zugleich aber definiert eben dieser »Bruch« (wenn das viel mißverstandene Reizwort aus den Diskussionen von 1970 erlaubt ist) jene soeben aufgegebene artifizielle Spielebene genauer, er dient also in einem Werk, in dem auf so vielfältig unterschiedliche Weise humoristisch gespielt wird, der »Ortsbestimmung« und wirkt dergestalt ordnend und integrierend. Überdies schafft er – neben der Kürze – den Eindruck des Aphoristischen bei einem Satz, dem man, äußerlich betrachtet, in der klaren Zweiteiligkeit mit anschließender Coda ja einige formale Rundung attestieren könnte. Aphoristisch ist, daß eine Frage recht explizit gestellt und ausformuliert, aber nicht zu Ende beantwortet wird. Und unter den humoristischen Pointen dieses Satzes mag es die feinste sein, wie der Komponierende in eben dem Augenblick, da er, am Ende des wiederholten Großabschnittes angelangt, zu Neuem, wenn nicht – diskursiv gedacht – zu einem »Ergebnis« kommen müßte, sich aus dem zuvor sorgsam aufgebauten Regelkreis davonstiehlt und auf einer »niedrigeren« Ebene unzweideutig klarmacht, daß er des gewählten Tons nun müde ist.

An dieser Stelle drängen sich Konsequenzen auf, in denen wir die thematische
Vorgabe unseres Symposiums überschreiten bzw. verfehlen würden: Denn ausgehend vom Abbruch der Behandlung des gestellten Problems wäre, wie früher schon
angedeutet, nun zu fragen, auf welche Weise es in den anderen Sätzen behandelt
wird, in deren Ensemble das Allegretto zweifellos die am meisten programmhafte
Position einnimmt. Die angesprochenen thematischen Korrespondenzen und die
zweimalige Diminution im Finale stellen nur Einzelmomente einer umfassenden
Konzeption dar, deren Verbindlichkeiten sich vom Vorhaben eines Spiels mit Vorgegebenem (ob man es »nachklassisch« und »Musik über Musik« nennen sollte,[7] bleibe
hier unerörtert; jedenfalls ist hierbei ein sehr naiv-einschichtiger Begriff von Klassik
unterstellt) bis tief in die kompositorische Struktur erstrecken, wohinein gelagert
man sich den Bezug auf den Chronometer wohl als den am besten greifbaren Anhalt, nicht aber geradehin als Kern- oder Ausgangspunkt zu denken hat. Fraglos
kommt dem Spiel mit verschiedenen Verlaufsformen eine besondere Rolle zu: Jähes
Aussetzen der musikalischen Pulsation, stellenweise ein »nacktes«, nur eben taktie-
rendes Markieren der Zählzeiten, Kontraktionen und Dehnungen zu »taktwidrigen« Komplexionen, Stauungen und befreiende Ausläufe – durchweg Mittel, dem
Hörer das Wesen des musikalischen Zeitflusses und die Möglichkeiten der Dialektik
von Metrum und Rhythmus bewußt zu machen, finden sich allenthalben. Offenkundig hat auch die nachträgliche Erweiterung des ersten Satzes mit dieser Gesamtkonzeption zu tun, denn in der endgültigen Fassung von dessen Schluß schafft Beethoven nicht nur eine Entsprechung zur umständlich »veranstalteten« Ausführlichkeit des Abschließens in allen anderen Sätzen, er komponiert sich zugleich an das
tickende Pulsieren vom Allegretto-Beginn heran, indem er die Musik immer mehr
aufs Markieren von Taktzeiten und Takten und damit den Schritt hinüber ins Allegretto auf das Geringstmögliche reduziert.

  Es wäre eine lohnende Aufgabe, vom Allegretto ausgehend die Merkmale, Möglichkeiten und Grenzen einer Gesamtkonzeption der 8. Sinfonie zu diskutieren und
zu bestimmen, wie die Individualität ihrer Sätze und deren innere Einheit sich
wechselseitig konstituieren.

7   C. Dahlhaus, a. a. O.

Zur musikalischen Konzeption
der Rasumowsky-Quartette op. 59

Im Zusammenhang mit seinem ersten Streichquartett-Opus traf Beethoven in einem Briefe an Carl Amenda die sachlich-bescheidene Feststellung, daß er »erst jetzt recht Quartette zu schreiben« wisse.[1] Der Ton dieser Äußerung entspricht sehr genau der planvollen Bedachtsamkeit, in der Beethoven sich die zentralen Gattungen Sinfonie und Streichquartett erschloß, mit denen er verhältnismäßig spät erstmals an die Öffentlichkeit trat. Nachdem dies, übrigens in beiden Fällen im Jahre 1800, geschehen, vergingen sieben volle Jahre, bis seine nächsten Streichquartette bekannt wurden, die Trias op. 59 – gemessen an der Schaffensfülle der dazwischen liegenden Jahre eine erstaunlich lange Zeit, mag auch die Verzögerung der Veröffentlichung des neuen Opus um etwa ein Jahr mit den besonderen Verfügungsrechten des Widmungsträgers zusammengehangen haben. Lang erscheint diese Zwischenzeit um so mehr, als sie in fast allen Schaffensbereichen entscheidende Durchbrüche und neue Lösungen brachte, in der Sonatenkomposition auf dem Wege über die Phantasiesonaten op. 26, op. 27 und über op. 31 bis zur *Appassionata,* mit *Fidelio* die Eroberung der Bühne und in der Sinfonie die Erschließung der großen Dimensionen in der *Eroica*[2]. Freilich hat Beethoven in dieser Zeit, wohl seit 1804, bereits für die Quartette skizziert, so für die ersten drei Sätze des F-Dur-Quartetts in der Nachbarschaft zu *Fidelio* und zum Tripelkonzert[3], wie sich ebenso Notizen zu erst viel später ausgearbeiteten Werken neben denen zu op. 59 finden, so zur Sechsten[4] und Siebenten[5] Sinfonie oder zu den Klaviertrios op. 70[6]. Angesichts dieser Streuung erscheint es besonders bedauerlich, daß nicht bekannt ist, wann genau und unter welchen Umständen Rasumowskys Auftrag erging und wieviel Zutun etwa von Beethovens Seite dabei war, den es zweifellos drängen mußte, die in Sonate und Sinfonie gewonnenen Erfahrungen auf die Quartettkomposition zu übertragen. Nicht nur stand ihm als Vorbild einer wechselseitig anregenden Korrespondenz dieser Bereiche das Beispiel Haydn vor Augen, auch fällt in die Zwischenzeit die wichtige Auskunft über den einzuschlagenden »neuen Weg« und über sein Mißfallen an allem bisher von ihm Geschriebenen. Daß viele Vorstellungen zu den neuen Quartetten schon

---

1 Brief an Carl Amenda vom 1.7.1801, Briefwechsel, GA Band 1, S. 86.
2 Vgl. hierzu im vorliegenden Bande S. 37 ff.
3 Nottebohm, G.: *Zweite Beethoveniana,* Leipzig 1887, Kap. 44. Das hier besprochene Heft entspricht der Nummer 67 von Hans Schmidts Verzeichnis der Skizzen Beethovens. – In: Beethoven-Jahrbuch 1965/68, Bonn 1969, S. 7–128. Bei Bezugnahme auf diesen Katalog wird im folgenden abgekürzt: Schmidt 67 usf.
4 Schmidt 64.
5 Schmidt 265.
6 Schmidt 64.

zur Reife kamen, während er noch mit anderen Werken beschäftigt war, wird durch die konzentrierte Schnelligkeit der Arbeit bezeugt, der er sich laut eigener Notiz am 26. Mai 1806, also unmittelbar nach dem Mißerfolg der zweiten *Fidelio*-Fassung, zugewandt hatte. In seinem Brief vom 5. Juli 1806 aus Wien an Breitkopf & Härtel werden unter anderem die Quartette erwähnt, »wovon ich eines schon vollendet und jetzt fast meistens mich gedenke mit dieser Arbeit mich zu beschäftigen.[7]« Schon im Februar 1807 weiß der Korrespondent der *Allgemeinen Musikalischen Zeitung* von den neuen Quartetten.[8]

In den damit eingegrenzten Zeitraum fallen auch die Fertigstellung des G-Dur-Klavierkonzertes, der Vierten Sinfonie und des Violinkonzertes und überdies die Reise nach Grätz bei Troppau. Von dort aus hat Beethoven am 3. September dem Leipziger Verleger Gottfried Härtel die Quartette angeboten.[9] Nicht zuletzt erscheint wichtig, daß Beethoven in dieser Zeit die bereits begonnene Arbeit an der Fünften Sinfonie zugunsten der Vierten unterbrach.[10]

Äußerlich wird die neue Station der Quartettkomposition durch die Zusammenstellung dreier Werke unter einer Opuszahl nachdrücklich betont. Offenbar fühlte sich Beethoven bei Streichquartetten mindestens ebensosehr wie bei Sonaten auf die Tradition der Werksammlung verpflichtet: Wie die althergebrachte Sechszahl (bei mehrsätzigen Werken, wie sich versteht) nur einmal bei ihm erscheint, im Streichquartett-Opus 18, so nun mit opus 59 nach den opera 1, 2, 9, 10, 12, 30, 31 letztmalig die Dreizahl, die einen eben noch möglichen Kompromiß zwischen den Gepflogenheiten der Werksammlung und der immer stärker sich profilierenden Individualität des einzelnen Werkes darstellt. Angesichts der Unterschiedlichkeit der Quartette stellt sich die Frage, ob dies zufällig sei oder auf eine besondere Zusammengehörigkeit hindeute. Immerhin veröffentlichte Beethoven nach op. 59 nur noch zweimal mehrere mehrsätzige Werke unter einer Opuszahl, und hier, in den opera 70 und 102, jeweils zwei (wie zuvor schon in den opera 5, 14, 27 und 49), was mit der Tradition der zwölf, sechs oder drei zusammengehörigen Werke kaum noch zu tun haben dürfte.

Diese Betonung des Zyklischen erscheint auf den ersten Blick geradehin altertümelnd, da andererseits in fast jeder Hinsicht die Neuheit der Quartette ins Auge springt, worin sie dem Qualitätssprung der *Eroica* zu entsprechen scheinen, beginnend schon bei den Dimensionen der 399 Takte des das Opus eröffnenden Satzes,[11] der gar 476 des durchweg auf kleingliedrige Melodik gestellten zweiten oder der 429 in unablässig pulsierender Bewegung durchgehaltenen Takte des den Zyklus beschließenden Allegro molto. Eine Ähnlichkeit mit der *Eroica* besteht überdies

---

7 Briefwechsel, GA Band 1, S. 287.
8 Angaben hier nach Kinsky, G.: *Das Werk Beethovens,* hrsg. v. H. Halm, München, Duisburg 1955, S. 140.
9 Brief an Breitkopf & Härtel vom 3. September 1806, a. a. O., S. 288–289.
10 Thayer/Deiters/Riemann: *Ludwig van Beethovens Leben,* Bd. 3, Leipzig 2/1911, S. 10.
11 Im folgenden werden häufig die Sätze als Kombination der Angabe zur Grundtonart des betreffenden Werkes mit der Satzzahl angegeben, also F/I = erster Satz des *F-Dur-Quartetts.*

darin, daß Beethoven zitiert, und nicht einmal, wie dort, ein eigenes Thema, sondern zwei russische Volkslieder, die durch eine im Jahre 1790 erschienene Sammlung[12] und eine eben im Schwange befindliche Volkslied-»Mode« nicht weniger bekannt gewesen sein mögen als das Prometheus-Thema.[13] Auch hat Beethoven sie ausdrücklich als *thèmes russes* gekennzeichnet und besonders das zweite für den Hörer durch scheinbar primitive Wiederholungen drastisch hervorgehoben.

Den Grad der Zumutung spiegeln die ersten Reaktionen unmißverständlich wider; erstmals stand Beethoven einer anfangs fast einhelligen Ablehnung gegenüber. Selbst die mit seiner Musik wohlvertrauten Mitglieder des Schuppanzigh-Quartetts hielten zunächst das *F-Dur-Quartett* nicht für das versprochene Werk, sondern für einen Spaß, worin sie gerade die Anfänge der beiden ersten Sätze, die indifferent unter der strophisch gebauten Melodie dahinklappernden Achtel des ersten[14] und die mit ähnlich vorsätzlicher Primitivität wie unverbunden nebeneinander stehenden Beiträge der Instrumente am Beginn des zweiten bestärkt haben mögen. Bernhard Romberg gar trampelte in Moskau wütend auf der Cellostimme herum, nachdem er den zweiten angespielt hatte, in einer Petersburger Gesellschaft wollte man sich »vor Lachen ausschütten«, und in einem Zirkel in Manchester wurde Jahre später angelegentlich darüber diskutiert, ob dies vielleicht die Musik eines Verrückten sei. Mit »Flickwerk eines Wahnsinnigen«, »schade um das Geld«, »das hier ist keine Musik« und »nicht allgemein faßlich« halten sich auch andere Äußerungen an den gleichen Tenor, mit Ausnahme der letzten eines Rezensenten, welcher die Quartette »tief gedacht und trefflich gearbeitet« findet und vom Urteil »nicht allgemein faßlich« das dritte ausnimmt, »welches durch Eigentümlichkeit, Melodie und harmonische Kraft jeden gebildeten Musikfreund gewinnen muß«. Freilich scheint sich der Schock der ersten Kenntnisnahme bald gemildert zu haben, wie u. a. die *Allgemeine Musikalische Zeitung* vom 5. Mai bezeugt:»In Wien gefallen Beethovens neueste schwere, aber gediegene Quartette immer mehr; die Liebhaber hoffen sie bald gestochen zu sehen.«[15]

Schon ein erster Überblick zeigt, daß die Quartette eine besondere Spannweite zwischen der Eigenart der einzelnen Sätze und den Gemeinsamkeit schaffenden Momenten kennzeichnet. Viel weniger als in früheren Opera ähnelt irgendein Satz dem anderen, die für erste, langsame, für Schlußsätze oder Menuette bzw. Scherzi zur Verfügung stehenden bzw. von Beethoven selbst geschaffenen Normative scheinen weitestgehend außer Kraft gesetzt. Die ersten Sätze sind wohl der Anlage nach

12 Lwow/Pratsch: *Sobranije narodnich russkich pesen s jich golosami,* Petersburg 1790, Neuausgabe Moskau 1955.

13 Zur Situation der Volksliedpflege im Zusammenhang mit op. 59 vgl. Salmen, W.: *Zur Gestaltung der »Thèmes russes« in Beethovens op. 59,* in: Festschrift für Walter Wiora, Kassel (usw.) 1967, S. 397–404; W. M. Uhl, *»Airs russes« und »thèmes russes« in der Musik Westeuropas bis um 1900,* Diss. Kiel 1974.

14 »Jedenfalls ist diese Art Harmonisierung ein Novum in der Literatur«. H. Riemann: *Beethovens sämtliche Streichquartette.* Leipzig 1911, S. 50.

15 Diese häufig zitierten Äußerungen hier nach Thayer/Deiters/Riemann, a. a. O., Bd. 3, Leipzig 2/ 1911, S. 536.

Sonatenformen, bilden diese aber in jeweils so eigentümlicher Weise fort, daß ihnen nur die äußeren Regulationen gemeinsam bleiben. Ähnlich die beiden langsamen Sätze (das *Dritte Quartett* enthält einen solchen nicht): Das im *Ersten Quartett* an dritter Stelle stehende und über eine Kadenz der ersten Violine zum Finale hin offene Adagio molto e mesto, gewiß zu den expressivsten Sätzen zählend, die Beethoven geschrieben hat, hält sich ganz im Bereich persönlichsten Ausdrucks und fordert zur Charakterisierung Kategorien wie Klage, Tröstung o. ä. unabdingbar heraus; wogegen dem Molto Adagio des *e-Moll-Quartetts*, versehen mit der Beischrift »Si tratta questo pezzo con molto di sentimento«, deutlich eine gewisse choralhafte Objektivation eignet, wozu Czernys Auskunft sehr genau stimmt, daß Beethoven der Einfall zu diesem Satz gekommen sei, »als er einmal nachts lange den gestirnten Himmel betrachtete und an die Harmonie der Sphären dachte.[16]« Hierbei ist, wie zumeist bei Beethoven, Einfall durchaus im Sinne von Konzeption zu verstehen; gerade auch am Thema dieses Satzes hat er gebessert und gefeilt[17]. Das an Menuettstelle stehende Allegretto des *e-Moll-Quartetts* gibt zwei ineinandergefügte Charakterstücke, das Minore an frühere Scherzotypen erinnernd, das Maggiore durch das *thème russe* geprägt; wogegen, ausdrücklich mit Menuetto und Trio bezeichnet, der entsprechende Satz im *C-Dur-Quartett* weitgehend der Traditionslinie der Menuette Haydns und Mozarts folgt. Bei den Finalsätzen der ersten beiden Quartette bringt Beethoven im ersten den zündenden, humorig zupackenden Ton des russischen Liedes (= Bsp. 28 a) auf geistvolle Weise mit der Sonatenform zusammen, während er das zweite, nahezu all'ongharese stilisierte, immer wieder und mit immer länger werdenden Verarbeitungen sich am Thema abstoßen läßt.

Drei Sätze in op. 59 scheinen sich fast ganz der Einordnung zu entziehen, das Allegretto vivace sempre scherzando des *Ersten Quartetts* als der zunächst rätselhafteste im ganzen Zyklus, daneben als der in seinem balladenhaften Ton am unmittelbarsten wirkende das Andante con moto quasi Allegretto im dritten, und daselbst das Finale, eine Verbindung von Sonate und Kontrapunkt, die hier wie eine Summe der formbildenden Kräfte und zugleich als stilisierter Rundgesang erscheint.

Dieser sehr individuellen Prägung stehen andererseits Gemeinsamkeiten verschiedenster Art gegenüber. Daß das erste Quartett sich bei seinem Beginn bereits »mitten« in der Musik bzw. im Musizieren zu finden scheint, während das zweite mit zwei – an die *Eroica* erinnernden – Schlägen eröffnet wird, die dem nachfolgenden Thema die Ecktöne abstecken (Bsp. 1), während es beim dritten einer ausführ-

16   Czerny, C.: *Über den richtigen Vortrag der sämtlichen Beethovenschen Klavierwerke,* hrsg. u. kommentiert von P. Badura-Skoda, Wien 1963, S. 16 (Wiener Urtextausgabe).
17   Nottebohm, a. a. O., S. 84.

lichen Introduktion bedarf, unterliegt offenbar der gleichen Konzeption. Beim Vergleich der ersten Sätze erweist sich das Seitenthema von e/I (= Bsp. 2 a) als freie Umkehrung des Kopfmotivs im Hauptthema von F/I (= Bsp. 2 b):

In allen drei Sätzen spielen in überleitender Funktion steigende Skalen im Violoncello eine wichtige Rolle, in F/I (= T. 8 ff.) deutlich aus den zuvor aneinandergesetzten Quartdurchschreitungen entwickelt, doch bereits latent die Struktur verschachtelter Terzen enthaltend, die in den beiden anderen Sätzen die Figur kennzeichnet:

Die Diastematik der Themen der beiden so unterschiedlich langsamen Sätze verrät ein sehr planvolles Vorangehen bei der Erschließung des Tonraumes, wobei das von F/III erst den großen Ambitus umschreibt, um danach die freigelassene Quinte zu füllen (Bsp. 4), während das Thema von e/II kleinschrittig beginnt (= a in Bsp. 5),

dann den oberen Quintraum erschließt (= b), was erst, in Entsprechung zu a, durch die charakteristische Figur c befestigt wird, ehe d zum Ausgangspunkt zurückkehrt, so daß sich eine klare Verschränkung der rhythmischen und der Tonhöhen-Korrespondenzen ergibt bzw. zwischen Rückbezug und entfaltender Aufeinanderfolge.

Dem Bilde einer mathematisch gesetzhaften Entfaltung entspricht auch die gleich-
mäßige Aufeinanderfolge der jeweils auf der nächstfolgenden Unterquart (= h-fis-
cis) einsetzenden Unterstimmen. In den Finalsätzen der beiden ersten Quartette
werden den vornehmlich in Sekunden fortschreitenden ersten Themen als Seitenthemen aufwärtsgehende Dreiklangsbrechungen gegenübergestellt,[18] wobei man üb-

rigens mutmaßen möchte, daß das erste von ihnen eine charakteristische Prägung
von ausgesprochen folkloristischem Ton angeregt haben mag, das zweite Thema im
ersten Satz der Streicherserenade op. 22 von Dvořák:

In auffällig ähnlicher Weise schafft sich Beethoven zweimal Ausgangspunkte zur
auflösenden Entspannung der Coda: Sowohl in F/I (T. 347) als auch in e/II (T. 138)
verfestigt er die Themen mit massiven Sforzati und im akkordischen Satz nahezu in
Entstellungen, denen der ursprüngliche Tonfall eben dadurch verlorengeht, daß die
Tonfolge mit äußerstem Nachdruck fixiert, ja festgenagelt wird. Beide Male stockt
der Pulsschlag der Musik, um danach, als Auflösung aus Kompaktheit und Starre,
wieder einzukehren und nun einen weiten Auslauf tragen zu können; anderwärts[19]

---

18   Der Position nach hätte in F/IV das Thema Bsp. 11 den Rang des Seitenthemas zu beanspruchen.
     Da es deutlich eine kantabilisierte Variante des »thème russe« darstellt, nimmt, wie auch die Durch-
     führung bestätigt, viel eher Bsp. 6 a die Funktionen eines Nebenthemas wahr.
19   Vgl. in diesem Bande S. 105 ff.

sind die Umstände ausführlicher behandelt, die hier, in F/I, Ähnlichkeiten mit viel
später geschriebener Musik wie Mahlers *Vierter Sinfonie* ermöglichen. Zu den die
Werkgrenzen überspringenden Korrespondenzen zählt auch das fremdkörperhaft
wirkende, geradezu sperrende Einsprengsel einiger chromatisierender Takte
(T. 355 ff.) in das Finale des Zweiten Quartetts, welche unverkennbar, zumal im
konsequenten Auseinanderstreben der Außenstimmen, auf die Introduktion zum
dritten hinweisen. Dieser Katalog der Gemeinsamkeiten, der sich hier zunächst auf
das Auffällige beschränkt, ließe sich fortsetzen; zu ihm gehört z. B. auch, daß die
Tonartfolge der Sätze (F-B-f-F; e-E-e-E-e/C; C-a-C-F-C) durchweg harmonisch
wenig ausschlägt, um so mehr aber die einzelnen Sätze in sich, wobei mehrere die
entferntest liegenden Tonarten erreichen oder gar dort verweilen (F/I H und Ges;
F/IV As und d; e/I b und B; e/II B; C/I Des; C/II Es).

Kraft mehrwertiger Bezüge sind es die gleichen Qualitäten, die jedes der drei
Quartette sowohl zum Gliede eines zyklischen Zusammenhanges wie zum autonomen Einzelwerk machen. So eignet dem letzten Schlußsatz in der Verknüpfung von
Kontrapunkt und Sonate gewiß größere Finalität als den beiden anderen, die nichts-
destoweniger ihre Werke vollkommen schließen. Indem Beethoven hier eine Konzeption der Quintessenz und abschließenden Zusammenschau verwirklicht, unterscheidet er dies Finale von den beiden früheren in eben der Evidenz einer bewußten Arbeit, in der generell das dritte Quartett die beiden anderen übertrifft, wofür
nicht weniger als die Schlüsse – vor der kontrapunktischen Verdichtung im letzten
das launig einen Überschuß, eine letzte Reverenz spendierende Adagio ma non
troppo im ersten, das strettahafte Più presto des zweiten – die erwähnten Anfänge
stehen.

Kein Wunder also, daß die Problematik von op. 59 die Hörer in den ersten Quartetten stärker ansprang. Wenn die drei Quartette hier als Stadien ihrer Offenlegung
aufgefaßt werden, so wohlgemerkt nicht als Stationen der Entfaltung der kompositorischen Bewußtheit, welche von Anfang an größer wohl kaum gedacht werden
kann, sondern als Stationen auf einem Wege, auf dem sich bestimmte Intentionen
immer deutlicher zu erkennen geben. Nur dies verspricht Erklärungen dafür, daß
der am naivsten sich gebende Satz aus op. 59 (F/II) auch dessen provozierendster
war, während das letzte Quartett, welches gleich zwei der oben als sui generis genannten Sätze enthält, von vornherein als das zugänglichste galt. Während Beethoven anfangs vornehmlich mit Details und Prägungen arbeitet, welche für sich genommen wenig Probleme bieten, diese freilich in ungewohnte Zusammenhänge
setzt, woraus ein gewisser Abstand zwischen dem musikalischen Erscheinungsbilde
und der Konzeption des Satzganzen folgt, verringern sich dieser Abstand und mit
ihm das Identitätsproblem der Musik über das zweite im dritten Quartett fühlbar,
wohingegen dort wiederum die Typologie der Sätze, zumal in C/II und C/IV, individueller gefaßt ist.

Den Ausgangspunkt dieser Wege setzt der Anfang des ersten Quartetts sowohl
mit dem aller Umschweife entbehrenden »Mittendrin« des Beginns als auch mit
dessen Einzelheiten, der starren Achtelbegleitung und einem Thema, das sich eher

als eine zu strophischem Ausbau hinstrebende Melodie darstellt denn als ein für dialektisch konflikthafte Auseinandersetzungen vorgesehenes Sonatenthema, wie denn tatsächlich das Konfliktfeld innerhalb dieses Satzes kaum mehr zwischen den Themen selbst liegt.[20] Der Satz mutet wie eine gewaltig ausphantasierte Vergrößerung dieser Melodie an, deren Habitus sich ihm über die verschiedensten Varianten mitteilt. Wenn er die üblichen Positionen eines mehrthemigen Satzes auch nicht ignoriert,[21] so überspielt er sie doch und gefährdet so die Merkpunkte fürs Ohr bzw. für das Verständnis des Gesamtverlaufs und damit das Ortsbewußtsein des Hörers. Dies um so mehr, als die Suggestivität der Prägungen die Aufmerksamkeit stark auf die Unmittelbarkeit der klingenden Musik fixiert und ihr kaum gestattet, in dem Erkannten und Wiedererkannten eine Ordnung aufzusuchen. Dabei sind viele Ergebnisse der unaufhörlich neue Varianten produzierenden Phantasie wohl sofort in ihren Bezügen erfahrbar oder gar zu erkennen, so z. B. in der Schlußgruppe T. 91 ff. (Bsp. 8)

oder entsprechend die Herkunft der Achtelfiguren des »Fugato«[22] T. 184 ff. (Bsp. 9),

auch die habituelle Ähnlichkeit der Themen (ein zweites T. 60 ff.) und die Schlußgruppe (Bsp. 8) nahezu mit der Qualifikation eines dritten. Unterhalb der Wahrnehmungsschwelle aber bleibt – und kann auch bleiben – die subtile Vereinheitlichung der Musik schon in ihren kleinsten Zellen, so möglicherweise schon die Entwicklung der Takte 30 ff. aus dem zweiten Takt des Themas, ganz und gar aber

20 Wie Anmerkung 19.
21 Hans Mersmann, *Die Kammermusik* (Führer durch den Konzertsaal), Bd. 2, Beethoven, Leipzig 1930; Vetter, W.: *Das Stilproblem in Beethovens Streichquartetten op. 59* und: *Beethoven und Rußland.* – In: *Mythos Melos Musica*, Bd. 1, Leipzig 1957, S. 363–367 bzw. 368 bis 376. Vetter macht es sich in seiner auf Mersmann gestützten Kritik an der Orientierung auf die in F/I wenig verbindlichen Maßstäbe recht einfach. Als Abweichung von einem bekannten Grundriß ist eine musikalische Struktur, auch die von F/I, noch immer besser und verständlicher beschrieben als durch unverbindliche Paraphrasierungen, die keine Vergleiche zulassen. So eindringlich Mersmanns Darstellung auch sein mag, so verbindet sich in ihr doch auf typische Weise die Betonung der Unfaßbarkeit der Musik mit mangelnder Genauigkeit: Beethovens Notiz im Zusammenhang mit F/III (vgl. Anmerkung 23) bezieht er auf einen angeblich gestorbenen Bruder Beethovens; für e/I stellt er den Neuansatz T. 21 heraus, erkennt aber nicht, daß dieser schon in den Takten 13/14 steckt; C/IV ist für ihn eine »Fuge«, und das ganze dritte Quartett ein »a-Moll«-Quartett.
22 Dies wurde schon herausgestellt in der eindringlichen Betrachtung, die Adolf Bernhard Marx dem Stück gewidmet hat: *L. v. Beethoven, Leben und Schaffen*, Bd. 2, Berlin 1859, S. 45.

die Verbindlichkeit des Quartganges für die unterschiedlichsten Bildungen, von denen einige (a = T. 38/39; b = T. 53 bis 56; c = T. 67 ff.; d = T. 71/72; e = T. 71; f = T. 72; g = T. 73 ff.) in Bsp. 10 zusammengestellt sind.

Nicht, daß derlei Feinheiten nicht sofort erkannt werden können, schafft hier Probleme, da es doch allgemein zur Spezifik der Musik gehört, daß sie durchaus richtig erlebt und erfahren werden kann, ohne in ihren strukturellen Bezügen durchschaut zu werden. Vielmehr geht die eigentümliche Beirrung davon aus, daß im Vergleich zum »Normaltypus« eines ersten Satzes, gerade auch eines Beethovenschen, dieses Allegro die Zügel ostentativ schleifen läßt und darauf verzichtet, den Hörer in einem zielgerichteten Prozeß zu führen, ja, ihn in Partien von so großer Suggestivität wie in den Takten 30 ff. oder im ausführlichen Des-Dur-Ruhepunkt der Takte 175 ff. mutwillig vom Wege abzubringen und zum Verweilen und Vergessen einzuladen, eine Unbekümmertheit um den Gesamtzusammenhang vorzuspielen scheint, die es schlechterdings nicht haben kann und tatsächlich nicht hat.

Diesen Zwiespalt treibt der zweite Satz gewaltig weiter: Beginnend bei dem bloß einen Rhythmus markierenden Cello[23] stellt er in der Sprache der kleingliedrigen,

---

23 Ausgehend von der Beobachtung, daß in diesem Satz dreimal »angeklopft« werde und dabei erst das dritte, von allen vier Instrumenten »crescendo« ausgeführte Klopfen ein Ergebnis bringe, i. e. eine Melodie auslöse, diskutiert Jacques Chailley, auf die Parallelität zu dem an drei Tore klopfenden Tamino hinweisend, die Möglichkeit einer hier hineinkomponierten freimaurerischen Symbolik. Er fühlt sich dabei bestärkt durch die rätselhafte, bei dem Adagio stehende Notiz Beethovens »Einen Trauerweiden- oder Akazienbaum aufs Grab meines Bruders«, mit der vielleicht ein Logenbruder gemeint sein könnte: Die Akazie war das Symbol des »Meisters«. Chailley läßt die Frage offen. Die eigentümlich enigmatische Struktur des Satzes könnte seine Vermutung wohl stützen, ganz und gar nicht aber dessen – wenngleich auch als Teil dieser Struktur, als Tarnung interpretierbarer – Charakter. Immerhin stellen auch die Beiträge der beiden Violinen (T. 4 ff., T. 13 ff.) durchaus schon Antworten dar bzw. entspricht das neue Ergebnis nach dem dritten, energischeren Anklop-

oft engschrittig trippelnden Themen und in der wie unkontrolliert überschießenden Produktion von immer Neuem eine Naivität aus, die offenkundig zu den in seinen Dimensionen angemeldeten Ansprüchen in Widerspruch steht. Er erscheint, nicht zuletzt in oft jähen Modulationen als Äußerung kapriziöser Mutwilligkeit, geradezu wie ein Porträt eines primitiven, um die Organisation eines Ganzen unbekümmerten Musizierens. Doch gerade an Hand der tonartlich weitab liegenden Partien erweist sich, daß Beethoven hier ein ebenso perfektes wie schwer durchschaubares Meisterstück an Doppelbödigkeit geleistet hat: Wo die Musik in H-Dur ansetzt, beginnt eine Art Durchführung, und wo in Ges-Dur ein hier neues Motiv erklingt (T. 239), beginnt eine Art Reprise in einem sehr strengen Sinne: Auf den Takt genau wiederholt sich von hier an das Ablaufschema des Satzes bis zum Ende des vielthemigen »Scherzo-Trio-Teils«, dies freilich eben durch jene neue Floskel getarnt, mit der die chaotische Aufhäufung von Einzelheiten fortzugehen scheint, die sich hier als neuer Gegenstand eindrängt und doch nur einen Überbau über einem vorgegebenen Gerüst darstellt.[24] Gerade also, wo sich die auf Korrespondenzen ausgehende Rezeption endgültig betrogen sehen muß, tritt eine an Strenge kaum zu überbietende Regel in Kraft. Dem entspricht, daß die vielfältigen Themen (vgl. Bsp. 28 d, e und f) untereinander als Varianten zusammenhängen; nur das rein musikalische Auf-Ab des »Trios« steht hier außerhalb (T. 115 ff.), welches, beim ersten Mal überdies in f-Moll erscheinend und mit der charakteristischen Sept als Kulminationspunkt und Kehre der melodischen Bewegung, auf den Adagiosatz vorausweist.

Dieser schafft, über die Besonderheit des langsamen Tempos hinaus, einen Ruhepunkt auch insofern, als vor ihm die Frage nach der Zuordnung des Gehörten, welche zumal der zweite Satz aufgab, gegenstandslos wird, als vor der zweifellos persönlichsten, am unmittelbarsten subjektiven Äußerungen des Opus. Wie die ersten Sätze des *F-Dur-Quartetts* eigentümlich ambivalent erscheinen, so sein dritter und vierter eindeutig auf eine Weise, der das Moment der geistvollen Beirrung völlig fremd ist. Die zwischen beiden liegende Kadenz spiegelt ebenso die Notwendigkeit ihrer Distanzierung als weit auseinander liegender Charaktere wider wie die Notwendigkeit ihrer Verknüpfung. Sie scheinen geradezu ineinandergeschoben insofern, als das Cello mit dem neuen Thema beginnt, ehe die Violinkadenz definitiv beendet ist; damit bekommt der unentschieden gehaltene Triller eine neue Qualität als Innehalten eines Partners, der auf seinen Einsatz wartet. Unverkennbar, daß hier

---

fen auch der Logik einer periodischen Gruppierung (= 8 + 8 + 6, 6 + 6 + 5), und nach dem neuen Thema wird sogleich wieder »geklopft«. Vgl. Chailley, J.: *Sur la signification du quatuor de Mozart K 465, dit »les dissonances«, et du 7ᵐᵉ quatuor de Beethoven*, in: Natalica Musicologica Knud Jeppesen Septuagenario, Kopenhagen 1962.

24 Dies hat Erwin Ratz gezeigt: *Einführung in die Musikalische Formenlehre*, Wien 1951, S. 167 ff., in der er diesen Aufriß gibt:

114 Takte Scherzo	115 Takte Scherzo
36 Takte Trio	36 Takte Trio
88 Takte Durchführung	87 Takte Coda
insgesamt 238	insgesamt 238

die Stimmen und ihre Musik nach Art eines Rundgesangs erst zueinander kommen müssen: Zunächst spielt das Cello allein, dann übernimmt die erste Violine das Thema und das Cello von ihr den gehaltenen Triller, welcher, auf der »falschen« Quint liegend, deutlich anzeigt, daß der musikalische Satz noch nicht ganz zusammengefügt ist. Dies besorgt die anschließende Triller-Tonfolge c–cis–d–e–f–cis; danach kann die Bratsche, in Dezimen gekoppelt mit der zweiten Violine, das Thema übernehmen, welches ihr sogleich von der ersten Violine entrissen wird: Erst hier, im voll klingenden F-Dur des 18. Taktes, hat sich die Musik gefunden. Nicht weniger als der Schluß mit dem plötzlichen Innehalten eines auf humorige Tricks und Wirkungen verständigen Musikanten zeigt dieser Beginn, daß die Verwendung von Volksliedern sich keineswegs mit der zitierenden Übernahme in den Bereich der Kammermusik bescheidet, sondern deren Gefüge selbst verändert.

Doch nicht nur im Sinne der geschilderten Vereindeutigung erscheint das Finale des *F-Dur-Quartetts* als Zielpunkt oder geradezu, durch den Übergang suggestiv genug dargestellt, als Mündung: Mit dem nach den Mittelsätzen endlich wieder erreichten F-Dur (den aeolischen Modus des Liedes nimmt Beethoven fast nur in der eben beschriebenen Sammlung zum Rundgesang wahr) wird sowohl im Verfahren als auch motivisch der Bogen zurück zum ersten Satz geschlagen. Wie dort hat zunächst das Cello unter einer »unbedeutenden« Begleitung das Thema, wie dort übernimmt dies danach die erste Violine. In der Stellung eines zweiten Themas[25] tritt die Melodie Bsp. 11 ein, in der Beethoven den Quartaufgang des *thèmes*

11

p dolce

russe (vgl. Bsp. 28 a) in gleichmäßigen, breiteren Werten herausstellt und damit den Kontrast herausarbeitet zum sogleich erscheinenden dreiklängigen Thema (Bsp. 6 a). Bei der Einführung des letzteren mit dem Kopfmotiv des *thème russe* ohne dessen ersten Ton profiliert Beethoven eben jenes Moment der Quartdurchschreitung, das den Hauptthemen des ersten und letzten Satzes gemeinsam ist. Schon also vom ersten Takt des Quartetts an ist das russische Lied anvisiert, und damit hat Beethoven, wie sehr zunächst auch im Verborgenen, aus dem Unterschiede des einfachen, kleinen Gebildes zum »großen Stil«[26] des Streichquartetts die Logik der Aufeinanderfolge seiner Sätze und damit die Grundlage seiner Einheit als Werk bezogen. Diese Differenz liegt im ersten Satz zwischen der nach eigener Entfaltung und Rundung strebenden Kantabilität und den Notwendigkeiten der Organisation eines Ganzen, im zweiten dehnt er sie zu einer hintergründigen Divergenz zwischen

25 Vgl. Anmerkung 18.
26 Georg Knepler, *Zu Beethovens Wahl von Satzgattungen. Ein soziologischer Aspekt eines ästhetischen Problems,* in: Beiträge zur Musikwissenschaft, Jg. 12, 1970, S. 308–321.

unbekümmertem Musizierton und strengsten formalen Verbindlichkeiten, um sie im Adagio zu stillen, welches, unberührt von ihr, als Sperre und retardierendes Moment vor dem erlösenden Durchbruch liegt, der in sprühender Vitalität die Einheit von Volkslied und kammermusikalischen Ansprüchen herstellt.

Mit dem *e-Moll-Quartett* wird eine in jeder Hinsicht neue Region betreten. Wie den ersten Satz des *F-Dur-Quartetts* verschwenderisch ausladende Großzügigkeit kennzeichnet, welche dort die Expositionswiederholung als die Kontinuität des herausphantasierten Ganzen störend überflüssig machte, so kennzeichnen diesen ersten Satz Ökonomie und Knappheit und eine Dichte der Ereignisse, die es Beethoven angeraten erscheinen ließen, sowohl für die Exposition als auch für Durchführung und Reprise eine (kaum je befolgte) Wiederholung vorzuschreiben. Während in F/I die Ereignisse in einen a priori vorhandenen musikalischen Strom hineinprojiziert erscheinen und sich demgemäß fast immer aus dem unmittelbar Vorangehenden entwickeln, muß hier der Fluß immer wieder in Gang gesetzt werden bzw. gilt ein wesentlicher Teil der musikalischen Arbeit seiner Modifikation in vielfältigen Varianten zwischen einsamen Schlägen, abgerissenen Floskeln, desorientierend taktwidrigen und hemiolischen Rhythmen, weichem Einheitsablauf usw. Immer wieder wird hierbei die eingreifende Hand des Gestaltenden fühlbar, der im F-Dur-Allegro der dahinströmenden Musik zumeist ihren Willen zu lassen schien. Der Satzbeginn steht modellhaft für diesen Kampf mit der widerstrebenden Tonmaterie. Die einleitenden Schläge (vgl. Bsp. 1) stecken den Rahmen für das Thema ab; dessen Figur wiederholt sich auf der neapolitanischen Stufe F; beim dritten Erklingen, auf fis beginnend (die chromatische Reihe der Ansatztöne prägt die Aufeinanderfolge der Motive so sehr, daß F hier nicht im Sinne einer wahrgenommenen Funktion, sondern nur eines denkbaren harmonischen Verhältnisses als neapolitanisch bezeichnet werden kann), zieht sich die melodisch weit gespannte Gebärde zur verminderten Folge fis–dis–a zusammen und wird überdies geschärft durch metrumwidriges Sforzato. Zwischen diesen Ansätzen liegen Ganztaktpausen, die die einzelnen Wendungen zu Anrufen machen, die kein Gehör finden, zu trotzigen, gegen das Schweigen gestellten Wiederholungen. Erst mit dem e-Moll des 13. Taktes findet die Musik ein Flußbett, scheint also das »bittende« das »widerstrebende« Prinzip bewältigt zu haben, doch hält dies nur zwei Takte (13/14) an. Die Musik verläuft sich buchstäblich in den Sechzehntelgängen der Takte 15 ff., welche dann eine Kadenz auffängt, die ihrerseits durch die Wiederkehr der beiden Schläge vom Beginn, nun anders harmonisiert, abgeschnitten wird. Die fällige Tonika e ist damit hinausgeschoben auf den Neuansatz nach einer weiteren Generalpause. Dieser nun stellt einen Rückgriff dar: Die im doppelten Kontrapunkt entworfenen Takte 14/15 wiederholt Beethoven mit umverteilten Parten, nun allerdings auf dem tonikalen e ruhend. Damit unternimmt er den Versuch, vom gleichen Ausgangspunkt herkommend eine neue Fortführung zu gewinnen, die denn auch gelingt, so daß sich der mehrmalige Ansatz des Themas auf größere Abschnitte projiziert erweist. Innerhalb eines Satzes, der sich auf solche Weise schwer tut und immer wieder um seine Gangart ringen muß – in einer Gestaltenfülle, die wie die eröffnenden Ak-

kordschläge an den ersten Satz der *Eroica* erinnert –, erscheint der weich-kontinu-
ierliche Fluß im Bereich des zweiten Themas, ausführlich von T. 33 an vorbereitet,
in doppelter Weise als Rückschau: nicht nur mit dem aus Bsp. 2 ersichtlichen motivischen Bezug, sondern auch in dem weichen Strömen der Musik, das an F/I erinnert, um so mehr, als beide Male (T. 33 ff., T. 169 ff.) diese Partie wie eine ausge-
sparte Insel inmitten der konfliktreichen Bewegtheit dieses Satzes anmutet.

Wie die choralhafte Ruhe des Molto Adagio zur treibenden Unruhe des Allegro
steht in gleich großem Gegensatz der kleinschrittige, vornehmlich durch langsam
schreitende Halbe geprägte Gesang seines Themas zu der spontan ausgreifenden
Gebärde im Allegro. Indessen geben die in beiden identische Begleitfigur der zweiten Violine (h–a–g bzw. h–a–gis) und gleichzeitig das beiden gemeinsame Nacheinander der weiteren Stimmeinsätze (vgl. Bsp. 5) den Schlüssel zu einem sehr direkten
Bezug: Eines taugt zum Kontrapunkt des anderen, beide Themen stellen sich als
mögliche Teile eines gleichen Vorgangs dar.

Von den Tönen des Adagiothemas fehlt im Allegro, welches als Unisonoführung beginnt und die Stimmen erst im zweiten Takt auffächert, nur dis – dies ein Verfahren,
ein tertium comparationis zwischen grundverschiedenen Sätzen zu schaffen, das deutlich
auf die späten Quartette hinweist. Auch innerhalb der Themenfolge scheinen die
diastematischen Verhältnisse zwischen Adagio und Allegro verkehrt: Im Adagio ist es
das zweite, das weit ausgreift in einem fast signalhaften, durch Punktierungen profilierten Gestus. Diese Punktierungen liefen zuvor als Pendelbewegung neben dem
ruhigen Gesang des Themas einher, bekommen nun aber als doppelte eine schneidende Schärfe, welche zumal in der akkordischen forte-Prägung der Takte 30 ff. drastisch
hervortritt, die beim ersten Erklingen des Themas durch die Violinfiguration noch
schonend überdeckt war (vgl. Bsp. 13 b). Zwischen diesem hochgespannten Rhythmus und dem ruhigen Gleichschritt der Halben als Polen dehnt sich ein weites Feld,
das Beethoven wiederum mit den unterschiedlichsten rhythmischen Bildungen besetzt hat, deren Widerspiel, Gegen- und Nacheinander so deutlich strukturbildend
wirkt, daß dieser Satz auf seine Weise an der Problematik des ersten fortarbeitet.

Vollends bezeugt das folgende Allegretto die Gangart als besonderen Gegenstand
dieses Quartetts, hier nun im Gegensatz der gespannten Komplementärrhythmik

des Minore zu den Einheitsabläufen, die im Maggiore das *thème russe* begleiten, erst gebundene Achteltriolen, sodann stakkatierende duolische Achtel, dann, gegen Ende dieser planvollen Modifikation übrigbleibend, die zum Thema gehörenden Viertel. Mit dem gleichzeitigen Wechsel vom Komplementärrhythmus zum Einheitsablauf und von Moll zu Dur erzielt Beethoven so etwas wie einen »Ha, es ist gefunden«-Effekt: Nun endlich läuft die Musik in einem gesicherten Gleis (an welchem Eindruck das hier neue Gewicht auch der schwachen Taktzeiten wesentlich Anteil hat), nun wird eine Klärung erzielt, die als endlich erreichtes Ziel derjenigen in F/IV sehr ähnelt.

Dies Letzte gilt auch und besonders konsequent im Sinne der motivischen Bezüge. Der charakteristische Aufgang von der Unterquart bis zur Terz stand schon am Anfang des Allegretto (Bsp. 13 c) und wurde namentlich in den neapolitanischen fortissimo-Takten von dessen zweitem Teil als hartnäckig vergeblicher Ansprung auf eine Weise wiederholt, die deutlich zu einer Lösung drängt. Noch weiter zurück enthält das signalhafte, beinah wie von außen einfallende zweite Thema des Adagio die Diastematik des russischen Liedes, nun vorbereitend auf der Terz ansetzend (Bsp. 13 b), und noch weiter zurück erweist sich die Gebärde des Allegro-Hauptthemas mit der charakteristischen Quart am Beginn und nachfolgendem Anstieg als ein erstes Ausmessen der dem Liede gehörenden Intervallkonstellation (Bsp. 13 a). Dergestalt stellt sich das Lied (Bsp. 13 d) tatsächlich, in einer Formulierung Walther Vetters, als »Nabel«[27] dar, wenn auch in einem anderen Sinne als dem von ihm gemeinten: Von Beginn an bemüht sich Beethoven im zweiten Quartett, darin über

---

27 A. a. O., S. 371.

das erste hinausgehend, mit allen gebotenen Möglichkeiten das *thème russe* einzugrenzen, anzueignen und einzuholen.

Von »Einholen« darf hier, in bewußter Umgehung des häufiger gebrauchten, jedoch mißverständlich eine gewisse Erleichterung der Arbeit suggerierenden Terminus »Ableitung«, um so eher gesprochen werden, als sich an Hand dieses Werkes die Erarbeitung eines Gesamtzusammenhanges der Themen ähnlich darstellt wie bei der *Eroica* und bei anderen Werken, in denen Beethoven dem Akzidentiellen des Zitats weitestmöglich entgegenwirkt.[28] Beethoven geht nicht von einem motivisch-thematischen Zentrum entfaltend aus, sondern bewegt sich auf dieses, das zunächst nur konzeptionell gesetzt scheint, allmählich zu. Die Skizzen zum Finale dieses Quartettes mögen dies zeigen.[29] Die Problematik des Satzes liegt auf der Hand: Anders als im *F-Dur-Quartett* ist schon im dritten Satz das Ziel des *thème russe* erreicht, der Durchbruch erzielt. Freilich baut Beethoven ihn hier nicht aus, auch bleibt er in den Rahmen der Minore-Teile eingeschlossen. Im Abbau der Bewegung von Triolenachtel über Duolen auf Viertel bzw. die Schlußwendung des Liedes verdeutlicht Beethoven Ermüdung und Auslauf in dem einfachen Wiederholungsrhythmus; die sechstaktige Melodie kreist in sich selbst und verbraucht sich dabei; insgesamt erklingt sie sechzehnmal, davon zwölfmal vollständig: viermal von Triolen, viermal von einfachen Achteln begleitet, viermal in paariger, der improvisierten Polyphonie des slawischen Volksliedes abgelauschter Imitation; und endlich, in einer Verdichtung der Abnutzung im Redikt entgegenwirkend und die paarige Imitation übertreffend, in vier eng aufeinanderfolgenden Einsätzen. Am Ende des Maggiore hat es sich erfüllt und verzehrt, will verklingen und sich entfernen – als direktes Zitat ein vollkommener Gegensatz zum Verfahren im damals schon in Aussicht genommenen ersten Satz der *Pastorale,* da Beethoven das kroatische Lied[30] sich als Gegenstand der großen sinfonischen Form gerade dadurch intakt hält, daß er es, bei verschiedensten Annäherungen, Zerlegungen, Varianten usw. doch nie ganz erreicht.[31] Von der naheliegenden Funktion des lieto fine als Feier des erzielten Durchbruchs ist im Maggiore also nichts vorweggenommen.

Nicht von der aus Bsp. 13 ersichtlichen Gemeinsamkeit aus hat Beethoven sein Finalthema entworfen; allerdings läßt sich, wie leider häufig, aus den erhaltenen Skizzen keine Chronologie erschließen, und damit zugleich auch nicht, wiewiet bei der Arbeit am Finale diese Gemeinsamkeit als Teil der Konzeption des Werkganzen

28 Für die Eroica hat dies Peter Hauschild dargestellt: *Melodische Tendenzen in Beethovens Eroica,* in: Deutsches Jahrbuch der Musikwissenschaft für 1969, Leipzig 1970, S. 41–75. Andere Fälle, in denen sich Beethoven an den Wortlaut eines Zitats »herankomponiert« oder dies in einen schon geschaffenen Zusammenhang paßte, stellen u. a. die Messias-Reminiszenz im Dona nobis pacem der *Missa solemnis,* das Leporello-Zitat in den Diabelli-Variationen oder das »Muß es sein? Es muß sein!« des letzten Streichquartetts dar. Zum Problem vgl.: Goldschmidt, H.: *Zitat oder Parodie?,* in: Beiträge zur Musikwissenschaft, Jg. 12, 1970, S. 171–198.

29 Nottebohm, a. a. O., Kapitel LXIV; auch bei Westphal, K.: *Vom Einfall zur Sinfonie,* Berlin 1965, S. 25.

30 Schönewolf, K.: *Konzertbuch,* Bd. 1, Berlin 1961, S. 331.

31 Vgl. im vorliegenden Bande S. 44 ff.

schon definiert war. Eines, so lassen die Skizzen mit einiger Sicherheit vermuten, stand für den Schlußsatz von vornherein fest: ein einheitlicher, das Ganze tragender Rhythmus.

Bereits in der ersten Skizze (Bsp. 14) scheint er unter dem c''', mit dem sie beginnt, supponiert. Diese Notiz gibt ein Gebilde von großer Prägnanz, nach dem

eröffnenden Hochton mit einem charakteristisch weitgespannten Melodiebogen mit Schwer- und Zielpunkten auf den ungeraden Takten. Die folgende Skizze Bsp. 15 beseitigt die unvermittelte Setzung am Beginn des ersten zugunsten eines Ansprungs mit daktylischem Nachfedern im ersten Takt, wonach der Melodie einiges von der eindrucksvollen Konsequenz des Emporstrebens verlorengehen muß; um so wichtiger wird der Daktylus im Abstieg.

In diesem zweiten Entwurf haben sich die Haltepunkte verschoben; sie stehen als solche, zu denen die Bewegung hinstrebt, nicht mehr in starker Position auf dem jeweils ersten Takt eines Taktpaares bzw. Viertakters, sondern in schwacher auf deren zweitem bzw. viertem. Dies ergab sich, weil Beethoven den ersten Takt der ersten Version verwarf, da das c''' zunächst eine Setzung und Schwere gab, der melodische Bewegung erst nachfolgte, die nun mit dem Quartsprung der zweiten Version sofort beginnt. Was er damit an energisch losspringendem Impetus gewann, verlor er an melodischer Bewegung. Der Unterschied der beiden Fassungen muß ihm die Frage gestellt haben, wie er den rhythmischen und den melodischen Impuls gleicherweise profilieren könne, ohne daß der eine den anderen behindere – eine Frage überdies, die nur Sinn hat, wenn eine von Anfang an pulsierende Bewegung anvisiert war. Der dritte Entwurf (Bsp. 16) gibt eine weise Lösung, indem er die Zeitpunkte der beiden Impulse voneinander trennt.

Das c, welches vordem in der Höhe eine erste Setzung gab, transponiert Beethoven in die tiefste der Violine mögliche Lage, womit es aus dem Tonhöhenbereich der Melodie verschwindet und nicht mehr als deren Bestandteil gehört wird. Damit entsteht ein vorgeschalteter Takt, der die rhythmische Gangart nachdrücklich und kräftig exponieren kann, da keine Melodie die Aufmerksamkeit auf sich zieht. Da nun also der Rhythmus den Vortritt hat, bedarf es für die Melodie eines besonderen Profilierung, soll der Eindruck vermieden werden, sie wachse, wie etwa in der ersten Skizze, aus der rhythmischen Bewegung heraus, werde von ihr produziert. Auf c'''/e''' hoch einsetzend und diesen Einsatz durch nachfolgende Abwärtsbewegungen als Schwerpunkt ausweisend, erhält die Melodie eben jenen Nachdruck, dessen sie bedarf, um der Schwer-Leicht-Ordnung entgegen nach dem schwersten ersten sogleich einen schweren zweiten Takt zu etablieren. Damit ist Beethoven halb zum Prinzip der ersten Skizze (Bsp. 14) zurückgekehrt, hat sich aber nicht vom Verfahren der zweiten getrennt, den ersten Takt der Melodie als Schwere und die längeren Werte als Zielpunkte der Bewegung für die metrisch schwächere Position des zweiten bzw. vierten Taktes zu bestimmen. Auf die ganze Dauer dieses Satzes – an seinem Beginn erscheint dies Thema sogleich viermal hintereinander – behält Beethoven diese Lösung bei, stellt also immer wieder dem achttaktigen Thema den vorgeschalteten Takt voran, der dem melodischen Impuls das rhythmische Sprungbrett liefert. Der Schritt von der Skizze Bsp. 16 bis zur Endfassung ist nun nur noch klein, brachte aber neben einer kolorierenden Umschreibung des Abgangs beim zweiten Mal den auftaktigen Terzschleifer (vgl. Bsp. 13 e), der innerhalb des Satzes eine wichtige Rolle spielen sollte.

Mit dieser zunächst allein die Gestalt des Themas betreffenden Lösung hat Beethoven es zugleich (vgl. Bsp. 13) in den die Sätze umgreifenden motivischen Zusammenhang gestellt: Die zwischen Unterquart und Terz liegende Sext wird nun gleich zweimal durchschritten, muß nicht mehr erschlossen, umrissen, im Aufstieg erarbeitet werden, sondern wird mit triumphierendem Gestus von vornherein besessen. Diesen Gestus stützt die energisch punktierende Gangart all'ongharese, die unwidersprochen für das Finale gilt, so daß der Hörer Abweichungen wie den weichen Fluß der Viertel des zweiten Themas (Bsp. 6 b) als Differenzen zu ihr mißt. Der Vergleich mit Musik wie derjenigen des Finales der Siebenten Sinfonie (im Skizzenheft Schmidt 265 stehen Notizen zu beiden Werken nebeneinander) liegt nahe, auch in Ähnlichkeiten wie den nackt aus der jäh aussetzenden Bewegung herausragenden, abgerissenen Motiven, im Quartett in den Takten 342 und 350, in der Sinfonie in den Takten 129 bis 145.[32] Aus zwei Gründen, so läßt sich rückblickend sagen, verbot sich – von der Parallelität zum F-Dur-Quartett abgesehen – die Möglichkeit, erst im Schlußsatz zu dem Liede zu gelangen und damit den Durchbruch zu ihm und dessen Ausbau zu einer Finalwirkung zusammenzubringen: Einmal gab der Dreitakt des Liedes, sosehr Beethoven es auch gegenüber dem originalen

---

32 Vgl. auch im Finale der *Achten Sinfonie* die Takte 279 und 281.

Tempo beschleunigen mochte, das er aus der Sammlung Lwow/Pratsch genau kannte,[33] eine Bewegung von so konsequenter, eine lange Entwicklung krönender Entschiedenheit nicht her, wie sie im Finale eines auf verschiedenste Weise mit dem Problem der Gangart beschäftigten Werkes vonnöten war; außerdem hätte eben das, was Beethoven an dem Liede interessierte, sein einfacher, immer neu auf dem Wortlaut bestehender Wiederholungszwang, einen großen Satz nicht tragen können. Daß das Liedchen als Maggiore-Mittelstück des Allegretto sich vergnüglich, seinem majestätischen Originalcharakter entgegen, um sich selbst drehen konnte, war als Herausforderung eines auf den »großen Stil« pochenden Geschmackskanons eben genug: Selbst einer der Treuesten, Carl Czerny, fand, daß dieser Satz »eher wegzuwünschen« wäre.[34]

So unvermittelt das erste Quartett in die Musik hineinspringt, so nachdrücklich entschlossen das zweite sie gegen Widerstände in Gang setzt, so vorsichtig tastend arbeitet sich das dritte an sie heran: Die Prägung, welche sich zunächst als Hauptthema anbietet, wird erst im 43. Takt erreicht. Voran geht die im Sinne eines Gegenbildes zur themenabhandelnden Musik konsequenteste Introduktion, die Beethoven geschrieben hat,[35] der bis zum Äußerstmöglichen getriebene Versuch, eine objektlose, aus sich selbst bewegte Musik zu schreiben, die in sich keine Attraktionspunkte bietet und sich im Hinblick, im Hinführen auf das Tempo giusto erschöpft. Doch selbst mit dem resolut ins Allegro vivace hinüberspringenden Auftakt, nach so umständlicher Veranstaltung des Einführens, scheint das Thema noch nicht erreicht: Zweimal figuriert die erste Violine mit präludierender Unverbindlichkeit einen kadenzhaften Bogen aus (Bsp. 17), ehe über eine zielstrebige Modulation die Grundtonart und zugleich ein prägnantes, themenhaftes Gebilde erreicht werden. In diesen Figurationen erscheint der leichte Ton, mit dem das erste Quartett begann, in einen anderen, der Improvisation noch näher stehenden Typus übersetzt, wie auch die energisch zusammenraffenden Takte 41/42 unverkennbar an die Takte 17/18 im ersten Quartett erinnern, welche, aufs Fortissimo zugehend, der sequenzierenden Fortspinnung des Themas ein Ende machten. Es widerspräche freilich aller kommunikativen Logik, würde erst so spät der thematische Gegenstand der Musik erreicht und der Beginn des Stückes, als ein besonderer Konzentrationspunkt der Aufmerksamkeit, an eine reine Hinleitung, an das pure Noch-Nicht verschenkt. So konsequent diese hier auch verwirklicht scheint, so befindet sich doch in diesem Anfang die Musik mit eben den Mitteln, die sie an jene konsequente Gestaltung wendet, von vornherein an ihrem Gegenstande. Dies ermöglicht die Nähe der stren-

---

33 Auf diese Differenz wies erstmals Walter Salmen, a. a. O., hin; er gibt das Lied in der Pratsch-Fassung.

34 Czerny, a. a. O., S. 22. Im gleichen Zusammenhang nennt Czerny den Reprisenbeginn des ersten *Eroica*-Satzes und kommentiert weiter: »… sind Kinder eines genialen Muthwillens und einer bizarren Laune, die ihn sehr oft beherrschten.« In Beethovens Musik haben die größte Nähe zu den 16 Wiederholungen des *Slawa bogu* die 23 Wiederholungen der »volksliedverdächtigen« Floskel im Trio des Scherzosatzes der Neunten Sinfonie.

35 Eine Analyse im vorliegenden Bande S. 83 ff.

gen gedanklichen Ökonomie des Hauptsatzes zu dem Prinzip des »minimalen Aufwandes«,[36] das der Introduktion die ihr eigentümliche Kontinuität sichert. Diese
Nähe wird in der »Brücke« der ins tempo giusto leitenden Auftaktfigur sichtbar, die
der Violine das Sprungbrett liefert und zugleich erstmals klare harmonische Verhältnisse schafft. Das Bestreben, das denkbar kleinste melodische Element, einen Sekundwechsel (in Bsp. 17) zum Ausgangspunkt zu nehmen und immer wieder auf

ihn zurückzukommen, prägt durchgängig die scheinbar präludierenden Takte und
qualifiziert sie im Sinne der Exposition des Abgehandelten zum Hauptthema. Zweimal
kehrt die Notenfolge des Auftaktes (erst e/f, dann f/g) spiegelbildlich in dem abschließenden Vorhalt wieder, dergestalt ein Symmetrieverhältnis schaffend, welches
innerhalb der Figuration in sequenzierenden Bildungen zum Motiv c wird. Dem
geht beide Male das Motiv b voran, das den Sekundwechsel mit »Vorhalten« beid-
seitig umschreibt.

Es gehört zur besonderen Dialektik von klassischem Stil und klassischem Werk,
insbesondere bei Beethoven, daß das Allgemeinste zum Besonderen heraufqualifiziert werden und ein gestaltenreich entfaltetes Ganzes tragen kann, und dergestalt
auch die höchstdifferenzierte Konzeption an die Semantik der musikalischen Sprache und ihre Traditionen gebunden bleibt. Ist nun, wie im vorliegenden Falle, dies
heraufqualifizierte Element auf das Äußerstmögliche reduziert und also für sich
genommen völlig unbedeutend, so muß die Empfindlichkeit dafür geschärft, muß
es bedeutend gemacht werden. Eben dies geschieht in der Introduktion als einer
Sphäre, in der das kleinste Ereignis, der Sekundwechsel des Cellos vom ersten zum
zweiten Akkord oder von Cello und zweiter Violine vom zweiten zum dritten größtes
Gewicht bekommt. Eine Sensibilisierung und Spannung der hörenden Aufmerksamkeit wird betrieben, die ihren Höhepunkt in der Reglosigkeit der letzten vier
Introduktionstakte hat, in denen allein die Bratsche einen letzten Sekundwechsel
vollzieht; danach wird der Übergang ins Allegro vivace zur befreienden Lösung.
Sekundwechsel (sehr häufig gekoppelt in beiden Richtungen) und Auftakt bleiben
aneinander gebunden und prägen die Textur des Satzes bis in die kleinsten Motive,
wodurch ein zweites Thema T. 77 (Bsp. 28 g), ein mit großem Anlauf versehener
Vorhalt als die »Umkehrung« des Auftaktes, genau die Position eines Gegenthemas
erhalten kann. Die Konsequenz der Verarbeitung stellt sich schließlich auch in der
Trennung der Elemente dar: Wie melodisch durch Gegenbewegung, so kontra-
punktiert Beethoven den Auftakt rhythmisch in komplementären Bildungen wie in
den Takten 71 ff., 106 ff. und besonders in den Takten 150 ff. und 216 ff. in jeweils

---

36 Vgl. im vorliegenden Bande S. 88 ff.

drei verschiedenen Mensuren. Die Notwendigkeit, die Sekund jeweils über den Ansatz auf einem Nebenton zur Hauptnote zu gewinnen, schafft die permanente Auftaktigkeit dieser Musik. Als letzte Unterstreichung der kleinschrittigen Bewegung durchläuft die erste Violine abschließend, auf dem gleichen a' ansetzend, mit dem sie das Quartett begann, chromatisch eine ganze Oktave.

Die fortwährend neue Gestalten und Komplexe hervorbringende variative Arbeit dieses Satzes ähnelt deutlich derjenigen in F/I, mit einem wesentlichen Unterschied freilich: Die zwei Funktionen eines Themas, die Substanz zur Verarbeitung zu liefern und als aus dem Satz herausragende Gestalt ihn bzw. seine Stationen zu repräsentieren, sind hier auf zwei Komplexe verteilt und so reinlich getrennt, daß die repräsentierenden, postulierenden Takte 43 ff. nahezu für sich stehen, während außerhalb ihrer fast alles durch die Gemeinsamkeit der Sekundauftakte innig verwoben ist. Diese Mehrschichtigkeit definiert Beethoven so klar, daß der Hörer sich kaum beirrt fühlt: Die Orientierungsdaten der Form werden ihm vollständig an die Hand gegeben, so daß es ihm nicht schwerfällt, sich zurechtzufinden; freilich ist, wie bei näherem Hinsehen zu bemerken, ihre Identität mit dem Gegenstand der musikalischen Abhandlung kunstvoll aufgelöst zu einer Spaltung der Funktionen, welche dem Schulbuchbegriff des Themas deutlich widerstreitet.

Auf diesen Satz, der gerade, indem er von einem für sich genommen geringfügigen Detail ausgeht, die Möglichkeiten klassischer Musik ins hellste Licht setzt, folgt mit dem Andante con moto quasi Allegretto eine Art Charakterstück, das von konflikthafter Dialektik denkbar weitab zu liegen scheint und überhaupt sich in die Typologie klassischer Musik nur schwer einfügen läßt. Sein Abstand freilich hat, sehr anders als der des nach Czerny »wegzuwünschenden« E-Dur-Maggiore, nichts Herausforderndes, im Gegenteil: Dieses Andante con moto quasi Allegretto, welches charakteristischerweise in einer Bearbeitung für Gitarren verbreitet war, wurde rasch zum beliebtesten Satz des Zyklus. Es dankt dies der Suggestivität der hierin ausgebreiteten Stimmung, einem meisterhaft getroffenen und durchgehaltenen Tonfall, für den die Dichtung genug Assoziationen bereitstellte in den elegisch gestimmten nordischen Balladen aus Herders *Stimmen der Völker* oder in der Nebelwelt Ossians und dem verführerisch mit ihr verbundenen vorzeitlichen Schauder. Nach der aufgeklärten und durchsichtigen Logik des ersten Satzes scheint dieser zweite das Naturwesen Musik suchen, die Musik als Erzählerin wiederfinden, eine versunkene Welt heraufholen zu wollen.[37] Bestimmend prägt den Satz eine dunkel schattierende, geheimnisreich verschließende Deutung der Tonart a-Moll, welche charakterologisch bisher noch wenig bestimmt und besetzt war, wie nicht zuletzt aus unsicheren und unterschiedlichen Kennzeichnungen z. B. bei Grétry[38] und Schubart[39] her-

---

37 Ein Zusammenhang mit Vorstellungen einer Musik und Sprache vereinigenden »Ursprache« im Sinne Rousseaus und Herders liegt nahe.

38 »… *elle (la gamme) est la plus naive de toutes* …« in: A. E. M. Grétry, Mémoires ou Essais sur la Musique, Bd. 2, Paris 1797, S. 357.

39 »… *fromme Weiblichkeit und Weichheit des Charakters* …« in: C. F. D. Schubart, Ideen zu einer Ästhetik der Tonkunst, Wien 1806, S. 377.

vorgeht. Als Tonart bei Sinfonien und Streichquartetten weitgehend gemieden, erscheint sie zuweilen in Klavierwerken. Im barsch-verhaltenen Ton seiner *Violinsonate* op. 23 prägte Beethoven das Charakteristikum des in sich Verschlossenen, wenn nicht Abweisenden vor, das er nun suggestiv zur Aura von Melancholie und Geheimnis umqualifizierte. Ähnlich wie im cis-Moll der *Phantasiesonate* op. 27/II öffnete er hier neue Regionen, wie sich an Hand von Prägungen (wenn nicht »Folgeerscheinungen«) wie in Schuberts op. 29 oder dessen *Leiermann,* von Brahms' op. 51/2 (hier zumal der Beginn des Quasi Minuetto) oder, stark naturstimmungshaft gefärbt, von Mendelssohns *Schottischer Sinfonie* erweist. Offenbar war damit eine Saite angeschlagen, die kraft der Suggestivität ihres besonderen Tones starke Resonanz fand. Um so aufschlußreicher erscheint es, daß Beethoven, abgesehen von der kleinen Ausnahme des Mittelsatzes der *Sonatine* op. 79, darauf verzichtete, sie häufiger zu berühren.

Mit einer Ausnahme: »Während der Arbeit am zweiten und dritten Satz des Quartettes in C-Dur entstand auch das Thema des zweiten Satzes der A-Dur-Sinfonie.«[40] Die Nachbarschaft der Entwürfe zu diesen beiden in a-Moll stehenden Andante- bzw. Allegrettosätzen[41] hat nicht nur Gewicht, weil für Beethoven damals die Fertigstellung von Werken wie der opera 58, 60 und 61 aktuell war und überdies schon die sinfonischen Konzeptionen der Fünften und Sechsten ihre Schatten vorauswarfen, mithin ein besonderer Umstand die Notiz in diese Umgebung gebracht haben muß: Als substantielle Nachbarschaft wird sie schlagend bestätigt durch das beiden Sätzen gemeinsame ungewöhnliche Anschlagen des Tones bzw. der Tonart. Im Quartett beginnt der Pizzikato-Gleichschlag des Cellos mit einem einzigen im forte angerissenen Ton, unübersehbar die übersetzte Symbolik eines Harfenschlages, der eine Erzählung aus alter Zeit ankündigt und ihr, in der Tiefe fortklingend, das epische Gleichmaß gibt als vergegenständlichter »Geist der Erzählung«[42], in einer Assoziationsrichtung, die nicht lange zuvor mit Mignon und dem Harfenspieler literarisch neu und suggestiv besetzt worden war. Diese Symbolik bleibt hier im Streichquartett nicht zuletzt weitgehend verschlossen, weil die Spanne zwischen auslösendem Schlag und ausgelöstem Gesang nur eben zwei Achtelpausen lang ist, also zu klein, als daß sich in sie die Wechselwirkung von Anruf und Antwort hineindenken bzw. -projizieren ließe. Der Vergleich mit dem Beginn des »Abschieds« in Mahlers *Lied von der Erde,* wo dieser Symbolik der besagte Raum geschaffen wird, indem das Anschlagen echohaft zurücktönt und erst allmählich die Erzählung, den Gesang in Gang setzt, macht den Unterschied von verschlossener und offenliegen-

40 Nottebohm, a. a. O., S. 86. Es handelt sich um das Skizzenheft Schmidt 265.

41 In diesem Zusammenhang ist die folgende Bemerkung Schindlers interessant: »Auf die ursprüngliche Benennung des zweiten Satzes dieser Sinfonie mit Andante ist besonders aufmerksam zu machen. Erst in den gedruckten Stimmen erschien dessen Vertauschung mit ›Allegretto‹, das allerorten Mißverständnisse zum Nachteil des Charakteristischen erzeugt hat. In späteren Jahren empfahl darum der Meister wieder die erste Benennung,« in: *Biographie von Ludwig van Beethoven,* Leipzig 1970, S. 596.

42 Mann, Th.: *Der Erwählte,* in: Gesammelte Werke, Bd. 8, Berlin 1955, S. 8.

der Sinnbildlichkeit und zugleich eine charakteristische Differenz von Kammer-
und Orchestermusik deutlich.

Dazwischen liegt der das Allegretto der *Siebenten Sinfonie* eröffnende Bläserakkord, welchen die vorgeschriebene Dynamik mit einem vom forte bis ins piano
zurückgehenden Decrescendo ausdrücklich als angeschlagenen Klang ausweist. Mit
dem Quartettsatz hat er auch die schulwidrige verunsichernde Unterquart e gemeinsam, hier als charakteristische Eindunkelung des Klangs wirkend; dies verleiht
ihm eine gewisse Autarkie und macht ihn der Stützung durch eine klar befestigte
Tonika bedürftig, welche in der Sinfonie der Einsatz des Themas, im Streichquartett
erst der Abschluß von dessen erster Phrase bringen.[43] Überdies nimmt Beethoven
die musikalische Bewegung beider Sätze am Ende in den Klang zurück, aus dem sie
hervorging, und zeigt also die eigentümliche Klangregion a-Moll als Rahmen, als
besonderen hier aufgesuchten Bereich, wofern nicht gar als inspirierendes Medium
vor.

So weit indessen dieser Schritt ins Dämmerreich ossianischer Stimmungen aus
dem Kanon der Kammermusik hinauszuführen schien, so eng bindet ihn Beethoven an das gemeinschaftliche motivische Vielfache. Wie sehr der zunächst kurz angestrengt steigende, dann kraftlos tief hinabsinkende a-Moll-Gesang (Bsp. 28 i) von
ganz eigener Art erscheint: Mit dem Richtungswechsel auf c beschreibt er eben
jene wechselnötige Figur, welche als besondere Prägung der Sekundbewegung im
ersten Satz (vgl. c in Bsp. 17) eine wichtige Rolle spielte und nun größte expressive
Verdichtung erfährt, sowohl in der dritten Zeile der »Ballade« (Bsp. 18) wie ganz

und gar in deren Abgesang (Bsp. 19), welcher in verschiedenen Formen sich um h/
c dreht, es umschreibt, ehe er endgültig auf a auspendelt.

Und gerade dieser Abgesang zeigt, wie sich durch die Nachbarschaft der Terz die
Sekund immer neu profiliert: Die dort meist latente oder umschriebene Intervallfolge

---

43 Vgl. im vorliegenden Bande S. 57 ff.

Sekund/Terz (oder umgekehrt) verfestigt sich im Folgenden motivisch (Bsp. 20) und bildet in einer an die Violinkadenz (Bsp. 17) erinnernden Sequenzierung eine neue

20

Linie, während gleichzeitig die Sekund als Gegensatz zur Auftaktigkeit des ersten Satzes in einem durch vorgreifendes Sforzato verstärkten Vorhalt schneidende Schärfe erhält:

21

Was im endlich erreichten Dur beinahe wie ein zweites Thema auftritt, erweist sich als Variante des ersten, in einem Auf-Ab, das nun stärker von der Tonart, von der Unterquart gehalten wird, während das a-Moll-Thema (vgl. Bsp. 28 i) kraftlos hinabzog und alle melodische Aktivität preiszugeben schien. Zugleich nimmt das Dur-Thema (Bsp. 28 k) das charakteristische Sekund-Terz-Motiv (vgl. Bsp. 19 und 20) in sich auf.

Dem Szenenwechsel beim Eintritt in dies Andante con moto quasi Allegretto entspricht der Übergang in ein Menuetto, das letzte in Beethovens Streichquartetten als solches bezeichnete, was als bewußte Bezugnahme auf die Tradition zu werten ist, seitdem Beethoven in Scherzi und ähnlichen charakterstückhaften Prägungen darüber hinausgegangen war. In der Gegenführung der ersten zwei Takte dieses Satzes zieht Beethoven das motivische Netz besonders eng zusammen:

22a

Die Intervallfolge des Motivs b in Bsp. 17 erscheint hier in den vier Stimmen aufgefächert, löst man die Sechzehntelkette gemäß einem in op. 59 häufig geübten Verfahren der Umschreibung auf:

22b

In jener Umschreibung selbst freilich stellt Beethoven gleichzeitig die wechsel-
nötige Wiederholung zweier Sekunden doppelt wieder her. Das eng verwandte
Motiv Bsp. 23 a befestigt im Trio die Tonart F und wird vor der Coda gestreckt zu
Bsp. 23 b.

Das Finale nutzt die besondere Möglichkeit eines klein gewählten gemeinschaftlichen Vielfachen, viele Details zu prägen, ohne doch die Formung der thematischen Gestaltung allzustark zu präjudizieren. In der Thematik werden hier solche
Details wie kleine Zellen unablässig quantifiziert – und der Struktur gemäß im
gesamten Satz –, sei es in Skalen, in der eingangs sogleich dreimal wiederholten
Figur (Bsp. 24 a), welche häufig, zumal in Steigungen, umgekehrt wird und beson-

ders über die Augmentation Bsp. 24 b (T. 361 ff.) als zum Beziehungsfeld des ersten Satzes gehörig ausgewiesen wird; sei es in den chromatisch verengten Figuren
des Seitenthemas (Bsp. 25 a) oder des in der Reprise neu eintretenden Kontra-
punkts (Bsp. 25 b). Dieser Quantifizierung gemäß verzichtet Beethoven darauf, der

üblichen Typologie folgend in gewichtigen Schritten eine prägnante Intervallfolge
als Themenkopf herauszustellen, wie es motivisch durchaus nahelag, z. B. in der
durch das Menuetto (Bsp. 22) angezeigten Richtung, wenn damit freilich in verrä-
terischer Nähe zu Mozarts *Jupiter*-Finale. Er zeigt vielmehr die Proportionalität
zwischen kleinen Schritten und kleinen Werten. Der Anteil größerer Intervallschritte
bleibt unverhältnismäßig klein; selbst in harmonisch profilierenden Sprüngen erweisen sie sich oft (z. B. T. 17 ff. der Bratsche) als realiter zweistimmig, und wenn
innerhalb des Themas gesprungen wird, so zu einem neuen Ausgangspunkt von
Sekundbewegungen wie in den Achtelpausen zu Beginn oder im ausfigurierten
Septakkord der Takte 9/10. Die Takte 4/5 variieren die Takte 2/3 (vgl. Bsp. 26) als
Füllung der zuvor in der engschrittigen Linie gebliebenen Löcher, und in den zwei
nächsten Taktpaaren wird die sequenzierende Figur an einer Sekundbewegung der
Schwerpunktnoten aufgehängt; in den Takten 39 ff. steigt das Cello in Sekunden
fast durch zwei Oktaven.

Bei so rascher Bewegung spielen die melodischen Vorgänge zwangsläufig auf verschiedenen Ebenen, je nachdem, ob sie detailhaft aus der »Nähe« bzw. verlangsamt oder im originalen Tempo aus der »Ferne« in ihren großen Zügen gesehen wird: auf der Ebene der einzelnen Motivzellen, in denen die Achtel organisiert werden, und einer übergeordneten Ebene, wie an Hand der steigenden Linie der Takte 5/6/7 bzw. 7/8/9 gezeigt. Die dieser Größenordnung gehörigen Schwerpunkte werden von der kleinen Bewegung kolorierend umspielt, ein Verfahren, das, schon im dritten Takt des Opus, i. e. des Hauptthemas von F/I angelegt, allgemein im Zyklus und besonders in diesem dritten Quartett eine wichtige Rolle spielt: von den den Sekundgang entfaltenden Figuren im Thema C/I (Bsp. 17), welche an der Reprise (T. 175) ihrerseits wieder umspielt werden, über die Figur Bsp. 3 c, das Seitenthema Bsp. 28 h bis zum Abgesang der »Ballade« Bsp. 19 und zum Thema des Menuetts Bsp. 22. Bei einer analogen Auflösung des Finalthemas (ohne Anfangston, Bsp. 26)

26

bis zu der nicht mehr im engeren Sinne dazugehörigen Akkordbrechung des 9./10. Taktes ergibt sich die in Bsp. 27 dargestellte Folge von vier Quartdurchschreitungen, bei der sofort zwei Bezüge ins Auge springen: die an die Themen der langsa-

27

men Sätze (Bsp. 4 und 5) erinnernde Systematik in der Erschließung des Tonraums, wobei die flüchtig rasche Bewegung einer Nachzeichnung, i. e. Wiederholung notwendig macht, und die aufsteigende Quartdurchschreitung. Mit ihr schlägt Beethoven, nachdem sie motivisch nur mehr akzidentiellen Rang zu haben schien (vgl. Bsp. 28), den Bogen zurück zum Ersten Quartett und namentlich zu dessen erstem Satz und befestigt dies im »Seitenthema« (Bsp. 25 a). Dergestalt schließt er hier mit einer der Form und Gangart des Finale angemessenen Multiplikation der Quart, die den Zyklus eröffnete, den Kreis der thematischen Prägungen.

Da Beethoven die Textur dieses Satzes so konsequent auf eine Bewegungsform verpflichten wollte, war er auch von hier aus auf fugische Verarbeitung verwiesen, hätte doch jede andere Gestaltung auf Kontrastierungen drängen müssen, die im abgesteckten Rahmen keinen Platz fanden. Dergestalt trifft sich der Gedanke der Konzentration auf ein alle Sätze des Werkes prägendes Detail mit der Konzeption eines Finales, das ebenso nach den gegenläufigen Ausschlägen der Mittelsätze einen zusammenfassenden Schlußpunkt setzen wie zugleich Finale des ganzen Zyklus sein kann. Diese Möglichkeit bot Beethoven angesichts dessen, was er in den drei Quartetten anzueignen unternommen hatte, allein die Verbindung von Kontrapunkt und Sonate als der beiden profiliertesten Bauprinzipien. Wobei sowohl keines dem anderen untergeordnet und gerade bei der Bewältigung und Strukturierung der großen Dimensionen die Kongruenz beider beachtet ist, als auch jedes von der ihm eigenen Konsequenz einiges nachläßt: Der Kontrapunkt, im wesentlichen nur in zwei Verläufen organisiert, bleibt so durchsichtig, daß Beethoven den Satz gar einstimmig skizzieren konnte.[44] Die Sonate setzt ihrerseits wohl Interpunktionen, harmonische Kontraste, Verdichtungen oder gar dramatische Zuspitzungen, besteht aber nicht auf Dispositionen, die die fugische Entfaltung nahezu ex uno entkräften müßten. Was denn auch Wertungen, die diese kunstreiche Kontamination übersahen, in die Irre geführt hat.[45] Sehr wohl ist dies Quartettfinale in der Vorläuferschaft zu einem anderen, dem ursprünglich zu op. 130 gehörigen, zu sehen, mag auch in dieser Großen Fuge hinter dem Charakter des »Kunstbuchs«[46] die Sonate sehr viel stärker zurücktreten. Am deutlichsten aber unterscheidet die beiden Werke, daß das Finale zu op. 59 sich offenkundig, bei noch so weit getriebenen technischen und ästhetischen Ansprüchen, als gesellige Musik gibt. Goethes berühmter Vergleich »… man hört vier vernünftige Leute sich miteinander unterhalten …«[47] trifft diese Musik sehr genau (wobei es sich um eine ebenso kunstreiche wie vergnügliche Unterhaltung handelt); darüber hinaus erscheint das Modell des Rundgesangs vom Finale des ersten Quartetts, da ebenso wie hier eine Überleitung voranging, wieder aufgenommen: Was jenes Finale in der Verwendung des russischen Liedes an Unmittelbarkeit der Anspielung voraus hat, ersetzt dieses durch konsequente Wahrnehmung des Modells und weist darin mit lange nicht vernommenem Nachdruck auf die gesellige Seite der Polyphonie als eines Zusammenwirkens bzw. Gesprächs gleichberechtigter Partner hin.[48]

Vor dem Hintergrund der Tatsache, daß es zu diesem Finale mit der bezeichnenden Ausnahme von Mozarts *Jupiter*-Finale in klassischer Musik kein relevantes Gegenstück gibt und überdies die Bewertung der Fuge durchaus noch von einer Situation beschattet war, in der ihre Ablehnung auch einen wohlverstandenen ideologischen Hintergrund hatte,[49] steht die hier versuchte Synthese von geselligem Mu-

---

44 Warren Kirkendale, *Fuge und Fugato in der Kammermusik des Rokoko und der Klassik,* Tutzing 1966, S. 276.

45 Damit setzt sich Ludwig Misch auseinander: *Das Finale des C-Dur-Quartetts.* – In: Beethoven-Studien, Berlin 1950, S. 36–41.

46 Kirkendale, a. a. O., S. 303.

47 Hier zitiert nach MGG Erste Ausgabe, Bd. 12, Kassel, Basel (usw.) 1965, Sp. 1561.

48 Der Darstellung dieses Sachverhaltes bei Th. W. Adorno (in: *Einleitung in die Musiksoziologie,* Zwölf theoretische Vorlesungen, Frankfurt a. M. 1962, S. 96–114) fehlt die historische Herleitung allzusehr. Wie man es auch mit der Zuständigkeit des Begriffs Kammermusik halten will, bestimmen läßt sich nur von der gesellschaftlichen = geselligen Funktion aus, mit der Polyphonie in ihrer großen Blütezeit im 14. bis 16. Jahrhundert und noch darüber hinaus verbunden war, wozu die von Adorno zitierte Kantische Bestimmung »Zweckmäßigkeit ohne Zweck« (S. 97) ganz und gar nicht paßt.

49 Hierzu in größerem Zusammenhang Denes Zoltai, *Ethos und Effekt,* Berlin u. Budapest 1970, S. 175.

sizieren und anspruchsvollsten Formen der »komponierten«[50] Musik in dem ihr zukommenden Lichte. Die gesellige Bestimmung polyphonen Musizierens, transparent gemacht in einer Verschmelzung von Fuge und Sonate als Schlußstein eines Werkzyklus, der in der Aneignung von Volksliedern eine die Stilistik der Genres überspringende Synthese betreibt: Dies rechtfertigt den Versuch, jene Aneignung in Schichten zu sehen, die das E-Dur-Maggiore in e/III als den »Nabel«[51] konzentrisch umschließen, und deren äußerste, in der kompositorischen Verbindlichkeit strengste, zugleich vom positiven Wortlaut des Liedes fast bis zur Unabhängigkeit entfernt sein und einen spezifisch geselligen Ton neu treffen kann.

Zuinnerst in diesem Kreise stehen die beiden russischen Lieder selbst, an erster Stelle das *Slawa bogu* in e/III, das Beethoven mitsamt der ihm eigentümlichen Darstellungsform ins Streichquartett hineinnahm,[52] was dessen üblicher Stilistik, wie erwähnt, in provozierender Weise widersprach. An zweiter Stelle steht das *Ach talan* des F-Dur-Finales, welches hier von einer entwickelten Form beansprucht wird, der es wohl seinen eigenen Tonfall mitteilen kann, an die es aber erst herangebracht werden muß. Zunächst steht es fast für sich allein, und wie um dies zu bestätigen, geschieht am Ende Entsprechendes: Die Ansprüche, mit denen Beethoven komponierend am Beginn allmählich auf das Lied zugegangen ist, entfernt er am Ende und gibt ihm im Adagio ma non troppo, nun von thematischen Verpflichtungen befreit, seine ganze Individualität zurück. Dies in einem sehr genauen Sinne: Zum ersten Mal erklingt das Lied hier in seinem eigenen Tempo. Genau wie im Falle des *Slawa bogu* hatte Beethoven dieses aus der Lwow-Pratsch-Sammlung ihm wohlbekannte[53] Lied wesentlich beschleunigt. Dies deutet auf einen symptomatischen »Ausfall« hin: Auf die Aura, auf die besondere Individualität, auf Vertiefung in die Ausdruckscharaktere der Lieder kam es Beethoven offenbar nicht an; zumal im Falle des *Slawa bogu* bleibt von dessen aus Mussorgskis *Boris Godunow* oder Tschaikowskis *Mazeppa*[54] wohlbekannter pathetischer Gewichtigkeit nichts übrig. Die Perspektive des sentimentalischen Durchblicks auf das Volkslied als auf eine Welt verlorener Unschuld, die unabdingbar bei der Verwendung der Lieder auch die Berücksichtigung von deren Geist und Wesen, von deren Aura verlangt hätte, lag Beethoven durchaus noch fern.

Nicht aber der Sinn für deren Eigenart, Eigenwert und eigene Sphäre! Nichts spricht dafür deutlicher als das a-Moll-Andante des dritten Quartetts, als die zweite der genannten Schichten. Was Beethoven in der innersten im Zusammenhang mit den zitierten Liedern zweifellos absichtsvoll versäumte, trägt er hier nach. Es ver-

---

50 Knepler, a. a. O., Anmerkung 64.
51 Vgl. Anmerkung 21.
52 »... nicht so sehr die russische Einzelmelodie, als vielmehr die ihr immanente Idee, das Gesetz ihrer Entstehung und das Prinzip ihrer Entwicklung üben auf Beethoven eine Art geistiger Faszination aus und befruchten seine Phantasie.« Vetter, a. a. O., S. 376.
53 Vgl. Anmerkung 12.
54 Dies wäre den von Salmen, a. a. O., genannten Beispielen der Verwendung bei namhaften russischen Komponisten hinzuzufügen.

wundert nicht, daß die Suche nach einem in Entsprechung zu den beiden ersten Quartetten auch im dritten vorhandenen Liede[55] immer wieder sich auf diesen Satz konzentrierte, erscheint er doch volksliedhafter gestimmt als beinahe die Lieder selbst. Hier aber hat es Beethoven offenbar auf ein Idealporträt angelegt,[56] wobei er sich die Freiheit zur Erfindung eines seine Intentionen erfüllenden musikalischen Gedankens vorbehalten haben mag[57] und damit am allerwenigsten gegen den Geist eines Musizierens verstieß, dem individuelle Eigentumsrechte ohnehin nichts bedeuten. Gerade, da er sich die Problematik der Aneignung eines Liedes in einer größeren Form ersparte, mochte er sich frei fühlen, der Musik jenes Kolorit, jene Atmosphäre zu geben, in der sie noch die zum Vergleich sich anbietenden Vertonungen schottischer und walisischer Lieder weit übertrifft.

Wie in dieser ossianischen Ballade die Aura, so macht sich Beethoven anderwärts die Musizierformen des Volksliedes zu eigen, in einer dritten Schicht. Sehr unverstellt geschieht das am Beginn des e-Moll-Finales, da sich in der viermaligen Wiederholung des Themas die Redikte des *Slawa bogu* sehr unmittelbar fortsetzen, eine Wiederholung, die durch die sperrige Asymmetrie der oben besprochenen Taktgruppierung 1 + 8 deutlich in Erscheinung tritt und überdies in der folkloristischen Bezugnahme durch die all'ongharese-Stilisierung des Rhythmus bestätigt wird; und auch die viermalige Wiederholung wiederholt sich. Gegen die erdrückende Prägnanz des Themas kommen das Seitenthema (Bsp. 6 b) und seine Verarbeitung schwerer an als die entsprechenden Komplexe im F-Dur-Finale, so daß hier über das Gegenüber sehr unterschiedlicher Prägungen und Darstellungsformen gehandelt wird, ohne daß dies von der Herkunft der Themen bereits vorgegeben wäre. Eben dies Gegenüber treibt in einer Art Verbergung das Allegretto vivace e sempre scherzando im *F-Dur-Quartett* auf die Spitze, als Porträt eines Musizierens, das mit kleinen, harmlos klingenden Melodien umgeht, immer neue hinzuerfindet, dazwischen häufig als Bindemittel den charakteristischen Anfangsrhythmus einfügt, im ganzen aber mit der Fülle der Objekte nicht fertig zu werden, sich in ihr zu verlieren und einer kaum noch organisierten Aneinanderreihung zu verfallen scheint. Doch in eben diesem Erscheinungsbilde wird strengste musikalische Stimmigkeit beobachtet, es wird sozusagen auf ein Gerüst aufgetragen und aufgenäht, welches verborgen bleibt. Die Orientierung auf volkstümlich-gesellige Musizierformen, die in diesem Satz als Porträt gefaßt ist und hier in reizvoller Divergenz zur tragenden Form und den in ihren Dimensionen angemeldeten Ansprüchen hervortritt, ist im C-Dur-Finale als der äußersten Schicht als nur mehr als ein spezifischer, mit den Vorstellungen von Sonate und Fuge kaum noch verbunden gewesener Muszierton greif-

---

55 Czerny sprach davon, daß Beethoven in jedes Quartett ein Volkslied eingearbeitet habe; zitiert bei Salmen, a. a. O., S. 404.

56 »Beethoven erfindet sich hier ein Rußland …« In: Lenz, W. v.: *Beethoven, eine Kunststudie*, Bd. 3, Hamburg 1860, S. 44.

57 Die von Theodor v. Frimmel angesprochene Ähnlichkeit mit dem Thema im Schlußsatz von Joh. Seb. Bachs Violinkonzert a-Moll BWV 1041 ist fiktiv, vgl. ders., *Beethoven-Handbuch*, Bd. 2, Leipzig 1926, S. 37.

bar. In diesem Schlußstück erweist sich die unternommene Synthese als ein Akt kammermusikalischer Selbstreflektion auf die eigenen Grundlagen, als eine bereichernde Erweiterung stilistischer Grenzen und konzeptioneller Ansprüche, die in der Existenz des immer vorhandenen, »uralten« wie »zeitlosen« Volksliedes eine neu drängende Frage erkennt und beantwortet.

Die Frage, ob die übrigen Sätze des Opus dem beschriebenen System der konzentrischen Schichten ganz fremd bleiben, war schon durch die Betrachtung der für die Ganzheit der jeweiligen Werke wichtigen Gesichtspunkte halb verneint. Nachzutragen bleibt bei den zyklischen Aspekten nach dem konzeptionellen der motivische. In der Prägung der musikalischen Details reicht die Ausstrahlungskraft der Liedmelodien noch weiter, als schon anhand der Ecksätze des ersten und anhand des Zweiten Quartetts (vgl. Bsp. 13) gezeigt. Die beiden Themen – möglicherweise hat dies Beethoven veranlaßt, gerade sie aus der sehr reichhaltigen Sammlung auszuwählen – schaffen einen gleichen Zusammenhang aufgrund sehr starker Ähnlichkeiten:

In beiden stellen zu Beginn Unterquart und Grundton die melodisch wichtigen Ecktöne dar, im ersten (= a) als Begrenzungen des ersten durchlaufenden Intervalls, am Beginn des zweiten (= b) die Quart lapidar absteckend; beide Melodien stellen als zweiten Intervallraum die Terz über dem Grundton heraus, a in Tonrepetitionen, b durch die erste Sekundbewegung; so ergibt sich, da in beiden als erreichter Zielpunkt bzw. durch Wiederholungen die Terz hervorgehoben wird, die zwischen Unterquart und Terz liegende, durch den Grundton unterteilte Sext als bestimmender Rahmen. Beide Themen überschreiten ihn zur Oberquint, von der sie rasch zur Terz wieder absteigen, ein Detail, das Beethoven sowohl in F/IV[58] als auch in e/III[59] wahrnimmt und verarbeitet und in e/IV in der Umkehrung zum aufwärtsgehenden auftaktigen Schleifer zum wichtigsten zwischen den Themenkomplexen vermittelnden Element macht. Damit sind die Gemeinsamkeiten benannt. Der Nebenton d zur Unterquart in Bsp. 28 a spielt eine geringe Rolle; oft ignoriert ihn Beethoven,[60] läßt ihn harmonisch unberücksichtigt oder bewertet ihn unterschiedlich,[61] sofern er nicht gar durch den Quartoberton ersetzt wird.[62] Erstmals, und ähnlich schroff wie das auf das Lied weisende »Signal« (Bsp. 13 b) in e/II, erscheint die Quart-Sext-Struktur als Kontrapunkt in dem Fugato der Durchführung F/I, zweifellos der Partie, die sich vom entspannten Musizierton des Satzes und seiner gesättigten Klanglichkeit am weitesten entfernt (Bsp. 28 c). Ob man die in der akkordischen Partie der Takte 19 ff. häufig wiederkehrenden Sextsprünge diesem Zusammenhang wird zuordnen dürfen, muß offenbleiben. Um so deutlicher steht das erste Motiv des zweiten Satzes (Bsp. 28 d) in ihm, das gemäß dem leichten

---

58 Besonders in den Takten 105 ff. und 131 ff. und am Schluß im Adagio ma non troppo imitierend und *perdendosi* durch alle Stimmen wiederholt.

59 Am Schluß.

60 F/IV Takte 17, 63, 71, 72, 101, 103, 104 usw.

61 F/IV Takte 9, 16 usw.

62 Dies in dem Seitenthema Bsp. 12 (Takte 45, 54 usw.) sowie in dem zum Hauptthema gehörigen Takt 62; beides entsprechend auch in der Reprise.

Musizierton »… sempre scherzando« den Aufschwung zur Oberquint sehr selbst-
verständlich in einem die Figur auf die Taktschwere verschiebenden Anstoß nimmt.
Darin folgen ihm die beiden Varianten Bsp. 28 e und f, deren zweite nochmals die
Unterquart betont.

Im *C-Dur-Quartett* wird diese (für das zweite Quartett aus Bsp. 13 ersichtliche) Prägung erstmals in der Figur des Seitenthemas (Bsp. 28 g) im Allegro vivace und im letzten Anlauf der Schlußgruppe (Bsp. 28 h) sichtbar, sodann in der Melodie der a-Moll-Ballade (Bsp. 28 i), namentlich in deren Dur-Variante (Bsp. 28 k) und deren sprechender Ähnlichkeit zum e/IV-Thema (Bsp. 13 e), welche durch den eingefügten Vorschlag des Terzschleifers ihren Stempel erhält. Das Finale beschränkt sich, wie erwähnt, auf den in diese Gemeinsamkeiten wohl eingeschlossenen Quartdurchlauf, wie er besonders in Bsp. 28 h hervortritt; doch verleiht ihm eben diese Beschränkung die Fähigkeit des Rückbezuges auf das Erste Quartett; auf diese Konzeption und alle ihre Details scheint es zu streng verpflichtet, als daß für weitergehende Berücksichtigung der in Bsp. 28 gezeigten Bezüglichkeiten Raum bliebe; immerhin erscheinen in der Durchführung Motive wie Bsp. 28 l und Bsp. 28 m, die vermöge des Gegensatzes zur durchgängig kleinschrittigen Bewegung aus dieser vernehmlich herausragen. So bleibt als einziger Satz des Opus der dritte des Ersten Quartetts außerhalb dieser Bezüge.

Der Häufigkeit der Auskunft, daß »der Komponist des opus 59 ... eine echte Trilogie« geschaffen habe,[63] entspricht die Vernachlässigung der besonderen Problematik dieser Trilogie. Da gerade Beethoven die Ansprüche an die konzeptionelle Ganzheit und also die Autonomie des einzelnen Werkes so entschieden gesteigert hatte, mußte das Zyklische auf einer neuen, höheren Ebene hergestellt werden als derjenigen, da es zuvor zustande kam, in einer neuen Qualität, die sich schon in dem scheinbaren Paradoxon zu erkennen gibt, daß nie zuvor oder danach Beethoven drei Werke von so hohem Anspruch und so starker Eigenprägung unter einer Opuszahl versammelt hat, und zugleich nirgends bei ihm drei solche Werke deutlicher als diese verknüpft sind und sich als Glieder eines Zusammenhangs auszuweisen; daß mithin die Funktion als unterschiedliche Verwirklichung der gleichen Konzeption bzw. als Stufen ihrer Verwirklichung ihre individuelle Profilierung nicht nur nicht zu hindern, sondern geradezu zu befördern scheint. Insofern stellt dies Opus einen Höhepunkt und beinahe auch einen Endpunkt in einer Tradition der Werksammlungen dar, die mit der Zwölf-, Sechs- und später der Dreizahl der Werke vom Symbolwert dieser Zahlen ausging bzw. ihm eine gewisse Bürgschaft zutraute, ursprünglich so sehr, daß man Stücke verschiedenster Provenienz unter dieser Verbindlichkeit zusammenwürfeln und nunmehr als Werk, als Opus ausweisen konnte.[64] Je mehr sich

63 Vetter, a. a. O., 365.

64 Wichtige Mitteilungen zu diesem Punkt, das italienische Concerto grosso betreffend, verdanke ich Herrn Dr. Hans-Joachim Marx, Bonn. Der Begriff des Werkes, zu dessen Bestimmung bzw. historischen Wandlungen neuerdings von verschiedenster Seite beigetragen wird, steht nicht zufällig so stark im Blickpunkt des Interesses. Vgl. hierzu u. a.: Knepler, G.: *Improvisation – Komposition, Überlegungen zu einem ungeklärten Problem der Musikgeschichte.* – In: Bence Szabolcsi Septuagenario, Studia Musicologica Academiae Scientiarum Hungaricae, Bd. 11, Budapest 1969, S. 241 bis 252; Zoltai, a. a. O., S. 206; Carl Dahlhaus und Rudolf Stephan auf einer Tagung der Berliner Akademie der Künste 1970; Peter Gülke: Einleitung, in: H. Besseler/P. Gülke: *Schriftbild der mehrstimmigen Musik,* Musikgeschichte in Bildern, Bd. 3, Lfg. 5, Leipzig 1974. Vgl. auch in diesem Bande S. 17 ff.

das einzelne Werk, i. e. die einzelne Nummer des Opus zu einem in seiner Individualität relativ autonomen Ganzen entwickelte, desto mehr wurde von dem Band verlangt, das diese auseinanderstrebenden Individualitäten zusammenzuschließen und als Teile eines Werkzyklus auszuweisen vermag. Charakteristischerweise stellt sich die Lösung dieses Problems seit Bachs *Brandenburgischen Konzerten*[65] und im folgenden bis hin zu Beethovens op. 18 als Auseinandersetzung mit dem Anspruch dieser Zusammenstellung, als ein Durchspielen verschiedener Möglichkeiten dar, die in ihrer Summe die ganze Breite der kompositorischen Palette umfassen und damit sich deutlich als jeweilige Stationen einer Entwicklung präsentieren. Dabei fungiert die Sechs- oder Dreizahl (die Zwölf mußte bald verlassen werden) als eine Art Vorgabe, als zu füllender Raum. Inwieweit darin, bis hin zur Trias der drei letzten Mozart-Sinfonien, innerhalb der jeweiligen Konstellation der Kreis des Möglichen ausgeschritten und diese pars pro toto erschöpfend definiert sein sollten und sind, ist eine offene Frage, deren Beantwortung zur Klärung der Entwicklung bzw. jeweiligen Verbindlichkeit des Werkbegriffs Entscheidendes beitragen würde. Kein Zweifel, daß sich allmählich der Anspruch, den jeweils gegebenen Raum ganz, wenn nicht gar mit enzyklopädischem Anspruch[66] auszuschreiten, zu dem »bescheideneren« wandeln mußte, einen bestimmten Stand des Komponierens zu fixieren, eine Konkretisierung der Aufgabe, an der nicht zuletzt die wachsende Erkenntnis der Historizität des Komponierten wesentlichen Anteil hat.[67] Zudem mußten der immer breiter werdende Fächer der kompositorischen Möglichkeiten und besonders die wachsende Geltung der Subjektivität jeden Vollständigkeitsanspruch widerlegen. Das um die *thèmes russes* zentrierte »Planspiel« der Quartette op. 59 bricht ihn im Spiegel eines konkret gestellten Problems, und bewahrt ihn, da dies Problem repräsentativ gefaßt ist, als Herausforderung und Prüfung der der Gattung gegebenen Möglichkeiten. Indem Beethoven die Individualitäten der drei Quartette auf doppelte Weise umschließt, einerseits deren Musik als in verschiedenen Formen innerhalb der Ausstrahlung des Volksliedes liegend konzipiert, andererseits eine bestimmte Vereinheitlichung des thematisch-motivischen Vokabulars schafft, löst er das Problem des Zyklus sehr konkret und zugleich neu und setzt in der hochentwickelten Autonomie dreier schon in ihren Dimensionen ungewöhnlicher Streichquartette die Momente der Zusammengehörigkeit ebenso durch, wie er zugleich den

65 Besseler, H.: *Zur Chronologie der Konzerte Joh. Seb. Bachs,* in: Festschrift Marx Schneider, Leipzig 1955, S. 115–128. Geck, M.: *Gattungstraditionen und Altersschichten in den Brandenburgischen Konzerten,* in: Die Musikforschung, Jg. 23, 1970, H. 3, S. 139–152.
66 Geck, M.: *Bachs künstlerischer Endzweck,* in: Festschrift für Walter Wiora, Kassel (usw.) 1967, S. 319–328.
67 Zoltai, a. a. O., S. 206 ff. Für die Musik erscheinen die aufklärerischen Ursprünge dessen, was im Zusammenhang mit dem 19. Jahrhundert »Historismus« genannt wird, noch keineswegs geklärt. Die Erkenntnis der Historizität der Musik und ihres Stils, die der Ästhetik der Aufklärung so schwerfiel, markiert, verbunden mit dem Bewußtsein der Komponisten, auf einem bestimmten Wege voranzuschreiten, einen wichtigeren Punkt als die berühmten Daten der romantischen Entdeckung der Vergangenheit.

Vollständigkeitsanspruch der Werksammlung in einer repräsentativen Aufgabenstellung aufhebt. Dabei zielte er auf den neuralgischen Punkt der Gattung, indem er auf eine den etablierten Geschmack herausfordernde Weise die Grenzen des »großen Stils« strapazierte und damit gegen eine Sterilität opponierte, die immer dann droht, wenn eine Gattung sich auf vermeintlich adäquate Aufgabenstellungen zurückzieht und es vermeidet, sich von neuartigen fordern zu lassen; eine Gefahr, die besonders dem kleinen kammermusikalischen Zirkel naheliegt, der wenig kommunikative Rücksicht zu nehmen hat und leicht falscher Esoterik und isolierender Abgrenzung verfällt.

Die Spieler des opus 59 sollten sich nicht als erlesene, über vermeintliche Niederungen des usuellen Musizierens erhobene Elite fühlen können, und noch weniger, daß sie dabei etwas von ihren Ansprüchen abzulassen hätten. Im Gegenteil: Die Gattung erweist sich durch diese neue Vergewisserung und umfassende Aneignung des nur scheinbar Einfachen zur äußersten Anspannung aller Möglichkeiten aufgerufen, die Aufgabe der Reflexion auf ihre Grundlagen erzwingt eine Differenzierung der Strukturen und eine Steigerung des Anspruchs, die den – über das Quintett op. 29 vermittelten – Schritt von op. 18 zu op. 59 kaum geringer erscheinen läßt als denjenigen von der Zweiten zur Dritten Sinfonie. Gerade als Bewältigung dieser Aufgabe definierte Beethoven die Kammermusik in ihrer Spezifik neu und umfassender, wie er entsprechend kaum ein Jahr später in der *Pastorale* bei der Aneignung eines kroatischen Liedes der Sinfonie neue Möglichkeiten und Dimensionen erschloß.[68] Sowohl in der konkreteren vertiefenden Bestimmung der Gattungen als auch in der Aneignung von scheinbar Unangemessenem – was beides, wie gezeigt, nicht voneinander getrennt werden kann – erwies sich mit den genannten Werken derjenige als den Traditionen treu, der ihre Bannmeile überschritt.

68 Vgl. im vorliegenden Bande S. 44 ff. Die Arbeit an dem vorliegenden Aufsatz war sechs Jahre vor seiner Veröffentlichung abgeschlossen. Aus diesem Grunde konnte die im Zusammenhang mit dem Jubiläum des Jahres 1970 erschienene Literatur nicht berücksichtigt werden. Hinzuweisen ist insbesondere auf einen Aufsatz Ludwig Finschers: *Beethovens Streichquartett opus 59, 3. Versuch einer Interpretation,* in: Musikalische Analyse, hrsg. von H. Schuhmacher, Darmstadt 1974. Die ausgezeichnete Studie darf einerseits als Bestätigung, andererseits als Ergänzung der hier vorgelegten Ergebnisse bezeichnet werden.

Traditionen und Möglichkeiten dramatischen Komponierens vor und bei Beethoven

Se non è vero è ben trovato: Beethoven soll gesagt haben, Stoffe wie *Figaro* und *Don Giovanni* hätte er nie komponiert. Dem rigorosen Spontan-Kantianer war wohl zuzutrauen, daß er sich für die besondere Moralität der Mozart-Opern blind macht – wie stünde es bei solchen Maßgaben erst um *Così fan tutte*! Ob nun so gesagt oder nicht – schon die bloße Möglichkeit müßte ausreichen für ein Hausverbot im Theater an der Wien, jenem Hause, in dem Beethoven zeitweise Quartier nahm, um eine der nach Mozart wichtigsten Opern zu komponieren, i. e. einen Sinn fürs Dramatische unter Beweis zu stellen, der ihm in der zitierten Formulierung zu fehlen scheint.

Oder handelt es sich um eine ganz andere Art Dramatik? Läßt der Beethovensche Begriff sich möglicherweise so wenig vom humanen, menschheitlichen Anspruch seines Komponierens abtrennen, daß schon der Umweg über aristokratische Schürzenjäger und zuweilen nur halbherzig sich verweigernde Mädchen nicht erlaubt ist? Immerhin trägt der heiße Atem solcher Idealität in *Leonore/Fidelio* auch über banal-realistische Wagnisse hinweg – daß ein Mädchen sich in eine als Mann verkleidete Frau verliebt, kommt bei Mozart nicht vor. Beethoven bekennt sich damit zu einer qua Musik erreichbaren, banale Realitäten transzendierenden »zweiten« Wirklichkeit, die er Da Ponte und Mozart nicht scheint zugestehen zu wollen.

Auf der Linie unseres Themas wechseln wir mit dieser Überlegung über eine Grenze, diejenige zwischen Dramatik außerhalb und innerhalb der Musik. Beide begegnen auch unabhängig voneinander. Beispielsweise kann von ungeheuerster bühnendramatischer Wirkung sein, wenn eine Musik bzw. eine in ihr artikulierte Person oder Befindlichkeit von der Dramatik der Situation nichts weiß oder zu wissen vorgibt – Susanna, wenn sie aus dem Schlafzimmer der Gräfin tritt, worin der Graf Cherubino vermutet; Florestan, wenn er hymnisch-lyrisch für einen Schluck Wasser dankt und nicht weiß, was ihm bevorsteht; Siegfried, der seine Geschichte erzählt und nicht bemerkt, daß Hagen hinter ihm zum Stoß ausholt. Andererseits kann Musik in sich, aus eigensten Mitteln eine Szenerie und Geschehnisse von elementar dramatischer Wirkung formulieren auch ohne Bezug auf Handlung, Bühne, Personen – das freilich entspricht nicht dem, was man gemeinhin unter »dramatischer Musik« im engeren Sinne versteht, und erscheint eher als Voraussetzung. Im Folgenden soll das Augenmerk vorzugsweise jenen Voraussetzungen gelten, jenen dramatischen Möglichkeiten der Musik, welche des Bezuges auf Bühnenhandlung oder die imaginierte Handlung eines Oratoriums, z. B. *Christus am Ölberg*, nicht bedürfen, gegebenenfalls ihr aber zuarbeiten.

Sofern die Unterscheidung von außer- oder innerhalb der musikalischen Struktur gelegenen Anhalts- und Bezugspunkten nicht nur das Genre meint, zieht sie die Frage nach sich, inwiefern Dramatik eine verbindende Brücke bilde, inwiefern und inwieweit ihre Komponenten Spannung, Darstellung, Handlungsträger und -ort, Bühnenstruktur ins Innere der Musik mitgenommen werden oder dort auf ein bereitliegendes Analogon treffen können. Die Frage verliert dadurch nicht an Gewicht, daß die Zeitgenossen sie so direkt nicht stellten – schon daran zu erkennen, daß Vermischungen und Bereiche von instrumentaler und dramatisch gebundener Musik gang und gäbe waren, noch, wenn E.T.A. Hoffmann die Sinfonie »gleichsam die Oper der Instrumente« nennt.

Auf welche Weise, schon für sich oder in bezug auf einen Handlungsvorwurf, Musik dramatisch sein könne, wurde in der zweiten Hälfte des 18. Jahrhunderts hingegen zunehmend dringlich gefragt und erkundet – als ein Interesse, welches schwer vorstellbar erscheint ohne den Hintergrund eines frag-würdigen, neue Prüfungen erfordernden Verhältnisses. Mozarts Allergie gegenüber der gängigen italienischen Opernmusik und -praxis deckt sich weitgehend mit seiner Empfindlichkeit gegenüber selbsttätig qua Konvention sich regelnden Verhältnissen, gegenüber Mechanismen, welche die Möglichkeit individueller Lösungen nicht nur zu erübrigen, sondern gar den Blick auf sie zu verstellen scheinen. Kaum zufällig (hier betrifft es einen Franzosen) entstehen solche Lösungen bei Mozart auch dann, wenn er konventionelle zuspitzt, wenn er etwa beim erwähnten Auftritt der Susanna auf eine gleiche Situation und deren Musik bei Grétry Bezug nimmt. Mehr oft noch als kompositorische Qualitäten hat der Hintergrund obsolet anmutender Operntraditionen bewirkt, daß die großen Opern der Zeit immer mehr sich als Einzellösungen, damit auch als partielle Widerlegungen überkommener Gattungszwänge darstellen. Wie andererseits die Macht jener Zwänge sich noch darin erweist, daß der erwähnte Grétry in seinen *Mémoires* sie wohl reflektieren und teilweise spekulativ in Frage stellen, komponierend ihnen aber selten entkommen kann.

Diese Differenz belegt zugleich die Dynamik eines aufklärerisch neugierigen *esprit observateur*, der nichts unbefragt stehen lassen will und Experimente nicht scheut. Nicht zuletzt findet man sie im Melodram, einer Verfahrensweise, welche in jedem Satz, jedem Wechsel oder Übereinander von Ton und Wort deren Zusammenwirken oder Gegeneinander neu zu bedenken und zu formulieren zwingt und selbst, wenn man von bedeutenden Einzelergebnissen absieht, als weit hinausgehend über eine Modeerscheinung ausgewiesen wäre durch ihre Wirkungen etwa auf die Rezitativgestaltung in Mozarts *Idomeneo*. Mehr Aufmerksamkeit verdiente diese Sensibilisierung im Verhältnis von Musik und Text beim Blick auf Dialogopern, Singspiele etc., etwa auf Nahtstellen und Übergänge: Wie sehr ist in ersten Dialogsätzen nach Musik oder in letzten vor der nächsten Musik enthalten, daß Musik eben verklungen ist bzw. sogleich erklingen wird, daß ein Wechsel der ästhetischen Ebene bewältigt werden muß? Papagenos »Siehst Du, Tamino, ich kann auch schweigen, wenn's sein muß« nach der g-Moll-Arie der Pamina oder Roccos fürchterlich dummes, jeden der vier Beteiligten in eine je eigene Einsamkeit und Sprachlosigkeit treibendes »Meinst du, ich könnte dir nicht ins Herz sehen?« vor dem Quartett bleiben selbst dann nahezu geniale Lösungen, wenn möglich erscheint, daß sie zu schon komponierter Musik hinzukamen. Als Beantwortung der Frage, wie man den Wechsel zum je neuen Medium notwendig machen kann, kündigen sie eine Selbstverständlichkeit auf, welche ihn durch die Gattung gewährleistet sieht; sie nähern sich den Kriterien von Erkundung und Überprüfung.

Zu denen gehört auch, daß die Bereiche und Zuständigkeiten sich stärker gegen- und aneinander definieren und der Zuwachs an Autonomie dem der Bezugsfähigkeit entspricht – jenseits und unabhängig von einer Austauschbarkeit, welche eine Sinfonie als Opern-Ouvertüre möglich macht und an Sinfonien den Terminus »Ouvertüre« hat hängen lassen noch lange, nachdem derlei Austausch verboten war. Daß die beim wuchtigen d-Moll des 16. Taktes beginnende Passage der Introduktion von Mozarts Prager Sinfonie und der nachfolgende Allegro-Beginn auch der *Don-Giovanni*-Ouvertüre gut angestanden hätten und umgekehrt, ist das eine; das andere, daß in beiden Passagen Oper und Sinfonie in sich und für sich Vertiefungen und Erweiterungen erfahren, welche der jeweiligen Gattung Neues hinzugewinnen, ohne auf sie fixiert zu sein, also auf ein gattungsunabhängiges tertium comparationis verweisen, welches mit einem Stichwort wie »Subjektivierung« sehr unzureichend erfaßt ist. Dramatisch erscheinen hier wie dort das Pathos der Ankündigung, der komponierte Hinblick, die Umschreibung eines Handlungsraums bzw. ein vorsorgliches Ausmessen seiner Dimensionen, die Sicherstellung eines Anspruchs, welche das Folgende z. B. unabhängig davon macht, ob in dem, was danach geschieht, in Leporellos Verdruß über sein miserables Leben oder den kleinkarierten Hakeleien von Marzelline und Jacquino, gleich die Höhenlage des zu erwartenden Konflikts erreicht sei. In diesem Sinne ließe sich behaupten, daß zu der Zeit, da Beethoven seine Vierte Sinfonie schrieb, deren erstes Allegro-Thema ohne die vorangegangene Introduktion nicht mehr möglich gewesen wäre.

Unverkennbar das szenische Moment: Wie in der Oper, da während der Ouvertüre der Vorhang verschlossen bleibt, weiß der Hörer der Sinfonie-Introduktion nicht genau, was ihn erwartet; beidemale wird ein erwartungssteigerndes Noch-Nicht zu Musik, und wie der Vorhang im Theater öffnet der Übergang zum Allegro giusto der Sinfonie eine »Welt«, kommt die Musik zur Sache, welche zuvor nur umrißhaft erahnbar war. Aus ihrer Vorgeschichte brachte die Sinfonie Etliches für diesen Vergleich mit, stand sie doch einstmals am Beginn einer Opernaufführung bzw. eines Konzertabends wie nunmehr die Introduktion an ihrem eigenen Beginn; so daß grosso modo fast von einer strukturalen Verinnerlichung gesprochen werden könnte. Überdies wurden Sinfonien bei Konzertabenden seinerzeit oft auseinandergerissen – zwei Sätze am Beginn, zwei am Schluß –, eine Situation, gegen die hochgespannte Ansprüche auf werkhafte Autonomie einerseits vergeblich anrannten, die andererseits jedoch die Frage nach Mitteln und Wegen enthielt, die Identität des mehrsätzigen Werkes über alles zwischenhinein Erklingende hinweg sicherzustellen. Derlei liegt nicht unbedingt weit entfernt von Rücksichtnahmen auf Erfordernisse einer Bühnenhandlung und sollte nicht übersehen werden, wenn es darum geht, die Unterscheidung des instrumentalen, später »absoluten« Bereichs vom angewandten, wort- bzw. bühnenbezogenen von fundamentalistischen Übertreibungen freizuhalten, eine Unterscheidung, welche seinerzeit fast üblicherweise unterlaufen wurde – etwa, wenn Grétry die Rolle des Opernorchesters nahe bei der des Chores der antiken Tragödie sieht, hier anschließend Heinrich Christoph Koch ihm als Aufgabe »den Ausdruck der Empfindung einer ganzen Menge« zuspricht; oder, wenn derselbe Koch das Solokonzert nahezu als Szenerie beschreibt mit einander fragenden, antwortenden, die Bälle zuspielenden Partnern. Vor diesem Hintergrund erscheint der Solist allemal als Darsteller.

Die damit implizierte innere Dramatik instrumentaler Musik erfährt eine besondere Vertiefung, wenn der Solist nicht nur als Solodarsteller auftritt, sondern cum grano salis auch als Erfinder. Dies konnte Beethoven bei Mozarts Klavierkonzerten – C. Ph. E. Bach einmal beiseite gelassen – verfolgen; schon die Entrées seiner eigenen beweisen, wie genau er es tat. Mit guten Gründen kommt man bei der Beschreibung Mozartscher Klavierkonzerte kaum ohne szenische Vergleiche aus – allgemein den Dialog betreffend zwischen dem Solisten, welcher »verspätet« eine durch das Orchester aufgebaute »Bühne«, eine vorausdefinierte Welt betritt und zu ihr sich äußerst unterschiedlich verhält – oft sich bitten läßt, gern Seiteneingänge benutzt, »Königsauftritte« mithin verschmäht; zuweilen, wie im Jeunehomme-Konzert (KV 271), in einer zunächst ungeordnet ausgeschütteten Themenfülle Ordnung schafft oder, wie im C-Dur-Konzert KV 415, mit eigenen Themen am Orchester und dessen ebenfalls allein ihm gehörigen Themen vorbeiredet, oder – im d-Moll-Konzert KV 466 – nach zögerndem Eintritt rasch Initiative und Führung an sich reißt und innerhalb der fortschreitenden gestalthaften Kristallisation, als welche sich die Folge der drei Themen darstellt, als erster bei der konzisesten Gestalt, dem dritten Thema, ankommt. In derlei Lösungen bleibt, soweit die res facta es irgend zuläßt, die Identität von Erfindendem und Spielendem aufrechterhalten, äußerlich noch daran zu erkennen, daß die Klavierparte oft nur notdürftig ausgeschrieben sind. Theatralisch gesprochen befindet der Regisseur selbst sich auf der Bühne, nicht anders als Don Alfonso. Das aber bedeutet nicht weniger als: die Reflexion auf das Verhältnis zwischen Urheber und Werk, die Selbstverständigung des schöpferischen Subjektes geht in die Komposition selbst ein, das pure Gegenüber von Arbeitsgegenstand und Bearbeitendem, Komponiertem und Komponierendem weicht einem dynamischen, oft dramatisch bewegten Verhältnis, worin die Rollen nicht mehr a priori verteilt und gesichert sind. Insofern kann die Bedeutung der Klavierkonzerte bei der schöpferischen Selbstverständigung wenn nicht Bewußtwerdung des Theatermenschen, des in Rollen denkenden und lebenden Mozart kaum überschätzt werden; im Sinne unseres Themas erscheint wichtig, daß das in Formen geschieht, denen man mit einer strikten Unterscheidung von Analogien zu theatralischen Vorgängen und innermusikalischen nicht beikommt. Friedrich Schlegels Vergleich einer Sonatenabhandlung mit einer philosophischen Ideenreihe wurde – u. a. stillschweigend in Nissens Mozart-Biographie – zumeist mit guten Gründen weniger als pure Metapher oder Analogie bemüht, sondern im Hinblick auf eine Unmittelbarkeit der Repräsentation, welche mehr signalisiert als Parallelisierung oder Abbild. Insofern die Sonate z. B. im Verhältnis der Harmonieräume einen bestimmten Handlungsraum definiert, gibt sie sich schon von hierher, schon ohne die

»Choreographie« der Gänge zwischen den verschiedenen Bereichen, als Entsprechung zum Bühnenraum. Womit auch feststeht, daß dem, was darin sich ereignet, ein Moment von Darstellung eignen muß.

Ideen-Drama auch auf einem anderen, nahezu historischen Schauplatz: Schwerlich können wir angemessen vergegenwärtigen, was es bedeutet hat, daß jene Entwicklung der klassischen Instrumentalmusik, welche uns identisch geworden ist mit der Entwicklung zu Autonomie und dem, was später »absolute Musik« heißen wird, sich im Schatten eines Verdikts vollziehen mußte. Noch dem in bezug auf instrumentale Formen und deren eigene Gesetzlichkeit wahrlich sensiblen Heinrich Christoph Koch gilt als ausgemacht, daß die Musik ihrer wahren Bestimmung allein in Verbindung mit dem Wort zugeführt sei, dort also, wo sie, »angewandt«, nicht für sich allein etwas darstelle. Deshalb auch war es ihm möglich, noch im Jahr 1803 die seinerzeit bereits dreißig Jahre alte Bestimmung der Sinfonie aus Sulzers Enzyklopädie zu übernehmen, wonach der Sinfonie zuvörderst hinführende, hinleitende Aufgaben zukämen – Reflex auch des Umstandes, daß Sinfonien meist am Beginn von Konzerten standen; erst Haydn hat sich bei den Londoner Sinfonien vertraglich ausbedungen, daß diese am Ende des Konzerts zu stehen hätten. Also liegt, wenngleich selten reflektiert, auf dem instrumentalen Komponieren ein Legitimationsdruck. Nicht aber Absperrung heißt die Antwort, sondern strukturelle Verinnerlichung. U. a. scheint den großen, differenziertesten instrumentalen Formen ein virtueller Wortbezug einkomponiert, man könnte auch sagen: ein latentes Ungenüge an der Wortlosigkeit, dessen ästhetisches Wesen negativ besonders dort erhellt, wo man ihm in nachträglichen Textierungen meinte nachkommen zu müssen – die prosodischen Ähnlichkeiten von Melodie- und Versbau laden oft genug dazu ein. Gerade die zumeist niederschmetternde Banalität solcher Unterlegungen macht deutlich, auf welche Weise Stufungen der Wortnähe zu den Konstituenten großer, autonomer Formen werden konnten. Es vollzieht sich in auffallender Korrespondenz mit der Unterscheidung der rhetorischen Ebenen, welche in den Jahrzehnten vor Beethoven gewiß vor allem als überkommenes, teilweise antiquiertes Bildungsgut erschienen wäre, hätte ihr jener auf den Wortbezug gerichtete Legitimationsdruck nicht eine neuartige Aktualität beschert. So repräsentieren u. a. in den ersten Sätzen der Klavierkonzerte KV 466 und 503 und der Jupiter-Sinfonie die ersten Themen die oberste, vornehmlich durch die musikalischen Maßgaben des Erhabenen bestimmte rhetorische Ebene, dem Wortbezug, gar einer Tropierung, verweigern sie sich weitestgehend; anders die ›mittlere‹ Ebene der zweiten Themen, auf der dies notfalls leichter, dennoch nicht überzeugend gelänge; wohingegen die dritten Themen, zugleich die untere rhetorische Ebene, hierzu geradehin einladen bzw., wie in der Jupiter-Sinfonie die für Anfossis Oper nachkomponierte Arie, geradehin mit Text verbunden sind. Im Sinne unseres Themas könnte man fast von einer dramatischen Handhabung der verschiedenen ästhetischen Ebenen sprechen und diese besonders dort bestätigt finden, wo sich, wie im d-Moll-Konzert, in der Reihung der Themen zugleich eine Kristallisation ein und desselben motivischen Kerns vollzieht und nahezu, in drei Stadien auseinandergelegt, die Entstehung einer thematischen Gestalt abgehandelt erscheint; oder, wenn, wie im ersten Satz der Jupiter-Sinfonie, die Durchführung als die, wie man meinen sollte, am stärksten innermusikalische Dimensionen und Verfahrensweisen repräsentierende Passage, sich zunächst ausgerechnet des dritten Themas annimmt, desjenigen also, welches ihren – u. a. kontrapunktischen – Ansprüchen besonders fern steht.

Derlei strukturale Verinnerlichung des »redenden Prinzips« und mehr noch die Annahme, sie sei vor allem jenem Legitimationsdruck zu danken, paßt auf den ersten Blick schlecht zur oben angesprochenen Vorsicht in bezug auf schroffe Unterscheidungen vokaler und instrumentaler Musik: Wird, da die Grenzen verfließen oder offenstehen, die Problematik der über die hinweggehenden Kommunikation nicht unnötig verschärft? Immerhin, so läßt sich replizieren, steht sie deutlich genug, um Gestaltungsmöglichkeiten wie die eben beschriebenen zu inspirieren – und solche, welche es verbieten, bei wechselseitigen Vertiefungen wie etwa der Prager Sinfonie und *Don Giovanni* Zuordnungen zu befestigen und Prioritäten zu bestimmen. Darüber hinaus ist jene Widersprüchlichkeit explizit immer wieder kompositorisch festgezurrt worden – besonders im per definitionem unvollständigen, unüberhörbar Worte entbehrenden Instrumentalrezitativ. In den Skizzen zum Finale von Beethovens Neunter Sinfonie können wir wohl Beitexte lesen, jedoch kaum solche, die genau auf das Komponierte passen würden. In bezug auf Haydns *Le Midi*-Sinfonie sind wir nicht einmal sicher, ob das vom ersten Biographen erwähnte »Gespräch eines armen Sünders mit Gott« gemeint ist; und in anderen Fällen können wir uns nur eingeladen fühlen zu Assoziationen, vor denen wir freilich, würden sie sich zu einem eindeutigen Wortlaut konkretisieren, zurückschrecken müßten, denn auf die offenstehende Einladung, auf das Defizit sind diese Passagen angelegt, das redende Prinzip stellt als solches sich eindringlicher dar, wenn ungeklärt bleibt, was geredet wird, und die Musik eben nicht, mit Goethe, zu dem »Ballon« wird, der den Text steigen läßt.

Das absichtsvoll defizitäre Instrumentalrezitativ läßt aber nicht nur fragen, was gesprochen wird, sondern auch, wer da spricht. Unüberhörbar löst der Sprechende sich hier aus Kontext und Spielregeln der res facta heraus, als wolle er sich direkter an uns wenden, als wolle er aus dem Handlungsraum heraus auf die Vorderbühne der Musik treten, eine Position auf halber Strecke zwischen dieser und uns finden. Dergestalt gewinnt die Identität von Spielendem und Erfindendem am Ende des Andante in Mozarts »Jeunehomme«-Konzert KV 271 eine neue Qualität, lädt Beethoven am Finalbeginn der Neunten zur Verfolgung wennicht Mithilfe bei der Suche nach einem Eintritt ins Finale ein – hier wie dort und in den meisten anderen Fällen eine Kündigung bisher geltender Spielregeln, Relativierung der bisher gültigen Immanenz der Form; im Übrigen ein Extremfall von etwas, was in subtilen Dosierungen und Ausprägungen sich allenthalben zumal in den dialektischen Dispositionen der Musik findet: Das Verhältnis des impliziten Autors zu seinem Werk bewegt und verändert sich, es fluktuiert. Dem Hauptthema des ersten Satzes der g-Moll-Sinfonie KV 550, der zunächst eher Cherubinos und Dorabellas je ersten Arien als sinfonischen Erfordernissen nahestehenden »Aria agitata«, muß Mozart im

Verlauf des Satzes viel antun, er degradiert sie zum kontrapunktischen Werkstoff, zerlegt sie und bringt sie zeitweise um fast alle Momente subjektiv leidenschaftlichen Singens. Als wolle er sich hierfür nachträglich entschuldigen, stattet er dem Thema beim allerletzten Antönen Einiges von dem zurück, was zwischendurch veruntreut schien – freilich fast schon außerhalb der Form, als Epilog, im Abschiednehmen, als Rückblick; er löst eine bisher gültige Identität des »Erzählers« mit dem Erzählten auf und tritt aus der Erzählung heraus – in einer Brechung, welche auf dem Theater schon eintritt, wenn der Diener der commedia sich kommentierend ans Publikum wendet, oder gar dann schon – weil das in die »Zeitlosigkeit« der Arie eingetretene Ich ein anderes ist als das auf der Bühne handelnde –, wenn der Sänger vom Rezitativ zur Arie übergeht oder zurück. Von anderer Zeitlichkeit darf man bei den instrumentalen Formen auch insofern sprechen, als der Heraustretende den Wechsel gewissermaßen gemeinsam mit dem Hörenden vollzieht und das soeben Geschehene zu Vergangenheit macht; kein Zweifel beim Epilog im ersten Allegro der g-Moll-Sinfonie, daß wir hier am Ende angekommen sind und der Bruch der bisher geltenden Verabredung nicht mehr rückgängig gemacht werden kann. Das Thema und die im Satz ihm zufallenden Aufgaben haben, grob gesprochen, nicht zusammengepaßt; so mußten die Disparitäten abgearbeitet, dabei aber Unerledigtes übriggelassen werden; das an kantablen Prägungen haftende subjektive Moment verträgt sich mit dem dialektischen Vorgehen nur teilweise, hörpsychologisch verträgt sich die mit dem lyrischen Vollzug verbundene Unmittelbarkeit der Rezeption schlecht mit dem Zwang im mehrthemigen Verlauf, gegen die Präsenz einer andersartigen Prägung ein Thema als abstrakten Inbegriff schnell erinnern zu können – womit gewiß einseitig ein bestimmtes, an Beethovens Sonaten dialektisch orientiertes Modell unterstellt ist.

Nicht zufällig erleben Beethovens kantable Sonatenthemen, etwa dasjenige im ersten Satz des ersten Rasumowsky-Quartetts oder des Klaviertrios op. 97, Ähnliches wie das Mozartsche in der g-Moll-Sinfonie; auch hier wechseln am Ende Szene und Reglement auf eine Weise, welche das bisher Gehörte unwiderruflich zu Vergangenheit, also auch die Möglichkeit zum Rückgriff auf Früheres zunichte macht, die zu jeder auf übergreifende Korrespondenzen angelegten Form gehört: commedia finita est. Woran sich zugleich die Frage knüpft, inwiefern die Akteure bzw. Themen auch ihrerseits Spielfelder und Szenen von sich aus schaffen und bestimmen. Je stärker sie sich als handelnde Subjekte darstellen, je schwerer die personalisierenden Kontexte wiegen, desto eher bieten sich der Beschreibung als »Ort der Handlung« bühnenhafte Tableaus an.

Weil die zuletzt geschilderten Sachverhalte vor dem Raster der etablierten Formen sich als – wie immer signifikative – Grenzfälle darstellen, mag der Eindruck entstehen, daß jene Formen gewissermaßen als Widerlager die in ihnen zur Autonomie strebende Musik gegen außermusikalische Vergleichbarkeiten abriegeln würden. Jedoch, wie nahe z. B. liegt der Vergleich einer Introduktion mit der Inszenierung eines Königsauftritts! – nicht zu reden von der Art und Weise, in der der gegenüber aller klassizistischen Veranstaltung empfindliche Adorno z. B. allzu konsekutiv herbeigeführte Repriseneintritte empfand: »Der Intrige auf dem Theater haftet stets ein Läppisches an. Ihre Betriebsamkeit wirkt wie von oben, vom Autor und seiner Idee her veranstaltet, aber von unten, den dramatischen Personen her, nie ganz motiviert. Die Betriebsamkeit der thematischen Arbeit mag für Beethovens reifes Komponistenohr angeklungen sein an die Machinationen der Höflinge in Schillerstücken, an kostümierte Gattinnen, erbrochene Schatullen und entwendete Briefe« (»Verfremdetes Hauptwerk«) – wobei der »Anklang an Beethovens reifes Komponistenohr« genau die Crux meiner Themenstellung bezeichnet: Als denunzierend wird er vor allem empfunden, weil die »Intrige auf dem Theater« sich leichter, wortgerechter auf den Begriff bringen läßt als musikalische Vorgänge und bei einer Parallelsetzung allemal als die Maße gebend obsiegen wird; wogegen mit Mendelssohns richtiger Auskunft allein, Musik sei ihm nicht zu unbestimmt, um in Worte gefaßt zu werden, sondern auf ihre eigene Weise zu bestimmt, als Gegenmittel wenig auszurichten ist. Demgemäß erweist sich auch, nicht nur vielfältiger Vernetzungen wegen, die Unterscheidung einer inneren, allein der Musik gehörigen Dramatik und einer äußeren, durch Wortbezug, Handlung und Bühne verursachten, als abstrakt: Ohne das Vokabular der äußeren kommt man bei der Beschreibung der inneren nicht aus, die Formulierung beeinflußt das Formulierte, die Beobachtung das Beobachtete. Das verpflichtet uns umso mehr, gegenzusteuern und allemal Fragezeichen zu setzen, wenn beim Zusammenwirken von Wort, Handlung und Musik die Verursachung vornehmlich nur auf einer Seite gesehen wird.

Andererseits – wenn ein vermeintlich ganz auf die Sache bezogener Purismus jeglichen Gebrauch von Bildern, Vergleichen etc. als blumige Umschreibung verdächtigen würde, wäre schnell daran vorbeigesehen, daß jedes Wort, gerade auch das metaphorische, mindestens andeutungsweise auch Inhalte zu erschließen, aufzuschließen vermag, welche außerhalb seiner abgrenzenden Begrifflichkeit liegen. Verzichtet man auf sie, so bleiben fast nur technologische Sachverhalte übrig. Man kann den angesprochenen »Königsauftritt«, den eine langsame Introduktion dem Beginn eines Allegro giusto und dessen erstem Thema bereitet, selbstverständlich technologisch beschreiben – u. a. im Blick auf die in harmonischen Wanderungen allmählich meist von der Peripherie her eingekreiste Haupttonart; auf vage Hindeutungen auf die Gestalt des Themas; auf Verdünnungen des Satzes, welche die aufgestaute Erwartung immer enger kanalisieren und, beispielsweise am Ende der Einleitung zu Beethovens Siebenter Sinfonie, sie in dem einen übrigbleibenden Ton sammeln etc. Unbeschadet solcher Einzelheiten hat der Terminus »Königsauftritt« dennoch nicht nur Verweischarakter oder übersetzt nur vorschnell pauschalierend in ein Bild, was zuvor konkreter hätte gesagt werden können, er trifft auch Sachverhalte, welche rein technologisch kaum erfaßbar und dennoch musikalischer Art sind. Das eher zufällige Beispiel des »Königsauftritts« möge zeigen, daß Defizite bei der Kenntnisnahme einer in erster Linie der Musik und ihren Strukturen gehörigen Dramatik in erheblichem Maße auch Frustrationen hinsichtlich der Nomenklatur und Redeweise geschuldet sein können, und, wenn wir uns bewußt bleiben, inwiefern musikalische Sachverhalte und die ihnen zugedachten Kategorien nie vollständig kongruieren, Über-Interpretationen allemal besser sind als Unter-Interpretationen im Zeichen eines ängstlichen »wer sicher sein will, nichts Falsches zu tun, tut am besten garnichts«. Begünstigt wird derlei verweigernde Zurückhaltung durch den Umstand, daß unter dem Hinblick auf das opus perfectum den Momenten von Ganzheit, Zusammengehörigkeit und Einheit nahezu a priori mehr Beachtung geschenkt wird als denen von Mannigfaltigkeit, Reichtum, Buntheit, Wechsel. Und Wechsel gehört zu den obersten Kriterien des Dramatischen, Wechsel der Redenden, der Redeweise, der Konstellation und Schauplätze.

Nun könnte man schon in jedem Übergang von einem zum nächsten Thema einen Wechsel von Redendem bzw. Redeweise erblicken – und würde damit bei verflachenden, kaum aussagekräftigen Verallgemeinerungen des Vergleichs landen. Weitab hiervon befinden sich Passagen, die zu den etablierten Mechanismen querzustehen scheinen, etwa, wenn Mozart in den Finali von KV 387 und 551 oder Beethoven in demjenigen des dritten Rasumowsky-Quartetts zwischen verschiedenen Satzweisen, nahezu verschiedenen historischen Positionen, zwischen gelehrtem und galantem Stil hin- und herwechselt, bei Mozarts Streichquartett nahezu als Porträt eines Subjekts, das, der gelehrten Schreibart müde, ihr entwischt und, wenn es sich der Gepäckerleichterung des galanten Stils hingeben will, dem gelehrten wieder in die Arme läuft. Oder auch, wenn Beethoven in der Marcia funebre der *Eroica* das Unternehmen Fuge zugunsten einer Apotheose des großen, nahezu sich überschlagenden Klanges und Apparates jäh abbricht, oder wenn er in deren Finale die ohnehin arg strapazierten Reglements der Variation verabschiedet und einer Reihung von sprengender Vielfalt und Buntheit nur noch in der Einkehr zum Gebet glaubt Herr werden zu können. Hier wie dort greift er, nahezu als vorzeitig aus den Kulissen tretender Regisseur, in einen noch nicht zuende gebrachten Vorgang ein, wirft ihn aus scheinbar gesichertem Geleise, wie auch zu Beginn des ersten Satzes, wenn er das dreiklängige Thema chromatisch verbiegt und einen Anspruch des Zusammenhangs zur Geltung bringt, dem das soi-disant »unschuldige« Thema von vornherein nicht gewachsen bzw. von vornherein als zu leicht befunden wenn nicht denunziert erscheint; oder später, im ersten Satz, wenn er die Musik in schrill dissonanten Ballungen in eine Situation der Ausweglosigkeit hineintreibt, um als deus ex machina sodann das kantable dritte Thema zu präsentieren – hier wie dort Aktionen einer aus selbstgestellten Regeln ausbrechenden, die verabredete Identifizierung mit der musikalischen Struktur sprengenden Subjektivität nicht weit ab von dem, was Fichte philosophisch als »transzendentales Ich« institutionalisiert hat. Von immanenter Form läßt sich hier kaum noch sprechen, eher von Szenerie.

In der *Pastorale* liegt derlei ohnehin näher. Auch in deren Finale, ähnlich wie in der *Eroica*, zieht eine äußere Kulmination als weitere, letzte Steigerung die innere Kulmination eines Gebetes nach sich, hier zugleich als »eigentliche« Kristallisation jenes »Dankgesanges«, als welcher das Finale insgesamt ausgewiesen ist. Unverkennbar ist damit auch Bezug genommen auf den Schluß des als handelnde Musik, als Anrufung der Natur konzipierten zweiten Satzes. Die vielzitierten Berufungen auf früher komponierte Vogelzitate erscheinen einigermaßen hilflos ohne Zusammenhang mit der Intention dieser Musik, eine Identität von Natur und Kunst herzustellen – gewiß schon im Strömen des Bachs, viel mehr aber im musikalischen Satz und seinen Auffächerungen, den arbiträren, notfalls entbehrlichen Kontrapunktierungen, vegetativen Stimmbündeln, worin aller hier irgend erreichbare Naturlaut vorweggenommen erscheint im Sinne einer Annäherung, Anähnelung, Anrufung – bis endlich es gelingt, die Natur mit Nachtigall, Wachtel und Kuckuck direkt zum Reden zu bringen. Wonach, wenn sie gesprochen hat, nur noch gebethafte Einkehr und Beendigung folgen können.

Daß mit »Ankunft auf dem Lande«, »Szene am Bach« oder »Gewitter« Schauplätze bzw. Szenerien angesprochen werden, erscheint bei einem programmatisch konzipierten Stück auch selbstverständlich, wenn dessen Programmatik expressis verbis mehr als »Ausdruck von Empfindungen« denn als »Malerei« verstanden werden soll. Hinausgehend über Bestimmungen wie das Murmeln des Baches lassen sich Momente einer imaginierten Örtlichkeit bzw. Räumlichkeit tief in musikalischen Strukturen auffinden, nicht nur allgemein in der Suggestion einer erlösenden Öffnung weiter Horizonte nach dem Gewitter, sondern auch in den aus verschiedenen Tonarten bzw. Gegenden einander zurufenden Stimmen von Horn bzw. Klarinette am Beginn des Finales, die verschiedenen Richtungen verdeutlicht auch in übereinanderstehenden Quinten. Die den Dankgesang singen sollen, müssen erst noch zusammengerufen werden.

Auch in der Fünften Sinfonie wechseln die Schauplätze. Im Finale weisen neu hinzutretend Piccolo, Kontrafagott und Posaunen auf die Intention Freiluftmusik hin, und auf deren Situation und Funktion erscheint das Finale insgesamt angelegt, formuliert immerfort neue Themen, gibt gewissermaßen revolutionäre Losungen aus und verarbeitet diese kaum noch – in striktem Gegensatz zum ersten, dem knappsten ersten Sinfoniesatz, den Beethoven je geschrieben hat, und dessen äußerster, durch nahezu terroristische Alleinherrschaft eines Motivs bzw. einer Gangart gekennzeichneten Konzentration. Im Übrigen hat er den Weg ins Freie in der Überleitung vom Scherzo zum Finale auskomponiert, und kaum zufällig wird die Situation des Unterwegs – auch im Sinne der Ungewißheit, wohin es geht – schon zweimal zuvor in der Sinfonie zu Musik: zu Beginn der Durchführung im ersten Satz und zweimal in tastend-chromatisierenden Vorgängen im zweiten.

Unsere Sensibilität im Hinblick auf derlei Sachverhalte und die Gerechtigkeit beim Abwägen der Anteile und Kompetenzen dessen, was hier heuristisch »innere« bzw. »äußere« Dramatik genannt wurde, gewännen viel bei dem, alte Denkgewohnheiten kompensierenden, Versuch, die leichter faßbaren äußeren Veranlassungen frei nach Schopenhauer als Textierungen und Tropierungen einer Dramatik zu denken, welche innerhalb der Musik Heimatrecht hat.

Über »Fidelio«

I.

Beethovens *Fidelio* hat als die klassische Befreiungsoper einen festen Platz im Repertoire. Im Gegensatz aber zu anderen Meisterwerken haftet ihm der Ruf des mit knapper Not Geglückten an. Am *Fidelio* war früh zu lernen, daß ein Begriff von Vollendung, der auf die fugenlose Harmonie aller Teile aus ist, die Realitäten künstlerischer Arbeit falsch idealisiert, wenn er fordert, Idee, Anliegen und Mittel usw. müßten ins Gleichgewicht zueinander gebracht, ihre je eigene Dynamik in der neuen Qualität des Ganzen aufgehoben sein. Viele Werke Beethovens widersprechen dem. In ihnen wird die Intention gerade dort sichtbar, wo der klassizistische Kanon verletzt ist; keines zeigt das deutlicher als *Fidelio*.

Diese Oper hat ihre Risse und Brüche, in ihr stehen unterschiedliche Sphären nebeneinander – und keiner der Versuche, dies auf die Textdichter abzuwälzen, kann überzeugen. Gewiß waren Sonnleithner und Treitschke keine Genies; dennoch bezeugen alle sogenannten Fragwürdigkeiten weniger ihre Unfähigkeit als die Kühnheit des Entwurfs, den Vorstoß in einen erst allmählich erkannten Bereich, wo revolutionäre Wahrheiten den konventionellen Begriff von künstlerischer Vollendung sprengten, nach etablierten Vorstellungen also ein Mißlingen erzwangen. Beethoven selbst ist dies bewußt gewesen. Eine merkwürdig resignierende Äußerung kurz vor seinem Tode, überliefert durch den Adlatus Schindler, belegt das. Als er Schindler die handschriftliche Partitur übergab, meinte er, daß »... dieses sein geistiges Kind ihm vor allen anderen die größten Geburtsschmerzen, aber auch den größten Ärger gemacht habe, es ihm daher am liebsten sei, und daß er es der Aufbewahrung und Benutzung für die Wissenschaft der Kunst vorzugsweise wert halte«. Demnach müßte er die Hoffnung auf Bewährung in der Praxis aufgegeben und den Wert des *Fidelio* allein darin gesehen haben, daß er als Zeugnis seiner Bemühungen gelten könne. Sollte er der Nachwelt nicht zugetraut haben, den *Fidelio* in seine Rechte einzusetzen?

In Beethovens Verhältnis zur Oper zeigen sich Unsicherheiten und Widersprüche. Für einen Musiker seines Schlages mußte Oper von vornherein interessant sein. Tatsächlich haben bis zu einem späten Kontakt mit Grillparzer seine Versuche nicht aufgehört, zu Textbüchern zu kommen, die seinen Ansprüchen genügten. Er stellt kompromißlos die Forderung, daß »es ... etwas Sittliches, Erhebendes sein« müsse, lehnt das modische Zauberwesen auf der Opernbühne und jede faule Übereinkunft mit den Konventionen der Bühne ab. Dem unnachsichtigen Moralisten, der schon in der Bonner Zeit viele Opern kennengelernt hatte, erschienen *Figaro* und *Giovanni* als »frivole« Stoffe, die er »nie komponiert hätte«. In eben dieser Äußerung zeigen sich die Fragwürdigkeit seiner Maßstäbe und ein erstaunlicher Mangel an sachgerechtem Urteil: Nichts verlautet da von einer Würdigung der meisterhaften Drama-

turgie der Mozart-Opern. Zu erkennen, daß *Figaro* »la révolution déjà en action«
war, überließ Beethoven also Napoleon oder dem Wiener Hof.

Offensichtlich hatte Beethoven für spezifische Probleme der Oper wenig Sinn.
Auf Grund seiner Unsicherheit stellt sich die Geschichte seiner Versuche als Kette
oft demütigender Vorfälle dar: Dringende Bitten an die Theaterdirektion, als Hauskomponist angestellt zu werden; ein Brief an Kotzebue mit der Frage nach einem
Libretto, nun merkwürdigerweise, wie auch später an Grillparzer, mit der Versiche-
rung, wenig ändern zu wollen, wenn er es nur »in seinem musikalischen Geist übertragen« könne; Heinrich von Collin, der ein Libretto *Bradamante* an Johann Friedrich Reichardt weitergab, versuchte er bei der Stange zu halten; Theodor Körner
erteilte ihm eine arrogante Abfuhr, und der um vieles jüngere Grillparzer gibt sich
in seinen Erinnerungen gar pädagogisch: »Auch nebstdem, daß ich keine Sängerin
wußte, die der Hauptrolle gewachsen wäre, wollte ich auch nicht Beethoven Anlaß
geben, den äußersten Grenzen der Musik, die ohnehin schon wie Abstürze drohend
dalagen, durch einen halb diabolischen Stoff verleiten, noch näher zu treten.« Zu
den erwogenen Plänen gehörten u. a. ein *Porus* (vor *Fidelio*, in den das Duett »O
namenlose Freude« aus einem Entwurf zu dem früheren Werk eingegangen ist),
Macbeth, Faust, Ulysses, Bradamante und Grillparzers *Melusine*.

Ein beziehungsreicher Zufall hat gefügt, daß es Emanuel Schikaneder, Mozarts
Zauberflöten-Librettist war, der als Direktor des Theaters an der Wien Beethoven den
ersten Opernauftrag erteilte. Neben der geschäftlichen Kalkulation, der Konjunktur
von Cherubinis Opern im Hoftheater etwas Ähnliches entgegenzusetzen, steckt in
dieser Verpflichtung durchaus Wagemut, war doch zu bedenken, daß Beethoven
keine Theatererfahrung besaß und nicht leicht zu behandeln war. Doch Schikaneder machte bankrott, sein Konkurrent Baron Braun übernahm das Theater und mit
diesem auch den Kompositionsauftrag. Gleichzeitig mit dem von ihm verehrten
Cherubini erhielt Beethoven einen neuen Auftrag und zögerte nicht mit der Zusa-
ge für *Léonore ou l'amour conjugal* von Jean Nicolas Bouilly.

II.

Hier hatte Beethoven das »Sittliche, Erhebende«, hier hatte er den »exemplarischen
Fall«, der »wahrer« war »als alle Wirklichkeit und realer als alle Erfahrung« (Schiller).
Sowohl die umfangreichen Skizzen als auch die Kürze der Zeit, in der er zu ersten
Ergebnissen kam, sprechen dafür, daß ihn ein wahrer Schaffenstaumel ergriff. Nicht
zuletzt darin war »Leonore« ein Glücksfall, daß einerseits der Einschlag von Kolpor-
tage und die Leiden der beiden Hauptfiguren sie als eine der beliebten »Pein- und
Qualopern« à la mode erscheinen ließen, der Stoff andererseits aber die Forderungen des Moralisten erfüllte. Der »große Gegenstand aus der Geschichte ... und
besonders aus den dunkleren Zeiten«, den er in dem Brief an Kotzebue als wün-
schenswert bezeichnet hatte, hier war er, zudem ein Stoff von größter Aktualität, der
die Gestaltung der jedermann bewegenden Probleme erlaubte und forderte. Beet-

hovens »Erhebendes« stimmt auffällig genau mit der durch Schiller wenige Jahre zuvor definierten Kategorie des Erhabenen überein. »Wir fühlen uns frei beim Erhabenen, weil die sinnlichen Triebe auf die Gesetzgebung der Vernunft keinen Einfluß haben, weil der Geist hier handelt, als ob er unter keinen anderen als seinen eigenen Gesetzen stünde. Das Gefühl des Erhabenen ist ein gemischtes Gefühl. Es ist eine Zusammensetzung von Wehsein, das sich in seinem höchsten Grad als ein Schauer äußert, und von Frohsein, das bis zum Entzücken steigen kann.« Wer erfüllte dies genauer als Florestan, der »Wahrheit kühn zu sagen« wagte und, dem Tode nah, »süßen Trost in meinem Herzen« findet im Bewußtsein, seine Pflicht getan zu haben, und als Leonore, die um der großen Tat willen Angst und Zweifel besiegt!

Bouilly, übrigens auch Librettist des von Beethoven sehr geschätzten Cherubinischen *Wasserträgers*, will die Heldin seines Stoffes, eine junge Frau aus der Touraine, selbst gekannt haben. Anscheinend hat Beethoven nicht erfahren, daß der Stoff auf einer wahren Begebenheit beruhte. Um Anfeindungen zu entgehen, verlegte Bouilly die Handlung nach Spanien. In dieser Form ist das Buch vor Beethoven von Pierre Gaveaux und fast gleichzeitig mit ihm von Ferdinando Paër in Dresden komponiert worden; ein solches Zusammentreffen galt nicht als ungewöhnlich.

Man mag als ungereimt ansehen, daß Beethoven die Verlegung nach Spanien musikalisch nicht zur Kenntnis nahm und der spanische Anteil sich auf die Namen der Personen reduzierte. Wenn Beethoven, wie schon früher, Anregungen der französischen Revolutionsmusik verarbeitete, so kaum in erster Linie, um die Handlung zurückzuverlegen, sondern um, von konkreter Ansiedlung unabhängig, »allgemein« revolutionäre Töne anzuschlagen. Nicht vergessen sei, daß französische, besonders Cherubinis Opern damals in Wien Furore machten, also auch auf diesem Wege Prägungen französischer Revolutionsmusik im Begriff waren, in die musikalische Universalsprache einzugehen. So kann man bei Beethoven keineswegs vom Gebrauch fremden Gutes reden, zumal manche Eigentümlichkeiten des Modells aus deutschen Quellen stammen, z. B. die bei Cherubini wie bei Beethoven typischen, pathetisch getragenen Unisoni der Ouvertürenanfänge von Gluck. Ausgesprochen aktuell geprägt sind der neue Charakter der Märsche, die signalhafte Trompete, die schon in einer Ouvertüre Cherubinis auftaucht, der Signalcharakter einer Thematik mit gebrochenen Dreiklängen überhaupt und alle jene drängenden Rhythmen, in denen sich der »élan révolutionnaire« artikuliert, seien es nun insistent festgehaltene Punktierungen wie im C-dur-Marsch zu Beginn des Finales oder unruhig drängende Synkopierungen.

Wenn *Fidelio* dennoch unangefochten in den bürgerlichen Kulturbesitz einging, so nicht allein dank der Autorität Beethovens, sondern auch dank einer vereinseitigenden Deutung als »Hohelied der Gattenliebe«, die die revolutionären Umstände herabqualifizierte zum Dekor eines riskanten Liebesbeweises. Übersehen freilich mußte sie, daß diese Gattenliebe dem Postulat der Kantschen Ethik unterliegt, nach dem die individuellen Motive unseres Handelns zugleich allgemeingültige sein müßten, mit Leonorens Worten: »Wer du auch seist, ich will dich retten.« Dagegen wiegt gering, daß sich die im Finale gezeigte Utopie das Ansehen einer konstitutionellen Monarchie gibt: Sie findet statt »auf dem Paradeplatz des Schlosses, mit der Statue des Königs«, und »des besten Königs Wink und Wille« führte den Minister her. Wie stark die revolutionären Momente dennoch im Verborgenen bleiben konnten, wie sehr selbst dieses Werk als Divertissement und nicht als moralische Veranstaltung begriffen werden konnte, zeigt die Tatsache, daß es am 26. September 1814 als Festaufführung für die zum Wiener Kongreß versammelten Monarchen gegeben wurde. *Fidelio* zur Feier der inthronisierten Restauration! Damit beginnt die an Paradoxen reiche Aufführungsgeschichte des Werkes, deren makaberster Punkt die Prunkaufführung des »Dritten Reiches« wurden. »Wie durfte denn«, frug 1945 Thomas Mann, »Beethovens *Fidelio*, diese geborene Festoper für den Tag der deutschen Selbstbefreiung, im Deutschland der zwölf Jahre nicht verboten sein? Es war ein Skandal, daß er nicht verboten war, sondern daß es hochkultivierte Aufführungen davon gab, daß sich Sänger fanden, ihn zu singen, Musiker, ihn zu spielen, ein Publikum, ihm zu lauschen. Denn welchen Stumpfsinn brauchte es, in Himmlers Deutschland den *Fidelio* zu hören, ohne das Gesicht mit den Händen zu bedecken und aus dem Saal zu stürzen!«

III.

In den Skizzen läßt sich Beethovens Arbeit genau verfolgen. Als im Oktober 1804 Paërs *Leonore* in Dresden aufgeführt wurde, stand er mitten in der Arbeit. Diese andere *Leonore* verursachte gegen den Willen des Komponisten die Veränderung des Titels in *Fidelio*. Es waren gerade zentrale Partien, die erst nach zahlreichen Anläufen gewonnen waren; zur Introduktion der Florestan-Szene sind deren achtzehn bekannt, zum Chor »Wer ein holdes Weib errungen« zehn, nahezu ebenso viele für die Szene der Leonore. Als Beethoven im Sommer 1805 nach alter Gewohnheit aufs Land ging, muß die Oper mindestens im Grundriß fertig gewesen sein. Die Premiere fand am 20. November statt, Wiederholungen an beiden darauffolgenden Tagen. Eine Ironie der Geschichte hat gewollt, daß die Folgen der französischen Besetzung Wiens nicht wenig zum Mißerfolg des *Fidelio* beigetragen haben. Im Parkett saßen napoleonische Offiziere, die das Werk nicht verstanden und wohl auf andere Art theatralischer Unterhaltung aus waren. Das Publikum, das Beethoven sich geschaffen hatte (nur sieben Monate zuvor war die *Eroica* uraufgeführt worden), der fortschrittliche Adel und das gebildete Bürgertum Wiens, befand sich kaum noch in der Stadt, schon gar nicht im Theater. Überdies war die Aufführung schlecht, besonders der Florestan, auch die damals erst zwanzigjährige Anna Milder als Leonore, die später in der Rolle berühmt wurde. Leider stand es bei der Aufführung der zweiten Fassung im folgenden Jahr nicht besser; zwar war der erste Florestan durch einen besseren Sänger ersetzt worden, doch lieferte Beethoven das Material so spät, daß nur wenige Proben am Klavier und eine einzige mit Orchester stattfinden konnten. Er war an der Einstudierung diesmal nicht beteiligt und beklagte sich in einem Brief an den Darsteller des Pizarro nach dem ersten Abend über musikalische Mängel.

Zwischen diesen Daten liegt die für Beethoven schmerzhafte Umarbeitung, über die der zweite Florestan, August Roeckel, später aus der Erinnerung einen interessanten Bericht gegeben hat. Die übergroße Länge vieler Musiknummern erschien als Hauptproblem der ersten Fassung. Kein Zweifel, daß der Mißerfolg den Komponisten an seinem Bühnentalent zweifeln und er sich zur Kürzungen bestimmen ließ, die seine Billigung nicht haben konnten. Tatsächlich ist dies rigorose Diktat deutlicher erkennbar als irgendeine neue Qualität der Gestaltung. Wenigstens in einem Punkt aber spiegelt die zweite Fassung wichtige Tendenzen des Beethovenschen Komponierens wider: Neben dem Wegfall ganzer Nummern (wie Roccos Gold-Arie) oder ganzer Formteile kürzte Beethoven oft nur um wenige Takte und erzielte so Straffungen, die den Konventionen altgewohnter Perioden- und Harmoniefolgen widerstreiten und deutlich denjenigen am Werke zeigen, der seine Musik gegen den Strich kämmt, um das Moment jäher Überraschung bemüht ist, bewußt in den Fluß der Musik eingreift und bequemes Hören, das der Erfüllung bestimmter Erwartungen gewiß ist, verwehrt.

Mit dem abermaligen Mißerfolg im Frühling 1806 schien das Schicksal der Oper besiegelt. Eine wohl falsche Verdächtigung der Theaterleitung durch Beethoven führte zum Bruch. Lichnowsky, einer der adeligen Freunde, schickte das Material an den preußischen Hof, um eine Aufführung in Berlin zu erreichen. Dort aber gaben Napoleons Armeen anderes zu tun. Acht Jahre später regte ein äußerer Anstoß eine neue Beschäftigung mit dem Schmerzenskinde an: Einige Wiener Bühnenkünstler baten Beethoven, ihnen die Oper für eine Benefizvorstellung zu überlassen; nun war es an ihm, eine abermalige Überarbeitung des Werkes zur Bedingung zu machen. Glücklicherweise gewann er in dem Regisseur und Theaterdichter Treitschke einen Mitarbeiter, dessen Anteil an der endgültigen Fassung zwar nicht genau fixiert ist, im Ergebnis sich aber deutlich ausweist. Beethovens Brief vom April 1814 an Treitschke schildert anschaulich die Mühen der Umarbeitung. Was er untertreibend »einige gute Reste von einem gestrandeten Schiff« nennt, war alles andere als ein »Rest«, sondern eine neue, gründliche Auseinandersetzung mit dem Stoff. Im Rückblick erscheinen die drei Fassungen des »Fidelio« wie drei Phasen im Verständnis des Gegenstandes, die erste als unbefangene, in vielem naive Aneignung, die zweite als ängstliche Reaktion darauf und als Kompromiß zwischen nicht voll gelungener Bewältigung und sehr äußerlich verstandenen Forderungen der Bühne, die dritte als mutige Wahrnehmung der in dem Stoff liegenden, offenbar erst jetzt voll erkannten Konsequenzen.

Der letzte Arbeitsgang umfaßte Revisionen aller Art, beginnend wieder bei Korrekturen im Kleinen; zwei Nummern des Rocco-Komplexes entfielen, wogegen die Gold-Arie wieder aufgenommen wurde; das Rezitativ der Leonoren-Szene, der Schlußteil der Szene des Florestan wurden neu geschrieben, vor allem aber der Schluß des ersten Finales: An die Stelle einer Szene Pizarros und seiner Wachen, nachdem die Gefangenen wieder in die Kerker getrieben sind, tritt nun, mit dem Chor »Leb wohl, du warmes Sonnenlicht« einsetzend, die Vereinigung aller Beteiligten in einer außerordentlich reich und vielgestaltig auskomponierten Partie. Die

am stärksten eingreifende Veränderung schuf die Einteilung in drei Akte durch Ab-
trennung des Finales vom zweiten, was die Neukomposition vor allem der ersten
Partien dieses Finales notwendig machte. Am 15. Mai 1814 war die Arbeit abge-
schlossen; am 23. hatte die neue Fassung Premiere und wurde ein großer Erfolg.
Obwohl der Durchbruch gelungen war und im folgenden Jahre eine Aufführung in
Berlin zustande kam, hat Beethoven den Siegeszug seines Werkes nicht mehr erlebt.

Die Fertigstellung der neuen Ouvertüre war Beethoven zum ersten Auffüh-
rungstermin nicht mehr gelungen, so spielte man diejenige zu den *Ruinen von Athen*,
welche am nächsten Abend dann durch die E-dur-Ouvertüre ersetzt wurde.

Diese endgültige *Fidelio*-Ouvertüre hat viele Exegeten in Verlegenheit gesetzt,
nimmt sie sich nach den kühnen Vorstößen der *Leonore*-Ouvertüren doch wie eine
Zurücknahme, ein Rückzug auf das Terrain gesicherter Konventionen aus. Knapper
gefaßt als jene, enthält sie keine zitierenden Bezüge zur Oper. Die *Leonore*-Ouver-
türen II und III hatten 1805/06 besonders im Feuer der Kritik gestanden, selbst
Cherubini fand sich in ihren Kühnheiten, schroffen Modulationen usw. nicht zu-
recht. So mochte sich, nicht zuletzt im Interesse des Theaters, ein neuer Versuch
empfehlen. Zweifellos aber gaben künstlerische Gründe den entscheidenden Anstoß. In der zweiten Ouvertüre hatte Beethoven das Problem mit kühner Ausschließlichkeit von der programmatischen Seite her zu fassen gesucht. Aus dem Bestreben,
die Horizonte der Oper aufzureißen, war eine Tondichtung von erheblichen Dimensionen entstanden, die das Werk nicht einfach eröffnete, sondern den Gegenstand schon einmal auf eigene Weise abhandelte, eine Vorwegnahme, die andererseits, indem sie sich zitierend auf das Nachfolgende bezog, von ihm abhing, ja dessen
Kenntnis eigentlich voraussetzte. Dies Problem stand auch bei der dritten Ouvertüre, die die bestürzenden Freiheiten der Vorgängerin zu korrigieren versuchte
und durch Ergänzung einer Reprise den Anschluß an die gängige Form wiederher-
stellte.

In beiden Fällen waren Rücksichten auf die Funktion der Ouvertüre in den
Hintergrund getreten. Nachdem ein dithyrambischer C-dur-Jubel den Zuhörer
bereits in die Welt des Finales gewiesen hatte, mußte nun die Öffnung des Vorhanges
ein wahrer Ikarussturz werden: Da steht Marzelline und »plättet vor ihrer Türe Wä-
sche«, und die Musik verfällt in den Trippelschritt des bürgerlichen Singspiels. Die
schockierende Differenz mußte die Welt Roccos in einem Maße entwerten, das
auch durch die Argumentation nicht korrigiert werden konnte, die Logik des Stoffes erfordere die Entfaltung aus dem Zufälligen und Privaten ins Große und Allgemeine.

Mit der Komposition der E-dur-Ouvertüre, die auch tonartlich zum Vorspann
des Aktbeginns taugt, entging Beethoven dieser Gefahr; indem er die Absicht programmatischer Konkretisierung aufgab, vermied er das Paradox, Nachfolgendes vorauszusetzen, z. B. die Einmaligkeit des Durchbruchs der besseren Welt, das Signal,
multiplizieren zu müssen. Dennoch opferte er von der Konzeption der Musik nichts:
Auch hier lassen die schroffen Kontraste des Anfangs und das gewaltige dynamische
Wachsen innerhalb der langsamen Einleitung große Dinge erwarten; das Signal des

Beginns, umgebildet zum Thema des Allegro-Hauptteils, gibt diesem die Intonati-
on des »élan révolutionnaire«, unterstützt durch das Brio aufrüttelnder und vor-
wärtstreibender Rhythmen; wenn nach kurzem Innehalten das Presto losbricht, so
wird nicht weniger als in den *Leonore*-Ouvertüren auf einen Sieg vorausgeschaut,
dieser freilich nicht, wie in jenen, vorausdefiniert und als die für den Abend gültige
Dimension gesetzt. So steckt in dem Rückzug auf spezifische Möglichkeiten der
Musik außerhalb begrifflicher Konkretion die Besinnung auf die dramaturgische
Funktion der Ouvertüre.

IV.

Immer wieder hat die pedantische Sorgsamkeit, mit der Beethoven die Kleinbür-
gerwelt Roccos komponierte, zu Fragen Anlaß gegeben, nicht selten zu Abwertun-
gen im Vergleich zur Musik Florestans, Leonorens und Pizarros geführt. So stellte
sich der Gegensatz zwischen bürgerlicher Idylle und dramatischer Oper als Zentral-
problem des *Fidelio* dar. Eben jene Pedanterie aber oder der Umstand, daß die Gold-
Arie im Jahre 1814 ihren Platz zurückerhielt, entkräften den Einwand, hier handele
es sich um einen Rest konventionellen Singspiels, ein versehentlich stehengebliebe-
nes Stück unbewältigter Opernvergangenheit. Setzt man vereinfachend mit dem
Thema Befreiung den Konflikt Florestan/Leonore mit Pizarro gleich und nimmt
diesen ausschließlich für den Gegenstand des Werkes, so bliebe es ein unverzeihlicher Mangel, daß dessen Exposition, die Vorgeschichte der Einkerkerung Florestans,
nicht nur nicht dargestellt wird, sondern überhaupt im dunkeln bleibt; dann wäre
das Kerkermeisteridyll tatsächlich ein Nebenweg, auf dem die Handlung mit be-
schwerlicher Umständlichkeit ihrem Hauptgegenstande entgegengeführt wird. Offenbar aber interessierte die Autoren der Befehlsempfänger und -vollstrecker ebenso wie der Befehlsgeber, und das erscheint wenig erstaunlich in einer Zeit, da wie
heute Spießer unbehelligt und selbstzufrieden in der Nachbarschaft großer geschicht-
licher Ereignisse wohnen. Rocco ist nicht weniger Hauptfigur als die Protagonisten
der beiden Gegenwelten, und da er, auf der Mitte zwischen ihnen und zudem in
dienender Stellung befindlich, sich im Austrag des Konfliktes auf eine passive Rolle
zurückziehen muß, bedarf er mehr als die anderen einer Exposition. Dies trifft sich
mit den Erfordernissen des Handlungsganges, der in Kauf nimmt, daß Marzellines
Liebe zu Fidelio sich im Verhältnis zum Hauptgegenstand als merkwürdig kleinge-
schneidertes Motiv ausnimmt. Ist sie nicht aber verstehbar als die Antwort eines
Mädchens auf den Umstand, daß um *Fidelio* eine andere Luft weht, daß er wie aus
einer anderen Welt kommt?
   Grundiert von der Erwartung des großen Konflikts haben die ersten Szenen die
scharfe Kontur des grell Kontrastierten. Als Ungeduld erlebt der Hörer im Duett
wie in Marzellines Arie die Entwertung privater Ereignisse durch den Schatten
größerer, im Pochen eines Boten an die Tür steckt unversehens die Bedrohung der
falschen Idylle. An der ersten Stelle, die das Zusammenführen der Rocco-Welt und

Leonores erheischt, bedient sich Beethoven genial spezifisch musikalischer Mittel: Nichts von Ausweichen in Handlung, nichts von Zeichnung der unterschiedlichen Individualitäten, welche die Einheitlichkeit des Komplexes zerstören müßte: in dem berühmten Quartett-Kanon verzichtet er auf all das und dehnt einen für jeden der Beteiligten wichtigen Moment realer Zeit in musikalische Zeit aus, die spannungsvolle Strenge der Form gibt den vollen Widerschein der Gegensätze, die sie zur Einheit zwingt. Um so mehr platzen sie auseinander, wenn Rocco die banale Philosophie von der Nützlichkeit des Goldes ausbreitet. Aber es geht noch tiefer hinab in die Psychologie des Subalternen: Da erzählt er von jenem Gefangenen im tiefsten Gewölbe, mit dem er sich nie auf Unterhaltungen eingelassen hat, dem er die Portionen immer mehr kürzt; aber, welch ein Trost, »er wird mich nicht lange mehr quälen«; derselbe Rocco, der sich mit der Härte brüstet, die er sich zugelegt hat, geht rasch auf das Argument ein, er brauche Hilfe bei der Arbeit, denn »ich bin ja bald des Grabes Beute«. In seinem Beruf ist der Rührselige – so Florestan – »der harte, grausame Mann«. Auch seine Tochter hat die Moral des Befehlsnotstandes verinnerlicht und empfiehlt sich als Trost in bösen Zeiten (»dann kehrt zurück der Liebe Glück und unnennbare Freuden«). Das ist, schon im oft gescholtenen Text, mit böser Genauigkeit getroffen, und Beethoven hilft dem nach in der plumpen Banalität der Gold-Arie oder in dem »fröhlichen« Terzett, getragen durch Leonores Zuversicht und Hoffnung, Roccos Befriedigung über einen kräftigen Helfer, Marzellines Schwelgen in den Vorstellungen von Amors und Hymens Freuden, wenn sich der musikalische Satz plötzlich zum fahlen, schleichenden Unisono verdünnt; nur mit schlotternder Angst, im flüsternden Pianissimo kann Rocco seinen Brotgeber nennen.

V.

Erst mit der sechsten Nummer, einem Geschwindmarsch nach französischem Vorbilde, beginnt die Konfrontation der Gegenspieler und, ausgelöst durch die Nachricht von dem zu erwartenden Ministerbesuch, die Haupthandlung. Die Komposition verläßt hier den Boden gesicherter Traditionen; die Gegenstände sind zu ungewöhnlich und neu, die Tradition der »Schreckens-« und »Rettungsopern« zu jung und zu wenig gewichtig, als daß schon Maßstäbe geschaffen wären. Die Zahl der originären Lösungen wächst ebenso wie die der Anläufe zur endgültigen Fassung. Da stehen, getrennt nur durch das Duett Rocco/Pizarro, die großen Szenen Pizarros und Leonores fast nebeneinander, die erste mit jagenden Geigenfiguren und einer haltlosen, unerwartet und rasch modulierenden Harmonik, welche im Quartett des Kerkerbildes wiederkehren wird, Leonore mit der erhabenen Einfachheit großer Melodiebögen und dem »élan terrible« des raschen Tempos »Ich folg' dem innern Triebe«. Das Rezitativ ihrer Szene wurde 1814 neu komponiert, das Moment fraulichen Leides und des Kampfes mit übermächtigen Anforderungen (»Ach brich noch nicht, du mattes Herz«) wich wilder, heroischer Entschlossenheit, zu der

der nachfolgende Gesang an die Hoffnung um so wirkungsvoller kontrastiert. Zuweilen ist die Zurücknahme des individuellen Moments bedauert worden. Wie immer bewertet, sagt sie viel über die Absicht der Endfassung aus, die Konfrontation zweier gesellschaftlicher bzw. moralischer Prinzipe in allen Details durchzusetzen, den Handlungsgang von individualpsychologischen Details zu entlasten und gängige Klischees zu meiden. Damit wird auch jede Deutung der Szenen als Charakterbilder fragwürdig. Pizarro ist kein grimmiger Bösewicht per se, sondern kraft des tyrannischen Prinzips, für das er steht; erstaunlich, wie deutlich die Klassengebundenheit der Figur in der Verhandlung um seine Verurteilung im Finale der früheren Fassungen formuliert war: Dort baten Leonore und Florestan um Milde für ihn, »denn ihm gab sein Bewußtsein Kraft«, hielten für entlastend, daß er sich von seinem Standpunkt aus im Recht wähnen konnte. Diese Relativierung ethischer Normen liegt weitab von den Positionen der Moralphilosophie des klassischen Zeitalters, wie im Vergleich die Diskussion um den Königsmord in Frankreich zeigt oder die recht utopische Rührung dessen, der »in eurem Bunde der Dritte« sein wollte.

Ähnliche Gesichtspunkte mögen bei der Veränderung der Florestan-Szene gegolten haben: Aus einem schlichten, innigen f-moll-Gesang, ausgelöst durch die Betrachtung des Bildes der Gattin, wird das ekstatisch abgerissene Stammeln in F-dur, die Vision, in der Florestan Leonore als Engel der Freiheit erschaut. Durchweg einmalige Lösungen bietet die musikalische Darstellung der Kerkerwelt. Das tastende Ausgreifen der Melodie in der Einleitung zum ersten Finale und damit zum Gefangenenchor wie das allmähliche Zueinanderkommen der Stimmen spiegeln ebenso die tragische Größe des Vorganges wie die Unsicherheit der vom Licht Geblendeten. Das haltlose Dahinfließen des 6/8-Teils (»Wir müssen gleich zu Werke schreiten«) wirft den Schatten des geplanten Mordes über den Dialog Roccos und Leonores. In der Introduktion der Florestan-Szene, die kompositorisch das in der Einleitung des Oratoriums *Christus am Ölberg* Begonnene fortführt, ist ein Gemälde von düsterer Großartigkeit entstanden, in den ersten Akkorden ein Portal zur Unterwelt, in gellenden Bläserrufen über stockender Bewegung etwas an die Posaunen des jüngsten Gerichts Erinnerndes, dann eine allmählich zu sich kommende und in einem Seufzermotiv sich verdichtende Bewegung – verschiedene Auslegungen dieser einzigartigen Partie wären möglich, doch alle würden sie das in der Musik Erfaßte eher verengen als erklären. Zu den musikalischen Kerkerbildern gehört auch das durch Posaunenklang getönte a-moll-Duett Leonores und Roccos. In die Grabeswelt bringen allein Florestans Erinnerung an »des Lebens Frühlingstage« und das Terzett, nachdem Leonore Florestan den Krug gereicht hat, einiges Licht. Im Quartett endlich sind alle Mittel dramatischer Konfrontation aufgeboten, schneidende Unisoni, wilde Fanfarenstöße der Rache, mit dem erregten Tremolo einhergehend kühne harmonische Gänge, drängende Chromatik, ein wahres Pandämonium entfesselter Gewalt, in das die rettende Trompete hineinfährt.

VI.

Das nun Folgende enthält die wichtigste Neuerung der endgültigen Fassung. Die beiden früheren führten die Handlung kontinuierlich fort und mochten damit eine stärkere äußere Geschlossenheit des Ganzen und überdies wirkungsvolle Situationen erzielen: Dort stürzt Pizarro nach dem zweiten Trompetenstoß davon, Rocco will ihm nach, doch klammert sich Leonore an ihn, die nicht weiß, was das Signal bedeutet; er entreißt ihr die Pistole und stürzt Pizarro nach, sie sinkt ohnmächtig nieder, alles scheint verloren. Allmählich, in einem später gestrichenen Rezitativ, finden sich die Gatten, am Ende jubelnd in der »namenlosen Freude« des Duetts; wenn Minister und Chor die Zisterne betreten, glauben die beiden sich verloren und erwarten gemeinsam den Tod.

Das ist, zumal in der herrlichen Steigerung zur »namenlosen Freude«, eine eindrucksvolle Lösung und realistisch auch darin, daß Don Fernando, keineswegs ein Gesalbter der neuen Humanität, recht alttestamentarisch mit Pizarro verfährt: »Du wirst an diesen selben Stein dein Leben durch geschmiedet sein.« Dies überbietet der Chor mit seinem »O, zu gelind ist er bestraft«, wogegen Leonore und Florestan für Pizarro bitten, bis Fernando entscheidet, daß »der König sein Richter sein wird« – insgesamt kaum mehr als das Bild eines Machtwechsels, bei dem nicht einmal Rocco arbeitslos würde; die bessere Welt, für die Leonore und Florestan gelitten und gestritten haben, wird nicht näher bestimmt. Hier mögen die wichtigsten Argumente für eine Änderung gelegen haben, bei der die Autoren immerhin eine nahezu handlungslose Kantate in Kauf nahmen. Freilich lagen erhebliche Fragwürdigkeiten auf der Hand: Hätte Pizarro nicht auch nach dem ersten Signal mindestens Leonore und Florestan noch morden und Rocco zum Schweigen bringen können? Was ist das für ein Minister, der sich um seinen besten Freund, der seit zwei Jahren verschwunden war, nicht gekümmert hat, nun aber, mit unverzeihlicher Verspätung seine Aufsichtspflicht wahrnehmend, den Befreier spielt? Wie kommt ausgerechnet Jaquino in die entlegene, verbotene und von Pizarro gewiß gesicherte Zisterne? Wie überhaupt rechtfertigt sich die Lösung von außen, wenn der Deus ex machina am Ende nicht einmal ein »deus« ist? Daß man auf ihn verzichten konnte und Konflikte durch die entschied, die sie durchfochten, war doch eine Errungenschaft eben jener Zuversicht des klassischen Zeitalters, die sich bei Beethoven unübertroffen artikuliert! Was in der Iphigenie des Euripides nur Götter erreichten, gelingt in der Goetheschen Menschen. Nun wollte man in die Dramaturgie dumpfer Schicksalsergebenheit zurückfallen, nur um einen Machtwechsel mit dem Zweck zustande zu bringen, Florestan zu retten? Eine im Grunde zufällige, deprimierende und irrationale Belohnung!

Also bedurften der Deus ex machina einer Rechtfertigung und damit die Ideale Florestans, die Lichtwelt des Finales der genaueren Definition. Je deutlicher aber dies Reich der Hoffnung in Erscheinung trat, desto mehr klaffte der Abstand zur realen Welt Pizarros und Roccos, und hier ist die dramaturgische Konsequenz identisch mit der gesellschaftlichen: Nicht mit Schritten, sondern nur im Sprung war das neue Ufer zu erreichen. Da zeigt sich nun der bessere Realismus der neuen Lösung, die das Finale verselbständigt und geschichtliche Konkretheit aufgibt. Sie gesteht ein, daß das Nahziel der konstitutionellen Monarchie sich keineswegs deckt mit dem Fernziel der Herrschaft der Humanität, in der ein Minister, wie es unvergeßlich Don Fernando in den Mund gelegt ist, als »Bruder seiner Brüder« sucht. Unter dem Anspruch, Gefäß jenes größten Menschheitstraumes zu sein, birst das Gefüge der Handlung, schlägt sie um in Utopie, und eben das, was nach dem Maßstabe glaubhafter Realität fragwürdig erschien, erhält nun die ungeheuerste Symbolkraft: Da wird das warnende Signal des von dem Tyrannen auf den Turm beorderten Trompeters zum Weckruf der Freiheit, der auch in die tiefsten Verliese dringt und den Mörder »betäubt« stehen läßt, weil seine Zeit um ist; da steht dem Tyrannen in der bewaffneten Frau die mündig gewordene Menschheit gegenüber; da führt das Licht den unbedeutenden Jaquino als Götterboten in die Zisterne, die er sonst nie betreten würde. Nun ist es überflüssig, zu fragen, warum Don Fernando seinen Bruder Florestan nicht früher suchte, nun schlagen der Einbruch des Neuen und die damit beginnende Allegorisierung der Handlung alle konventionell realistischen Bedenken aus dem Felde, wieso die Meldung des Ministers sekundengenau mit dem Höhepunkt der Konfrontation zusammenfällt (Leonore Pizarro »schnell eine Pistole vorhaltend«); nun kann Florestan die Ketten noch bis in den Gefängnishof tragen, denn wenn sie dort ihm abgenommen werden, sind es nicht mehr allein seine Ketten, sondern die einer zur Freiheit gerufenen Menschheit.

Auch in der Musik realisieren sich in diesem Moment alte Träume, die Oboe singt eine Melodie, an der für Beethoven, seit er sie als Zwanzigjähriger in der Trauerkantate auf Joseph II schrieb, die Worte »da stiegen die Menschen ans Licht« hafteten, und so ist der im Schillerschen Sinn »rührende« Augenblick rührend auch im biographischen Sinne: Hier zeigte sich, mit Posa, »daß er für die Träume seiner Jugend … Achtung« getragen hatte. In dem Zitat aus dem Frühwerk steckt viel mehr als nur die Wiederverwendung bereitliegenden Materials; ein Symbolgehalt, den die Melodie für Beethoven längst hatte, wird erneuert, nicht ohne Zufall in der Schlußkantate; denn was hier der Handlung widerfährt, geschieht auch der Musik: Ihre Details sind nun symbolträchtig, hören sich als unmittelbare Emanationen einer Idee und erscheinen darin weniger als originale Neuschöpfung denn als zitierendes Heraufrufen von schon Vorhandenem, als Reduktionen eines schon vorgeprägten Materials auf den durch frühere Verwendungen ihm zugewachsenen ideellen Kern. Weder der das Finale einleitende C-dur-Marsch ist neu noch die Intonationen »Es sucht der Bruder seine Brüder« oder »Wer ein holdes Weib errungen« noch das Trompetensignal. Neu und einmalig aber und unwiederholbar sind sie als Formeln einer Idee. Das Aufreißen des Himmels, der in die Finsternis fallende Strahl des Lichtes in den Wirkungen von Beethovens Trompete sind immer wieder gesucht, wie hier aber nie wieder erreicht worden.

So erscheint das Trompetensignal als Geschenk einer großen geschichtlichen Stunde, und es vollzieht im Blitzschlag eines Augenblicks, was *Fidelio* als Ganzes kennzeichnet: Von außen fällt die revolutionäre Idee ein, im Bruch herkömmlicher Ordnungen wird neue Wahrheit sichtbar.

»mein Größtes Werk«
Glaubensprüfung in Musik. Die Missa Solemnis

Seit ihrer Entstehung umgibt die *Missa solemnis* die Aura des Besonderen, Einmaligen, auf ehrfurchtgebietende Weise Normwidrigen. Sie erhielt ihren Platz im Pantheon der Meisterwerke, ehe sie erschlossen, gekannt und geliebt wurde. Wozu Beethoven selbst beigetragen hat: »mein Größtes Werk ist eine große Meße«, heißt es in einem Brief vom 6.7.1822[1], zu einem Zeitpunkt also, da noch nichts von ihr erklungen war. »So schwer es mir wird über mich selbst zu reden, so halte ich sie doch für mein gröstes werk«, schreibt er an den Verleger Schott im März 1824[2], da eben die Neunte Sinfonie fertiggestellt war. Ängstlich beflissene Sorge bestimmte sein Verhältnis zur Missa, trieb ihn zu Verhandlungen mit Verlegern, ehe er ein Ende der Arbeit absehen konnte; weshalb er bald, in Verlegenheit gebracht, von mehreren im Entstehen begriffenen Messen sprechen oder gar vorgeben mußte, sie schon beendet zu haben. Im Jahre 1820 ließ er sich, ein Notenblatt mit dem Credo-Zitat in der Hand, von Joseph Karl Stieler in altmeisterlicher Pose malen.

Keine andere Komposition hat Beethoven so betont herausgestellt. Wollte er sich mit diesem Magnum opus unter die legendären Meister der Vergangenheit einreihen, meinte er, daß das ungefügte Stück besonderer Nachhilfe bedürfe? Kein Vorhaben hat ihn so ausdauernd beschäftigt wie dieses, nie zuvor drohte eine Arbeit sich, da sie immer wieder über vorgefaßte Dispositionen hinauswuchs, so eigenwillig zu entziehen. Im Sinne der ursprünglichen Zwecksetzung war das Werk doppelt mißraten: Als Festmesse zur Einsetzung des Erzherzogs Rudolf als Erzbischof in Olmütz wurde es nicht fertig, und so, wie es Beethoven diesem, seinem Freunde und Mäzen, am 19. März 1823 mit dreijähriger Verspätung überreichte, wäre es als Festmesse nicht tauglich gewesen, konnte es doch, seiner Ausdehnung wegen, in keinem Festgottesdienst Platz finden.

Je tiefer Beethoven sich in die Arbeit verstrickte, desto mehr schob ihr wirkliches, möglicherweise erst in actu voll erkanntes Anliegen alle äußeren Zwecke beiseite. Nicht in erster Linie Ergebenheit gegenüber dem Erzherzog, der zu seinen verständigsten Gönnern zählte, ließ ihn ans Werk gehen, sondern »ohne irgendwelche Aufforderung«, so Anton Schindler, »faßte Beethoven den Entschluß, zu dieser Feierlichkeit eine Messe zu schreiben«.[3]

Im September 1818 erfuhr er von der für März 1820 geplanten Einsetzung. Nicht zuletzt mochte ihm ein so großes Vorhaben als hilfreicher Zwang erschienen

---

1   An Ferdinand Ries in London, Briefwechsel, GA Bd. 4, S. 510.
2   Briefwechsel, GA Bd. 5, S. 278; ähnlich Anton Schindler, *Biographie von Ludwig van Beethoven,* Leipzig 1977, S. 298.
3   A. a. O., S. 283.

sein, stagnierte doch sein Schaffen seit Jahren, worüber er sich u. a. mit Bearbeitungen schlecht hinweghalf. Die letzten Sinfonien lagen über sechs Jahre zurück, das letzte Streichquartett acht; lediglich die Komposition für das Klavier ging kontinuierlich fort. Streitereien um den Neffen hatten ihn bis zur Erschöpfung mitgenommen, überdies war die Ertaubung in einem Maße fortgeschritten, welches mündliche Unterhaltung endgültig verhinderte. Der Verdüsterung der privaten Szenerie entsprach die allgemein »miserable Gegenwart« (Franz Schubert). Die Zeiten, da der Begeisterungssturm gemeinsamer Gesinnungen und Hoffnungen die Erfolge der Beethovenschen Werke trug und prägte, waren dahin; in der gegenwartsflüchtigen Resignation junger romantischer Künstler wie im verspießerten Biedermeier äußerte sich eine Privatisierung des geistigen Lebens, eine müde Preisgabe jener Ideale, die jahrzehntelang die Geister bewegt hatten und auf die Beethoven sich unabdingbar verpflichtet fühlte.

So liegt es nahe, hinter dem Entschluß zur Missa solemnis einen Rückzug nach innen und damit eine Analogie zu jener von Heine verspotteten Resignation zu vermuten. Doch das Gegenteil trifft zu: gerade jetzt höchste Anspannung, verbissene Konzentration auf die Arbeit, die sich der Mitwelt unauslöschlich einprägte.[4] Hier stammen wesentlich die pseudoreligiösen, teilweise pathologischen Züge des romantischen Beethovenbildes her, zumal mit jener Konzentration die Hilflosigkeit in Dingen des täglichen Lebens zunahm. Nur liebevoll eingreifende Freunde verhinderten Katastrophen mit Wohnungen, Dienstboten und dergleichen. »Niemals wohl dürfte ein so großes Kunstwerk unter widerwärtigeren Lebensverhältnissen entstanden seyn als die Missa solemnis«, berichtet Schindler.[5]

Zehn Jahre zuvor hatte Beethoven schon einmal, damals auf Bestellung des Fürsten Esterházy, eine Messe komponiert. Bei dieser verlautet nichts von Schwierigkeiten mit dem Gegenstande; fast scheint es, als hätte er sich jenem Konformismus genähert, der Kirchenmusik zum kompositorischen Rückzugsgebiet zu machen drohte, einer Lizenz zu mittleren Lösungen, worin sich Unbekümmertheit in Glaubensdingen ebenso verrät wie allzu naive Nachbarschaft des weltlichen und geistlichen Bereichs. Bedeutende Werke von Joseph und Michael Haydn und Mozart bestätigen als Ausnahme die Regel einer »Verwilderung«[6] der Wiener Kirchenmusik.

Freilich konnte auch Beethoven, da er die Missa solemnis schrieb, längst nicht alle kompositorischen Erfahrungen einbringen: Die Entwicklung der Sonate bzw. Sinfonie, die Verfeinerung und mittlerweile hochgetriebene Programmatik der motivisch-thematischen Arbeit hatten eine Richtung genommen, die sich mit Textbindung nur teilweise vereinbaren ließ. Insofern müßte ein Vergleich nach ihren Maßstäben jeder Meßkomposition Traditionelles nachsagen. Beethovens Schwierigkeiten lagen erst in zweiter Linie auf kompositionstechnischem Gebiet; in erster

---

4   Hierüber – von Thomas Mann im *Doktor Faustus* paraphrasiert – Schindler, a. a. O., S. 282 ff.
5   A. a. O., S. 283.
6   Hermann Abert, *W. A. Mozart,* 2 Bände, 7. Auflage Leipzig 1955, Band 2, S. 210.

Linie galt es, das, was seiner Musik an moralischer Verbindlichkeit, an humanitärem, bekennerischem Pathos zugewachsen war, auch im Bereich der liturgischen Komposition einzulösen. Da diese Verbindlichkeiten sich von einer konkreten und tiefgehenden Identifizierung mit dem in Tönen Ausgesprochenen nicht trennen lassen, steht die Frage, ob und wie Beethoven den Text der katholischen Messe bekennen konnte.

Schindler weiß zu berichten, daß Beethoven »streng im katholischen Glauben erzogen« worden sei, fand es aber »eigentümlich, daß er nie darüber sprach.«[7] Andererseits meinte er Konversationshefte wegen der »gröbsten und zügellosesten Ausfälle auf die Kirche« vernichten zu müssen. Über Generalbaß und Religion sei nicht zu disputieren, überliefert er als Ausspruch seines Meisters (wobei die Zusammenstellung mit einem überlebten Stilmittel auffällt), denn »beides sind fertige und in sich abgeschlossene Dinge.« Daß Beethoven seit seiner Jugend in Bonn, da er zu Füßen von Eulogius Schneider saß, auch unorthodoxe Ideen beschäftigten, bedarf keiner Betonung. Dennoch muß es nicht wunder nehmen, daß von ihm keine kritische Äußerung in Glaubensdingen bekannt ist – die, ohnehin schlecht unterbaute, Verbindung von revolutionärer Aufklärung und materialistischem Atheismus in der französischen Philosophie hatte kaum nach Deutschland hineingewirkt. Im Gegenteil erschien Atheismus – eine Figur wie Friedrich II. steht dafür – als eine aus Misanthropie und zynischer Freude an der Entlarvung geborene Aristokratenmode, als Ausdruck einer Verflachung, gegen die die Generation des »Sturm und Drang« im Zeichen eines zunächst eher verschwommenen Pantheismus antrat. Dies waren bestimmende Jugenderlebnisse. Noch in Notizen des reifen Beethoven zeigt sich eine selbstverständliche Identität von Gott- und Naturerlebnis. So spontan der Überschwang des »Nenn's Herz, Liebe, Gott« war, so sichtbar klaffte der Widerspruch zur offiziellen Orthodoxie. Wenn der Weimarische Superintendent Herder den durch Erkenntnis frei gewordenen Menschen als »humanisierten Gott der Erde« beschreibt und in einer Schulrede das Gewissen »die Stimme des mit uns und in uns geborenen geistigen Bruders, des reinsten Bildes und Abbildes unserer selbst, unseres Ideals, … unseres göttlichen, himmlischen Dämons« nennt, so bleibt nur noch wenig dogmatische Bestimmung. Und im Zeichen von Kants Imperativ, der die von einer allmächtigen moralischen Intelligenz geschaffene sittliche Weltordnung voraussetzt, erschienen klassische Humanität und aufgeklärter Glaube aneinander gerechtfertigt. So kam es zum Friedensschluß zwischen Philosophie und Religion; ganz und gar bei Hegel, dessen Darstellung »einer Welt des Geistes aus ihm selbst hervorgebracht« wie säkularisierte Theologie anmutet. Ausgerechnet der Glaubensphilosoph Friedrich Heinrich Jacobi sah das Scheitern dieser Synthese und Atheismus als Endkonsequenz jedes rationalen Denkens voraus und meinte überdies, daß mancher der unter der Fahne des Pantheismus Versammelten »Atheist im Kopf, Christ mit dem Herzen sei.«

---

7   A. a. O., S. 431.

Für Beethoven war die Verknüpfung von Humanität und Gott, von Philosophie und Glaube offenbar intakt. Im Tagebuch des Jahres 1820 erscheint sie, Bezug nehmend auf Kants *Metaphysik der Sitten*, als lapidare Formel: »Das moralische Gesetz in uns und der gestirnte Himmel über uns! Kant!!!« Wenigstens einmal ist belegt, daß Beethoven seinen Glauben vom traditionellen Dogma unterschied: Es sei Unsinn, meinte er, Palestrina nachzuahmen, »ohne seinen Geist und seine religiöse Anschauung zu besitzen.«[8]

Es kennzeichnet die aufgeklärte Religiosität der klassischen Zeit, daß sie sich gegenüber Formen der Religionsausübung und kirchlichen Institutionen recht gleichgültig verhält – ebensosehr aus Prinzip wie aus Läßlichkeit. »Welche Religion ich bekenne? Keine von allen, / die du mir nennst. Und warum keine? Aus Religion«, formuliert ein Goethesches Epigramm. Schillers 1789 veröffentlichter Aufsatz *Die Sendung Moses*, den Beethoven kannte, begründet die Diskrepanz zwischen religiöser Substanz und Form ausführlich. Er projiziert deistische Theorien auf die Religionsstiftung des Moses zurück, der vor das Problem gestellt war, seinem Volk eine neue Religion zu geben, ohne ihm das vertraute Ritual zu nehmen: »Den wahren Gott kann er den Hebräern nicht verkünden, weil sie unfähig sind, ihn zu fassen; einen fabelhaften will er ihnen nicht verkünden, weil er diese widrige Rolle verachtet. Es bleibt ihm also nichts übrig, als ihnen seinen wahren Gott auf eine fabelhafte Art zu verkünden.« Da wird die Substanz des Glaubens von seinen Formen getrennt, erscheinen die letzteren recht pragmatisch bestimmt – gewiß nicht zur Freude der kirchlichen Orthodoxie beider Konfessionen. Daß Beethoven kein praktizierender Katholik war, spricht weniger für ähnliche Standpunkte als die wiederkehrende Betonung der Unsichtbarkeit und Nichtfaßbarkeit Gottes. »Ich bin alles, was ist, was war, und was sein wird; kein sterblicher Mensch hat meinen Schleier aufgehoben«, lautet der Spruch auf einem Tempel zu Sais, den er sich aus Schillers Aufsatz abschrieb und auf seinen Schreibtisch stellte. »Gott ist immateriell, deswegen geht er über jeden Begriff; da er unsichtbar ist, so kann er keine Gestalt haben…« notierte er im Tagebuch.

Im Jahre 1823, kurz nach der Fertigstellung der Missa, überbrachte »die Gräfin Schafgotsch aus Warmbrunn in Schlesien seine erste Messe mit einem neuen, von einem dortigen Musikdirektor Herrn Bendict Scholz verfaßten deutschen Text. Wir saßen eben zu Tische. Beethoven öffnete schnell das Manuscript und durchflog einige Seiten. Als er zum Qui tollis kam, liefen ihm die Tränen aus den Augen, und er mußte aufhören, indem er von dem unbeschreiblich schönen Texte aufs Tiefste gerührt sagte: Ja, so habe ich gefühlt, als ich dieses schrieb! Es war dies das erste und letzte Mal, daß ich ihn in Tränen sah…«[9]. Der auf diese eindrucksvolle Weise beglaubigte Text gibt nun keineswegs eine direkte Übersetzung des lateinischen, sondern versieht die auskomponierten Wortwiederholungen mit freien poetischen Pa-

---

8 *Die Erinnerungen an Beethoven,* gesammelt und herausgegeben von Friedrich Kerst, 2 Bände, Stuttgart 1913, Bd. 2, S. 114.
9 Schindler a. a. O., S. 338.

raphrasen; er enthält Wendungen der von Beethoven komponierten Gellertlieder, nähert sich mitunter der Bildersprache von Haydns *Schöpfung*, auch Kants gestirnter Himmel fehlt nicht. Darüber hinaus aber löst er sich im Credo von »qui propter nos homines« an völlig von der Vorlage, setzt an die Stelle der Schilderung des Weges Christi allgemeine Lobpreisungen und Danksagungen und feiert in der die »sancta ecclesia« betreffenden Partie den »Unerforschlichen«: »…dunkel sind Deine Wege, keines Menschen Auge fasset sie… Wer ergründet Dich? Wer faßt Dich!« Das ist nun nahezu programmatisch, in Goethes Formulierung, »keine Religion … aus Religion!«

Wie nun aber, wenn die Vertonung des Meßtextes fordert, dessen Aussagen ernst zu nehmen und zu deuten? Die Textordnung der fünf Sätze, die als das Ordinarium Missae über das Kirchenjahr hinweg die gleichen bleiben, enthält Vorgaben, denen jeder Komponist Rechnung tragen muß. Deren auffälligste ist der Unterschied zwischen wortreichen und wortarmen Sätzen. Diese, die dreiteiligen Kyrie und Sanctus und das zweiteilige Agnus Dei, geben einer Vertonung weiten Spielraum und musikunmittelbare Anregungen in der Bilder- und Empfindungswelt der Worte, sei es in den Anrufungen »Kyrie eleison« und »miserere nobis«, im Lobpreis »Osanna in excelsis« oder in der Bitte um Frieden; jene, Gloria und Credo, bieten nicht allein in der Wortmasse, sondern auch darin erhebliche Schwierigkeiten, daß sie den Standpunkt des Sprechenden kaum verändern und Informationen enthalten, deren Sachlichkeit einer deutenden Wahrnehmung wenig Handhabe bietet. Bald bildeten sich Traditionen der Unterteilung; so steht der Lobpreisung »Gloria in excelsis«, zumeist bei »quoniam tu solus sanctus« wiederaufgenommen, der intime Charakter des »gratias agimus tibi« und der zerknirschte des »suscipe deprecationem nostram« gegenüber, während das Credo die Stationen des Lebensweges Christi ausmalt. Beide Sätze bedürfen einer abschließenden Steigerung, welche zunächst meist als Amen-Fuge gegeben wurde, während später, besonders in der Wiener Kirchenmusik, die polyphone Verdichtung schon früher einsetzte.

Die Übernahme solcher Dispositionen erscheint so sehr von der Vorlage diktiert, daß sie nicht als ausdrückliches Bekenntnis zum Herkommen gedeutet werden sollte. Interessanterweise aber geht für Beethoven die Verknüpfung des Meßtextes mit den Traditionen seiner Vertonung noch weiter. Seit ihren großen Zeiten besitzt die polyphone Messe einen Schatz von Ausdrucksmitteln, eine in Musik übersetzte Bilderwelt, mit der sie wie die mittelalterliche Biblia pauperum die Botschaft dem gläubigen Gemüt anschaulich macht. Da weisen zum Beispiel bei »et ascendit« melodische Linien nach oben, umgekehrt bei »descendit de coelis« oder »sepultus est« nach unten. Über Jahrhunderte hinweg, welche eine gewaltige Bereicherung dieses Repertoires brachten, hat die Verbindlichkeit der ersten, einfachsten nicht gelitten. Sie erscheinen auch bei Beethoven, und die naive Direktheit ihrer Wirkung dient ihm überdies als Vorbild bei der Prägung nach neuen – so in den Posaunen des jüngsten Gerichts, die beim »judicare vivos et mortuos« ertönen als dröhnendes Memento, das nach dem jubelnden F-Dur des »et ascendit« durch die abseitige

Tonart besonderen Nachdruck erhält; in den rhythmisch festnagelnden Sforzati des »Crucifixus«, in gewaltsam überdehnten Notenwerten, die die Allmacht des »deus omnipotens« symbolisieren etc.

Beethoven beläßt es aber nicht bei solchen Verdeutlichungen. Des spezifisch musikalischen Symbolwertes einer auf- und abwärtsgehenden Linie z. B. versichert er sich auch anderwärts: Am Beginn des Gloria reißt das raketenhaft auffahrende Motiv die Blicke der lobpreisenden Menschheit nach oben »in excelsis Deo«, eine Bildung von solcher Prägnanz, daß sie, im Verlaufe des Satzes wiederkehrend, sofort als Bezugspunkt verstanden wird – im musikalischen wie textinhaltlichen Sinne. Demgegenüber schaffen Skalen im Dona nobis pacem und am Schluß des Credo friedvoll entspannte Ruhe, Auflösung in reine, von aller thematischen Anstrengung befreite Bewegung. Der Anfang des Benedictus gibt ein bezwingendes Bild des Herabsteigens – Solovioline und Flöten schweben aus lichter Höhe hernieder, während in der Tiefe Chorbässe nahezu rezitativisch ihr »Benedictus qui venit…« stammeln. Dergestalt hat der Text Beethoven zu einer Symbolik des Oben und Unten, des hohen und tiefen Klanges angeregt, die in später geschriebenen Werken weiterwirkt. Dem Benedictus geht ein Orchestervorspiel mit Streichern, Orgel, Fagott und Flöten in tiefen Lagen voran; auf die gleißende Helligkeit des Gloria-Anfangs folgt die dunkel tönende Erdgebundenheit der Bitte »et in terra pax«, im erschauernden Pianissimo des »adoramus te« sogleich wiederholt; nach der festlichen Massivität des zweiten Credo-Anfangs erscheint »ante omnia saecula« wie ein dunkles, vorzeitliches Raunen, als ähnlicher Gegensatz »et mortus« nach »vivos«. Auf diese Weise verlängert Beethoven die Linie traditioneller Symbole, bereichert und vertieft sie.

Dem freilich scheinen Komplexe zu widersprechen, auf deren Modell- wenn nicht Zitathaftes oft verwiesen wurde; die Fugen »in gloria Dei patris« und »Osanna in excelsis« gehören zu ihnen, auch die fugierten Partien »con substantialem« und »dona nobis pacem«; hier verrät sich das Studium Händels und Haydns. In der Thematik wie der Regelhaftigkeit der Stimmeinsätze klingen diese Passagen, in auffälliger Entsprechung mit dem affirmativen Gestus ihres Erscheinens, wie die selbstsicher auftretende Konvention selbst. Zweimal ist dieser Gestus als nochmalige Vergewisserung, als zweite, ausführliche Behandlung des Textes gerechtfertigt; die Worte »in gloria Dei patris« tauchen bereits im Schlußabschnitt des Quoniam und »Osanna in excelsis« als Kontrapunkt im »Pleni sunt coeli« auf, beide Male also schon zitiert, nicht aber explicite wahrgenommen. Dies gibt der »Konventionalität« besonderen Sinn und nimmt ihr zugleich eine anonyme Selbstverständlichkeit, die, gemessen an Beethovens kompositorischer Ethik, als unwürdiger Verlaß auf Handwerk und Herkommen erscheinen müßte. Die schwächliche Ästhetik des Déjà vu, die abgelebte Requisiten ausborgt und aus zweiter Hand gibt, ist nicht die seine, ohne daß er auf das Déjà vu verzichten müßte. Wo im Credo die Harmoniefolge B-G-C-F kirchentonartlich archaisierend klingt, ist sie funktionell getragen von dem den Satz eröffnenden Motiv »Credo, credo«. »In den alten Tonarten ist die Andacht göttlich«, schrieb Beethoven kommentierend in eine Fugenlehre, »...und Gott lasse michs einmal darstellen«; nichts davon also, daß diese für ihn bequem bereit lägen. Nur einmal treten kirchentonartliche Harmoniefolgen eigenwertig hervor – im kadenzierenden Auslauf des »Et incarnatus est«, wenn nach der hochexpressiven Innigkeit des Anfangsmotivs die Jungfräulichkeit der Maria sich in distanzierter Entrückung darstellt; Reinheit und Unschuld einer Welt vor dem Sündenfall, die die bestimmenden Eindrücke bei der Wiederentdeckung der alten Choralpolyphonie waren, sind in dieser Stelle voll aufgehoben.

Das erwähnte Credo-Motiv vereinigt Tradition und persönliche Aneignung höchst eindrucksvoll. Sein charakteristischer Terzfall gehört zu den ältesten Intonationen der Kirche; in Bachs h-Moll-Messe erscheint er an gleicher Stelle, die in der cantusfirmusartigen Dehnung dort tatsächlich etwas Zitierendes hat. Nicht so bei Beethoven. Er schärft die Terz durch Punktierung, läßt die Quinte c-f folgen, die, höher ansetzend, die Melodierichtung der Terz wiederholt und, unterstützt durch den gewichtigen Gleichschritt halber Noten, einen entschlossenen kadenzierenden Gestus darstellt. Damit eignet dem Motiv nicht nur die für das Wiedererkennen notwendige Prägnanz, sondern auch jene Charakteristik, die hinter der Wiederholung des Wortes »Credo« steht: An die Stelle der gelassenen Glaubensgewißheit früherer Credo-Vertonungen tritt angespannte Bewußtheit, mindestens soviel Wille zum Bekenntnis wie Bekenntnis selbst. Gemeinsam mit dem anschließenden melodischen Aufstieg »in unum, unum Deum« ergibt »Credo, credo« ein charakteristisches Fugenthema mit Kopfmotiv und kontrastierendem Nachsatz, doch bleibt, was sich daraus entwickelt, zunächst unter den Erwartungen, weil der Text den Fortgang zu anderen Komplexen fordert, so auch beim zweiten Credo-Beginn.

In dem jubelnden Motiv »Deum de Deo, lumen de lumine« sind Terz und Quint zu Bestandteilen eines Akkords geworden. Ebenfalls als Dreiklangsbrechung, nun ein einfacher Abgang, erscheint es bei »cuius regni«, zugleich dort aber im Satz verborgen auch in der ursprünglichen Gestalt, die sodann den dritten Credo-Anfang wieder anführt und hier, im Vorfeld der großen Fuge, als Ostinato und in verschiedenen Abwandlungen die rasche Deklamation der am schwersten komponierbaren Textpartien trägt, sowohl mit dem Pathos des ständig wiederholten »Credo, credo« als auch als Motor energischer Modulationen. Die Erwartung des ewigen Lebens bewirkt eine akkordische Zusammenfassung, die wie bei den erwähnten Fugen den Text vorwegnimmt. In der Credo-Fuge erreicht Beethoven, was er als besonderes Anliegen bezeichnet hatte, »...in die althergebrachte Form wirklich ein anderes, ein wirklich poetisches Element« zu bringen. Sein Credo-Thema entspannt sich zur Dreiklangsbrechung, deren Abwärtsrichtung sich die emporstrebende Linie des Amen-Kontrasubjekts entgegenwendet, so daß die beiden Elemente, die am Satzbeginn hintereinanderstanden, nun sich als polyphones Miteinander wiederfinden. Verschwunden das »offizielle« Pathos eines gängigen Fugenbeginns: Nach der Fortissimo-Anstrengung am Schluß der Einleitung ist der Hörer gefangen von einem entspannt dahinfließenden Dreitakt und fühlt sich in eine idyllische Landschaft versetzt, bevor er wahrnimmt, daß dies der Eingang war zu einem gewaltig dimensionierten Bau. Selten ist das Gearbeitete einer Fuge so weitgehend transzendiert worden, auch und gerade dort, wo übliche kontrapunktische Techniken mitwirken, Umkehrungen des Themas, Engführungen, Koppelung verschiedener Größenwerte des Themas etc. Mit der letzteren beschleunigt sich das Zeitmaß, die Fuge strebt einer Verdichtung zu, gekrönt von einer als majestätisches Grave auskomponierten Kadenz, die die letzte Verinnerlichung vorbereitet: Die Soli nehmen die zu weitläufigen Figurationen wuchernde Amen-Melodik auf, in der die Amen-Schlüsse der alten Niederländer nachklingen, bilden sie in psalmodierend freier Rhythmik und dann zu jenen Skalen um, in denen das Stück ausläuft.

Der zentralen Stellung des Glaubensbekenntnisses entspricht – hier ging Beethoven über fast alle Vorgänger hinaus – daß im Credo das musikalische Thema die prägnanteste Formulierung und zugleich detaillierteste Entfaltung erfährt. Daran gemessen erscheinen das Kyrie wie ein Präludium, das Dona nobis pacem wie eine Auflösung, während in den »Miserere«-Bitten und den ängstlichen Rezitativrufen des Agnus Dei die Expressivität des Terzfalls bis zum Äußersten getrieben ist. Die Einleitung des Kyrie exponiert die Folge von Terz und Quint über gleichmäßigen Gängen der Streicher und gibt sie zwischen den ersten »Kyrie«-Rufen des Chores den Solisten. Der Besonderheit des Satzes gemäß fehlt eine motivbezogene Verarbeitung, auch, wo in den »Christe«-Rufen die Terz wiedererscheint; unablässig geht die Musik zu Neuem fort. Zwar steht dem kollektiven Charakter der vom Chor getragenen »Kyrie«-Teile der intimere, unmittelbare des »Christe« als der Anrufung des Menschensohnes gegenüber, zwar korrespondieren die »Kyrie« in Details, doch vermied Beethoven jede bündige Prägnanz und Gestalt, nichts haftet im Ohr. Eine vage, im Ungewissen tastende, fortwährend zu neuen Bildungen strebende Entwicklung bestimmt diesen Satz, dem Chaos in Haydns »Schöpfung« vergleichbar etwa die Darstellung des suchenden, rufenden Menschen vor dem Bekenntnis zu Gott.

Verbleibt das Credo-Motiv am Beginn also im Funktionslos-Zufälligen, so hat es im Dona nobis pacem seine Geschichte hinter sich und malt nun, als weiche, terzbestimmte Melodie beginnend, idyllischen Frieden aus, unterstützt durch den sicilianohaften 6/8-Takt, die Taktart beschaulich-pastoraler Stimmungen. Nach den Herrlichkeiten des Benedictus kann man erwarten, daß Beethoven auch hier den Vergleich mit seinen Vorgängern suchen würde.

Das aber geschieht nicht. Nachdem ein A-capella-Satz das Fugato »Dona nobis pacem« beendet hat, wird dessen Motiv verarbeitet; es kommt zu einer Massierung und einem wie voreilig herbeigeführten Abschluß. Und nun scheint alles Idyllische verscheucht: Mit Pauken im drohenden Pianissimo, gespenstisch jagenden Streicherfiguren und Trompetensignalen weckt Beethoven kriegerische Assoziationen; »timidamente« stammelt das Alt-Solo über dem Tremolo der Streicher die Bitte »Agnus Dei«, gefolgt vom Tenor und vom Chor, bis der Sopran die Bitte zum Schrei steigert, welcher sodann sich in den vertrauten Terzfall entspannt und die Musik ins

Idyll zurückbringt. Das wiederholt sich, die Verstörung nun als Orchesterzwischenspiel mit einer lapidaren Floskel und deren Umkehrung als treibenden Motiven, Abwandlungen des fugierten »Dona-nobis-pacem«-Themas, »Agnus Dei« als dissonant gespanntes Fortissimo des Chores, gefolgt vom kriegerischen Lärm der Trompeten, Posaunen und Pauken. Wieder findet die Musik über den Schrei des Soprans den Frieden wieder; aber auch im letzten Abschnitt wird die beruhigte Ausführlichkeit einer Idylle versagt, noch kurz vor dem Schluß mahnt drohend die Pauke.

Hier tritt das Normwidrige der Missa solemnis am krassesten in Erscheinung. Beethoven hat es gewußt: »Bitte um inneren und äußeren Frieden« notierte er ausdrücklich an dessen Beginn. Mit Verweltlichung ist hier nichts und mit dem Hinweis auf Traditionen wie Haydns *Missa in tempore belli* wenig erklärt.

Durch solche Verfehlung des Erwarteten aufmerksam gemacht, entdeckt man die Eigenart der musikalischen Bilder dieser Messe leichter. Nie werden Begriffe für sich genommen illustriert. Wie oft gab es bei »et in terra pax« herrlichste Malerei in Tönen! Nicht so bei Beethoven – er komponiert, das gilt für alle entsprechenden Stellen, nicht einfach den Textinhalt, er definiert Situationen oder Haltungen, in denen der Text entstehen und gesagt werden muß. Nicht auf direkte Verdeutlichung, sondern auf eine Wort für Wort fortschreitende Vergewisserung und neue Prüfung der Authentizität legt er es an: Nichts z. B. rechtfertigt die Bitte um Frieden so sehr wie die Not von Bedrohten. Wo die pure Information dogmatischer Formulierungen derlei Rechtfertigung nicht zuläßt, ordnet er sie anderen Komplexen zu: »… dominum et vivificantem…« und »unam sanctam catholicam…« nimmt er nicht eigentlich wahr, sondern unterstellt sie dem dynamischen Pathos des unablässig wiederholten »credo«, »sub Pontio Pilato« dem »passus et sepultus est«; wo der Text Offenbarung anspricht, die sich gegen jede Überprüfung verwahren muß (»secundum scripturas«), scheint Beethoven ratlos. So muß er sich den Gegensatz zwischen »sepultus est« und »et resurrexit« entgehen lassen und faßt sich auffällig kurz in einer Partie, die zumeist breit auskomponiert worden war. Erst in der Arbeit, so scheint es, gewann Beethoven Klarheit über seine Methode; zudem boten Credo, Sanctus und Agnus häufiger Anlaß zur Definition von Haltungen im beschriebenen Sinne als das Gloria. So erscheint der Radikalismus der Vergewisserung am Ende auf die Spitze getrieben; weniger der geoffenbarte, transzendental verbürgte, unverlierbare Friede Gottes ist es, nach dem die Missa solemnis ruft, als der irdische, verlierbare, den die Menschen hier und heute brauchen.

Hierbei tritt die situationsbestimmende Funktion orchestraler Partien besonders deutlich in Erscheinung, doch nicht nur hier. Zwischenspiele leiten nicht über, sie vermitteln nicht. Wie zumeist beim späten Beethoven wendet die Musik sich dem neuen Gegenstande abrupt zu; oft ist es nicht mehr als ein plötzlicher Harmoniewechsel, der uns in eine neue Landschaft versetzt, so etwa vor dem Crucifixus, auch vor »qui propter nos homines«. Das energische Fugato »con substantialem« wird aus seinem F-Dur jäh nach Des-Dur hinübergerissen: vier Takte, fast durchweg mit aufsteigenden Skalen, besorgen die Rechtfertigung dieser Wendung als vertiefte

Besinnung auf die Menschwerdung. In größeren Dimensionen geschah das auch im
Gloria mit der Einleitung zur Danksagung, deren verinnerlichte Intimität im größten Gegensatz zur voll instrumentierten Verherrlichung steht.

Alle Zwischenspiele werden übertroffen von dem dem Benedictus vorangehenden »Präludium«, durch welche Bezeichnung Beethoven es nachdrücklich als ei-
genwertigen Abschnitt ausweist – nicht allein in der Satzstruktur, die, unterstützt
durch die geheimnisvoll dunkle Tönung, das introduzierende Prinzip der Hinleitung auf ein Ziel rein ausprägt.[10] Der Partie fehlen Motiv und Thema, jede Kristallisation einer Gestalt müßte den Blick auf das Ziel verstellen; nur einer kleinen
Figur in enger imitatorischer Verschlingung wird Wiederholung gegönnt, sonst strebt
die Musik zu immer Neuem fort – lediglich eine Überleitung zum Benedictus und
seiner andersartigen Klangwelt, die wie plötzlich hörbare Obertöne über dem abschließenden G-Dur erscheint? Keineswegs: Das tönende Enigma steht für das Hei-
ligste der Meßhandlung, den Kern der Eucharistie, die Einsetzung des Abendmahls.
Über diesen innersten Kreis des Glaubenswunders hat die Liturgie ein Tabu gelegt;
der Priester betet, schweigend erlebt die Gemeinde die »elevatio«, die Wandlung,
und vernimmt die Einsetzungsworte. Frühere Vertonungen verzichten deshalb auf
die Darstellung dieser »Stillmesse«. Beethoven aber kann sich darauf nicht verstehen, er bricht das Tabu, aus dem der Verbildlichung Versagten macht er ein tönen-
des Bild, worin jene Versagung, das Geheimnis dennoch aufgehoben ist. Würde und
Anspruch seiner Kunst erheischen, daß sie sich auch am Heiligsten versucht. Glanz
und Elend aufgeklärter Religiosität: daß das Dogma im Bündnis mit der Philosophie sich Überprüfungen gefallen lassen muß, welche es teilweise rational befestigen und zugleich die Verbindlichkeit als Offenbarung einschränken. Dem genau
entsprechend erscheint die Missa solemnis gezeichnet von der Anstrengung dessen,
der jenes Bündnis noch im Detail ernst nimmt, einer Anstrengung, die alle bequeme Harmonie verwehrt, Disparates zusammenzwingt und die Unterscheidung religiöser, sittlicher und ästhetischer Momente außer Kraft setzt.

10 Vgl. in diesem Bande S. 91 ff.

Nachwort

Der erste Anstoß, die verstreut publizierten Beethoven-Arbeiten des Verfassers gesammelt zu veröffentlichen, kam vor zwölf Jahren von Carl Dahlhaus. Dies erscheint erwähnenswert, weil trotz des unbeirrbaren Interesses der Lektorate beider nun beteiligten Verlage ein Anstoß vonnöten war – einem Mißbehagen entgegen, das der Verfasser jüngst anläßlich der Wiederveröffentlichung seines Buches »*Mönche – Bürger – Minnesänger*« (Laaber 1998) begründet hat. Dank einer wechselseitigen Bedingtheit von Stoff und Darstellungsweise, welche eine Aufarbeitung zum neuesten Kenntnisstand nicht erlaubt, können »solche Bücher nicht umgeschrieben, sie müßten neu geschrieben werden«. Das gilt auch für einige der hier unverändert nachgedruckten Untersuchungen.

Im Vergleich mit der vor zwölf Jahren diskutierten Auswahl hat die vorliegende sich verändert; einige Aufsätze, vor allem die mit Interpretation und Aufführungspraxis befaßten, sind entfallen, andere hinzugekommen, und die älteren sind älter geworden. Diese simple Auskunft hat für den Verfasser so viel Gewicht, daß er dem Leser zu beurteilen überlassen muß, ob und inwieweit dies Älterwerden gleichbedeutend sei mit Veralten.

Einen gewissen Reiz mag die Vielfalt der Themen und der Darstellungsformen mit sich bringen. Da stehen systematische neben monographischen Studien, Aufsätze für musikwissenschaftliche Periodica – so die vier um 1970 entstandenen Aufsätze Nrn. 2, 3, 4 und 8 – neben einführenden (Nrn. 10 und 11), die eher »private« Selbstverständigung eines Dirigenten (Nr. 6) neben der sehr speziellen Betrachtung wie Nr. 7 oder dem (Nr. 1) zuletzt hinzugekommenen Versuch, jene Vielfalt halbwegs plausibel unter das Dach einer sehr Beethovenschen Prämisse zu bekommen.

Außer den wenigen nachstehend vermerkten Veränderungen ist vom originalen Textstand nur in Bezug auf zwei nunmehr vollständig vorliegenden Dokumentationen abgewichen worden – die Briefe und die Konversationshefte.

1. Für das vorliegende Buch geschrieben
2. Der Aufsatz erschien im Deutschen Jahrbuch der Musikwissenschaft für 1970, hrsg. von Rudolf Eller, Leipzig 1971, S. 67–95, in verkürzter und veränderter Form in: Bericht über den Internationalen Beethoven-Kongreß 10.–12. Dezember 1970 in Berlin, hrsg. von Heinz Alfred Brockhaus und Konrad Niemann, Berlin 1971, S. 349–358 unter dem durch das Generalthema der betreffenden Sektion vorgegebenen Titel »*Beethovens Bestimmung des Sinfonischen als Ausdruck seines Realismus*«. Ob so selbstverständlich von dem kroatischen Kinderlied »Sirvonja« als einer Vorgabe gesprochen werden darf (vgl. Karl Schönewolf in: *Konzertbuch, Orchestermusik,* begründet von Karl Schönewolf, herausgegeben von Hansjürgen Schaefer, Band 1: *Orchestermusik A–F,* Leipzig 1972, S. 142 ff.), muß bezweifelt werden. Der gedankliche Ansatz wird in Bezug auf

Schubert und dessen Verhältnis zu Beethoven weiterverfolgt, in: *Franz Schuberts Symphonien. Entstehung, Deutung, Wirkung,* hrsg. von Renate Ulm, Kassel usw. – München 2000.

3. Erstmals erschienen in: Deutsches Jahrbuch der Musikwissenschaft für 1969, hrsg. von Rudolf Eller, Leipzig 1970, S. 5–40, Wiederabdruck in: *Ludwig van Beethoven,* Wege der Forschung Band CDXXVIII, hrsg. von Ludwig Finscher, Darmstadt 1983, S. 338–387.

4. In: Beiträge zur Musikwissenschaft 1970, Heft 3/4, S. 252–273.

5. Aus: *Zur Neuausgabe der Sinfonie Nr. 5 von Ludwig van Beethoven. Werk und Edition,* Leipzig 1978, S. 9–71. Zur Kritik an der – durch politische Umstände bis zur Unerträglichkeit erschwerten – Ausgabe, zu der der Begleitband gehörte, vgl. die Kommentare der beiden jüngst erschienenen Ausgaben von Clive Brown (*Die Neubewertung der Quellen von Beethovens Fünfter Sinfonie,* Wiesbaden-Leipzig-Paris 1996) und Jonathan Del Mar (*Ludwig van Beethoven, Symphonie Nr. 5 in c-Moll op. 67, Critical Commentary,* Kassel-Basel-London-New York-Prag 1999). Aufmerksamkeit erregte die Edition von 1978 außer durch den erstmaligen Einbezug aller erreichbaren Quellen (deren Filiation nicht richtig bewertet war), weil sie, ausgehend von der Dissertation von Claus Canisius, die Frage nach der Wiederholung von Scherzo und Trio neu aufwarf und sich, mit gebotener Vorsicht, für sie entschied. Die späteren Editoren entschieden anders – aus Gründen, welche neben Jonathan Del Mars und Clive Browns Kommentaren zwei vorausgegangene Arbeiten darlegen: Sieghard Brandenburg, *Once again: On the Question of the Repeat in the Scherzo and Trio in Beethoven's Fifth Symphony,* in: *Beethoven Essays. Studies in Honor of Elliot Forbes,* Cambridge/Mass. 1984, S. 146–198; Jana Fojtíková und Tomislav Volek, *Die Beethoveniana der Lobkowitz-Musiksammlung und ihre Kopisten,* in: *Beethoven und Böhmen. Beiträge zu Biographie und Wirkungsgeschichte Beethovens,* hrsg. von Sieghard Brandenburg und Martella Guitérrez-Denhoff, Bonn 1988, S. 219–258. Zu nennen ist außerdem Egon Voss, *Zur Frage der Wiederholung von Scherzo und Trio in Beethovens Fünfter Sinfonie,* in: Die Musikforschung 55, 1980, S. 195–199. Den Ausschlag für die Entscheidung von Brown und Del Mar gab, daß Beethovens letzter Spruch in der Angelegenheit, soweit erkennbar, zugunsten des dreiteiligen Scherzos, also gegen die Wiederholung fiel. Dennoch verlieren die dagegenstehenden Erwägungen nicht an Gewicht, weil ihm vermutlich nicht mehr klar war, worüber er befand, mithin nicht ausgeschlossen werden kann, daß seine »Anweisung an Härtel von 1810 und die begleitende Tilgung der Wiederholung in den Stimmenabschriften [...] eine übereilte Reaktion auf die Entdeckung des Fehlers im Erstdruck darstellt und ihre Wiederherstellung [...] von Beethoven später bereut wurde« (Brown, a. a O., S. 34).

6. Der Aufsatz entstand 1987 vor allem als Selbstverständigung anläßlich eines Festkonzertes des Symphonieorchesters Wuppertal, in dem vor der »Pastorale« Strawinskys »Sacre du printemps« erklang. Zwei später erschienene, liebevoll-eindringliche Darstellungen sollten erwähnt werden: Rudolf Bockholdt, *Beethoven,*

VI. Symphonie F-Dur op. 86, »Pastorale«, Meisterwerke der Musik, München 1981; Wolfram Steinbeck in: *Beethoven, Interpretationen seiner Werke*, 2 Bände, Laaber 1994, Band 1, S. 503–515.

7. Der Aufsatz wurde für eine Diskussionsrunde auf dem Berliner Beethoven-Kongreß des Jahres 1977 geschrieben, an der außer dem Verfasser Juri N. Cholopow, Christian Kaden, Diether de la Motte und Frank Schneider teilnahmen (= *Bericht über den Internationalen Beethoven-Kongreß 1977 in Berlin*, hrsg. von Harry Goldschmidt, Karl-Heinz Köhler und Konrad Niemann, Leipzig 1978, S. 106–112). Die Frage der Priorität von Sinfonie oder Kanon ist in der damals vermuteten Richtung inzwischen entschieden, es steht gar in Zweifel, ob der Kanon überhaupt von Beethoven stammt (Vgl. *Ludwig van Beethoven, 8. Sinfonie F-Dur*, op. 93, Einführung und Analyse von Herbert Schneider, Mainz/München 1989, S. 32 ff.; Manfred Hermann Schmidt, *8. Symphonie F-Dur, op. 93*, in: *Beethoven, Interpretationen seiner Werke*, a. a. O., Band 2, S. 62–75). Zur »Rossini-Persiflage« vgl. den triftigen Einwand von H. Schneider (a. a. O., S. 31): im Sinne einer direkten Bezugnahme läßt die Persiflage sich nicht aufrechterhalten, nur im allgemeinen einer Opposition gegen allen »Mechanism«, für den wenige Jahre später der Name Rossinis stand. Die dem Leser möglicherweise unverständliche Anspielung auf das Reizwort »Bruch« bezieht sich auf die anläßlich des Beethoven-Jubiläums 1970 nicht ohne schlimme Demagogie geführten Debatten um Adornos Beethoven-Bild, u. a. um »Brüche und Schrunden« als Charakteristiken einer Betrachtungsweise, welche der Zurichtung eines ungebrochen positiven Beethoven entgegenstand und als subversive Aktion des »Klassenfeindes« geahndet wurde. Daß der Mälzelkanon »ein unterschobenes Produkt« sei, machen drei Untersuchungen wahrscheinlich, sämtlich in: *Zu Beethoven, Aufsätze und Dokumente II*, hrsg. von Harry Goldschmidt, Berlin 1984: Standley Howell, *Der Mälzelkanon – eine weitere Fälschung Schindlers?*, S. 163–171; Kathryn John, *Das Allegretto-Thema in op. 93, auf seine Skizzen befragt*, S. 171–184; Harry Goldschmidt, *»Und wenn Beethoven selber käme…«. Weitere Aspekte zum Mälzelkanon*, S. 185–204.

8. In: *Sozialistische Musikkultur*, hrsg. von Jürgen Elsner und Giwi Ordshonikidse, Berlin/Moskau 1977, S. 397–430. Zum »Alleingang« dieser Arbeit gehört außer dem in der letzten Fußnote vermerkten Versäumnis der Arbeit Ludwig Finschers auch, daß die Bücher von Philip Radcliffe, *Beethovens String Quartets*, London 1965, und Joseph Kerman, *The Beethoven Quartets*, London 1967, mir damals nicht zugänglich waren. Eine Gesamtdarstellung gab Lini Hübsch, *Ludwig van Beethoven. Die Rasumowsky-Quartette op. 59*, Meisterwerke der Musik, Heft 40, München 1983.

9. Einleitungsvortrag zum Symposion *»Von der Leonore zum Fidelio«*, Bonn 1997, in: *Von der Leonore zum Fidelio. Vorträge und Referate des Bonner Symposions 1997*, hrsg. von Helga Lühning und Wolfram Steinbeck, Bonner Schriften zur Musikwissenschaft, Band 4, Frankfurt etc. 2000.

10. Der in der vorliegenden Form in einem Programmheft der Wuppertaler Bühnen in der Spielzeit 1988/89 erschienene Aufsatz geht auf eine Einführung

zurück, die im Jahre 1970 für eine Gesamteinspielung des *Fidelio* (VEB Deutsche Schallplatten, Berlin/DDR) geschrieben wurde. Die kursorische Darstellung der Vorarbeit, Skizzierungen etc. läßt sich in der hier fixierten Form nicht mehr halten, und Anton Schindlers Auskünfte sind – leider – mit Vorsicht zu betrachten. Über die Vorgeschichte der Oper und den Zuschnitt ihrer früheren Fassungen wissen wir seit den Untersuchungen von Helga Lühning und dem ihnen gewidmeten Symposion in Bonn 1997 (vgl. 9) besser Bescheid. Vier kleine Essays des Verfassers über *Fidelio*-Themen finden sich in: *Fluchtpunkt Musik. Reflexionen eines Dirigenten zwischen Ost und West*, Kassel-Stuttgart-Weimar 1994, S. 11–19.

11. Geschrieben im Jahre 1970 als Einführung für den VEB Deutsche Schallplatten, Berlin, unter Benutzung einer größeren, vornehmlich mit motivisch-thematischen Bezügen befaßten Arbeit über die Missa, welche seinerzeit aus ideologischen Gründen von der Redaktion der »Beiträge zur Musikwissenschaft« abgelehnt worden war.